杨滢 著

土耳其高校考试招生制度研究

中国社会科学出版社

图书在版编目（CIP）数据

土耳其高校考试招生制度研究 / 杨滢著 . —北京：中国社会科学出版社，2024.3

ISBN 978-7-5227-3125-4

Ⅰ.①土… Ⅱ.①杨… Ⅲ.①高等学校—招生—考试制度—研究—土耳其 Ⅳ.①G649.374.2

中国国家版本馆 CIP 数据核字（2024）第 043805 号

出 版 人	赵剑英
责任编辑	高 歌
责任校对	李 琳
责任印制	戴 宽

出　　版	中国社会科学出版社
社　　址	北京鼓楼西大街甲 158 号
邮　　编	100720
网　　址	http://www.csspw.cn
发 行 部	010-84083685
门 市 部	010-84029450
经　　销	新华书店及其他书店
印刷装订	三河市华骏印务包装有限公司
版　　次	2024 年 3 月第 1 版
印　　次	2024 年 3 月第 1 次印刷
开　　本	710×1000　1/16
印　　张	30.75
插　　页	2
字　　数	460 千字
定　　价	179.00 元

凡购买中国社会科学出版社图书，如有质量问题请与本社营销中心联系调换
电话：010-84083683
版权所有　侵权必究

序

　　用考试的办法来选拔人才是中国人的一大发明。从古代科举到当今高考，都是中国社会上十分重要且影响重大的考试制度。高考作为我国高校人才选拔的重要制度，是连接高等教育与基础教育的桥梁，也是维护教育公平与社会稳定的基石。

　　高考不仅规模巨大，而且独具中国特色。欧美多数国家虽然在高校招生环节也采用考试，但许多国家并没有全国统一的高校招生考试制度，考试成绩一般也不是像中国的高考分数那样接近于唯一的衡量标准。除了韩国等东亚国家，土耳其的高校招生考试是世界上与中国最接近的制度之一。多数国家的高校招生考试如与中国的高考类比时，通常都要加上引号，例如有人将美国的学术能力性向考试（SAT）称为美国的"高考"。但是土耳其的高考与中国的高考颇为相像，可以不必加引号，直接称为土耳其高考。

　　中国学者在立足研究本国高考制度的同时，也将目光放眼全球，通过研究他国高校考试招生制度以为高考制度改革提供借鉴与启示。有些国家如俄罗斯的高考制度是借鉴中国的高考而建立起来的，但土耳其的高考是独自建立发展起来的，却与中国的高考有许多相似之处，体现出招生考试的一些规律。作为全球范围内为数不多可以称为高考的制度之一，土耳其高校考试招生制度很值得研究。但目前国内对于土耳其高校考试招生制度的研究还极为稀缺，对土耳其高校考试招生制度进行系统、全面的研究，可以填补中国此方面的研究空白，有利于拓展中国高校考试招生制度研究的国别视野，增加了考试理论研究的多元化视角。虽然各国国情不同，但高校考试招生制度有其自身发展的客观规律，探寻不同国家高校考试招生制度的改革经验，可以为中国高考制度改革所参考。

在我构建的高考研究系统中，世界上主要国家和地区的高校招生考试制度研究是其中的一个系列。过去我指导的博士学位论文或博士后出站报告，对美国、英国、法国、俄国、加拿大、澳大利亚、日本、印度、台湾地区的高校招生考试制度，曾分别作过专门的研究，且多数已纳入"高考改革研究丛书"出版。杨滢到厦门大学跟随我攻读博士学位后，根据其研究基础和通晓土耳其语的专长，因材施教，扬长避短，选择研究土耳其高校招生考试制度。2019年至2021年间，杨滢前往土耳其中东技术大学留学，在土耳其进行了为期一年半的实地考察，在掌握大量第一手资料和进行充分访谈基础上，形成厚实的博士学位论文《土耳其高校考试招生制度研究》。

该博士学位论文立足为中国高考制度改革提供更多国别视域的目的，聚焦土耳其高校考试招生制度，既从历史角度挖掘土耳其高校考试招生制度与社会发展的深层次关系，也从现实出发考察土耳其高校考试招生对现今社会的影响；既从宏观上研究土耳其高校考试招生的整体情况，也从中观上对土耳其高校考试招生制度在各类大学的实施情况进行剖析。最后从微观上通过访谈土耳其高校考试招生制度的利益相关者探讨高校考试招生制度公平与社会公平的关系。

虽然土耳其与中国都实行全国统一考试招生制度，但土耳其是从管理、考试、招生、录取自上而下的完全统一。而中国的高考制度相对灵活，统中有分，在全国统一考试的统领下，各省有权量身定制适合本省实际情况的考试招生制度。高校考试招生制度有其自身发生发展的客观规律，中国高考制度与土耳其的高校考试招生制度也有颇多相似之处。比如，两国的高校考试招生制度都同时面对着"唯分数""唯考试"的负面影响，都肩负着"牵一发而动全身"的改革压力，都存在着区域发展不均衡带来的考试结果不公平等问题。

序

　　他山之石，可以攻玉。杨滢的博士论文力求对土耳其高校考试招生制度进行较为全面、系统的呈现，为中国高考制度的改革提供又一他国经验。该论文是一篇高水平的博士论文，在送审和答辩中受到专家的一致好评，2022年11月还荣获福建省优秀博士学位论文奖。于今修改成书，即将付梓，可喜可贺，特此为序。

刘海峰
2024 年 1 月 10 日

前　　言

　　土耳其高校考试招生制度与中国高考具有相似性，都是全国高校统一考试招生制度，是全球范围内为数不多可以称为"高考"的制度之一。目前国内对于土耳其高校考试招生制度的研究还极为稀缺，对土耳其高校考试招生制度进行系统、全面的研究，可以填补我国此方面的研究空白，有利于拓展我国高校考试招生制度研究的国别视野，充实我国的考试改革理论体系。为此，在刘海峰教授的指导下，本人在攻读博士学位期间前往土耳其进行了为期一年半的实地考察，在掌握大量第一手资料的基础上，形成厚实的博士学位论文《土耳其高校考试招生制度研究》。

　　本书聚焦土耳其高校考试招生制度，既从历史角度挖掘土耳其高校考试招生制度与社会发展的深层次关系，也从现实出发考察土耳其高校考试招生对现今社会的影响；既从宏观上研究土耳其高校考试招生的整体情况，也从中观上对土耳其高校考试招生制度在各类大学的实施情况进行剖析。最后从微观上通过访谈土耳其高校考试招生制度的利益相关者探讨高校考试招生制度公平与社会公平的关系。该论文力求对土耳其高校考试招生制度进行较为全面、系统的呈现，为我国高考提供有益的借鉴与参考。

　　本书的主要学术价值及社会意义如下：

　　首先，研究填补了土耳其高校招生考试制度研究的空白。土耳其早在1974年就已经形成全国高校统一考试招生制度，其高校考试招生制度的产生、发展、改革等探索颇有特色。目前我国尚未形成有关土耳其高校考试招生制度的系统研究，并且就土耳其国内而言，由于其国内学术环境受政治因素管控严格，高校考试招生制度始终是一个敏感的话题，这使得土耳其学者对高校考试招生制度的研究成果较为薄弱，尚未出现系统而全面的研究著作。

本书立足于为中国高考制度改革提供更多国别视域，基于对土耳其为期一年半的考察，通过文献法、访谈法、比较法等，围绕土耳其高校考试招生制度的产生与发展历史、改革历程、实施现状、土耳其各类大学考试招生制度的实践案例、高校考试招生制度的公平及其社会影响因素、高校考试招生制度的争议、特点、发展趋势以及与社会的关系等内容，力求为我国高考制度的改革提供又一他国经验。

其次，通过对土耳其高校考试招生制度的系统研究，力图展现土耳其高校考试招生制度与中国高考制度的异同之处。本书采用比较研究法，通过全面而系统的土耳其高校考试招生制度研究，展现了土耳其高校考试招生制度与中国高考制度的不同之处：比如两国虽然都实行全国统一考试招生制度，但土耳其是从管理、考试、招生、录取自上而下的完全统一。而中国的高考制度相对灵活，统中有分，在全国统一考试的统领下，各省有权量身定制适合本省实际情况的考试招生制度。这些不同之处透过对土耳其高校考试招生制度的研究得以一一呈现。与此同时，高校考试招生制度有其自身发生发展的客观规律，我国高考制度与土耳其的高校考试招生制度也有颇多相似之处。比如，两国的高校考试招生制度都同时面对着"唯分数""唯考试"的负面影响，都肩负着"牵一发而动全身"的改革压力，都存在着区域发展不均衡带来的考试结果不公平等问题。可见，通过对土耳其高校考试招生制度的系统研究，可以展现出其与中国高考制度的异同。

再次，针对国内外学者对土耳其高校考试招生制度的研究缺少质性研究的现状，采用了质性研究方法，通过在土耳其一年半的实地调研，对土耳其国家考试招生机构管理者、高校招生部门管理者、高中教师、考生、考生家长等利益相关者50余人进行深度访谈，收集了

前言

大量一手资料。

通过对访谈数据进行整理、分析，梳理出影响土耳其高校考试招生制度公平的主要社会因素，包括性别因素、中等教育因素和区域因素。从微观个体视角剖析土耳其社会背后隐含的影响高校考试招生制度公平的社会因素，呈现出高校考试招生制度的程序公平与实质公平的差异。从公平视角深入理解土耳其高校考试招生制度与社会影响因素之间的关系，为土耳其高校考试招生制度的研究打开了一个新的视角。

杨 滢

2023 年 3 月 20 日

目　　录

绪　论 …………………………………………………………………… 1
　　一　研究缘起与研究意义 ………………………………………… 1
　　二　文献综述 ……………………………………………………… 5
　　三　核心概念与理论视角 ………………………………………… 16
　　四　研究思路与研究方法 ………………………………………… 20
　　五　研究重点与研究难点 ………………………………………… 24

第一章　土耳其教育制度概况 ……………………………………… 26
　第一节　土耳其基础教育制度 …………………………………… 26
　　一　基础教育历史发展概况 ……………………………………… 27
　　二　基础教育之发展现状 ………………………………………… 32
　第二节　土耳其高等教育制度 …………………………………… 38
　　一　高等教育之历史溯源 ………………………………………… 38
　　二　高等教育之发展现状 ………………………………………… 44

第二章　土耳其高校考试招生制度的历史演进 …………………… 56
　第一节　奥斯曼帝国高校考试招生制度的产生
　　　　　（1846—1922年） ……………………………………… 56
　　一　奥斯曼帝国第一所大学的诞生与发展历程 ………………… 56
　　二　《教育法》与考试制度的产生 ……………………………… 63

三　奥斯曼帝国时期高校考试招生制度的产生与发展 …… 65
第二节　土耳其共和国成立初期的高校考试招生制度
　　　　（1923—1973年） ………………………………… 71
一　高校独立考试招生阶段（1923—1960年） ………… 72
二　高校联合考试招生阶段（1961—1973年） ………… 81
第三节　土耳其全国高校统一考试招生制度的诞生
　　　　（1974年） ………………………………………… 90
一　全国高校统一考试招生制度的诞生背景……………… 90
二　全国高校统一考试招生制度的建立与实施…………… 92
三　全国高校统一考试招生制度的特点…………………… 98
四　全国高校统一考试招生制度的未来发展方向 ………… 100
第四节　土耳其全国高校统一考试招生制度的改革历程
　　　　（1981—2017年） ………………………………… 102
一　第一次改革时期：两阶段考试的启用
　　（1981—1998年） ………………………………… 103
二　第二次改革时期：单阶段考试的重启
　　（1999—2005年） ………………………………… 114
三　第三次改革时期：两阶段考试的回归
　　（2006—2009年） ………………………………… 121
四　第四次改革时期：组合选考科目的诞生
　　（2010—2017年） ………………………………… 128
五　全国高校统一考试招生制度的改革趋势……………… 135

第三章　土耳其现行高校考试招生制度 ………………………… 138
第一节　土耳其最新高校考试招生制度改革探析……………… 138
一　最新高校考试招生制度的改革背景…………………… 138
二　最新高校考试招生制度改革的主要措施……………… 141
三　最新高校考试招生制度的改革成效…………………… 150
四　最新高校考试招生制度的改革特点…………………… 152

第二节　土耳其现行高校考试招生制度全貌概览 ……… 155
一　土耳其现行高校考试制度概览 ……………………… 155
二　土耳其现行高校招生制度概览 ……………………… 169
三　土耳其高校考试招生情况概览 ……………………… 175

第三节　土耳其国家考试招生机构的演变路径及其特色 … 183
一　组织机构演变的理论视角：组织生态学理论 ………… 184
二　国家考试招生机构的演变历程：基于2008—2018年的考察 …………………………………………………… 187
三　国家考试招生机构演变的特征与特色 ……………… 200

第四节　土耳其高校考试招生制度的法律保障 …………… 204
一　高校考试招生制度相关法律法规的类型 …………… 204
二　高校考试招生制度相关法律法规的适用情况 ……… 205
三　高校考试招生制度相关法律法规的特点 …………… 217

第四章　土耳其高校考试招生制度实施的个案研究 ……… 220

第一节　土耳其一流公立大学的考试招生案例 …………… 221
一　中东技术大学的考试招生 …………………………… 222
二　伊斯坦布尔大学的考试招生 ………………………… 235

第二节　土耳其普通公立大学的考试招生案例 …………… 246
一　帕幕卡莱大学的考试招生 …………………………… 246
二　卡夫卡斯大学的考试招生 …………………………… 256

第三节　土耳其一流基金会私立大学的考试招生案例 …… 265
一　科钦大学的考试招生 ………………………………… 266
二　比尔肯特大学的考试招生 …………………………… 277

第四节　土耳其公、私立大学考试招生制度实践的特点与局限性 ……………………………………………… 286
一　公、私立大学考试招生制度实施的特点 …………… 287
二　公、私立大学考试招生制度实施的局限性 ………… 290

第五章　土耳其高校考试招生制度的公平性及社会影响因素 …… 294
第一节　土耳其高校考试招生制度的程序公平 …………… 294
一　公平观与政策保障 …………………………………… 295
二　高校考试招生制度"公平优先" …………………… 298
三　高校考试招生制度"兼顾效率" …………………… 307
第二节　性别因素对高校考试招生制度公平的影响 ……… 312
一　艰难的历史：土耳其女子高等教育的产生 ………… 314
二　发展：土耳其女子高等教育的现状 ………………… 316
三　阻力与希望并存：土耳其女性高等教育入学机会公平的影响因素 ……………………………………… 322
第三节　中等教育因素对高校考试招生制度公平的影响 …… 330
一　高中过渡考试招生制度（LGS）概要 ……………… 331
二　不同类型高中的大学入学竞争力差异 ……………… 334
三　失衡的中等教育 ……………………………………… 340
第四节　区域因素对高校考试招生制度公平的影响 ……… 353
一　各区域人口分布与经济发展概况 …………………… 354
二　各区域中等教育与高等教育的资源分配情况 ……… 357
三　全国高校统一考试招生制度对人口流动的影响 …… 370
四　高校考试招生制度公平水平的进一步提升方向 …… 376

第六章　土耳其高校考试招生制度的分析与发现 …………… 381
第一节　土耳其高校考试招生制度的争议 ………………… 381
一　全国高校统一考试招生制度的存废之争 …………… 382
二　国家考试招生机构的信任危机 ……………………… 387
三　私人补习班的功过之争 ……………………………… 390
四　全国高校统一考试招生制度的区域公平之争 ……… 394
第二节　土耳其高校考试招生制度的特点与发展趋势 …… 398
一　土耳其高校考试招生制度的特点评析 ……………… 399
二　土耳其高校考试招生制度的发展趋势 ……………… 404

第三节　土耳其高校考试招生制度与社会的关系 ……………… 407
  一　高校考试招生制度与政治的相互作用 ………………… 408
  二　高校考试招生制度与经济的相互作用 ………………… 411
  三　高校考试招生制度与文化的相互作用 ………………… 414
  四　高校考试招生制度与教育的相互作用 ………………… 416

第四节　土耳其高校考试招生制度的经验与启示 ……………… 418
  一　建立以统一考试为基础的多层次人才选拔制度，
      区分不同规格人才 ……………………………………… 419
  二　全面建立多元评价体系，逐步克服"唯分数"痼疾 … 420
  三　匹配高校专业需求与选考科目，选拔专业对口人才 … 421
  四　以综合选考科目结合加权赋分办法，选拔跨学科
      复合型人才 ……………………………………………… 422
  五　重视为残疾人提供补偿性政策，维护高等教育
      起点公平 ………………………………………………… 423

结　语 …………………………………………………………… 425

参考文献 ………………………………………………………… 432

附　录 …………………………………………………………… 463
  附录一　调研许可证 ………………………………………… 463
  附录二　访谈知情同意书 …………………………………… 464
  附录三　访谈提纲 …………………………………………… 466
  附录四　土耳其全国高校统一考试成绩单样本 …………… 469
  附录五　土耳其大学电子录取通知书样本 ………………… 470

后　记 …………………………………………………………… 471

绪　　论

一　研究缘起与研究意义

本书源于中国高考制度改革与发展的现实需要，旨在通过对土耳其高校考试招生制度全面而系统的研究，为中国高考制度的改革与完善提供有益的经验和参考。

（一）研究缘起

1. 中国高考制度改革与发展的现实需要

随着各国综合国力竞争的加剧，高等教育已成为各国综合国力竞争的集中体现，承载起越来越多的社会职责。作为承担高校人才选拔和输送的高校考试招生制度，不仅体现着高等教育对人才的现实需求，也是国家意志的直接体现。不断促进高校考试招生制度的科学性和合理性，使考试招生制度既符合高等教育需求，也适应社会政治、经济、文化等事业的发展需要，一直是各国不断努力的方向。

高考作为中国的基本教育制度是教育体系中极为重要的一环，关系到国家发展和社会安定。中国一直致力于高考制度的改革与完善，2010年《国家中长期教育改革和发展规划纲要（2010—2020年）》颁布，要求深化考试内容和形式改革。2013年党的十八届三中全会通过《中共中央关于全面深化改革若干重大问题的决定》，要求推进考试招生制度改革。2014年国务院发布《关于深化考试招生制度改革的实施意见》，正式启动新一轮高考改革，再次开启了高考制度科学化的探索之路。但高考制度的任何一项改革，都可谓"牵一发而动全身"。随着高考向着科学化和合理化不断改革的进程中，也出现了"教育与社会的矛盾""公平与质量的矛盾"和"全局与局部的矛盾"①等现实问题。学者们纷纷围绕高考制度的改革发展问题以及高考对社会的影响等焦点问题展开了研究，学者们在研究本国高考制度的同时，也将目光放眼全球，通过研究其他国家的考试招生制度，为中国不断提升高考制度的科学性、合理性和公平性提供经验和借鉴。目前中国对国外高校考试招生制度的研究大多集中在欧美发达国家和亚洲邻近国家，但作为与中国高考制度具有相似性的"一带一路"沿线发展中国家——土耳其的高校考试招生制度却鲜有学者研究，扩大考试制度研究国别视域，有助于为中国高考改革与发展提供更广阔的借鉴视角。

2. 土耳其全国高校统一考试招生制度产生早、影响大

土耳其高等教育事业发展迅速，截至 2020 年 4 月，土耳其共有大学 209 所，其中公立大学 129 所，基金会私立大学 80 所。② 2010 年土耳其已进入高等教育普及化阶段，2016 年土耳其高等教育在学规模已达到 547 万人，在学规模年均增长率达到 9%。③ 土耳其高等教育已经迈入世界高等教育发达国家行列，未来还有很大的发展空间，其中土耳其高校考试招生制度承担起了为高校选拔和输送人才的重要职能。

统一考试招生是招生制度发展到较高阶段的产物④，与中国一样，作为土耳其高等教育生源选拔的重要"量才尺"，土耳其高校考试招生制度也经历了由分到统的过程。土耳其共和国建立之初，新兴的高校开始自主招生，随着高等教育入学需求的迅速增多，各高校自主招考成本过高、学生奔波各省造成考试不便、招生效率低下等弊端凸显。1961年后，土耳其各高校自发结成联盟共同组织考试招生。1974 年 11 月 19

---

① 刘海峰：《理性认识高考制度，稳步推进高考改革》，《中国高等教育》2013 年第 4 期。
② YÖK, "Türlerine Göre Mevcut Üniversite Sayısı" (November 29, 2019), https://istatistik.yok.gov.tr/.
③ Yükseköğretim Bilgi Yönetim Sistemi, "Öğrenci Sayıları Raporu" (June 22, 2020), https://istatistik.yok.gov.tr/.
④ 刘海峰：《高考改革的统独之争》，《教育发展研究》2006 年第 11 期。

绪 论

日，土耳其政府成立了专门的国家考试招生机构——大学生选拔与分发①中心（Üniversitelerarası Öğrenci Seçme ve Yerleştirme Merkezi，简称ÜSYM），将全国高校考试招生交由该机构管理，正式开始在全国范围施行高校统一考试招生制度。自土耳其实施全国统一考试招生制度以来，"改革"成为土耳其高校考试招生制度发展历程中的关键词，四十余年间共经历了五次重要改革，对考试的名称、考试形式、考试内容等方面均进行了改革。从改革的走向可见，土耳其政府希望通过改革，不断将高校考试招生制度推向标准化、科学化和合理化，使高校考试招生制度起到为高等教育输送人才，为基础教育指明方向，为社会服务，为国家建设培养人才的作用。

然而在高校考试招生制度的演进历程中，从来不仅仅是教育因素在起作用，它具有复杂的社会动因②，它与政治、经济、文化等社会因素紧密相连。探索高校考试招生制度的演进历程与社会发展的关系，有助于我们加深对考试制度改革的理解。因此，在深入研究土耳其高校考试招生制度的历史演进时，我们除了探讨其改革历程、改革背景、改革内容、改革成效外，还需要找出影响改革的现实动因、改革所产生的社会影响以及未来的改革趋势等。通过全面、系统的研究展现土耳其高校考试招生制度在历史演进中的改革与发展历程。

土耳其总人口约为 8200 万③，近十年来参加土耳其高校考试招生的考生都保持在年均 200 万左右，占总人口的 2.4%④。土耳其"高考"的高竞争、高利害、高关注度都不亚于中国，它承载着无数家庭和百万考生的希望与未来，成为一条通往高等教育和未来幸福生活的重要"桥梁"。在此过程中，土耳其还存在着教育资源分配不均衡、区域发展不

---

① 根据土耳其相关法律规定："分发"是指"考虑到评估结果形成的分数、偏好，招生名额和条件，将候选人录取到高等教育机构或相关机构和组织的过程"。
② 刘海峰、李立峰：《高考改革与政治经济的关系》，《教育发展研究》2002 年第 6 期。
③ TÜİK, "Yıllara ve Cinsiyete Göre İl/İlçe Merkezleri ve Belde/Köyler Nüfusu, 1927–2018", (September 2, 2020), http://tuik.gov.tr/HbGetirHTML.do?id=33705.
④ Yükseköğretim Bilgi Yönetim Sistemi, "Yıllara Göre Başvuran Yerleşen Aday Sayıları", (March 12, 2020), https://istatistik.yok.gov.tr/.

平衡、性别不平等等社会问题导致的高校入学机会不公平现象。土耳其高校考试招生制度在社会发展过程中发挥了怎样的教育和社会职能？它的公平与效率如何？存在着哪些社会争议与实施困境？这些由高校考试招生制度所引发的社会问题以及社会问题对高校考试招生制度的影响都值得我们深入研究和探索。

综上所述，鉴于中国高考制度改革和发展的需要，土耳其"高考"与中国高考制度的相似性与独特性，对土耳其高校考试招生制度进行研究有其现实必要性。本书既要从土耳其高校考试招生制度本身着手分析其历史演进的过程、考试招生机构、考试内容、考试形式、考试技术等方面的改革历程与特点，为中国高考提供有益的借鉴；又要从土耳其高校考试招生制度与社会的关系层面来探讨高校考试招生制度在土耳其特有的社会背景下受到怎样社会因素的影响、存在着怎样的公平问题，通过对土耳其高校考试招生制度的系统研究，为中国高考制度的改革与完善提供有益的经验和参考。

(二) 研究意义

1. 理论意义：丰富考试理论，填补研究空白

到目前为止，中国对于高校考试招生制度的研究大多聚焦在欧美等发达国家和与我国文化背景相似的东南亚国家，却鲜有对"一带一路"沿线发展中国家的高校考试招生制度进行深入系统的研究。土耳其作为横跨亚欧大陆的发展中国家，是"一带一路"倡议的重要合作国，其高校考试招生制度与中国高考制度既有相似性，又有其独特性。目前中国对土耳其高校考试招生制度的研究还极为匮乏，对土耳其高校考试招生制度进行系统研究，可以填补中国此方面研究的空白，有利于拓展中国高校考试招生制度研究的国别视野，扩充考试理论研究的多元化视角，充实中国考试改革理论体系。

2. 实践意义：借鉴他国考试招生制度经验，为我国高考改革提供启示

不同国家基于本国特有的历史、文化、政治、经济背景，高校考试招生制度也不尽相同，但不同国家的考试制度必然有客观规律可循，有

独特的经验和优势可供借鉴。一方面，土耳其高校实行统一考试招生制度的时间与中国恢复高考的时间前后相差不过三年，两者的发展路径有着许多相似之处，土耳其高校考试招生制度与中国高考一样都是全国统一考试招生制度，同样在社会和教育系统中占据着重要地位，承担着重要的人才选拔和教育导向的职能。另一方面，在土耳其高校考试招生制度在历史演进过程中，基于特有的历史、文化、社会背景，考试制度的改革与发展道路呈现出自身特色。中国一直在探索高考的科学发展之路，了解土耳其高校考试招生制度的历史发展路径、实施之困境、改革之经验，考试制度建设之特色与不足，都可以为中国高考制度提供有益的参考和经验借鉴。

二 文献综述

本书以土耳其高校考试招生制度为研究对象，通过对中国知网、Google 学术、百度学术、EBSCO 文献数据库、国内图书馆、土耳其国家图书馆、土耳其期刊数据库、土耳其学位论文数据库等数据资源进行文献检索后发现，就所获文献整体而言，国内学者对土耳其高校考试招生制度的研究还极为匮乏，尚未形成硕、博士论文等系统化研究成果，学术论文仅限于零星的介绍性研究。相比之下，国外学者的研究成果较为丰富，体现为研究视角多元化、研究内容丰富化、研究方法多样化的特点。

（一）国内外研究回顾

1. 土耳其教育体系的历史研究

高校考试招生制度是高校人才选拔的重要制度，也是基础教育的"指挥棒"，对土耳其教育体系的研究有助于对高校考试招生制度的理解，是对高校考试招生制度所处教育背景的必要呈现。自 20 世纪 90 年代起，中国便有了关于土耳其历史的研究专著，在这些著作中，对土耳其高等教育的介绍性研究零星出现在土耳其历史研究中，大体可分为奥斯曼帝国时期的教育体系和土耳其共和国建国后的教育体系两部分。

奥斯曼帝国时期的教育体系，可分为军事教育和宗教教育两大教育内容，从教育层次上看，有初等教育、中等教育和高等教育。奥斯曼帝国教育体系作为奥斯曼帝国历史长河中的一个组成部分,对它的介绍性研究散见于国内关于奥斯曼帝国历史研究的书籍中。如黄维民在《奥斯曼帝国》中认为,奥尔汗建设了第一所设备完好的清真寺学校。随后,清真学校逐渐发展壮大,不仅有初等学校,也有高等学校。① 田瑾在《18—19世纪奥斯曼帝国与欧洲文化交往研究》中介绍了麦哈迈德二世的改革内容,认为他的改革对高等教育的发展起到了重要的推动作用。在他的努力下,1827年奥斯曼帝国建立了第一所军事医学院,在一定程度上促进了学生思想的变化,由此催生了一批批具有改革意识的思想家、作家、艺术家以及社会活动家。② 哈全安在《土耳其通史》中认为,穆罕默德二世在伊斯坦布尔建设的高等宗教学校具有重要的历史意义。而整个奥斯曼帝国共有师范学院31所,分布在首都和诸多省区。③ 从学者们对奥斯曼帝国时期的高等教育介绍可知,这一时期的高等教育建设主要由统治者苏丹推动,其作用是服务统治阶级,是为统治阶级输送人才的重要机构。

土耳其高等教育事业随着奥斯曼帝国的衰落而走向低谷,直至土耳其建国后才开始慢慢复苏。杨兆钧在《土耳其现代史》中指出土耳其高等教育在建国初期仅有一所大学即历史最悠久的伊斯坦布尔大学、7所师范学院和两所女子学院。1946年颁布的《大学法》使得土耳其大学获得了内部的行政和学术自治权,但在经济上仍受政府管制。④ 哈全安认为,凯末尔时代的世俗主义实践,推动了土耳其世俗教育的长足进步。⑤ 国内硕士学位论文中,侯苗苗在《土耳其教育现代化研究》中也论述了土耳其高等教育在建国后的复苏轨迹。⑥ 郭长刚则关注了土耳其

---

① 黄维民:《奥斯曼帝国》,中国国际广播出版社2015年版,第30—224页。
② 田瑾:《18—19世纪奥斯曼帝国与欧洲文化交往研究》,中国社会科学出版社2013年版,第117—118页。
③ 哈全安:《土耳其通史》,上海社会科学出版社2014年版,第179—180页。
④ 杨兆钧:《土耳其现代史》,云南大学出版社1990年版,第86—394页。
⑤ 哈全安:《土耳其通史》,上海社会科学出版社2014年版,第71—148页。
⑥ 侯苗苗:《土耳其教育现代化研究》,硕士学位论文,山东师范大学,2017年,第41—44页。

绪　论

高等教育体系的构成情况，他认为土耳其大学由国立大学、私立基金会大学及高等职业院校构成①，证实了土耳其高等教育构成层次的丰富性。

国内学者也通过翻译引进了数部国外学者的土耳其历史研究著作，这些历史著作中包含了对土耳其教育体系的简要介绍，包括：伯纳德·刘易斯的《现代土耳其的兴起》②、悉纳·阿克辛的《土耳其的崛起（1789年至今）》③、杰森·克德温的《奥斯曼帝国闲史》④、安·菲·米列尔的《土耳其现代简明史》⑤、帕特里克·贝尔福的《奥斯曼帝国六百年——土耳其帝国的兴衰》⑥等，这几部汉译著作都在对土耳其不同历史阶段的研究中零星提到了土耳其历史上教育改革和发展的情况。但作为历史著作，对于教育的研究仅限于寥寥几句描述性的介绍，难以形成完整的教育发展图谱。

相较而言，国外学者对土耳其教育研究的相关著作更为丰富和系统。尤其是土耳其国内学者，对于奥斯曼帝国时期以及土耳其建国初期的教育情况都进行了较为系统的研究，形成了多角度的研究著作。埃米恩·埃弗德（Emine Ö. Evered）在《奥斯曼帝国下的帝国与教育：从坦济马特时期到年轻土耳其人的政治、改革与抗争》⑦中详细分析了奥斯曼帝国时期激烈的政治斗争对教育发展的影响。著者认为，奥斯曼帝国后期旨在建立公民身份和忠诚度的教育政策反而提高了民族对语言和宗

---

① 郭长刚等编著：《列国志·土耳其》，社会科学文献出版社2015年版，第250—251页。

② ［英］伯纳德·刘易斯：《现代土耳其的兴起》，范中廉译，商务印书馆1982年版，第8页。

③ ［土耳其］悉纳·阿克辛：《土耳其的崛起（1789年至今）》，吴奇俊等译，社会科学文献出版社2017年版。

④ ［英］杰森·古德温：《奥斯曼帝国闲史》，周晓东等译，江苏人民出版社2010年版。

⑤ ［苏］安·菲·米列尔：《土耳其现代简明史》，朱贵生等译，生活·读书·新知三联出店1973年版。

⑥ ［英］帕特里克·贝尔福：《奥斯曼帝国六百年——土耳其帝国的兴衰》，栾力夫译，中信出版集团股份有限公司2018年版。

⑦ Emine Ö. Evered, *Empire and Education under the Ottomans: Politics, Reform, and esistance from the Tanzimat to the Young Turks*, Croydon: CPI Group (UK) Ltd, 2012.

教认同，从而促进而不是抑制了帝国的灭亡，适应了时代的进步。博兹库尔·居温杰（Bozkurt Güvenç）在《土耳其教育史》中以时间为线索梳理了自古土耳其人、奥斯曼帝国时期直至1980年整个土耳其基础教育的发展轨迹①。伊尔汉·巴什兹（İlhan Başgöz）的《1920—1940年土耳其教育问题》②作为印第安纳大学乌拉尔语丛书中的一个部分专门讨论了土耳其从奥斯曼帝国时期向共和国时期跨越和转型时的教育基本情况及存在的问题。雅各布·兰道（Jacob M. Landau）在《阿塔图克与土耳其现代化》③中简要介绍了阿塔图克时期土耳其教育现代化发展的举措。

此外，国外学者的研究成果中也不乏土耳其高等教育的研究专著，如霍斯特·温德曼（Horst Windmann）在《阿塔图克与大学改革》④中较为详细地介绍了阿塔图克时期大学改革的举措，各大学成立和改革时期各国教授对土耳其大学建设所作出的贡献，为其他研究者提供了较为翔实的研究史料。还有伊斯坦布尔比尔吉大学出版社出版的《土耳其大学史》系列丛书，对土耳其建国前后重要大学的建立史、发展史以及课程、教师、毕业生等信息均进行了翔实的记载。⑤

总体上来看，国内现有论著以及译著对于土耳其高等教育的研究还局限于零散的描述性介绍层面。它们往往穿插在土耳其的历史研究中作为土耳其国家发展历程的微小组成部分，并未形成系统、深入、理论化的研究。国内学术论文更注重对土耳其高等教育最新改革动向的追踪，同样以描述性和介绍性研究居多，如《博洛尼亚进程以来土耳其高等教

---

① Bozkurt Güvenç, *History of Turkish Education*, Ankara: Turkish Education Association, 1998.

② İlhan Başgöz, Howard E. Wilson, *Education Problems in Turkey 1920-1940*, Bloomington: Indiana University, 1968.

③ Jacob M. Landau, *Ataturk and the Modernization of Turkey*, Boulder: Westview Press, Inc., 1984.

④ Horst Widmann, *Atatürk ve Üniversite Reformu*, İstanbul: Kabalcı, 2000.

⑤ Emre Dölen, *Türkiye Üniversite Tarihi 1-5*, İstanbul: İstanbul Bilgi Üniversitesi Yayınları, 2010.

育国际化发展研究》① 《土耳其建设世界一流大学的动因、策略与特色》② 等。而国外学者尤其是土耳其学者对本国历史、教育以及高等教育的研究已经形成了较为系统和深入的研究成果，具有重要的参考价值和研究意义。

2. 土耳其高校考试招生制度的研究

国内外学者主要围绕七个方面对土耳其高校考试招生制度展开了研究，包括：对土耳其高校考试招生制度历史演进的研究、对土耳其高校考试招生制度的技术研究、对土耳其高校考试招生制度与别国高校考试招生制度的比较研究、对土耳其高校考试招生制度"高大衔接"问题的研究、对土耳其高校考试招生制度公平问题的研究、对土耳其高校考试招生制度利益相关者的研究以及对土耳其高校考试招生制度的争议等。

（1）对土耳高校考试招生制度历史演进的研究。学者们不仅对土耳其 20 世纪 50 年代至 2010 年实施的高校考试招生制度和改革历程进行了简要介绍③，也对土耳其国家考试招生机构（ÖSYM）的产生和发展历史作了介绍④，尤其是由土耳其国家考试招生机构组织出版的《学生选拔与分发中心：建立、发展、研究》⑤ 一书，为了解土耳其高校考试招生制度从分散到统一的演进过程提供了重要的史料。除了介绍性研

---

① 李爱莲、康叶钦：《博洛尼亚进程以来土耳其高等教育国际化发展研究》，《比较教育研究》2016 年第 8 期。

② 杨滢、黄巨臣：《土耳其建设世界一流大学的动因、策略与特色》，《高教探索》2019 年第 1 期。

③ Brain Grant, "Student Selection and Placement in Turkish Higher Education", *The Vocational Aspect of Education*, Vol. 42, No. 113, December 1990, pp. 119-123; Berberoğlu G., "The University Entrance Examinations in Turkey", *Studies in Educational Evaluation*, Vol. 22, No. 4, April 1996, pp. 363-373; Sercan Demirgüneş, "Transition to Higher Education in the World and Turkey: Proposal for Transition to Higher Education", *Journal of Education and Practice*, Vol. 8, No. 7, January 2017, pp. 18-23; Cynthia Lindquist, "Educational Reform in Turkey", *International Journal of Progressive Education*, Vol. 13, No. 2, June 2017, pp. 133-143.

④ Bilkent, Higher Education in Turkey, Paris: UNESCO, 1990, pp. 22-53.

⑤ Üstün Dökmen. T. C., *Yükseköğretim Kurulu Öğrenci Seçme ve Yerleştirme Merkezi: Kuruluşu, Gelişmesi, Çalışmaları*, Ankara: ÖSYM Yayınları, 1992.

究外，学者们同时看到了土耳其高校考试招生制度的高竞争性、改革频繁等特点①，但学者们并未对土耳其高校考试招生制度的演进历程进行系统而深入的研究，也并未对其改革原因、改革特点等进行深层次的研究和分析，仅停留在对考试形式、内容、录取方式、经费来源等的描述性介绍层面。

（2）对土耳其高校考试招生制度的技术研究。学者们对1983—1991年的土耳其高校考试招生制度的整体信度、效度进行了比较分析②，并进一步对数学③、地理④、物理⑤、几何⑥、外语、社会学等各学科试卷所测试的思维水平⑦、难度、信度、效度、区分度等进行了研究⑧。学者们认为，从技术层面上来看，土耳其高校考试制度的合理性

---

① 郭长刚、刘义主编：《土耳其发展报告（2016）》，社会科学文献出版社2016年版，第209—225页。

② A. Ata Tezbaşaran：Yükseköğretime Öğrenci Seçme ve Yerleştirme Sisteminde 1987 Yılında Yapılan Değişiklikler Üzerine Bir Araştırma, Ph. D. dissertation, Hacettepe Üniversitesi Sosyal Bilimler Enstitüsü, 1991.

③ Necdet Güner, "The Errors Students from Primary Education and Secondary Education Done while Answering 2010 YGS-Mathematics Problems", *Pamukkale Üniversitesi Eğitim Fakültesi Dergisi*, Vol. 30, No. 2, July 2011, pp. 125–140.

④ Hakan Koç, Ömer Faruk Sönmez, "ÖSS, YGS ve LYS Sınavlarındaki Coğrafya Sorularının Bloom Taksonomisi Bilişsel Alan Düzeyi Açısından Analizi", *Karadeniz Araştırmaları*, Vol. 36, No. 36, June 2013, pp. 257–275.

⑤ İbrahim Karaman, Rıza Salar, "YGS ve LYS Sınavlarındaki Fizik Sorularının Öğretim Programı Açısından ve Bloom Taksonomisi Bilişsel Alan Düzeyi Açısından Analizi", *Akademik Sosyal Araştırmalar Der*gisi, Vol. 2, No. 6, September 2014, pp. 309–315.

⑥ Taliha Keleş, Mihriban Hacısalihoğlu Karadeniz, "2006 - 2012 Yılları Arasında Yapılan ÖSS, YGS ve LYS Matematik ve Geometri Sorularının Bloom Taksonomisinin Bilişsel Süreç Boyutuna Göre İncelenmesi", *Turkish Journal of Computer and Mathematics Education*, Vol. 6, No. 3, December 2015, pp. 532–552.

⑦ Caner Aladağ, "An Analysis of the 2011-LYS Geography Questions in Terms of the Item Difficulty and Misconception", *Elementary Education Online*, Vol. 15, No. 4, October 2016, pp. 1425–1435.

⑧ Yücel Kabapınar, Selda Şan, "Relativity in SBS/OKS and YGS/ÖSS Questions and Answers: Which Answer is Correct: Mine or ÖSYM's", *Kastamonu Eğitim Dergisi*, Vol. 25, No. 1, January 2017, pp. 97–110.

绪　论

和科学性还有待提升，人才选拔功能还有待加强①。学者们对土耳其高校考试招生制度的技术研究更多是检测性的，极少有学者对考试招生制度中出现的不合理问题提出建设性的建议和改革方案。

（3）对土耳其高校考试招生制度与别国高校考试招生制度的比较研究。学者们既关注了欧洲国家高校考试招生制度与土耳其的异同②，也看到了中国高考与土耳其高校考试招生制度的异同，并认为中国高考题型设置多样性值得借鉴③。而在中国却尚未有对土耳其高校考试招生制度的深入而系统的研究，这无疑是一种交流与理解的缺失。

（4）对土耳其高校考试招生制度"高大衔接"问题的研究。这一领域的研究具体包括对高中课程与大学入学考试的覆盖率④、大学入学考试与高中测试评估的一致性⑤、大学入学成绩与高中学业成绩的相关性⑥等问题的研究。学者们认为大学入学考试与高中课程的覆盖率较高，但存在评估上的不一致，并且高中学业成绩与大学入学成绩并无显著关联，加之"唯考试"所带来的两者高覆盖率的结果并不利于学生

---

① K. Mert Çubukçu, "Evaluating Higher Education Policy in Turkey: Assessment of The Admission Procedure to Architecture, Planning, and Engineering School", *International Journal of Education Policy & Leadership*, Vol. 4, No. 4, May 2009, pp. 1–14.

② Filiz Gölpek, Kenan Uğurlugelen, "Avrupa Ülkelerinde ve Türkiye'de Yükseköğretime Giriş Sistemleri", *Dicle Üniversitesi İktisadi ve İdari Bilimler Fakültesi Dergisi*, Vol. 2, No. 5, January 2013, pp. 64–77.

③ Erdi Altun, Gülten Şendur, Şenol Alpat, "Comparison of The Main Features and The Chemistry Questions of University Entrance Examinations in China and Turkey", *Kastamonu Eğitim Dergisi*, Vol. 24, No. 2, March 2016, pp. 857–874.

④ Hicran B. Fırat, Hüseyin S. Yaratan, "The Impact of External Examinations on High School Curricula: Perceptions of Science Teachers", *Procedia-Social and Behavioral Sciences*, Vol. 106, No. 10, December 2013, pp. 2838–2843.

⑤ Ali Azar, "Analysis of Turkish High-School Physics-Examination Questions and University Entrance Exams Questions According To Blooms'Taxonomy", *Journal of Turkish Science Education*, Vol. 2, No. 2, November 2005, pp. 144–150.

⑥ İsmail Karakaya, Ezel Tavşancıl, "Öğrencilerin ÖSS Puanları ve Ortaöğretim Başarı Puanı İle Üniversitedeki Akademik Başarısı Arasındaki İlişkinin İncelenmesi", *Çağdaş Eğitim Dergisi*, Vol. 2, No. 1, July 2011, pp. 155–163; Vedat Şahin, "An Evaluation of Geography Department Students Average Field Performances in YGS and LYS Tests", *Marmara Geographical Review*, Vol. 34, July 2016, pp. 70–74.

的成长。学者们就此提出了解决问题的办法,但学者们提出的改革建议大多聚焦在高中的教学和管理上,较少从高校考试招生制度角度来思考其可能存在的问题和改进的方法,这是目前此类问题研究的不足之处。

(5) 对土耳其高校考试招生制度公平问题的研究。学者们着重对造成考试不公平的因素进行了分析[1],并认为家庭背景、学校差异、地区差异以及教育商业化等因素造成了考试不公平,同时证实了多次参加大学入学考试可以减少考生背景不平等对大学录取结果的影响[2],且弱势群体的考试公平问题正日益受到重视[3]。土耳其教育协会也组织学者对土耳其高校考试招生制度的公平问题展开讨论并形成了宝贵的会议记录,为土耳其高校考试招生制度的改革和发展提供了重要的参考资料[4]。学者们对土耳其高校考试招生制度公平性问题的关注与研究,对推进土耳其考试招生制度的公平性具有重要的现实意义。但此类研究的研究方法更侧重于量化研究,较少有学者通过质性研究方法深入剖析高校考试招生制度的公平问题。

(6) 对土耳其高校考试招生制度利益相关者的研究。学者们认为高校入学考试对考生的心理健康有所影响[5],但并非唯一影响因素,且

---

[1] Asena Caner, Çağla Ökten, *Higher Education in Turkey: Subsidizing the Rich or the Poor?*, Economics of Education Review Discussion Paper No. 7011, November 2012, pp. 75–92.

[2] Kala Krishna, Veronica Frisancho, "Learning Gains among Repeat Takers of the Turkish College Entrance Exam" (July 1, 2012), https://www.isid.ac.in/~pu/conference/dec_12_conf/Papers/VeronicaFrisancho.pdf.

[3] A. Aşkım Kurt, Canan Çolak, "Opportunities for Students with Disabilities in Higher Education Institutions in Turkey: Where is ICT?" *International Journal of Special Education*, Vol. 31, No. 1, 2016, pp. 104–113.

[4] Türk Eğitim Derneği Yayınları, *Yüksek Öğretime Giriş Sorunları Eğitim Toplantısı 25–26 Ekim* 1977, Şafak Matbaası, 1978.

[5] Aylin İlden Koçkar, Tülin Gençöz, "Personality, Social Support, and Anxiety among Adolescents Preparing for University Entrance Examinations in Turkey", *Current Psychology: Developmental · Learning · Personality · Social*, June 2004, pp. 138–146; Yıldırım İbrahim, Ergene Tuncay, Münir Kerim, "High Rates of Depressive Symptomsamong Senior High School Students Preparing for National University Entrance Examination in Turkey", *International Journal on School Disaffection*, Vol. 4, No. 2, January 2007, pp. 35–44.

绪　论

女性考生比男性考生更易产生抑郁等心理健康问题①。考试对教师也产生了负面影响，"唯分数"使得教学为考试服务的现状并不利于教师的职业发展②。此外，学者们还发现考试也对考生家长产生了影响，考试压力、孩子备考的态度都成为父母焦虑的原因，但父母的焦虑有利于父母理解孩子备考的不易，从而为孩子提供更多的家庭支持③。学者们对土耳其高校考试招生制度利益相关者的研究，为我们展现出高校考试招生制度对土耳其社会所带来的深刻影响。土耳其高考不仅在教育系统中占据着重要地位，也是重要的社会制度，关系着千家万户的切身利益，值得进一步深入研究。

（7）对土耳其高校考试招生制度的争议。任何国家的全国性考试招生制度在实施时，都会受到外界的争议，没有任何一种制度是完全受人赞同或完全遭受非议的。土耳其高校考试招生制度也一样，不同学者表达的不同看法和观点为我们了解土耳其高校考试招生制度实施时的真实情况提供了重要的参考资料。学者们对土耳其高校考试招生制度的评价可以分为赞同派、改良派和反对派三个阵营。赞同派如唐杰·布（Tuncer Bülbül）认为统一考试给了各个阶层人民平等的高等教育入学机会，应当予以坚持。④ 卡拉·克里希纳（Kala Krishna）证明土耳其

---

① Erzen Evren, Odacı Hatice, "The Effect of the Attachment Styles and Self-efficacyofAdolescents Preparing for University Entrance Tests in Turkey on Predicting Test Anxiety", *Educational Psychology*, Vol. 36, No. 10, June 2016, pp. 1–14; Yüksel Çırak, "University Entrance Exams from the Perspective of Senior High School Students", *Journal of Education and Training Studies*, Vol. 4, No. 9, September 2016, pp. 177–185.

② Özgür Yıldırım, "Washback Effects of a High-Stakes University Entrance Exam: Effects of the English Section of the University Entrance Exam on Future English Language Teachers in Turkey", *The Asian EFL Journal Quarterly*, Vol. 12, No. 2, June 2010, pp. 92–116; Çiler Hatipoğlu, "The Impact of the University Entrance Exam on EFL Education in Turkey: Pre-service English Language Teachers'Perspective", *Procedia-Social and Behavioral Sciences*, Vol. 232, No. 14, October 2016, pp. 136–144; F. Özlem Saka, "What do Teachers Think about Testing Procedure at Schools?", *Procedia-Social and Behavioral Sciences*, Vol. 232, No. 14, April 2016, pp. 575–585.

③ Kemal Baytemir, Tahsin İlhan, "Development of the Exam Anxiety Scale for Parents: A Validity and Reliability Study", *Electronic Journal of Research in Educational Psychology*, Vol. 16, No. 44, April 2018, pp. 223–241.

④ Tuncer Bülbül, "Factors Influencing Access to Higher Education in Turkey" (June 7, 2016), https://www.intechopen.com/books/global-voices-in-higher-education/factors-influencing-access-to-higher-educati-on-in-turkeys.

高校考试招生制度并非"一考定终身",具有制度优越性。[1] 反对派如K. 默特·库布克库（K. Mert Çubukçu）认为,大学入学考试获得高分与大学专业学习能力之间存在着高度的不匹配,他认为目前基于考试分数作为高校入学依据并不可取[2]。改良派则认为高校考试招生制度有其不足,但有可以改进的空间,可坚持实施。库姆胡尔·埃尔德姆（Cumhur Erdem）等人从公平的角度质疑了大学录取过程中使用标准化考试的方式,认为应设计新的大学入学考试以规避当前考试系统的缺点。[3]

（二）国内外研究现状评述

综上所述,国内学者对土耳其高校考试招生制度的研究还极为匮乏,主要基于三个方面的原因：一是语言障碍；二是通过实地调查获取一手资料的途径匮乏；三是关于土耳其高校考试招生制度的相关资料缺乏,难以支撑起系统性研究。对于土耳其高校考试招生制度宏观政策和微观方面的研究都还有待进一步补充和完善。

相较于国内学者,国外学者对土耳其高校考试招生制度的研究已经形成了一定的基础。不仅对土耳其高校考试招生制度的历史演进作出了介绍,更对考试技术问题、考试公平问题、"高大衔接"问题、考试利益相关者等问题进行了研究。总体来看,对土耳其高校考试招生制度的研究呈现出"三多三少"的特点：技术层面的研究多,政策层面的研究少；量化研究多,质性研究少；学术论文成果多,研究专著少。总之,国内外研究为后来者继续深入研究土耳其高校考试招生制度提供了一定的参考,但已有研究仍存在着一些局限和不足有待完善。

---

[1] Kala Krishna, "Retaking in High Stakes Exams: Is Less More?" *International Economic Review*, Vol. 59, No. 2, Februay 2018, pp. 449-477.

[2] K. Mert Çubukçu, "Evaluating Higher Education Policy in Turkey: Assessment of The Admission Procedure to Architecture, Planning, and Engineering School", *International Journal of Education Policy & Leadership*, Vol. 4, No. 4, May 2009, pp. 1-14.

[3] Cumhur Erdem, İsmail Şentürk, Cem Kaan Arslan, "The Socioeconomic Determinantsof the University Entrance Exam Scores in Turkey", *Management in Education*, Vol. 2, No. 4, January 2008, pp. 357-371.

绪　论

1. 从研究主体看，非土耳其本土学者对土耳其高校考试招生制度的研究较少且研究成果还停留在介绍和描述层面。一方面，来自不同国度文化背景的学者对同一问题基于不同文化背景、不同主观因素和已有经验的研究，带来了不同的研究视角和观点。另一方面，深入不同国家的具体语境，置身于其特有的政治、经济、文化、教育中考查高校考试招生制度的历史和现状，有助于我们深入和有效地获取土耳其高校考试招生制度的一手资料，加深我们对研究问题的理解。

2. 从研究内容看，学者们既关注土耳其高校考试招生制度的科学性问题，也关注考试对社会生活的影响，但研究还缺乏系统性和整体性。从目前的研究内容而言，首先，在检测土耳其高校考试招生制度的科学性上，学者们对各学科试题都进行了信、效度等的检测，内容覆盖了试题设置的合理性、试题的难易程度、试题的区分度、测试的侧重点、评估效果等方面。其次，学者们立足现实，检验了考试对考生的影响、对高中教学的影响、对高中教师的影响、通过探讨考试的公平性等问题考查了考试对社会的影响等。但学者们对考试的微观研究较多，政策性宏观研究较少；检验性研究较多，建设性研究较少；提出问题的较多，提出解决问题路径的较少；以往的高校考试招生制度改革研究多，最新的高校考试招生制度改革研究少。总之，在研究内容上，对土耳其高校考试招生制度的研究内容还缺乏整体性、系统性的研究。土耳其高校考试招生政策如何？全国高校统一考试招生制度的产生和发展历史如何？目前最新的高校考试招生制度的改革动向如何？高校考试招生制度的公平性问题还体现在其他哪些方面？这些内容都有待在后续的研究中进一步补充和回答。

3. 从研究方法看，学者们对土耳其高校考试招生制度的研究采用了多元化的研究方法，包括定量研究法、质性研究方法、定量与定性相结合的方法、比较研究等方法。其中，绝大多数研究者采用了定量的实证研究方法，以问卷调查、抽样调查、实验等方法对研究问题进行验证。少数学者使用了质性研究方法，通过访谈等手段获取研究数据，得到研究结论。但总体而言，在对土耳其高校考试招生制度的研究中，文献法、历史分析法、比较研究法、质性研究法等方法使用偏少。在后续的研究中，本书将使用文献法、历史分析法等研究方法对土耳其高校考试招生制度发展的历史和现状进行分析，同时使用质性研究方法、比较研究法等，对土耳其高校考试招生制度中的公平性等问题进行深入研究，以丰富和完善土耳其高校考试招生制度的研究成果。

4. 从研究的理论视角看，布鲁姆分类学是学者们在研究土耳其高校考试招生制度的科学性时使用得最多的理论。此外，马丁·特罗高等教育大众化理论、规模经济理论、混沌管理理论等都是学者们研究时偏爱使用的理论依据，这些理论覆盖了教育学、经济学、管理学等诸多学科。但目前的研究理论视角仍比较有限，有进一步丰富和拓展的空间。高校考试招生制度根植于现实，也需要高于现实，有实践，更需要有理论作为依托。丰富和多元化的理论视角，将有助于我们从理论上加深对土耳其高校考试招生制度的理解，填补此专题国内研究的空白。

总之，国内学者对于土耳其高校考试招生制度的研究还极为稀缺，既缺乏研究的深度，也缺乏研究的系统性。而国外学者目前对土耳其高校考试招生制度的研究已形成了一定的成果，但仍存在许多研究问题有待补充和完善。本书基于学者们对土耳其高校考试招生制度的已有研究基础之上，继续丰富研究内容、拓展研究方法、寻求更多理论依据，为土耳其高校考试招生制度的研究作进一步补充，力求呈现一个较为系统、完整的土耳其高校考试招生制度，填补此专题国内研究的空白。

三 核心概念与理论视角

本书中出现的核心概念包括土耳其高等教育、土耳其大学、土耳其高校考试招生制度、"测量，选拔与分发中心"等，并使用公平理论及组织生态学理论作为本书部分章节的理论视角，以下是对相关概念及理论视角的基本阐释。

（一）核心概念

1. 土耳其高等教育

在土耳其语境下，土耳其高等教育是指在土耳其国家教育系统中，

绪 论

每一个阶段至少包含四个学期的所有中学后教育①。土耳其高等教育分为正规教育、非正规教育、远程教育和外部教育四类。正规教育包括四年制普通高校（提供本科、硕士、博士教育）、四年制高等职业学校（旨在培养特定职业技能性人才）以及两年制职业学校（只提供副学士教育）。其中远程教育和外部教育对于那些因工作、身体残疾等原因无法进入课堂学习的学生具有重要的意义。其他高等教育的主要相关概念见表0-1。本书中的土耳其高等教育主要指土耳其高等教育体系中的四年制普通高校。

表 0-1　　　　　　土耳其高等教育核心概念阐释②

高等教育机构	包括大学、学院、研究生院、高等教育学院、音乐学院、高等职业学院和研究中心
学院	开展高水平教育、学术研究和出版的高等教育机构
高等职业学院	实行四学期教育的高等教育机构，旨在培养特定领域的人才
远程教育	通过广播、电视和教材进行的教育
外部教育	在工作时间之外提供课程的教育，课堂出勤不是强制性的，但学生必须参加期中和期末考核
非正规教育	提供给公众的教育，目的是传播知识和让公众能够在不同领域获得技能

2. 土耳其大学

在土耳其语境下，土耳其大学指具有学术自由和法人资格的高等教育机构，主要开展高水平教育、学术研究、出版和咨询工作。大学由各种学院、研究生院、高等教育学院和类似的机构和单位组成。③ 土耳其

---

① Mevzuat Bilgi Sistemi, "Yükseköğretim Kanunu" (November 11, 1982), https://www.mevzuat.gov.tr/MevzuatMetin/1.5.2547.pdf.
② Mevzuat Bilgi Sistemi, "Yükseköğretim Kanunu" (November 11, 1982), https://www.mevzuat.gov.tr/MevzuatMetin/1.5.2547.pdf.
③ Mevzuat Bilgi Sistemi, "Yükseköğretim Kanunu" (November 11, 1982), https://www.mevzuat.gov.tr/MevzuatMetin/1.5.2547.pdf.

大学包括公立大学和基金会私立大学，目前土耳其共有公立大学129所，基金会私立大学80所，共计大学209所。① 本书中的大学主要指土耳其的公立大学和基金会私立大学。

3. 土耳其高校考试招生制度

高校考试招生制度是指以考试为手段，为高校进行人才选拔的体系。考试是招生的工具，招生是考试的目的。高校考试招生制度是高校招生目的、方针和实施办法的总称，包括其历史、招生政策、选拔形式、考试招生、录取方法、招生机构及实践等，是国家教育制度的重要组成部分，受国家政策、政治、经济和文化等因素的影响。② 在土耳其，1974年后凡有意进入高等教育机构学习的学生必须参加全国高校统一考试，并由高等教育委员会（Yükseköğretim Kurulu，YÖK）及"测量，选拔与分发中心"（Ölçme Seçme ve Yerleştirme Merkezi，ÖSYM）根据学生考试成绩及填报志愿分配进入高等教育机构。本书所指的土耳其高校考试招生制度主要是指1974年后土耳其所实行的全国高校统一考试招生制度。

4. "测量，选拔与分发中心"

"测量，选拔与分发中心"是土耳其负责高校考试招生的专门机构。在土耳其语境中，"分发（Yerleştirme）"是指"考虑到评估结果形成的分数、偏好、配额和条件，将候选人录取到高等教育机构或相关机构和组织的过程"③。

"测量，选拔与分发中心"成立于1974年11月19日，成立之初名为大学生选拔与分发中心，专门负责土耳其高校考试招生的准备、实施、管理和评估等工作，并根据学生的报考志愿和成绩排名将学生录取

---

① YÖK, "Türlerine Göre Mevcut Üniversite Sayısı"（November 29, 2019），https：//istatistik.yok.gov.tr/.
② 唐滢：《美国高校考试招生制度研究》，华中师范大学出版社2007年版，第3—4页。
③ Mevzuat Bilgi Sistemi, "Ölçme, Seçme ve Yerleştirme Merkezi Hizmetleri Hakkında Kanun", (February 11, 2011), http：//www.mevzuat.gov.tr/Metin1.Aspx? MevzuatKod = 1.5.6114&MevzuatIliski = 0&sourceXmlSearch = Se%C3%A7me%20ve%20Yerle%C5%9Ftirme%20Merkezi%20Hizmetleri%20Hakk%C4%B1nda%20Kanun&Tur = 1&Tertip = 5&No = 6114.

绪　论

到大学和其他高等教育机构。1981年根据土耳其《高等教育法》更名为学生选拔与分发中心①。2011年3月3日第6114号法案颁布后，大学生选拔与分发中心再次更名为"测量，选拔与分发中心"，并成为具有独立行政权和财政自主权的考试招生机构。

（二）理论视角

本书在部分章节使用了公平理论与组织生态学理论。

1. 公平理论

长久以来，公平理论都作为研究考试招生制度的基本理论依据之一，尽管公平理论随着时间的推进不断发展，但它仍是研究考试招生制度公平的重要理论基石。

约翰·罗尔斯认为："社会和经济的不平等，只要其结果能给每一个人，尤其是那些最少受惠的社会成员带来补偿利益，它们就是正义的。"② 罗尔斯所说的"公平的正义"，即认为公平的社会应当消除社会中的已有差别并追求公平，提出对弱势群体进行补偿以促进公平，体现了对整个社会公平的理想构建。罗尔斯的正义理论对于我们理解高等教育公平起到了重要的理论支撑作用。高等教育公平的核心体现在受教育权利公平与受教育机会公平两个方面。普遍认可的高等教育公平主要指高等教育机会公平，它包括高等教育起点公平（即教育权利公平和教育机会公平）、高等教育过程公平（包括教育资源公平）和高等教育结果公平（指学业成就和未来发展平台等）。公平理论是本书理解高校考试招生制度公平性，即高等教育起点公平研究的重要理论依据。

2. 组织生态学理论

1977年汉娜（Hannan）和费里曼（Freeman）创建了组织生态学，他们认为社会是一个生态系统，而组织则是一个复杂的生命系统，一个组织要在环境中求得生存，就必须通过组织改革达到适应环境，发展自

---

① Mevzuat Bilgi Sistemi, "Yükseköğretim Kanunu"（November 11, 1982), https://www.mevzuat.gov.tr/MevzuatMetin/1.5.2547.pdf.

② ［美］约翰·罗尔斯：《正义论》，何怀宏等译，中国社会科学出版社1988年版，第14—73页。

身的目的。这个不断改革自身的过程，即组织的演变性。[1] 在这个演变的过程中，组织机构需要围绕"核心能力"寻求生存和发展，而组织机构生存和发展的最优化则有赖于组织机构演变的四个关键点——"多样性""制度约束""共栖"和"内部资源"。利用组织生态学理论，有助于我们深入理解土耳其考试招生机构专业化发展所遵循的客观规律。

四 研究思路与研究方法

本书的基本研究思路及研究方法如图0-1所示。

（一）研究思路

本书以"土耳其高校考试招生制度"为研究对象，通过对土耳其高校考试招生制度的历史梳理和实地调查对其进行全面系统地研究。本书在绪论部分，对研究的缘起与意义、核心概念、文献综述、研究思路与研究方法等进行阐述。研究内容和研究思路如下。

第一章，从宏观上对土耳其教育制度进行整体介绍。高校考试招生制度作为教育制度中的重要组成部分，对其教育制度有所了解有助于进一步理解高校考试招生制度。在土耳其教育制度中，将围绕土耳其教育体系的历史发展与演变进行介绍。具体包括土耳其基础教育的历史演进及现状、高等教育的历史演进、现行高等教育体系、高等教育管理机构体系等内容。

第二章，从纵向上对土耳其高校考试招生制度的历史演进进行探讨。这一部分以文献法和文本分析法为主要研究方法，以历史梳理为重点，以时间为线索从纵向上追溯土耳其高校考试招生制度的历史根源，探讨自奥斯曼帝国时期至今，在漫长的历史进程中土耳其高校考试招生制度改革和发展的历程。尤其着重对土耳其全国高校统一考试招生制度的产生和改革历程进行深入研究，探讨每次改革的动因、内容、形式、

---

[1] ［美］迈克尔·汉南、约翰·弗里曼：《组织生态学》，彭璧玉、李熙译，科学出版社2014年版，第14—15页。

绪　论

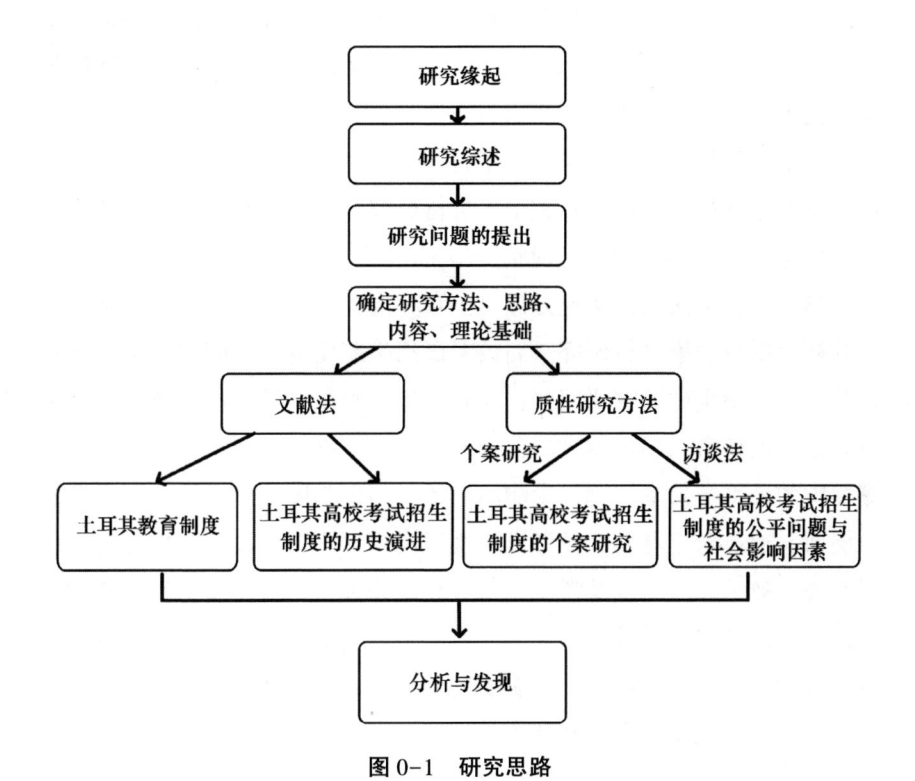

```
          研究缘起
             ↓
          研究综述
             ↓
        研究问题的提出
             ↓
      确定研究方法、思路、
      内容、理论基础
         ↙        ↘
      文献法      质性研究方法
                个案研究 ↙ ↘ 访谈法
    ↙      ↘        ↓         ↓
土耳其  土耳其高校考试招  土耳其高校考试招  土耳其高校考试招生
教育   生制度的历史演进  生制度的个案研究  制度的公平问题与
制度                              社会影响因素
         ↘    ↓    ↙    ↓
              分析与发现
```

图 0-1　研究思路

特色等，系统展现土耳其高校考试招生制度的历史演进过程。

第三章，从现实上对土耳其现行高校考试招生制度进行研究。本部分着重解决四个问题。首先，对土耳其现行高校考试招生制度的全貌进行总体介绍。其次，对土耳其国家考试招生机构"测量，选拔与分发中心"的产生和专业化发展的路径进行研究。再次，对土耳其高校考试招生制度的相关法律法规进行介绍。最后，着重对土耳其最新高校考试招生制度改革的背景、动因、历程、形式、内容、影响和特色进行全面研究。通过这四个方面的研究，以期对土耳其现行高校考试招生制度有一个更为立体的呈现。

第四章，从中观上对土耳其高校考试招生制度实施个案展开研究。土耳其考试招生制度实行"全部的统一"与"部分的自主"相结合的政策。"全部的统一"指所有有意进入大学的普通考生必须统一参加全国高校考试招生，"部分的自主"指高校有权对特殊才能考生（即特长生、艺术类考生）和外国学生进行自主招考，不同高校在自主招考环节体现出不同的特点。本章采取个案研究方法对土耳其不同层次、不同性质高校的考试招生制度的实施个案进行研究，从中观角度深入了解土耳其高校考试招生制度的实施现状。

第五章，采用质性研究方法对土耳其高校考试招生制度的公平问题及其社会影响因素进行研究。高校考试招生制度的公平问题是土耳其高校统一考试招生中的重要问题，受到考生、家长和社会的广泛关注。本章着重从高校考试招生制度的公平问题着手，围绕土耳其国家考试招生制度中的公平与效率问题、影响高校考试招生制度公平的社会因素等两个层面，通过对土耳其高校考试招生机构管理人员、高校招生部门管理者、高中教师、考生以及考生家长等利益相关者进行深度访谈，从微观个体入手，获取一手资料，了解土耳其高校考试招生制度的公平现状，深入分析土耳其高校考试招生制度的公平内涵及其社会影响因素。

第六章，主要对土耳其高校考试招生制度进行总体分析与总结。着重讨论四个问题。首先，任何一个国家的高校考试招生制度在实施过程中，都会面临许多现实困境，引发舆论争议，但舆情往往成为考试招生制度改革的动力源泉和未来发展的方向。本章聚焦这一问题，对土耳其高校考试招生制度实施中所面临的困境以及舆论争议做出分析和研究，以期从侧面了解土耳其高校考试招生制度实施中所产生的利弊。其次，对土耳其高校考试招生制度的特色和发展趋势进行分析，展现土耳其考试招生制度的独特之处和未来可能的改革方向和发展路径。再次，探讨土耳其高校考试招生制度与土耳其社会的相互关系，以政经、经济、文化、教育等四大社会因素与高校考试招生制度的相互作用为分析要点。最后，总结土耳其考试招生制度的主要实践经验，分析其为中国高考制度改革带来的启示。

总之，本书聚焦土耳其高校考试招生制度，拟从历史角度挖掘土耳其高校考试招生制度与社会发展的深层次关系，从现实出发考察土耳其

绪 论

高校考试招生对现今社会的影响；既从宏观上研究土耳其高校考试招生的整体情况，也从中观上对土耳其高校考试招生制度的实施情况进行剖析，最后从微观上通过访谈土耳其高校考试招生制度的利益相关者探讨高校考试招生制度公平与社会的公平的关系。通过本书力求对土耳其高校考试招生制度进行较为全面、系统的呈现，为中国高考提供有益的借鉴与参考。

（二）研究方法

本书的研究方法主要包括文献法、访谈法、个案研究法和比较研究法。

1. 文献法

文献法是本书的主要研究方法之一。文献法是指通过对文献进行搜集、鉴别、整理、分析和研究以找出事物本质属性的一种研究方法[①]。本人在掌握土耳其语的基础上，赴土耳其实地调查研究近一年半。研究通过文献法获取土耳其高校考试招生制度的历史研究资料，探索土耳其教育制度、土耳其高校考试招生制度历史演进以及改革过程中的深层次规律。文献源自：（1）土耳其国家图书馆（Milli Kütüphane）、土耳其高校图书馆、中国图书馆的书籍、报纸和学术期刊等资料；（2）土耳其国家教育部（MEB）、土耳其高等教育委员会、土耳其"测量，选拔与分发中心"、土耳其国家数据库（TÜİK）、土耳其各高校的官方网络信息资源；（3）土耳其国家教育部、土耳其高等教育委员会、土耳其"测量，选拔与分发中心"等官方机构所发布的政策文件和研究报告；（4）来自互联网的其他资料。

2. 访谈法

访谈法是指通过口头谈话的方式从被研究者处收集第一手资料的一种研究方法。[②] 访谈法有助于探索事实背后的真相和事件深层次的意义。通过访谈将有利于拓展研究视野，提升研究深度。本人于2019年8

[①] 李秉德主编：《教育科学研究方法》，人民教育出版社1986年版，第136—137页。
[②] 陈向明：《质的研究方法与社会科学研究》，教育科学出版社2000年版，第165—166页。

月至 2020 年 12 月在土耳其访问研究期间，联系有代表性的土耳其高校考试招生机构管理者、高校招生部门管理者、中学教师、考生以及考生家长等 50 余人进行深度访谈，从而获取关于土耳其考试招生制度的公平问题、社会影响等方面的一手资料，作为本书的研究数据。

3. 个案研究法

个案研究是一个特殊实例，通常用于阐释更为普遍的原则。① 本书通过选取具有代表意义的土耳其一流公立大学、普通公立大学和基金会私立大学，从中观层面全面细致地探讨土耳其高校考试招生制度在实际执行过程中的具体情况、特点和存在的问题，从而呈现出土耳其高校考试招生制度实施的现状。

4. 比较研究法

比较研究法是根据一定的标准，对两个或两个以上有联系的事物放在一起进行考察，寻找其异同，以把握研究对象所特有的质的规定性，探求教育之普遍规律与特殊表现的方法。② 本书虽未将中国高考与土耳其高校考试招生制度进行明确的一一比较，但通过全面考察土耳其高校考试招生制度，分析归纳其发展历史、改革特点、制度科学性、合理性、公平性、社会影响等问题，将对探索两国高校考试招生制度的共性与差异具有重要的借鉴意义。

五 研究重点与研究难点

本书的研究重点和难点包括以下内容：

（一）研究重点

研究的重点在于：首先，从纵向上梳理土耳其高校考试招生制度产生和发展的历史背景，详细介绍每次考试改革的详细内容、动因和效果，力求为土耳其高校考试招生制度勾勒全貌。其次，从中观上采用个案研究方法透过不同类型高校展示土耳其高校考试招生制度在不同实施

---

① ［英］刘易斯·科恩、劳伦斯·马尼恩、基恩·莫里森：《教育研究方法》，程亮等译，华东师范大学出版社 2015 年版，第 366—367 页。
② 斐娣娜：《教育研究方法导论》，安徽教育出版社 1995 年版，第 223—224 页。

主体下的不同特征。最后，采用访谈法从高校考试招生制度的利益相关者出发，从微观个体发掘土耳其高校考试招生制度背后所蕴含的公平问题及其社会影响因素，对土耳其高校考试招生制度做出全面而深入的研究和分析。

(二) 研究难点

研究的难点在于：面对完全不同历史文化背景的国家，如何挖掘和理解其政治、经济、文化、教育对不同时期土耳其高校考试招生制度所起的影响作用？如何基于高校考试招生制度的不同利益相关者（考试招生机构管理人员、高校招生部门管理者、高中教师、考生、家长）的访谈文本梳理和分析高校考试招生制度的公平、效率和社会影响？在不同体制下，高校考试招生制度公平的意义会产生怎样的变化，又有哪些不同的体现？不同类型的高校在考试招生上是否存在实质上的不同？这些问题都将成为本研究的研究难点，有待通过实地调查研究收集一手资料，深入理解和分析，并一一作答。

第一章

土耳其教育制度概况

土耳其横跨亚欧大陆，是一个以穆斯林人口为主却坚持走世俗化道路的国家。在这个承袭了伊斯兰传统并兼容西方文明的国度，其教育发展呈现出复杂性、多样性和包容性的特点。高校考试招生制度作为教育制度的一个重要组成部分，有必要在研究高校考试招生制度之前首先对土耳其教育制度，尤其是高等教育制度的发展历史和现状进行一个整体梳理，从而对土耳其高校考试招生制度的产生和发展背景形成较为深入的全景式理解。

第一节 土耳其基础教育制度

土耳其教育体系的发展以土耳其共和国的成立为界碑，在此之前是奥斯曼帝国统治下的传统教育体系，在此之后是共和国管理下的现代化教育体系。作为一个宗教国家，奥斯曼帝国统治下的教育体系深受宗教影响，教育与宗教交融。奥斯曼帝国时期初等教育较为发达，之后逐渐出现具备高等教育性质的学校，但由于中等教育的缺失，使得高等教育与初等教育难以衔接，各个层次的教育发展不充分。奥斯曼帝国晚期，传统的宗教教育仍根深蒂固，现代化教育只能在宗教教育的夹缝中求生存，并未形成完整的教育体系。直至土耳其共和国成立以后，土耳其教育才开始摆脱宗教和皇权的束缚，建立起了完备的现代化教育体系。

一 基础教育历史发展概况

土耳其学校教育体系的历史可以追溯到塞尔丘克帝国（Selçuk）时期的教育系统玛德拉萨（Medrese），这一教育体系建立在服务宗教和以宗教教育为核心的基础上，并一直延续到奥斯曼帝国晚期。作为具有神权意义的帝国体制，奥斯曼帝国晚期以前的教育都以宗教教育为主，受到宗教和帝国的双重控制。可以说土耳其在共和国建立之前并没有建立起真正的现代化教育体系，宗教教育阻碍了现代化教育的发展。宗教教育在这个国家根深蒂固，枝繁叶茂，诠释着教育的全部，也涵盖了生活的全部。在宗教的阻碍之下，现代化教育的发展步履维艰。

（一）奥斯曼帝国时期的基础教育体系

"土耳其人的教育和纪律制度是政治的主要力量之一，也是维持帝国的最重要因素。"[①] 教育作为维系帝国统治的工具，在帝国生活中占据着重要地位。

1. 与宗教融合的初等教育

奥斯曼帝国从建立直至灭亡，小学教育体系（Sıbyan Mektebi）一直是奥斯曼帝国600余年公共教育体系的主要的内容。这一教育体系承袭自塞尔丘克帝国时期的教育系统玛德拉萨。在玛德拉萨教育体系下，不论男女都有机会接受教育，一般3岁入学，6岁完成学业。所有的小学都建立在清真寺内或是清真寺周围，学习的内容限于《古兰经》和《圣训》。学校里没有学习等级或水平之分，上课的语言为阿拉伯语，教师不会对教授的内容进行解释或翻译，学生学习的方法以诵读为主，所有年龄的学生都以记忆《古兰经》为最终学习目标。

在苏丹穆罕默德二世（Muhammed Ⅱ）征服了君士坦丁堡之后的统治时期，初等教育开始分层，分为小学（Sıbyan）、初中（Suhta）和高级别学校（Danişmend）。学校作为帝国培养具备"美德，审慎，勤奋

[①] Selami Sönmez, "Primary Education System in Ottoman Empire", *International Journal of Humanities and Social Science*, Vol. 3, No. 5, March 2013, pp. 163-170.

和纪律的公民"① 的重要场所，以伊斯兰的知识、礼拜、道德准则等为主要教育内容，是帝国培养驯服的服务者的重要手段。这一时期一度在小学课程中出现了理性课程，如自然科学和医学，后因与宗教冲突而被迫中止。但不可否认的是，帝国为儿童们提供了免费的学习机会，并通过为学生提供津贴、衣物和食物的方式，极大地鼓励了贫困家庭将儿童送往学校接受教育。

2. 义务教育的出现与初中教育的发展

坦齐马特改革（Tanzimat）时期帝国的教育体系出现了新气象，1869 年颁布的《教育法》极大地推动了奥斯曼帝国教育的发展。

《教育法》引入了以法国教育为蓝本的中央义务教育体系，为奥斯曼帝国的教育体系规划了新的蓝图。其中有几项条款对奥斯曼帝国的教育系统改革具有划时代的意义：（1）第一次对义务教育进行了规定，要求 7 岁以上儿童必须接受 4 年义务教育，最多延长至 13 岁完成初等教育。违背此条例的家长将受到处罚，以确保奥斯曼帝国的所有儿童都能够接受小学义务教育。（2）规定 500 人以上的村镇必须建立一所初等学校，超过 1000 人以上的市镇必须建立一所中等学校。（3）改变小学课程仅以诵读和记忆《古兰经》为核心甚至是唯一教学内容的传统，规定小学课程应包括：土耳其语、书法和宗教信息、算术以及奥斯曼历史大纲和地理大纲等课程。至 1873 年，帝国初中数量扩大到 294 所，共有学生 14047 人。② 从地域分布上来看，《教育法》颁布后践行了在全国各地办教育的初衷，由帝国的中央区域扩散到全国各地，将公共教育的受益者由统治阶级扩展到广大民众，推广了义务教育，极大地提升了帝国教育现代化的推进速度。

然而《教育法》在实施时仍面临着诸多困难，如：初等教育学校数量严重不足，难以满足帝国庞大人口的需要；受到宗教势力的影响，

---

① Yılmaz Öztuna, *Büyük Türkiye Tarihi* (Vol. 10), İstanbul: Ötüken Pub, 1978, pp. 230-231.

② Andreas M. Kazamias, *Education and the Quest for Modernity in Turkey*, Chicago: The University of Chicago Press, 1966, p. 31.

许多地区初等教育的教学内容仍仅限于宗教教育；师资水平普遍低下，学生难以学习到先进的现代化知识；由于中学的定位是弥补初等教育的不足，因而降低了中学的教育水平等等。因此，改革现有学校教育、建设更多学校、提升师资水平成为当时教育改革亟须解决的问题。

3. 缺失的高中教育

直至1773年，奥斯曼帝国的高中教育仍一直处于缺失状态，为了保障军事学院教学的顺利进行，弥补小学教育缺乏现代化教育内容和高中教育缺失的不足，预科教育产生了。面对整个教育体系的功能性缺陷，预科教育的时间不得不延长到了8年之久，加剧了高等教育性质的军事学院人才培养的延时。

为弥补教育体系中高中教育的缺失，坦齐马特改革时期的"1847年指令"提出设立两个类型的高中：一类是4年制高中（İdadîye），4年制高中直接为高等教育和职业教育做准备，4年制高中的军事类学校也对大众开放。但是4年制高中并未得以在全国范围内推广，仅在伊斯坦布尔设立。1872年至1874年，仅有4所4年制高中建立，共有教师10人，学生261人。[1] 另一类是6年制苏丹高中（Sultanîye），苏丹高中效仿西方的公立中学（lycée）设立，教育层次在初中教育之上，教育内容包括了初中教育内容，实现了初中教育与高中教育的融合，缩短了从初中到高中的整体教育时间。虽然6年制高中的设置初衷是好的，但同样未得到广泛推广，只有一所梅克特伯-苏丹学校（Mekteb-i Sultânî）作为唯一的样本仅存。不论是从坦齐马特改革时期还是到阿布杜尔·哈米德二世（Abdülhamid II）统治时期，都再没有建立过6年制高中。[2] 可见，奥斯曼帝国时期作为非义务教育的高中教育并未实现预期中的推广和普及。

奥斯曼帝国的高中教育形成时期较晚，由于帝国统治阶层和宗教势力始终强调宗教化初等教育的实施，导致现代化高中教育一直处于缺位

---

[1] Alkan, *Tanzimat'tan Cumhuriyet'e Modernleşme Sürecinde Eğitim İstatistikleri 1839 – 1924*, Ankara：Devlet İstatistik Enstitüsü Matbaası, 2000.

[2] Alkan, *Tanzimat'tan Cumhuriyet'e Modernleşme Sürecinde Eğitim İstatistikleri 1839 – 1924*, Ankara：Devlet İstatistik Enstitüsü Matbaası, 2000.

状态。迟到的高中教育虽然在一定意义上为奥斯曼帝国推行现代化教育起到了重要的作用，但已无力扭转帝国教育体系陈旧和腐败的局面。

总体而言，奥斯曼帝国晚期统治阶级开始意识到教育是国家的责任，是国家得以强大的重要因素。坦齐马特改革时期从"1847年指令"到《教育法》的颁布，教育现代化得到了突破性的发展。这一时期通过改革建立了奥斯曼帝国的教育体系，促使帝国将宗教教育纳入管辖范围之内，改变了乌里玛（Ulemâ）[①]对宗教教育的控制，开创了世俗教育的先河。但由于受到帝国经济萎靡、政局不稳定和师资匮乏等综合因素的影响，仅有初等教育得到了一定的发展，中等教育的发展情况并不乐观。总之，奥斯曼帝国晚期的教育改革并没有改变帝国统治下教育的陈腐特质，在现代化教育与宗教教育的博弈中，宗教教育仍是帝国教育的主宰力量。

（二）土耳其共和国建国初期的基础教育改革措施

1923年土耳其共和国成立后，为建设一个"从形式上到实质上的现代而文明的社会"[②]，共和国首任总统穆斯塔法·凯末尔·阿塔图克（Mustafa Kemal Atatürk）在建国之初就对教育进行了世俗化改革，并提出了一系列改革措施以推行现代化教育，改变土耳其落后的教育状况，如字母改革[③]、农村教育改革[④]等。其中颇具特色且成效显著的教育改革措施包括宗教教育改革和学制改革。

1. 宗教教育改革

土耳其共和国建国后确立了世俗化的教育发展方向，也决定了土耳其自建国伊始就必须改变传统的宗教教育体制。为了彻底改变奥斯曼帝国时期公共教育体系薄弱、受宗教控制严重的问题，1924年3月3日土

[①] 乌里玛（Ulemâ）：伊斯兰教宗教学者，是奥斯曼帝国时期的高等科学家、学者，穆斯林公认的宗教学科学者或权威，如清真寺教长、宗教法官、宗教大学教师等。

[②] Bozkurt Güvenç, *History of Turkish Education*, Ankara: Turkish Education Association, 1998, pp. 50-51.

[③] 将当时由土耳其语、阿拉伯语和波斯语融合而成的传统土耳其语改革为以拉丁字母为基础的现代化语言。

[④] 在农村兴办农村职业中学和乡村教育所。

耳其政府颁布了《教育统一法》。法案中规定将所有的教育机构（伊斯坦布尔大学除外）归入教育委员会统一管理，下令关闭所有宗教学校。这一法令迫使奥斯曼帝国时期的帝国学校全部关闭，并一度将原来公共教育体系中的宗教教育课程完全撤除。

在一个伊斯兰人口占全国总人口98%的国家，要使宗教教育完全消失并不现实。这一改革措施在有效实施23年后，逐渐从教育绝对祛宗教化走向有条件的保留宗教教育。1947年为抵制共产主义的威胁，土耳其政府在公共教育中增加了宗教课程。1949年为响应家长的要求，公立学校4—5年级开始教授宗教课程。1950年宗教课程纳入了学校课程，但此时规定不希望接受宗教课程的家长可以向学校提出免修申请。1951年伊玛目哈蒂普（İmam Hatip）宗教学校在7个省首次开设，旨在"培训国家的宗教官员"[1]。1953年宗教课程纳入了9—10年级的必修课程中。[2] 在极短的时间内，传统宗教教育从共和国建国初期在世俗化政策下完全消失到再次兴起，一直保留并发展至今。

但不可否认的是，凯末尔时代的宗教教育改革极大地限制了宗教教育在土耳其教育体系中的比例，打破了建国前宗教教育的绝对垄断地位，将其从核心课程变成了补充性课程，为世俗教育扎根于这片宗教土壤扫除了障碍。

2. 学制改革

在世俗化改革的基础之上，共和国政府对学制和课程进行了现代化改革。起初共和国建国时期继承了奥斯曼帝国"3+3+3+3"的教育体制，后改为"6+3+3"模式，再之后改为"5+3+3"模式。以5年制的初等教育取代了原有的小学（İptidaî）和初中（Rüşdiye）教育，将原有的帝国高中（İdadîye）改为初中（Orta），将原有的苏丹高中（Sultanîye）改为高中（Lise）。

---

[1] T. C. Milli Eğitim Bakanlığı, *Cumhuriyet Döneminde Türk Milli Eğitim Sistemindeki Gelişmeler 1920-2010*, Ankara: Strateji Geliştirme Başkanlığı, 2010, pp. 21-22.

[2] Bozkurt Güvenç, *History of Turkish Education*, Ankara: Turkish Education Association, 1998, pp. 60-61.

土耳其共和国成立之后,通过一系列的教育改革措施,力图扭转教育系统陈腐落后的局面,这些举措在初等教育和中等教育中都取得了显著成效。各级学校在数量上都有了大幅增长:在初等教育方面,1923年土耳其初等教育机构仅有4894所,至1990年学校数量达到了50669所,翻了10倍。最可喜的是1923年在初等教育中的男生数量占到了整体学生数量的81.3%,女生仅占18.8%,而到了1990年男生数量占学生总数的52.9%,女生数量占47.1%,女性在学学生数增长迅速,基本上实现了初等教育的性别平衡,女性教育实现了质的突破,改变了土耳其作为传统宗教国家女性教育严重缺失的状态。在中等教育方面,1930年有中学83所,至1991年中学数量达到7078所,增长了84倍。① 土耳其建国之初的教育现代化改革经过历史的检验取得了显著的成效,彻底一扫奥斯曼帝国时期陈旧的教育体系,建立了共和国下新兴的现代化教育体系。

二 基础教育之发展现状

根据土耳其《国民教育基本法》规定,土耳其教育体系分为两个主要部分:正规教育和非正规教育。正规教育是指在学校中将同一年龄组或同一水平的学生编入班级中制定共同课程所进行的常规教育。非正规教育是指在正规教育之外的所有教育活动②。

土耳其教育体系可分为4个层级(见图1-1):学前教育、初等教育、中等教育和高等教育,其中从初等教育阶段至中等教育阶段为义务教育阶段。具体情况如下:(1)学前教育阶段学制3年,包括幼儿园和学前班。(2)初等教育共计8年,由5年制小学和3年制初中组成。(3)中等教育包括普通高中和职业高中。职业高中学制为4年,普通高中学制为4年至5年不等。5年制普通高中(一般为社会科学高中)包含1年的外语课程。(4)高等教育培养层次包括两年制副学士教育、

---

① Bozkurt Güvenç, *History of Turkish Education*, Ankara: Turkish Education Association, 1998, pp. 67-68.

② Mevzuat Bilgi Sistemi, "Milli Eğitim Temel Kanunu" (June 24, 1973), http://www.mevzuat.gov.tr/MevzuatMetin/1.5.1739.pdf.

4—5年制本科教育（英语教学大学含1年英语预科课程）、两年制硕士研究生教育和3年制博士研究生教育等。

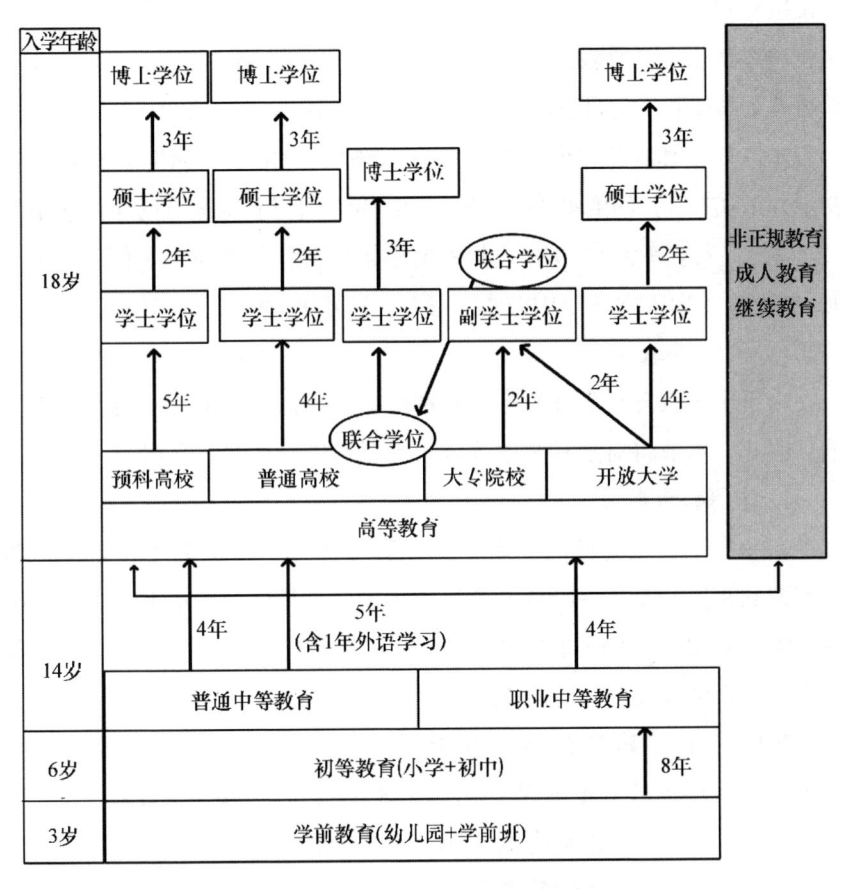

图1-1 土耳其国民教育体系①

（一）初等教育

土耳其《宪法》第四十二条规定，不得剥夺任何人受教育的权利，所有公民必须接受小学教育，公立学校免学费。②《国民教育基本法》中

---

① T. C. Milli Eğitim Bakanlığı, *Milli Eğitim İstatistikleri Örgün Eğitim*, Ankara：MEB, 2018.
② Mevzuat Bilgi Sistemi, "Türkiye Cumhuriyeti Anayasası"（November 9, 1982）, http：//www.mevzuat.gov.tr/MevzuatMetin/1.5.2709.pdf.

也明确规定，所有土耳其公民都有接受初等教育（小学和初中）的基本权利，应向所有受教育的男、女提供平等的教育机会。① 从法律上规定了公民接受初等教育的权利和义务。1997年之前，土耳其初等教育为5年制，1997年后，初等教育改为8年制（小学4年+初中4年）。学校分为普通课程学校和伊玛目宗教课程学校（İmam Hatip Ortaokulları）。

2017年土耳其共有小学24155所，教师269770名，学生4759371名。初中共16072所，学生4976801名。2017年土耳其初等教育的净入学率为91.4%，毛入学率为96.9%。其中男生净入学率为91.4%，毛入学率为96.9%，女生净入学率为91.7%，毛入学率为96.8%。②

（二）中等教育

由于中等教育与高等教育关联密切，且与高校考试招生制度互为影响，因此，本节将对土耳其中等教育情况作较为详细的介绍。

1. 中等教育概况

2000年后，土耳其高中经历了一系列改革：2000年高中类型从79类缩减到8类；2005—2006学年高中学制从3年增加到4年（少数高中为5年制）；2012年通过了"4+4+4法"，将基础教育延长至12年，并将中等教育纳入义务教育范围。③

2018年土耳其共有高中3105所，在校学生1524235人，教师103972人。中等教育毛入学率达为108.4%，其中女生为104.5%，男生为112.1%，净入学率为83.6%，其中女生83.4%，男生83.8%。④土耳其国家教育部认为中等教育在未来还需要努力提高教育质量，消除

---

① Mevzuat Bilgi Sistemi, "Milli Eğitim Temel Kanunu" (June 24, 1973), http://www.mevzuat.gov.tr/MevzuatMetin/1.5.1739.pdf.

② T. C. Milli Eğitim Bakanlığı, *Milli Eğitim İstatistikleri Örgün Eğitim*, Ankara: MEB, 2018.

③ Zafer Çelik, "Ortaöğretime ve Yükseköğretime Geçiş Sınavlarının Kıskacında Ortaöğretim Sistemi", Gümüş and Arife, eds. *Türkiye de Eğitim Politikaları*, Ankara: Nobel Yayınları, 2015, pp. 273-298.

④ T. C. Milli Eğitim Bakanlığı, "Sorularla Ortaöğretim" (December 16, 2019), http://ogm.meb.gov.tr/meb_iys_dosyalar/2018_07/20104058_sorularla_ortao776g774retim_27_6_2018.pdf.

各区域之间中等教育在质量和数量上的差异，提供平等的受教育机会，确保适龄人口中的每个人都有受教育的权利，合理分配中等教育资源。

2. 多样化的高中类型

土耳其中等教育机构可以划分为普通高中、职业高中和宗教高中三大类。其中普通高中包括安那托利亚高中（Anadolu Lisesi）、科学高中（Fen Lisesi）、社会科学高中（Sosyal Bilimler Lisesi）、美术高中（Güzel Sanatlar Lisesi）和体育高中（Spor Lisesi）5 种类别，普通高中侧重的学科领域不同，为学生进入更高一级教育做准备。职业高中包括安那托利亚卫生职业高中（Sağlık Meslek Liseleri）、商业贸易职业高中（Anadolu Ticaret Meslek Liseleri）等多种类别，这些高中为学生提供职业领域的教育，但同时学生也可以选择继续升入高等教育机构。宗教高中一般为安那托利亚伊玛目哈提普高中（Anadolu İmam Hatip Liseleri），此类高中的课程以宗教课程为主，旨在为政府培养宗教官员，学生毕业后也可以选择升入高等教育机构。[1]

虽然土耳其的高中教育都与高等教育机构相衔接，所有的高中毕业生都有资格参加高校入学考试，但不同类型高中因其侧重的学科领域不同、占有教育资源不同，就已经基本决定了毕业生的走向，这促使学生在参加高中选拔考试时就需要明确自己的未来发展方向。因此，土耳其人认为，决定土耳其学生未来发展的关键时刻并不是大学入学考试，实质上早在高中入学考试时就已经决定了。

3. 高中课程体系

土耳其中等教育阶段课程都由国家教育部（Millî Eğitim Bakanlığı，MEB）统筹规划、统一实施和管理，形成"中央—地方—学校"自上而下、统一化的管理模式。

针对不同类型的高中，土耳其国家教育部制订了不同的课程计划，课程计划分为两类：普通课程计划和国际文凭（Uluslararası Bakalorya/

---

[1] T. C. Milli Eğitim Bakanlığı, "Sorularla Ortaöğretim"（December 16, 2019），http：//ogm. meb. gov. tr/meb_ iys_ dosyalar/2018_ 07/20104058_ sorularla_ ortao776g774retim_ 27_ 6_ 2018. pdf.

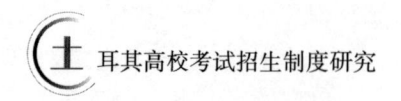

International Baccalaureate）课程计划。①

普通高中课程计划以安那托利亚高中、科学高中、社会科学高中以及安那托利亚伊玛目哈提普高中的必修课程为例，如表1-1如示。

表1-1　　土耳其四类普通高中必修课程（学分）设置情况一览②

安那托利亚高中课程（学分）	科学高中课程（学分）	社会科学高中课程（学分）	安那托利亚伊玛目哈提普高中课程（学分）
＊土耳其语和文学（20） ＊宗教文化与道德（8） ＊历史（6） ＊土耳其革命史（2）	＊土耳其语和文学（20） 宗教文化与道德（8） ＊历史（6） ＊土耳其革命史（2）	＊土耳其语和文学（28） ＊宗教文化与道德（8） ＊历史（6） ＊土耳其革命史（2） 地理（12） ＊数学（23）	＊土耳其语和文学（20） ＊历史（6） ＊土耳其革命史（2） ＊地理（4） ＊数学（12） ＊物理（4）
＊地理（4） ＊数学（12） ＊物理（4） ＊化学（4） ＊生物学（4） ＊哲学（4） ＊第一外语（16） ＊第二外语（8） ＊体育与运动（8） ＊视觉艺术/音乐（8） ＊健康信息与交通文化（1）	＊地理（4） ＊科学高中数学（24） ＊科学高中物理（12） ＊科学高中化学（12） ＊科学高中生物学（12） ＊哲学（4） ＊第一外语（16） ＊第二外语（8） ＊体育与运动（4） ＊视觉艺术/音乐（8） ＊健康信息与交通文化（4） 计算机科学（1）	＊物理（4） ＊化学（4） ＊生物学（4） ＊哲学（12） ＊第一外语（12） ＊第二外语（8） ＊体育与体育/视觉艺术/音乐（8） ＊健康信息与交通文化（1） 土耳其文化与文明史（3） 当代土耳其和世界历史（4） 社会科学研究（6） 心理学（2） 社会学（4） 艺术史（2） 逻辑学（2） 计算机科学（4） 奥斯曼土耳其语（6）	＊化学（4） ＊生物学（4） ＊哲学（4） ＊外语（11） ＊体育与体育/视觉艺术/音乐（5） 健康信息与交通文化（1） 阿拉伯文（7） 古兰经（16） 专业阿拉伯语（6） 基本宗教信息（1） 先知穆罕默德生平（2） 法学（2） 古兰经注释（2） 宗教历史（2） 圣训（2） 神学（2） 伊斯兰神学（1） 历史与专业实践（2） 伊斯兰文化和文明（2） 奥斯曼土耳其语（1）

注：标有"＊"课程为各类高中都需开设的必修课程。

---

① 国际课程体系已被138个国家认可，对学生在高中毕业后到国外大学深造极具优势。但由于与高校考试招生制度关系不大，故不作详细介绍。

② T. C. Milli Eğitim Bakanlığı, "Ortaöğretim Kurumları Haftalık Ders Çizelgesi"（December 23, 2019）, http://ttkb. meb. gov. tr/meb_ iys_ dosyalar/2018_ 02/21173451_ ort_ ogrtm_ hdc_ 2018. pdf.

36

由4类高中的必修课程设置情况可以看出：（1）安那托利亚高中为综合性高中，其必修课程内容涵盖其他3类高中的所有必修课内容；（2）科学高中的数学课程占学分最高，其他理科课程如物理、化学、生物等学分也高于其他类型高中，可见此类高中更注重培养理科人才；（3）社会科学高中开设的文科课程居多，最高学分课程是土耳其语和文学，培养的学生知识结构偏文科；（4）安那托利亚伊玛目哈提普高中开设了大量的以宗教知识和阿拉伯语为主的宗教课程，旨在传授系统的宗教文化知识、培养国家宗教官员。可见高中类型不同，课程设置各有偏重、各具特色。

在选修课方面，各类高中均采用模块选修模式。选修模块在高中的意义不仅在于拓展学生的知识面，更是为学生日后的大学专业学习做准备。因此，各类高中虽然选修课模块相同，但选修模块内的课程内容及学分却有所不同，选修课程最多的为安那托利亚高中，有41门选修课程，最少的为社会科学高中，有30门选修课程。最为特殊的是安那托利亚伊玛目哈提普高中，由于宗教类课程在必修课程中占据了大部分学分，为保障此类高中生能够获得同样的高等教育入学机会，宗教高中开设的选修课程模块多达12类，含94门选修课程。[1] 不同类型的高中以及与高校招生专业相契合的选修课程设置，为学生未来大学专业的选择提前做好了准备。

总体而言，仅从中等教育来看，具有以下几方面特点：首先，土耳其教育体系从管理到实施具有高度统一性，国家对中等教育实行统一管理、统一实施、统一监督、统一评估，从教材到教师，都呈现出统筹管理的特点，直接体现国家意志。其次，现今的土耳其中等教育仍带有浓厚的宗教色彩，作为一个穆斯林人口占总人口98%的国家，要完全将宗教教育从教育体系中消除几乎难以实现，使宗教教育掌握在国家手中，并辅以科学化和现代化的教学内容和教学方式，也不失为一种合理的宗

---

[1] T. C. Milli Eğitim Bakanlığı, "Ortaöğretim Kurumları Haftalık Ders Çizelgesi" (December 23, 2019), http://ttkb.meb.gov.tr/meb_iys_dosyalar/2018_02/21173451_ort_ogrtm_hdc_2018.pdf.

教教育办法。最后，不同的类型的高中所提供的不同课程为学生选择大学专业做好了准备，较早开始培养学生的专业学习能力。

综上所述，土耳其基础教育制度从最初奥斯曼帝国时期仅有小学教育到后期出现了高中教育，经历了一个从教育制度环节严重缺失的宗教教育体系向现代化世俗教育体系转变的过程。土耳其现今的教育制度是向西方学习的结果，最初是以法国为蓝本，后又得益于英国、德国等国家，最终形成了今天包含初等教育、中等教育和高等教育的完备的教育制度。其中，中等教育以系统化及独特化的课程体系力求培养符合土耳其时代发展需求的合格公民，同时以多样化的中等教育机构分类对人才培养做出了不同的定位和要求，为打造人力资源与培养进入高一级教育层次的人才做好了多重准备。

第二节 土耳其高等教育制度

土耳其作为一个高等教育后发外生型国家，高等教育的发展具有起步晚、后劲足的特点。在土耳其漫长的发展历史中，真正的高等教育直至奥斯曼帝国晚期才开始萌芽，征战和宗教统治下的奥斯曼帝国一度忽视了高等教育建设，直到走向衰亡之际才幡然醒悟。土耳其共和国汲取了历史教训，高度重视高等教育事业的发展，为土耳其发展成为高等教育强国做出了努力。

一 高等教育之历史溯源

土耳其高等教育的历史是一个宏大的命题，我们只能通过粗略梳理土耳其高等教育发展的几个重要历史时期来掌握土耳其高等教育发展的基本历史脉络。

（一）土耳其高等教育的源起

土耳其高等教育体系建成时期较晚，直到土耳其共和国建国后才真正建立起来。但土耳其作为一个拥有悠久历史的国家，高等教育的起源可以追溯到塞尔丘克帝国时期的玛德拉萨（Medrese）教育体系，世俗高等教育的起源可以追溯到奥斯曼帝国时期 1773 年军事工程学校（Hendesehane）的创立。虽然此时土耳其并未形成完备的高等教育体系，但已经开始出现具备高等教育特征的教育机构，为此后高等教育的发展起到了重要的奠基作用。

1. 奥斯曼帝国时期高等教育的萌芽

学界普遍认为玛德拉萨教育体系中出现的第一所高等教育学校是在穆罕默德二世（Muhammed Ⅱ）统治期间所建造的萨姆尼耶·玛德拉萨（Samâniye Medresesi）[1]，虽然此时的萨姆尼耶·玛德拉萨仍然设立在清真寺内，仍以宗教为教学内容，但在课程方面，由专门的学者定制了伊斯兰高级课程，旨在对宗教进行研究，同时还出现了一些理性和自然科学课程，如数学和医学等，但由于"与宗教不兼容"[2]，这些现代化课程被迫中止。尽管如此，萨姆尼耶·玛德拉萨的课程内容和研究功能都开始具备高等教育特征，被认为是最早的宗教高等教育学校。此后，苏莱曼苏丹（Süleyman Ⅰ）统治时期的玛德拉萨教育体系中出现了高级学校（Danişmend），高级学校因开设科学课程和培养专门人才、对宗教进行专门研究而被认为具备高等教育特征。

总之，穆罕默德二世和苏莱曼苏丹时期的玛德拉萨已初步具备了高等教育特质，此时的高级课程开始对宗教进行研究、开设科学课程、培养具有专业特质的专门人才，但相较于真正的高等教育，还有明显的缺陷和不足。玛德拉萨教育体系自始至终都是为了宗教教育而生，这一体系中的高级学校和课程是否真正等同于高等教育在学术界仍存在争议。但不可否认的是，玛德拉萨一直促进着帝国教育的发展，维系着神学和宗教学的学术研究，也在中后期尝试和推动了科学学科的研究和发展。它可以看作是土耳其高等教育的预热，是"土耳其高等教育的前身

---

[1] Ekmeleddin İhsanoğlu, Salim Al-Hassani, *The Madrasas of the Ottoman Empire*, FSTC, April 2004, pp. 1–17.

[2] Bozkurt Güvenç, *History of Turkish Education*, Ankara: Turkish Education Association, 1998, pp. 16–18.

(Primary Higher Education Institution）"①，是高等教育在古老帝国的萌芽。

2. 世俗高等教育的发轫（1773—1839年）

在奥斯曼帝国620余年的历史中，宗教与征战成为这个帝国的两大标签。为了巩固帝国统治，帝国教育也围绕着这两个主题展开，除宗教教育体系玛德拉萨外，也建立了军事教育体系。军事教育体系的建立伴随着一系列世俗高等教育机构的兴起，从海军、军事工程、医学、军事科学等学科领域的发展逐渐形成奥斯曼帝国时期的军事教育体系。

土耳其世俗高等教育的起源可以追溯到1773年海军工程学院（Mühendishane—i Bahri Hümâyun）的创立，这是奥斯曼帝国第一所按照现代教育组织的高等学校。这所学校创立的根本目的在于为苏丹培养军事力量和行政长官，打造苏丹征服土地和维持统治的有力武器。海军工程学院以法语和英语等现代语言作为教学语言，开设了海洋科学等现代化课程以及基于几何学的科学课程（Hendese），被称为"几何学家之家"（Mühendishane）。1793年第一所军事工程学院（Mühendishane-i Berrî-i Hümâyûn）成立，教授诸如炮兵、军事工程和制图学等军事科学类课程。1834年苏丹·马赫穆特二世建立了军事科学学院（Mekteb-i Erkân-ı Harbiye），开始选派学员前往欧洲学习，与此同时从欧洲邀请了一批教授来土授课，以促进西方知识与人才的交流。奥斯曼帝国时期以军事目的建立起来的教育体系培养了大批接受过现代化课程的军官，他们成为将现代课程传播到土耳其各个领域的先驱。

奥斯曼帝国高等教育现代化的萌芽阶段，并没有开展大众化的现代化教育。这一时期所萌生的高等教育具有明显的军事目的，旨在巩固衰落的帝国王权。在位的苏丹将军事力量的加强寄希望于西式军事学校的兴建，希望通过西式军事教育来改变落后的传统教育培养出一批优秀的军事官员，重振帝国往日辉煌。虽然这些军事学校并没有起到阻止帝国

---

① Ekmeleddin İhsanoğlu, Salim Al-Hassani, *The Madrasas of the Ottoman Empire*, FSTC, April 2004, pp. 1-17.

陨落的作用，但它们推动现代化知识在古老帝国的传播，培养了一批具备现代知识的军事和文职人才，也促使现代化高等教育机构在这片古老土地萌芽。

（二）土耳其共和国成立初期的高等教育发展（1923—1980年）

土耳其共和国的成立标志着土耳其从传统宗教帝制国家向世俗化共和制国家的转变。随着共和国的成立，高等教育也迈上了全新的建设道路。

1923年10月29日，土耳其共和国的成立打碎了620多年奥斯曼帝国的统治，在穆斯塔法·凯末尔·阿塔图克（Mustafa Kemal Atatürk）的带领下，土耳其开启了新的历史篇章。建国后的土耳其将政府组织形式转变为民主共和制，明确了世俗化的社会发展道路。阿塔图克认为，建立一个伟大的国家离不开科学研究，只有科学能够带领人民走向文明的社会，而科学的发展依赖于现代化高等教育的发展。[1] 在现代、民主、世俗和民族的国家和社会结构下建立高等教育成为土耳其共和国成立后的首要任务之一。

自此，土耳其教育体制开启了全新的改革步伐，一系列世俗化改革措施得以实行，为高等教育的发展提供了可能性：字母改革使高等教育能够用本土语言在土耳其传播和发展；宗教教育改革为高等教育发展扫清了宗教势力的阻碍；实行男女同校、摘去女性面纱、提升女性地位等一系列世俗化改革措施，使女性能够享有平等接受高等教育的机会。这些世俗化改革措施为土耳其高等教育的迅速发展奠定了重要的现实基础，为高等教育现代化的发展创造了可行性保障，为土耳其这个曾经笼罩在苏丹统治下的帝制国家开展高等教育现代化建设铺平了道路。

土耳其共和国成立后，为促进高等教育的发展，相继建立了一批高等教育机构，如1925年11月5日成立的安卡拉法学院（Ankara Hukuk Mektebi）是共和国成立后建立的第一所高等教育机构，教学人员都由

---

[1] Cahide Sınmaz Sönmez, "Atatürk'ün Bilimsellik Anlayışının Yerleşmesinde Yüksek Öğretime Verdiği Önem", *SDÜ Fen Edebiyat Fakültesi Sosyal Bilimler Dergisi*, Vol. 28, No. 28, April 2013, pp. 169–177.

在欧洲受过教育的人士担任，旨在培养现代法律人才。1926年成立的加济教育学院（Gazi Eğitim Enstitüsü）是一所师范学校，旨在培养新兴共和国的师范力量①。此后，相继成立了国民经济研究所（Milli İktisat ve İçtimaiyat Enstitüsü）、地理研究所（Coğrafya Enstitüsü）以及研究并推动土耳其语言革命的语言研究所（Dil ve Tarih Coğrafya Fakültesi）等高等教育机构。

土耳其共和国的大学建设基于上述高等教育机构的建设经验之上。1937年11月1日阿塔图克在国民议会的演讲中指出："将在土耳其建立3个文化中心，而这3个文化中心都将以大学为核心标志。首先是西部地区已经建成了伊斯坦布尔大学，中部地区有了安卡拉大学，未来我们将在东部地区凡城（Van）再建立一所新的大学。"② 在阿塔图克的规划下，土耳其大学逐步向各个区域扩展开来，高校数量逐渐增长（见表1-2）。

表1-2 土耳其共和国建立初期大学建设情况一览（1933—1980年）③

大学名称	大学成立时间	位于城市/省份
伊斯坦尔大学（İstanbul Üniversitesi）	1933年11月18日	伊斯坦布尔（İstanbul）
伊斯坦布尔技术大学（İstanbul Teknik Üniversitesi）	1944年1月1日	伊斯坦布尔（İstanbul）
安卡拉大学（Ankara Üniversitesi）	1946年6月13日	安卡拉（Ankara）
埃格大学（Ege Üniversitesi）	1955年1月1日	伊兹密尔（İzmir）
卡拉德尼兹技术大学（Karadeniz Teknik Üniversitesi）	1955年5月20日	乔巴颂（Trabzon）

---

① Fahri Çoker, *Türk Parlamento Tarihi*（TBMM IV. Dönem 1931-1935）, Ankara: TBMM Yayını, 1996, p. 367.

② İlhan Başgöz, Howard E. Wilson, *Educational Problems in Turkey 1920-1940*, Bloomington: Mouton & Co. publisher, 1968, pp. 159-204.

③ YÖK, "Tüm Üniversiteler Hakkında Genel Bilgiler"（November 29, 2019）, https://istatistik.yok.gov.tr/.

第一章 土耳其教育制度概况

续表

大学名称	大学成立时间	位于城市/省份
中东技术大学（Orta Doğu Teknik Üniversitesi）	1956年11月15日	安卡拉（Ankara）
阿塔图克大学（Atatürk Üniversitesi）	1957年5月31日	埃尔祖鲁姆（Erzurum）
哈切特佩大学（Hacettepe Üniversitesi）	1967年7月8日	安卡拉（Ankara）
博阿兹奇大学（Boğaziçi Üniversitesi）	1971年9月12日	伊斯坦布尔（İstanbul）
阿纳多卢大学（Anadolu Üniversitesi）	1973年11月30日	埃基谢希尔（Eskişehir）
秋库洛娃大学（Çukurova Üniversitesi）	1973年11月30日	安卡拉（Ankara）
戴尔大学（Dicle Üniversitesi）	1973年11月30日	迪亚巴克尔（Diyarbakır）
昆胡里耶特大学（Cumhuriyet Üniversitesi）	1974年2月9日	西瓦斯（Sivas）
布尔萨大学（Bursa Uludağ Üniversitesi）	1975年4月11日	布尔萨（Bursa）
费拉大学（Fırat Üniversitesi）	1975年4月11日	埃拉泽（Elazığ）
塞尔丘克大学（Selçuk Üniversitesi）	1975年4月11日	孔亚（Konya）
翁杜库兹·梅耶斯大学（Ondokuz Mayıs Üniversitesi）	1975年4月11日	萨姆松（Samsun）
伊诺努大学（İnönü Üniversitesi）	1975年4月3日	马拉蒂亚（Malatya）
埃奇耶斯大学（Erciyes Üniversitesi）	1978年11月18日	凯塞尔（Kayseri）

　　随着1950年土耳其政府的换届，采用欧洲大陆模式的土耳其大学结构也发生了改变。新政府更加重视自由市场经济，并相信土耳其大学可以借鉴美国大学的模式，满足经济增长下的人力资源需求。土耳其政府开始在全国范围内规划和推广大学的建立和发展，1955年至1978年土耳其政府在不同地区建立了16所大学，这些大学按照政府的规划走出了核心省份伊斯坦布尔和安卡拉，开始向其他十余个省份发展（见表1-2）。土耳其政府在全国范围内建设大学，平衡区域发展的战略规划初步显现。

　　总之，在共和国独立战争取得圆满成功后，土耳其政府高度重视高等教育事业的建设和发展。共和国政府认为，高等教育的现代化可以为新政府的政权巩固提供所需的高质量人力资源，从而加快国家的发展步伐。同时高等教育现代化在土耳其现代化进程中具有重要意义，政府期望高等教育能够引领国家达到当代文明水平。为此，土耳其政府根据现代化原则对从奥斯曼帝国手中接管的高等教育机构进行了重组，并开始建设类似于欧洲的现代高等教育机构。这些最初建成的高等教育机构填补了土耳其共和国成立后高等教育的空白，拓展了高等教育的发展领域，为共和国培养了大批建设人才，为土耳其高等教育的发展指明了方向。

二 高等教育之发展现状

土耳其高等教育在经历了共和国成立之初的探索期后，开始迅速发展并日趋成熟，在法制建设、公立大学和私立大学的建设上都取得了显著成绩，逐步成长起一批高质量大学，形成了高等教育事业蓬勃发展的新局面。

（一）《高等教育法》及高等教育管理体制

一个国家高等教育的发展离不开法律保障，《高等教育法》的颁布，为土耳其高等教育的法制化发展奠定了法律基础。

1.《高等教育法》的诞生

土耳其共和国成立后，高等教育的相关法律建设实现了从专门高等教育机构法到宏观高等教育法的转变。

在土耳其共和国建国初期，政府针对不同类型的高等教育机构制定了专门的法律，如：《伊斯坦布尔大学法》《安卡拉高等农业学院法》等法案。直至1946年6月13日，共和国第一部综合性《大学法》颁布。[①]

1981年11月6日，《高等教育法》的正式颁布标志着较为完备的高等教育统一法案的正式出台。这一法律的产生基于对《大学法》《共

---

① T. C., "Resmi Gazete. Üniversiteler Kanunu", T. C. Resmi Gazete, June 18, 1946, p. 10779.

和国大学法》等相关法律的不断修订和完善，也是对于专门高等教育机构法案中所出现的烦琐、重复、标准不一等问题的更正。《高等教育法》对高等教育机构的管理进行了全面重组，并详细规定了高等教育机构的建立原则、职责、监管办法等，使得高等教育机构在建设和发展过程中有法可依。

以一部《高等教育法》来统筹规范所有类型的高等教育机构，避免了不同高等教育机构受不同法律监管而出现差异性和矛盾性等问题，也避免了过多法律共同约束高等教育机构从而阻碍高等教育发展的问题，为土耳其高等教育的建设和发展确定了一个统一的、权威性的法律准绳。

2. 土耳其高等教育的管理机构

根据1981年《高等教育法》的规定，土耳其高等教育机构主要由四个机构管理，如表1-3：

表1-3　　　　　土耳其共和国高等教育管理机构一览①

机构名称	主要职责
高等教育委员会（Yükseköğretim Kurulu）	所有的高等教育机构都由高等教育委员会统一管理。高等教育委员会负责指导高等教育机构的所有活动，包括高等教育的规划、发展、评估、投资、协调、研究等工作
高等教育监事会（Yükseköğretim Denetleme Kurulu）	负责监督和控制大学及其附属单位、教学人员及其活动
学生选拔与分发中心（Öğrenci Seçme ve Yerleştirme Merkezi）	负责准备、管理和评估考试，并根据学生的喜好和高校的要求，将候选学生分发到大学和其他高等教育机构，同时负责考试招生制度的研究等工作
大学校际理事会（Üniversitelerarası Kurul）	促进大学活动的开展和各高等教育机构之间的合作

① Mevzuat Bilgi Sistemi, "Yükseköğretim Kanunu" (March 9, 2019), http://www.mevzuat.gov.tr/MevzuatMetin/1.5.2547.pdf.

由《高等教育法》中所规定的高等教育管理机构可以看出，土耳其高等教育主要由高等教育委员会负责管理，它直接代表国家对所有高等教育机构进行管理和监督，同时也监管所有高等教育的相关管理机构，是高等教育管理系统的核心机构。

至此，专门的高等教育法律的出台和专门的高等教育管理机构的出现，既是土耳其高等教育得以迅速成长的保障，也是其从青涩走向成熟的重要转折点。

（二）土耳其公立大学与私立大学的发展

根据《高等教育法》规定，土耳其大学主要指具有学术自治和法人资格并开展高水平教育、学术研究、出版和咨询的高等教育机构。土耳其大学主要分为两类，一类为公立大学（Devlet Üniversitesi），一类为基金会私立大学（Vakıf Üniversitesi）。截至2019年11月，土耳其共有普通高校207所，其中公立大学129所，基金会私立大学78所（其中包括职业学校4所）。除这些普通高等教育机构之外，还包括国防大学（Milli Savunma Üniversitesi）、宪兵和海岸防卫学院（Jandarma ve Sahil Güvenlik Akademisi）、警察学院（Polis Akademisi）等政府军事机构附属大学① 以及北塞浦路斯土耳其共和国的13所大学（KKTC Üniversiteleri）、土耳其和吉尔吉斯斯坦合办的吉尔吉斯斯坦–土耳其马纳斯大学（Kırgızistan-Türkiye Manas Üniversitesi）、土耳其和哈萨克斯坦合办的霍贾·艾哈迈德·耶斯维大学（Hoca Ahmet Yesevi Türk Kazak Üniversitesi）等作为其他高等教育机构存在。② 土耳其的所有高等教育机构都统筹设置在大学（Üniversite）之下，包括4年制学院（Fakülte）、2年制副学士院校（Yüksekokul）、研究所（Enstitü）、系（Bölüm）、职业学校（Meslek Yüksekokulu，简称MYO）等。单独设置

---

① 土耳其国防大学、宪兵和海岸防卫学院、警察学院是三个较为特殊的高等教育机构，它们分别隶属于国防部和外交部，直接为国家培养国防和外交力量。
② YÖK, "Türlerine Göre Mevcut Üniversite Sayısı" (November 29, 2019), https://istatistik.yok.gov.tr/.

的职业学校（MYO）不多，仅有 4 所私立职业学校。① 本节将着重介绍土耳其公立大学和私立大学的发展现状。

1. 公立大学

根据土耳其《高等教育法》规定，公立大学由政府承办，受政府的直接监督和管理。公立大学是土耳其高等教育的主要承担机构。

（1）公立大学的数量增长与规模扩大

自 1933 年第一所公立大学伊斯坦布尔大学成立之后，在土耳其政府的全力支持和规划下，公立大学数量持续增长。根据土耳其高等教育委员会数据库，对 1933 年以来土耳其公立大学的数量变化情况整理如图 1-2 所示，公立大学有三个明显的数量增长点，分别为 1982 年、1992 年及 2006 年。

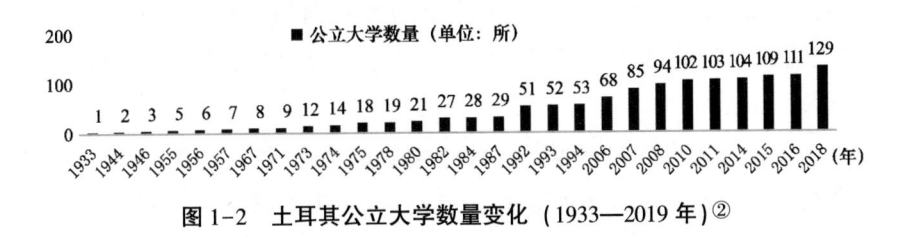

图 1-2　土耳其公立大学数量变化（1933—2019 年）②

1981 年 11 月 6 日，随着《高等教育法》的颁布和高等教育委员会的成立，土耳其高等教育进入了第一个发展期。土耳其大学建设首先有了法律的保障，其次有了政府的政策支持和经济扶持，高等教育机构数量迅速增加。仅在 1982 年，就有地中海大学（Akdeniz Üniversitesi）、马尔马拉大学（Marmara Üniversitesi）等 6 所大学在土耳其的不同区域建成。

1992 年是土耳其公立大学的第二个迅速增长期，这一时期大学的

---

① YÖK, "Türlerine Göre Birim Sayıları Raporu" (December 10, 2019), https://istatistik.yok.gov.tr/.

② Durmuş Günay, Aslı Günay, "1933'den Günümüze Türk Yükseköğretiminde Niceliksel Gelişmeler", *Yükseköğretim ve Bilim Dergisi*, Vol. 1, No. 1, April 2011, pp. 1-22; 1984 年至 2019 年大学数量引用自 YÖK, "Tüm Üniversiteler Hakkında Genel Bilgiler" (November 29, 2019), https://istatistik.yok.gov.tr/.

迅速发展源于土耳其大国民议会（Türkiye Büyük Millet Meclisi）提出的"将在1992年全国15个城市新建15所大学以带动省份发展"①的议案。在此国家战略规划的推动下，1992年土耳其实际兴建的大学达到了22所，大学总数较之前几乎翻了一番。

2006年后公立大学进入了第三个规模扩张期。这一期间土耳其政府颁布了5467号《高等教育组织法》，法案中规定每个省至少要建立一所公立大学。2008年土耳其政府公布了《土耳其远景战略规划2023》，进一步将推进高校建设纳入国家战略规划之中，再次指出将于2023年前新建百所公立大学，大学将覆盖土耳其的81个省份，实现"省省有高校"的宏伟目标。②随后在2012年8月，政府公布取消公立大学学费（公立大学中的远程教育和开放教育除外），规定公立大学预算由政府支持，推动了公立大学的迅速发展。2017年土耳其已经实现了81个省"省省有高校"的目标③，公立大学数量达到了129所，较2005年的53所增长了142%。

随着公立大学数量的增长，在校生数量也在逐年增长。2005年土耳其公立大学在校本科生人数为1632360人，硕士研究生10728人，博士研究生31378人。2019年土耳其公立大学在校本科生总人数达到4041769人，硕士研究生320737人，博士研究生86310人。10余年间公立大学在校本科生人数增长了148%，硕士研究生增长了218%，博士研究生增长了175%。

（2）公立大学的不均衡发展

根据《高等教育法》规定，公立大学由政府承办，政府承担公立

---

① Medimagazin, "Uğur Büyükburç: 1992 Yılında Kurulan 22 Üniversitenin Hala Çok Sıkıntısı Var"（November 23, 2005）, https://www.medimagazin.com.tr/guncel//tr-ugur-buyukburc-1992-yilinda-kurulan-22-universitenin-hala-cok-sikintisi-var-11-666-2404.html.

② Turkey's Strategic Vision, "Eğitimde Vizyon 2023"（December 1, 2019）, http://tsv2023.org/pdf/tsv2023_rapor1.pdf.

③ Yıldız Nevin Gündoğmuş, "Cumhurbaşkanı Erdoğan: Türkiye'de Üniversitesi Olamayan İlimiz Yok"（November 25, 2017）, https://www.aa.com.tr/tr/politika/cumhurbaskani-erdogan-turkiyede-universitesi-olmayan-ilimiz-yok/979574.

大学的预算。土耳其公立大学一方面获得国家的经费支持，一方面能够享受省内最好的资源，在当地成为知识与科研的中心和权威，备受地方政府的重视。但由于公立大学所处省份经济发展水平不同，所分配到的教育资源也存在着严重的不均衡问题。

土耳其国内一流公立大学如中东技术大学、博阿兹奇大学、伊斯坦布尔技术大学等普遍集中在最发达省份伊斯坦布尔和安卡拉，占据着国内最佳教育资源。一流公立大学的教育体系大多根植于法国、美国和德国，采用欧洲的教育教学方式，以英语为教学语言，广泛聘用有海外留学经历的教师，在科研上积极参与欧美世界的学术竞争，在学术和教学上都享有极高的社会声誉，取得了卓越的办学成绩。

然而公立大学在享受着政府拨款、政府扶持的同时，也受到政府的全面管控，大学的发展与国家的经济发展和政局稳定之间形成了辅车相依的关系。一方面，政府对大学的经费投入力度受到土耳其国内经济走势的影响。另一方面，土耳其国内政治局势的变化也同样影响大学的稳定发展。如2016年土耳其国内政变，122所大学的6081名高校教师遭到免职、入狱等惩处。[①] 一次次的政治事件使得土耳其高校的师资力量受到了沉重的打击，学术和教学力量受到重创，加之受土耳其国内经济持续低迷等因素的影响，使得土耳其大学在世界大学排行榜中的排名也开始滑落，一度停滞不前。

2017年，土耳其政府为刺激公立大学发展，扭转公立大学低迷不振的状态，高等教育委员会设立了"研究型公立大学"评选，鼓励所有公立大学根据自身的研究能力、研究质量、合作能力等33个指标参与评估，最终选出10所研究型大学和5所候选大学评为当年的重点研究型大学，当选大学可获得国家专项预算经费支持、研究人员支持和科研支持等特别奖励。这一举措极大地激发了公立大学的研究活力，各个大学纷纷根据自身特色，结合本地区域发展需求，积极开展特色研究，

---

① Bianet Bağımsız İletişim Ağı, "Akademide İhraçlar 6 Bin 81'e Yükseldi" (July 9, 2018), http://bianet.org/bianet/ifade-ozgurlugu/198990-akademide-ihraclar-6-bin-81-e-yukseldi.

增加评选获胜的概率。当年，中东科技大学、伊斯坦布尔科技大学、加济大学等10所大学入选。

表1-4　2017—2018年土耳其研究型大学与候选大学入选名单①

\multicolumn{2}{c	}{2017年研究型大学获选名单}	\multicolumn{2}{c}{2018年研究型大学获选名单}
名次	学校名称	名次	学校名称
1	中东技术大学（Orta Doğu Teknik Üniversitesi）	1	中东技术大学（Orta Doğu Teknik Üniversitesi）
2	博阿兹奇大学（Boğaziçi Üniversitesi）	2	博阿兹奇大学（Boğaziçi Üniversitesi）
3	伊兹密尔理工学院（İzmir Yüksek Teknoloji Enstitüsü）	3	伊兹密尔理工学院（İzmir Yüksek Teknoloji Enstitüsü）
4	伊斯坦布尔技术大学（İstanbul Teknik Üniversitesi）	4	伊斯坦布尔技术大学（İstanbul Teknik Üniversitesi）
5	哈切特佩大学（Hacettepe Üniversitesi）	5	伊斯坦布尔大学（İstanbul Üniversitesi）
6	盖布泽技术大学（Gebze Teknik Üniversitesi）	6	盖布泽技术大学（Gebze Teknik Üniversitesi）
7	伊斯坦布尔大学（İstanbul Üniversitesi）	7	安卡拉大学（Ankara Üniversitesi）
8	安卡拉大学（Ankara Üniversitesi）	8	埃奇耶斯大学（Erciyes Üniversitesi）
9	埃奇耶斯大学（Erciyes Üniversitesi）	9	伊斯坦布尔大学-塞尔帕萨（İstanbul Üniversitesi-Cerrahpaşa）
10	加济大学（Gazi Üniversitesi）	10	加济大学（Gazi Üniversitesi）

① YÖK, "Araştırma ve Aday Araştırma Üniversiterinin İki Yıllık Performansları Açıklandı" (October 16, 2019), https://www.yok.gov.tr/Sayfalar/Haberler/2019/arastirma-universiteleri-degerlendirme-toplantisi.aspx.

续表

2017 年研究型大学候选大学名单	2018 年研究型大学候选大学名单
伊尔迪兹技术大学 （Yıldız Teknik Üniversitesi）	伊尔迪兹技术大学 （Yıldız Teknik Üniversitesi）
布尔萨乌鲁达格大学 （Bursa Uludağ Üniversitesi）	埃格大学 （Ege Üniversitesi）
埃格大学 （Ege Üniversitesi）	布尔萨乌鲁达格大学 （Bursa Uludağ Üniversitesi）
秋库洛娃大学 （Çukurova Üniversitesi）	秋库洛娃大学 （Çukurova Üniversitesi）
塞尔丘克大学 （Selçuk Üniversitesi）	塞尔丘克大学 （Selçuk Üniversitesi）

从表 1-4 可以看出，两年之间研究型大学的获选名单几乎没有变化，也就是说土耳其公立大学之间的竞争已然成为国内一流公立大学的竞争，普通大学被排挤在外，毫无竞争力可言。即使是 2018 年新上榜的"伊斯坦布尔大学-塞尔帕萨"大学也是在 2018 年从伊斯坦布尔大学分立出来的学校，继承了伊斯坦大学的教育教学资源。上榜大学中，1980 年之前建立的土耳其老牌公立大学在获选大学排行中遥遥领先，占到了 60%。相比之下，年轻的大学却很难上榜，这无疑形成"马太效应"，普通大学难以在评选中脱颖而出，而一流大学在获选后可以获得更多资源从而更加优秀。

土耳其政府要加强公立大学的竞争力，实现均衡化共同发展，还需要为普通公立大学提供更多的发展机会，出台更多的扶持性政策，以促进公立大学共同发展。

2. 基金会私立大学

土耳其在 1981 年《高等教育法》颁布后，开始允许私立基金会兴办大学。土耳其基金会私立大学一般由企业或家族向慈善基金会注资，并由基金会创办。土耳其基金会私立大学与企业或家族保持着紧密的联系，往往以注资者或家族企业拥有者的名字命名。在土耳其，

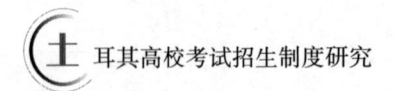

基金会私立大学有着拥有财富的家族和企业回馈社会和承担社会责任的色彩。

（1）基金会私立大学的建立要求

土耳其基金会建立大学有两个前提条件：其一，必须是非营利组织；其二，不允许建立涉及军事和国家安全事务（警察）的教育机构或单位。土耳其基金私立大学和公立大学一样接受高等教育委员会的监管。基金会组织在申请建立大学时，除需向高等教育委员会提供关于大学建设的详细规划（包括建筑物、设备、供给等文件）、资金证明（包括资金、财产、股票等收入文件）以证明足够满足该机构一年运营费用的20%外，还需要提供拟设立学校的教育、财务和行政等规章条例文件以供审核。在管理体制上，基金会私立大学必须采取董事会制度。选出的董事会成员名单必须上报高等教育委员会，经审核同意后才能上任。基金会私立大学在财务、学术和行政程序上都受到高等教育委员会的年度审查和评估，评估不合格的基金会私立大学将面临批评、警告查正、限制招生、停止招生、停办整顿等不同程度的惩处。

为促使基金会私立大学更好地为社会服务，政府对基金会私立大学的办学条件作出了硬性要求，如：基金会私立大学必须提供至少两学年的正规教育；教学人员的比例、教学人员的科研成果比例不得低于全国排名前50%的公立大学水平；必须为学生提供至少15%的全额奖学金，全额奖学金一般以奖学金招生名额的形式体现。

（2）基金会私立大学的发展现状

图1-3根据土耳其高等教育委员会公布数据整理，含1984年至2019年土耳其私立基金会大学兴建情况。土耳其第一所基金会私立大学成立于1984年。1997年迎来了基金会私立大学的第一个建设高峰期，第二个建设高峰期在2007年至2012年，2015年至2018年是第三个建设高峰期。基金会私立大学建设的高峰期与公立大学建设的高峰期基本重合，可见政府在推动大学建设时所出台的政策直接影响大学的生存环境和发展情况。

根据2019年6月土耳其高等教育委员会公布的数据显示，65所基

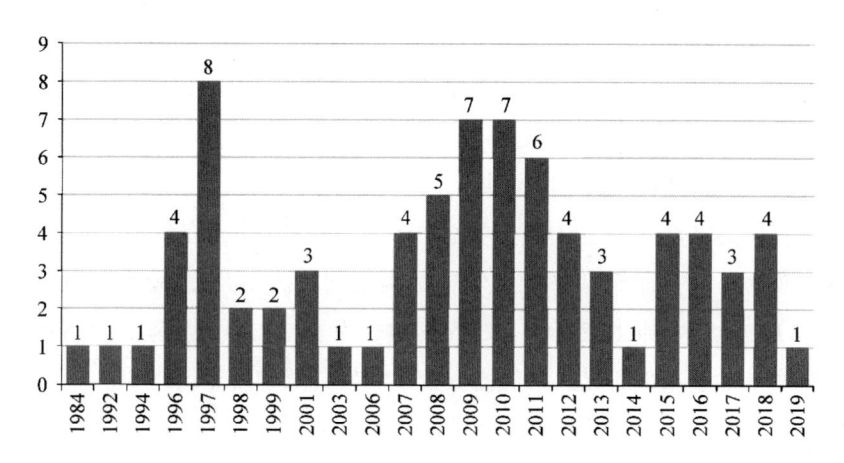

图 1-3　土耳其基金会私立大学成立时间及成立数量图（单位：所）①

金会大学中有 51 所大学含有副学士、本科和研究生教育等三级办学层次（占比 78.5%），65 所大学含有本科和研究生教育两级办学层次（占比 100%）②。2019 年土耳其基金会私立大学有在读副学士学生 132860 人，在读本科生 378734 人，在读研究生 83261 人。由此可见，基金会私立大学仍以本科教育为主，本科在读学生数量占基金会私立大学在读学生总数的 63.7%。其次为副学士学生（占比 22.3%），硕士、博士研究生培养量最小（占比 14.0%）。基金会私立大学在培养层次上呈现出两头小、中间大的格局。

由于各基金会私立大学的办学条件不同，办学规模不同，不同基金会私立大学在读学生规模也呈现出很大差距。以 2019 年为例，在读学生数量最多的为伊斯坦布尔艾登大学（İstanbul Aydın Üniversitesi），在读学生规模达到了 35999 人。在读学生规模最小的是洛克曼医科大学

---

① YÖK, "Türlerine Göre Mevcut Üniversite Sayısı" (November 29, 2019), https://istatistik.yok.gov.tr/.

② Yükseköğretim Kurulu, "Vakıf Yükseköğretim Kurumları 2019" (August 30, 2020), https://www.yok.gov.tr/HaberBelgeleri/Haber%20c4%b0%c3%a7erisindeki%20Belgeler/Yay%c4%b1nlar/2019/Vakif_ Yuksekogretim_ Kurumlari_ 2019.pdf.

（Lokman Hekim Üniversitesi），仅有381人。从不同培养层次的在读学生规模来看，副学士在读学生最多的是伊斯坦布尔艾登大学，有14955人。在读本科生最多的是耶迪蒂普大学（Yeditepe Üniversitesi），有19833人。在读硕士、博士研究生最多的是伊斯坦布尔奥肯大学（İstanbul Okan Üniversitesi），共计7672人。

土耳其基金会私立大学除办学规模上的差距外，在师资方面的差距也颇为显著。基金会私立大学中最高生师比为5∶1，最低生师比为578∶1，其中生师比在20∶1之内的学校有13所。可见基金会私立大学的师资力量分布情况极不均衡，较多学校师资缺乏情况严重。

总体而言，土耳其私立大学的发展并不均衡，走在顶端的私立大学已经赶超了老牌公立大学成为土耳其大学中的佼佼者，它们拥有雄厚的办学实力，享有科研和人员聘用上的自由，在社会享有极高的办学声誉，如1984年创立的第一所基金会私立大学比尔肯特大学、科钦大学（1992年创立）和萨班哲大学（1996年创立）。土耳其一流基金会私立大学一直保持着高水准建大学的精神，不仅致力于将基金会私立大学办成土耳其最好的大学，更致力于跻身世界一流大学行列。这些基金会私立大学与一流公立大学之间形成了激烈的竞争关系并拥有绝对的竞争实力，一直在土耳其大学中独占鳌头。在2019年的QS世界排名榜中，比尔肯特大学、科钦大学和萨班哲大学依然榜上有名，其中比尔肯特大学的艺术、人文、化学等11个专业，科钦大学的经济计量学等3个专业，萨班哲大学的工程机械、航空和制造等专业都位列世界专业排名的前150—450名。[①] 这些优质基金会私立大学形成了自身独特的办学理念，拥有最好的教学设施，为学生提供了丰厚的奖学金，同时吸引着海内外的专家学者共同致力于它的发展。而刚刚起步的私立大学由于缺乏办学经验往往举步维艰，在不能通过高等教育委员会的评估情况下面临着关闭或是规模缩小的命运。虽然私立大学的办学受到政府的支持，但并未

[①] Top Universities, "QS World University Rankings" (November 30, 2019), https://www.topuniversities.com/university-rankings/world-university-rankings/2019.

得到与公立大学一样的支持力度。因此，私立大学的发展仍需要一个更为稳定的发展环境和更为行之有效的支持政策。

总而言之，土耳其大学发展至今已经实际了高等教育的普及化，公立大学和私立大学都得到了迅速的发展。但从总体来看，土耳其大学还存在着诸多问题，如：第一，区域分布的严重不均衡。土耳其大学绝大多数都分布在伊斯坦布尔及安卡拉。以 2018 年为例，土耳其大学总数为 185，其中伊斯坦布尔首当其冲占有大学 57 所（占比 30.8%），其次是安卡拉，拥有大学 19 所（占比 10.3%），第三位是伊兹密尔，有大学 8 所（占比 4.3%），其余 78 省共占比 54.6%。第二，大学同质化。所有的大学都由高等教育委员会统一管控，从课程、教师、教学，高等教育委员会都有一套统一的标准，这使得大学很难形成自身特色。第三，大学发展水平参差不齐。虽然土耳其仅有大学 200 余所，但大学之间的发展水平差距较大。

总之，作为一个高等教育强国，土耳其高等教育建设所取得的成绩有目共睹，但也存在着诸多问题，建设与发展之路荆棘丛丛，如何平衡政府行政管理与大学自治的关系，如同在区域发展不均衡的情况下平衡各高校的教育资源分配，如何推进后起大学的发展与成长，都将成为土耳其高等教育建设需要面对的难题。

高校考试招生制度是教育制度的重要组成部分，不论是基础教育建设还是高等教育建设，其中都不乏与高校考试招生制度的密切联系。因此，在聚焦土耳其高校考试招生制度之前，有必要为土耳其教育制度勾勒出一个相对完整的图像，为下一章土耳其高校考试招生制度的诞生、改革与发展的研究奠定基础。

第二章

土耳其高校考试招生制度的历史演进

土耳其高校考试招生制度与奥斯曼帝国时代的第一所大学同步诞生，在土耳其共和国成立后，高校考试招生制度开始迅速发展，经历了"分散招生—联合招生—统一招生"的发展轨迹，其历史演进过程充分体现出高校考试招生制度的客观发展规律。

第一节 奥斯曼帝国高校考试招生制度的产生（1846—1922年）

土耳其高等教育的源起可以追溯到塞尔丘克帝国时期，但第一所真正意义上的大学直至奥斯曼帝国晚期才诞生，它是奥斯曼帝国在历经战败和衰亡之际自我反省的产物、是与宗教教育体制抗争的产物、是旧时代自我救赎的产物。它既是奥斯曼帝国的第一所大学，也是土耳其高校考试招生制度的诞生地，了解它的诞生与发展史，是了解土耳其高校考试招生制度产生历史的前提和基础。

一 奥斯曼帝国第一所大学的诞生与发展历程

伊斯坦布尔大学始建于奥斯曼帝国时期，它历经了帝国的没落与陨落，见证了土耳其共和国的成立与发展，它既是奥斯曼帝国的第一所大学，也是伊斯兰世界的第一所本土大学，亦是土耳其共和国的第一所大

第二章　土耳其高校考试招生制度的历史演进

学,是一所横跨了历史与时代的大学。

(一) 伊斯坦布尔大学的前身——国立奥斯曼大学

奥斯曼帝国第一所大学的诞生与成长之路可谓历经艰辛,一波三折,它经历了三次关闭与三次更名,伴随着帝国的陨落坚持传递着现代化科学知识。

1. 奥斯曼帝国第一所大学的孕育

土耳其历史上第一所真正意义上的大学诞生于坦齐马特改革时期,这是奥斯曼帝国历史上规模最大的一次改革运动,是奥斯曼帝国现代化的里程碑,也是奥斯曼帝国教育改革的重要时期。除了在行政、军事、立法等方面的改革外,教育改革是其中最为重要的改革内容。苏丹·阿卜杜勒米西德(Sultan Abdulmecid)通过"坦齐马特改革令"成立了教育部(Maârif-i Umûmiye Nezâreti),教育部成员主要由对科学教育有所了解和在欧洲接受过高等教育的人组成。这些西式创新者尝试提出新的教育改革措施,其中一项建议加速了传统宗教学校向现代大学的过渡。他们指出,帝国还缺乏一所真正的大学,并计划自1846年开始建设国立奥斯曼大学(Darülfünun)。"Darülfünun"是奥斯曼土耳其语,字面意思为"科学之家",表明了这所大学是与传统宗教学校截然不同的高等教育机构[1]。1846年7月21日的官方声明对这所高等教育机构作出了进一步界定:其一,明确奥斯曼大学将在伊斯坦布尔选址建造;其二,将学校性质界定为中等教育(高中)之上的第三级教育机构。奥斯曼帝国的第一所高等教育机构自此孕育。

2. 奥斯曼帝国第一所大学的曲折成长史

国立奥斯曼大学最终选址于伊斯坦布尔的圣索菲亚大教堂附近,并由意大利建筑师加斯柏里·弗萨缇(Gaspare Fossati)设计施工。但由于经费不足,工期延长了许多年,直至1863年大学校舍还未完全建成。在部分校舍仍在建造的同时,学校开始对外开放,奥斯曼帝国的学者纷

---

[1] Yücel Namal, "Atatürk ve Üniversite Reformu (1933)", *Yükseköğretim ve Bilim Dergisi*, Vol. 1, No. 1, April 2011, pp. 27-35.

纷申请担任教师。由于正式开放所有课程仍需要时间，此时仅以举办讲座的形式开设了部分课程。第一次讲座是以物理和化学为主题的公开讲座，名为"第一课（Ders-i Âmm）"，化学家德尔维·什帕沙（Derviş Paşa）成为国立奥斯曼大学的第一位演讲者。在第一堂讲座中，德尔维·什帕沙以一种简单有趣的方式描述了空气和电的特性。该课程的内容在帝国报纸上（Mecmua-i Fünun）向公众公布，并引发了持续数周的热议。据称：

> 第一堂课非常拥挤，约有300人参加。德尔维·什帕沙在这里解释了物理和化学的重要性，并进行了电学实验。这堂课让伊斯坦布尔的人民第一次见证了电子实验，以至于第2次和第3次讲座吸引了400人至500人。①

许多参加了德尔维·什帕沙开设的物理课程的人都通过了课程考试，并获得了课程结业证书。此后直至1865年3月，大学都定期举行着物理学、化学、自然科学、历史和地理等学科的主题讲座。不幸的是，1865年末，这座刚刚成长起来的大学却被一场大火摧毁，被迫再次关闭。

命运多舛的国立奥斯曼大学一度沉寂，直到1869年才得以完成重建并再次开放。1869年以法国教育体系为蓝本的《奥斯曼教育修正案》（也称《教育法》）② 颁布，该法案的第79条至第128条对重建的大学进行了详细的规定，其中包括：将国立奥斯曼大学更名为奥斯曼达尔·优法努（Darülfünun-ı Osmanî）大学；大学由"哲学、人文科学""法律"和"科学、数学"等三个学院组成；规定了大学的行政结构和课程计划等内容。③ 大学准备工作完成后，曾在报纸上刊

---

① Yolcu Ergün, 1453'den Günümüze İstanbul Üniversitesi, İstanbul：Boyut Matbaası, 2011.
② 这部修正案（Maârif-i Umûmiye Nizamnâmesi）亦被称为1869年《教育法》。
③ Emine Ö. Evered, Empire and Education under the Ottomans：Politics, Reform, and esistance from the Tanzimat to the Young Turks, Croydon：CPI Group (UK) Ltd, 2012, pp.223-229.

登招生广告，当时有 1000 多人报名参加了大学入学考试，最终有 450 人脱颖而出被录取。这是奥斯曼达尔·优法努大学的第一次公开考试招生。

1870 年 2 月 18 日，奥斯曼达尔·优法努大学正式开学。为使更多民众接受大学教育，达尔·优法努大学组织了一批有影响力的政要官员和将军（Paşa）向公众开办讲座（Ders-i Âmm），同时将讲义印发在官方报纸（Takvim-i Vakayi）上，以扩大宣传和影响力。但一年后，这所大学由于一次公开讲座上的演讲引发宗教势力的不满而被迫再次关闭，直至 1874—1881 年才由当时的教育部长重新开放。

历经三次关闭的奥斯曼大学，最终在 1900 年 9 月 1 日以现代化大学的形式重新开放，命名为帝国大学（Daralfünun-ı Şahane）。帝国大学设有神学院、文学院和科学院，原有的医学院和法学院也被合并到这三所学院中。此时帝国大学的神学院与奥斯曼帝国时期的玛德拉萨一脉相承，教师们在不超出学术研究框架的前提下向学生们教授标准的宗教教育。由此可见，此时的奥斯曼大学仍未摆脱宗教的掌控。

3. 奥斯曼帝国大学现代化发展路径

帝国大学于 1913 年再次更名为伊斯坦布尔帝国大学（İstanbul Darülfünunu），其中建立女子学院是伊斯坦布尔帝国大学现代化建设中迈出的重要一步。1914 年 9 月 12 日，伊斯坦布尔帝国大学成立了女子学院（İnas Darülfünunu），并向女大学生们开设了文学系和科学系[①]，学制 3 年。初设女子学院时有 22 名女生通过入学考试被学院录取，1917 年有 18 名女生按时毕业，成为土耳其历史上的首批女大学生。"一战"后，奥斯曼政府由于财力不足削减了大学经费，为避免教育资源的浪费、降低教育成本，女子学院的学生不得不与男学生分成上、下午时段共享教师和教室。1919 年大学引入了混合教育，并正式关闭了女子学院。女子学院关闭时，共有 129 名女性在女子学院接受了高等教

---

① 科学系的课程包括自然科学和数学等学科内容。

育，其中53人顺利毕业。① 1921年9月16日，奥斯曼帝国从法律上正式承认了男女混合的教学方式，传统的男女分班授课制宣告终结。

此外，外籍教授也为帝国大学的现代化发展作出了重要贡献。1914年，第一次世界大战爆发，德国教授成批逃往奥斯曼帝国避难，其中19名教授带着成熟的高等教育知识与大学建设经验参与到伊斯坦布尔帝国大学的建设与教学中，促成了伊斯坦布尔帝国大学向德国高等教育体系的学习。② 1918年"一战"结束后，大部分德国教授回国，但仍有10余名法国教授留在了伊斯坦布尔帝国大学，替代德国教授成为伊斯坦布尔帝国大学建设的主力军。至此，法国高等教育体系替代德国教育体系成为奥斯曼帝国大学建设的新蓝本。

总之，伊斯坦布尔帝国大学作为帝国唯一一所真正意义的大学，在传播科学知识和人才培养方面起到了重要的推动作用，开创了女性上大学的先河，它深受德国和法国高等教育的影响，将欧洲的高等教育体系种植在了奥斯曼帝国这片土地之上。然而在学习欧洲先进知识的同时，这所大学也存在着严重的问题：一是由于当时的帝国大学缺乏本国的现代化教材，土耳其本土化知识的传播与发展严重滞后；二是大学被帝国统治者严格管控，教师均由苏丹通过教育部亲自指派，这所大学失去了表达和创造的自由，它很难真正成为智慧启迪和科学研究的中心。伴随着帝国的衰亡，这所帝国遗留的唯一一所大学面临着生存危机，渐渐从风光无限走向黯淡无光，直至土耳其共和国成立十余年后，才得以重获新生。

（二）伊斯坦布尔帝国大学的衰亡与伊斯坦布尔大学的诞生

1923年10月29日，土耳其共和国成立。共和国成立后仅有一所奥斯曼帝国遗留下来的伊斯坦布尔帝国大学（İstanbul Darülfünunu）。共和国领导人意识到改革和振兴大学的必要性，同时也认识到自治是实现大

---

① Bianet,"İnas Darülfünun1914－1919. Bölümler"（November 12, 2019），https://bianet.org/system/uploads/1/files/attachments/000/001/264/original/UniversitedeIlkKadinlar__opt.pdf? 1417525942.

② Horst Widmann, *Atatürk ve Üniversite Reformu*, İstanbul：Kabalcı, 2000, pp. 60-61.

学知识自由的重要保障。但土耳其社会各界在规划帝国大学的未来发展道路时产生了分歧，质疑者认为："它已经承袭了帝国的腐败，如果任由它发展，这所大学将很难从落后和冷漠中走出来。"支持者则反对对大学进行任何干预，认为应给予它充分的学术自由："只有一个充分自治的大学才可能产生知识分子领袖，带领土耳其消除阻碍社会复兴的传统力量。"[1] 最终，政府听取了后者的意见。当时的教育部对帝国大学进行了改革，使帝国大学成为具有单独预算和法人实体管理资格的高等教育机构，给予了它最大的自治自由。然而在接下来的十年中，帝国大学并未展现出预期的发展态势，如当时的教育部长雷伊特·加利普（Reşit Galip）所说："这所帝国大学无视国家和社会的变化，无视共和国正在发生的文化革命，它将自己与外界隔绝。这里没有科学研究，也没有像西方国家那样的教育和培训。"[2] 1931 年，土耳其共和国第一任总统阿塔图尔克亲自访问了这所大学，并考察了毕业考试的情况，他认为："学生们对于基本的文化和历史常识极为缺乏。"[3] 阿塔图尔克对教育的评判基于衡量教育在社会变革中所起的作用，无疑，这所被寄予厚望的大学是令人失望的。为了"诊断"大学的"症结"所在，教育部邀请了瑞士专家阿尔伯特·马尔切（Albert Malche）[4] 对大学进行了为期四个月的调查。阿尔伯特在评估报告中指出："许多教授提供的课程内容是百科全书的摘要，且年复一年从未改变，大学的教学与现实生活严重脱节。教学方法更是对学生思维的阻碍，使学生误认为学习的义务仅限于对历史事件的记忆，这使学生缺乏创造力和研究能力。这里没有土耳其教科书，没有一个学科领域有辅助参考书，图书馆资源匮乏。教师们仅关注日常教学而没有进行科学研究。总之，这所大学丧失了创造

---

[1] İlhan Başgöz, Howard E. Wilson, *Educational Problems in Turkey* 1920-1940, Bloomington: Mouton & Co. publisher, 1968, pp. 159-204.

[2] Murat Alper Parlak, *Cumhuriyet Dönemi Eğitim Politikaları Sempozyumu* 07-09 *Aralık* 2005, Ankara: Atatürk Araştırma Merkezi, 2000.

[3] İlhan Başgöz, Howard E. Wilson, *Educational Problems in Turkey* 1920-1940, Bloomington: Mouton & Co. publisher, 1968, pp. 159-204.

[4] 阿尔伯特·马尔切（1879—1956 年）：瑞士教育家、政治家、日内瓦大学教授。

科学思维的能力，它无法鼓励学生反思和自主研究。"① 这份"诊断书"促使教育部放弃了对帝国大学所持的不干预政策，并决定彻底关闭帝国大学，建立新的共和国大学。

1933年7月31日，土耳其大国民议会宣布废除奥斯曼帝国时代的伊斯坦布尔帝国大学，建立伊斯坦布尔大学（İstanbul Üniversitesi）。8月1日，伊斯坦布尔大学作为土耳其共和国第一所也是唯一一所大学正式成立。伊斯坦布尔大学成立后，原帝国大学中的157名教授被解雇，仅保留了71名教授在新的大学任教②，同时召回了许多在1925年至1929年期间派往欧洲的留学人员，他们与从外国聘请的85名教师（主要是来自法国和德国的教授）一起探索土耳其现代化高等教育的建设之路，当时伊斯坦布尔大学的外籍教师占到了教职工总人数的26.3%③。伊斯坦布尔大学成立后，教育部明确指出，这所大学将与共和国的革命紧密相连，大学将置于政府的严格控制之下，但这也将是一所深受外国教育思想影响的现代化大学。

作为土耳其共和国的第一所大学，伊斯坦布尔大学已成为土耳其现代化大学建设的模板和现代化发展的里程碑。即使在被认为最不作为的1923年至1933年期间，伊斯坦布尔大学仍为共和国培养了3554名毕业生，其中医药学和法学的毕业生占到了毕业生总数的84.1%④，这些毕业生为共和国的建设起到了重要的推动作用。发展至今，伊斯坦布尔大学依然是土耳其高等教育建设的领头羊，它已经成长为一所综合性研究型大学，诞生过两名诺贝尔奖获得者、两位总统，是一所"融合东西文化，联系过去与未来的开创性大学"⑤。

---

① İlhan Başgöz, Howard E. Wilson, *Educational Problems in Turkey* 1920-1940, Bloomington: Mouton & Co. publisher, 1968, pp. 159-204.

② Horst Widmann, *Atatürk ve Üniversite Reformu*, İstanbul: Kabalcı, 2000, pp. 66-67.

③ Horst Widmann, *Atatürk ve Üniversite Reformu*, İstanbul: Kabalcı, 2000, p. 107.

④ Emre Dölen, *Cumhuriyet Döneminde Osmanlı Darülfünunu* (1922-1933), İstanbul: İstanbul Bilgi Üniversitesi Yayınları, 2010, pp. 37-38.

⑤ İstanbul Üniversitesi, "Misyon-Vizyon" (November 12, 2019), https://www.istanbul.edu.tr/tr/content/universitemiz/misyon-vizyon.

二 《教育法》与考试制度的产生

从塞尔丘克王朝到奥斯曼帝国早期,基础教育阶段都没有系统的考试制度存在。以学习《古兰经》为教育宗旨和教育内容的传统宗教学校,凡适龄男女均可入学,背诵《古兰经》是检验学生学习效果的主要方式,体罚是对学习效果不好的学生的惩戒办法。土耳其考试制度的正式建立始于1869年出台的《教育法》,该法案以法国教育系统为蓝本,在苏丹的推动下建立并执行。法案中不仅对各阶段的学校教育进行了详尽的规定,同时也明确了各教育阶段的考试时间、考试类型和考试组织办法等。

考试时间:各教育阶段考试的时间基本相同,一般"每年课程都将于7月初结束,随后的两周为复习时间,考试期将从7月15日开始,直至7月底"[1]。

考试类型:《教育法》规定,在初等教育和中等教育阶段,公立学校的考试分为两类:

第一类是升学考试,升学考试在每年年底学生从低年级升入高年级时进行,用以评估学生是否有资格升入高年级继续学业。此外,《教育法》对各教育阶段的升学条件也做出了规定,其中:"完成初中各阶段考试并获得文凭的学生,无须入学考试则可录取到高中。如未通过初中考试则可选择复读一年。"[2] 可见,初等教育阶段的考试成绩已经成为学生能否升入更高教育层次的依据。

第二类是毕业考试,是学生完成初等教育或中等教育的全部学业后,对学生毕业资格的总体测评。以中等教育阶段的毕业考试为例,一般来说,中学学业水平考试能够为高中毕业水平、大学入学资格和就业

---

[1] Emine Ö. Evered, *Empire and Education under the Ottomans: Politics, Reform, and esistance from the Tanzimat to the Young Turks*, Croydon: CPI Group (UK) Ltd, 2012, pp. 211-212.

[2] Emine Ö. Evered, *Empire and Education under the Ottomans: Politics, Reform, and esistance from the Tanzimat to the Young Turks*, Croydon: CPI Group (UK) Ltd, 2012, pp. 227-229.

资格等提供多方面的权威性检验和认证。但此时的奥斯曼帝国将中学学业水平考试和中学毕业考试分为两个不同的考试，中学毕业考试专门用以检验考生是否达到了中学毕业水平。《教育法》规定："高中阶段完成各类考试可获得文凭，否则可选择复读一年。"① 考试是学生能否获得毕业证书的重要评判工具。

此外，除了以考试检验学生的学习效果和学业水平外，考试也作为鼓励学生努力学习、减免学费的重要途径，如《教育法》中规定，在苏丹高中"考试能力优异的学生将有权免除本年度学费"②。

考试组织办法：升学考试和毕业考试的组织实施办法相同，但不同教育阶段的考试组织者不同：(1) 小学（Sıbyan）阶段考试由每个村庄或邻近村庄的长者理事会（Council of Elders）组织实施，并由教师监管。(2) 初中（Rüşdiye）和高中（İdadîye）考试由苏丹高中（Sultanîye）的校长或熟知该地区教育情况的个人负责组织实施，高中考试教育委员会的首席检查员需到场监督。(3) 苏丹高中的考试由各省教育委员会组织实施。

升学考试和毕业考试都分别由6位主考官组成，而每类考试的主考官构成略有不同。升学考试的主考官由教育部代表、帝国大学代表、省教育委员会代表、一名监察员和两名高中教师组成。毕业考试的主考官由教育部代表、帝国大学代表、省教育委员会代表、一名调查员（Muhakkık）和两名低年级高中教师组成。

由此看来，此时的奥斯曼帝国已经形成了较为完备的考试体系，从学生的升学到毕业都需要经过严格的考试，以考试作为衡量学生学业成绩和毕业资格的度量尺。考试较好地起到了评价、考查、筛选和公平配置教育资源的功能。

---

① Emine Ö. Evered, *Empire and Education under the Ottomans: Politics, Reform, and esistance from the Tanzimat to the Young Turks*, Croydon: CPI Group (UK) Ltd, 2012, pp. 227–229.

② Emine Ö. Evered, *Empire and Education under the Ottomans: Politics, Reform, and esistance from the Tanzimat to the Young Turks*, Croydon: CPI Group (UK) Ltd, 2012, pp. 205–229.

三 奥斯曼帝国时期高校考试招生制度的产生与发展

土耳其高校考试招生制度的产生几乎与第一所大学的产生时间一致,此前的奥斯曼帝国并无系统的高校考试招生制度。虽然在玛德拉萨教育体系中有类似于高等教育的高级课程,但同帝国其他的传统宗教教育体系一样,进入这些教育机构并不需要考试,除非在学生的寝室(Oda)数量配额不足的情况下才举行考试。考试成绩优异的学生有权拥有单独的寝室以便在学校住宿,考试失败的学生仅失去寝室使用权。因此,可以说土耳其高校考试制度的雏形是一种旨在使申请人获得学校寄宿资格的筛选办法,考试仅作为公平分配有限教育资源的工具。

土耳其高等教育考试招生制度的正式产生与奥斯曼第一所大学的诞生息息相关,从国立奥斯曼大学(Darülfünun)到伊斯坦布尔帝国大学(İstanbul Darülfünunu),伴随着这所大学的不断发展,高校考试招生制度也在不断发展。

(一) 1869年《教育法》与高校考试招生制度的产生

土耳其最早的高校考试招生制度可以追溯到1869年《教育法》的颁布,该法案对国立奥斯曼大学的招生对象、报考条件、录取依据等进行了规定,为大学的考试和招生提供了法律依据。

《教育法》规定奥斯曼帝国大学的招生对象为:"自愿遵守大学一切规章制度并达到16岁者,有资格注册成为国立奥斯曼大学的学生。"[1] 条款中首先对入学年龄进行了规定。同时,将招生对象划分为两类——持初、高中毕业证书者和未取得初、高中毕业证书者。不同类型学生的招生办法不同,《教育法》中规定,高校招生办法有两类,一类是考试,另一类是资格审核制,其中资格审核制在当时使用较为普遍。

1. 资格审核入学办法

由于在坦齐马特时期和梅瑟特(Meşrûtiyet)时期,国立奥斯曼大

---

[1] Emine Ö. Evered, *Empire and Education under the Ottomans: Politics, Reform, and esistance from the Tanzimat to the Young Turks*, Croydon: CPI Group (UK) Ltd, 2012, pp. 205 - 229.

学的候选学生人数远低于大学的培养能力，因此，大学不需举办竞争性入学考试。《教育法》规定："有志进入国立奥斯曼大学学习的学生，如持有初中（Rüşdiye）或高中（İdadîye、Sultanîye）毕业证书者，可无需参加入学考试直接录取。"① 取得初、高中毕业证书成为被大学录取的依据。而想要获得初、高中毕业证书，必须完成初中或高中的全部学业，并参加毕业考试和"学业水平考试"（Yeterlik Sınavları），通过考试者可获得学业水平证书。当时的教育部认为："学业水平考试完全针对大学入学设计，且此时的高中课程设置也完全是为了大学教育作准备，相当于是大学的预科阶段。"②

可见，此时的中学学业水平考试与中学毕业考试不同，它具备两个功能：一是为学生升入大学提供资格凭证；二是为某些就业岗位提供上岗资格认证。其中第一个功能是最为主要的功能。

为了更好地使中学学业水平考试为大学教育服务，它被细化为三种类型，分别对应不同类型的高中和不同的报考专业：（1）第一类考试针对报考人文、法律和科学专业的考生，通过考试者可获得Ⅰ类学业水平证书（Mülâzemet Rüûsu），报名就读帝国大学的相关专业。Ⅰ类学业水平考试证书根据考生所在区域确定考试办法，如考生的学籍在伊斯坦布尔则可直接参加由高等教育委员会和帝国大学高级官员小组组织实施的考试。地处其他地区的考生，在取得了由地区教育委员会所颁发的学业水平证书后，还需加试口试。（2）第二类考试同样针对报考人文、法律和科学专业的考生，但仅为苏丹高中毕业生设置，通过考试者可获得Ⅱ类学业水平证书（Mezuniyet Rüûsu）。此类考试不仅有笔试，还有口试。要参加此类考试的苏丹高中毕业生首先必须合格完成苏丹高中的学业。（3）第三类考试（Müntehîlik）针对报考医学、人文、科学和法

---

① Emine Ö. Evered, *Empire and Education under the Ottomans: Politics, Reform, and esistance from the Tanzimat to the Young Turks*, Croydon: CPI Group (UK) Ltd, 2012, pp.205-229.

② Emine Ö. Evered, *Empire and Education under the Ottomans: Politics, Reform, and esistance from the Tanzimat to the Young Turks*, Croydon: CPI Group (UK) Ltd, 2012, pp.205-229.

学专业的考生，考试内容更为广泛，通过者可以报考的专业选择面更广。

为了增加学生通过学业水平考试的概率，每年会有3个月的时间专门作为学业水平考试期。3个月内考生有两次考试机会，第一次考试不通过者还可以在这3个月内重新考试，两次都不能通过者，则须待明年再考。但如果考试次数累计4次都无法通过者，就永远失去了考试资格。

中学学业水平考试由6名主考官组成的考试小组负责，包括：教育部代表、帝国大学代表、省教育委员会代表、一名首席调查员和两名I类学业水平证书的持有者。考试结束后，每位主考官均需对考生进行评分，考试评分以不同颜色的圈来判定：白圈为"优秀"、红圈为"普通"，黑圈为"不合格"，获得3个白圈者为最佳。最佳考生的名字将被记录在帝国大学和教育委员会的名册上，以表彰他们的优异成绩。

总体而言，此时的中学学业水平考试直接为大学入学提供了较为公平的参考依据，实现了招生与考试的分离，增加了高中在社会上的影响力。可见，奥斯曼帝国时期已经通过考试建立起了从中等教育通过向高等教育的桥梁，开始采用考试作为大学选拔学生的工具。

2. 考试入学办法

《教育法》规定："那些没有文凭或学位证书的学生可以作为走读学生进入大学，最终录取与否取决于他们在考试委员会组织的考试中的成绩。"[1] 没有初、高中毕业证书的考生需前往所报考的学院进行个人信息登记，然后参加由考试委员会（Examination Committee）组织的大学入学考试以获得录取资格。考试内容包括："奥斯曼帝国语言、通史、地理、算术、几何、代数、物理科学和逻辑。"[2] 通过考试的学生将获

---

[1] Özgüven, "Türkiye'de Üniversiteye Girişle İlgili Uygulamalar" (December 26, 2019), http://dergiler.ankara.edu.tr/dergiler/34/970/11943.pdf.

[2] Emine Ö. Evered, *Empire and Education under the Ottomans: Politics, Reform, and esistance from the Tanzimat to the Young Turks*, Croydon: CPI Group (UK) Ltd, 2012, pp. 225–229.

得教育委员会签发的资格证书（Şehâdetnâme），以表明考生已经成功通过入学考试并获取了大学入学资格。

总之，帝国以法律形式对唯一一所奥斯曼帝国大学的考试招生办法进行了规范，以考试为工具为大学选拔合格人才，为此后土耳其高校考试招生制度的发展奠定了基础。此时的奥斯曼帝国已经形成了较为完备的高校考试招生制度，标志着土耳其历史上高校考试招生制度的正式产生。

（二）1900—1921年，竞争性考试在奥斯曼帝国的产生与发展

1900—1921年，奥斯曼帝国大学的考试招生制度几经改革，经历了"'竞争测试'的提出→资格审核制与竞争入学考试并行→取消资格审核制全面实施竞争入学考试"的发展历程。

1. "竞争测试"的出现

1900年国立奥斯曼大学更名为帝国大学（Darülfünun-ı Şahane）再次开放，并出台了《帝国大学规定》，对考试招生制度进行了改革。新的规定将招生对象要求更改为："年满18岁且具有良好的道德风尚，不得染病和定罪。"[1] 从最初强调招生对象的纪律性到现在强调招生对象的身心健康，大学对招生对象的要求更为具体化。此时持特定中等教育机构毕业证书的学生仍可免试入学，这些中等教育机构包括：梅克泰布·伊·舒尔塔尼（Mekteb-i Sultani）、商学院（Ticaret Mektebi），达鲁什萨法卡（Darüşşafaka）的行政管理学校和省级中心学校，这些学校的毕业生不但可以免试入学，并且可以优先选择专业。如果报名人数超过了招生人数限额，则实行"竞争测试"（Müsabaka İmtihanı），将考生按考试成绩排名，自上而下择优录取，招满为止。此外，未持高中毕业证书的学生必须参加由帝国大学3个学院所组织的入学考试，考试内容范围包括：阿拉伯语、波斯语、法语、奥斯曼文学和官方书信、科学、数学、自然、地理、品德、法律等学科。奥斯曼帝国将帝国大学的招生消息向全国公布，

---

[1] Emre Dölen, *Cumhuriyet Döneminde Osmanlı Darülfünunu* (1922 – 1933), İstanbul: İstanbul Bilgi Üniversitesi Yayınları, 2010, pp. 26-27.

并在官方报纸上每日更新录取情况，力求最大限度完成招生任务。经过努力，帝国大学当年共录取了 80 名学生，完成了招生任务。[1]

2. 资格审核制与竞争入学考试并轨而行

1913 年帝国大学更名为伊斯坦布尔帝国大学（İstanbul Darülfünunu），并颁布了新的《伊斯坦布尔帝国大学组织规定》。《规定》中指出，伊斯坦布尔帝国大学原则上主要接收持有中学学士学位考试（Bakalorya）[2]证书的学生。如持帝国大学高中部（Darülfünun Şubeleri）毕业证书并完成兵役者，可直接被所申请学院录取，无须参加入学考试。其他如持有苏丹高中和 7 年制高中梅克特伯（Mekâtib-i）、埃达迪耶（İdadiye-i）及公立高中（idadî）毕业证书的学生，可通过参加所报学院组织的入学考试获取录取资格。需要参加入学考试的学生所需提交的申请材料要求较以前更为全面，具体包括：入学考试申请表、身份证明、居留证明、高中毕业证书、疫苗接种证书及两张照片等。入学考试由笔试和口试两部分组成，考试内容由各学院自行设置。入学考试结束后两天，将宣布录取名单。

1919 年 10 月 21 日，《奥斯曼帝国大学规定》颁布并生效，相较于 1913 年的大学组织规定，更改后的免试招生对象范围进一步缩小，仅包括持梅克泰布·伊·舒尔塔尼（Mekteb-i Sultani）和帝国大学高中部毕业证书的学生。而在此期间，从 1919—1922 年的 3 年间，作为为苏丹培养官僚人才的梅克泰布·伊·舒尔塔尼的毕业生还特别享有 3 年内无须考试可被大学录取的优惠政策。除此以外的其他学生都需参加入学考试以获取大学入学资格。此时的大学入学考试依然由笔试和面试组成，考试科目包括：数学科学（代数、几何学、微积分）、自然科学（植物学、动物学、地质学）、物理、化学、土耳其语、外语（英语/法语/德语/俄语）等科目。

---

[1] İhsanoğlu, Ekmeleddin, *Darülfünun: Osmanlı'da Kültürel Modernleşmenin Odağı*, İstanbul: IRCICA, 2010, pp. 200-206.

[2] 中学学士学位制度源自法国，相当于中学毕业会考制度。

但实际情况是，第一次世界大战的爆发迫使大学和高年级的高中生应征入伍，相当一部分人战死前线或受伤。在战争的最后几年，能够完成高中学业的人数锐减，大学招生极为困难。1919年颁布的考试招生规定在执行了3年之后不得不取消。

3. 竞争入学考试的全面实施

1921年7月14日，伊斯坦布尔帝国大学颁布了新的考试招生规定，规定中取消了以往凭特定高中毕业证书可免试入学的政策，而以"严肃而公平"① 的入学考试来选拔候选人。为保障帝国大学入学考试的公平、公正，入学考试由各学院的考试委员会组织实施。考试委员会成员由医学院、文学院、科学学院和法学院选出的6名教师组成。4个学院共24人组成的考试委员会肩负起了伊斯坦布尔帝国大学新生选拔的重任。

入学考试面向已通过苏丹高中9—10年级课程考试的学生，如果考试成绩低于5年级水平，则不得参加入学考试。入学考试分为笔试和口试两个部分，笔试内容包括：文学、历史、地理、外语、物理学、化学、数学、地质学和植物学等科目，相当于当时苏丹高中10年级的课程内容。通过笔试的学生，可参加由各学院组织的口试，如文学和法学院、医学学院的口试内容包括：人类史、普通地理、奥斯曼地理、文学和外语、数学、动物学、植物学、地质学和外语等学科知识。科学学院的口试内容包括：数学、物理、化学、地质，植物学和地质学等学科领域知识。有趣的是，为提升苏丹高中的大学录取率，政府曾要求伊斯坦布尔帝国大学取消对苏丹高中毕业生的大学入学考试，采取免试入学办法，但都被伊斯坦布尔帝国大学回绝，而坚持将所有学生都纳入入学考试范围。可见，此时的伊斯坦布尔帝国大学将公平摆在第一位，对于学生的选拔更为严格，通过考试的方式统一选拔人才，并且在笔试和口试环节考虑到了各个学院的学科特点和人才选拔需求，采用了更具学科针对性的考试内容设置。土耳其高校考试招生制度发展到这一时期，已经

---

① Emre Dölen, *Cumhuriyet Döneminde Osmanlı Darülfünunu* (1922-1933), İstanbul: İstanbul Bilgi Üniversitesi Yayınları, 2010, pp. 29-30.

初步形成以考试为工具为高校选拔人才的制度，既注重公平，也兼顾效率，体现出伊斯坦布尔帝国大学自治水平和人才选拔水平的提高。

然而随着帝国的衰落，初等教育和中等教育薄弱，加之本土人才匮乏等现实原因，伊斯坦布尔帝国大学很难坚持以公平公正的考试方式来选拔足够的人才，即使大学采取了降低学费和缩短学习周期等办法，但"随着停战后生活条件的恶化，伊斯坦布尔的学生锐减，高中和大学都处于无需求的危机之中"①。没有足够的生源和高水平的大学教师，大学面临着生存危机，难以保证高水平的高校考试招生制度的实施和发展。

总之，高校考试招生制度不仅是人才选拔的工具，更是时代变迁的一面镜子。奥斯曼帝国时期高校考试招生制度的产生与发展与奥斯曼帝国唯一一所大学的诞生与发展息息相关。奥斯曼帝国大学受到现实社会和环境的影响，人才选拔的标准和办法几经变革：从最初将高中学业水平考试作为大学人才选拔的标准，到后来将入学考试和招生权利完全掌握在大学手中；从特权高中免试生的存在到坚持要求所有考生平等参加入学考试。奥斯曼帝国大学对人才选拔的目标和方法日渐清晰，初步形成了既注重公平又兼具效率的高校考试招生制度。但受到时代的限制，奥斯曼帝国时期形成的高校考试招生制度对于人才选拔的效率难以保障。即便如此，奥斯曼帝国大学对于考试招生制度的不断尝试和革新，使得土耳其高校考试招生制度得以诞生，并在一定程度上影响了此后土耳其高校考试招生制度的制定和发展，为土耳其高校考试招生制度的发展提供了宝贵的历史经验。

第二节　土耳其共和国成立初期的高校考试招生制度（1923—1973 年）

1923—1973 年，自土耳其共和国成立后直至全国高校统一考试招

---

① Emre Dölen, *Cumhuriyet Döneminde Osmanlı Darülfünunu* (1922-1933), İstanbul: İstanbul Bilgi Üniversitesi Yayınları, 2010, pp. 31-32.

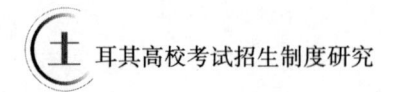

生制度建立之前的 50 年间，土耳其陆续建成了 13 所大学。在此期间，土耳其高校考试招生制度由分散走向联合，无论是考试主体、考试内容、考试形式，还是招生录取标准都历经了不断的改革与探索。

一 高校独立考试招生阶段（1923—1960 年）

1923—1960 年，土耳其共建成 7 所大学，各个大学一直坚持自主考试招生。这些新兴的大学尚未形成成熟的考试招生制度，在相互借鉴的同时也在各自探索着行之有效的人才选拔方式。在此期间，各高校的招生办法历经了从资格审核制向竞争性考试的变化，考试形式也从论文写作转变为客观测试技术。各高校对考试招生制度合理化和科学化的不断探索为此后高校考试招生制度的发展起到重要的奠基作用。

要了解当时各大学自主考试招生的状况，可以从历史最悠久的伊斯坦布尔大学和新兴共和国重点建设的安卡拉大学的考试招生制度的演变路径一窥究竟。

（一）伊斯坦布尔大学考试招生制度的演变历程

土耳其共和国第一所大学伊斯坦布尔大学建立在原伊斯坦布尔帝国大学的基础之上，在许多方面都沿袭了原帝国大学的制度和规定。在考试招生制度方面，伊斯坦布尔大学在沿袭了帝国时代的资格审核制基础上，逐步启用竞争性考试作为人才选拔的工具，形成了自身特色。

1. 竞争性考试的启用（1923—1932 年）

在 1933 年以前，新兴的共和国对伊斯坦布尔大学实行学术自由、充分自治的管理办法，并未干涉伊斯坦布尔大学的考试招生和教学运行。此时的伊斯坦布尔大学还未更名，仍叫伊斯坦布尔·达尔优法努大学（İstanbul Darülfünunu）。

1923 年土耳其共和国成立后，出台了《伊斯坦布尔达尔优法努条例》（下文简称《条例》），《条例》在沿袭了奥斯曼帝国时期的考试招生办法的基础上，对考试招生制度进行了少量修改。(1) 在招生对象上，《条例》规定："招生对象为公立或私立高中毕业，其中持奥斯曼帝国大学高中部和其他高中毕业证书者可免试入学。"并在此基础上新增了一条:"获得录取资格的学生须经大学负责人的同意方可正式注册。"① 新增规定给予了大学一定的自主权,保留了大学对持高中毕业证书的学生进行筛选的权力。(2)《条例》规定不具备免试入学资格的申请人须参加由各学院组织的入学考试。率先在全国范围内采用竞争性考试作为选拔大学新生的工具。考试包括笔试和口试,笔试时长4个小时,考试内容以论文写作为主。口试阶段规定须由相关领域的两名教授作为主考官进行面试。(3)《条例》在特定学院的报考要求中指出,报考神学院的学生须加试拉伯语和波斯语,以确保考生具备专业学习的语言能力。(4)相对于对本国学生的严格要求,外国学生享有一定的特权,他们既没有录取资格的限制,也不受学院招生名额的限制,因此吸引了很多伊斯兰国家的学生来此求学。

总体来看,此时的伊斯坦布尔·达尔优法努大学的考试招生政策基本与奥斯曼帝国时代晚期(1913—1920年)帝国大学的考试招生政策保持一致,尤其是保留了持高中毕业证者可免试入学的政策,顺应了当时"二战"后土耳其高中生骤减、大学招生难的现实。虽然新增条例中赋予了大学对候选人的自主选择权,但这一规定也并未得以实施,仅作为一项"原则性"条款束之高阁。值得肯定的是,伊斯坦布尔·达尔优法努大学继续启用了竞争性考试作为人才选拔的工具,虽然由于候选人的数量有限并未能在所有院系实施,但已经实现了土耳其建国后高校考试招生制度的新突破。

2. "国家成熟度考试"与1年多次考试招生制度的实施(1933—1960年)

1933—1960年,总体上伊斯坦布尔大学的招生仍以资格审核制为主。以1947年的《伊斯坦布尔大学学生条例(İstanbul Üniversitesi Öğrenci Yönetmeliği)》② 为例,凡持有高中毕业证书和国家成熟度考试

---

① Mehmet Ali Ayni, *Darülfünun Tarihi*, İstanbul: Kitabevi, 2007, pp. 72-73.

② Emre Dölen, *Türkiye Üniversite Tarihi 4 İstanbul Üniversitesi (1933-1946)*, İstanbul: İstanbul Bilgi Üniversitesi Yayınları, 2010, pp. 291-292.

(Devlet Olgunluk Sınavı)证书者（或持同等学力文凭证明者）均可入学。实际上，在1936年至1960年，由于土耳其大学普遍存在招生缺口，因此许多大学不再额外举办入学考试，而采用"高中毕业资格+国家成熟度考试"的双边审核办法挑选合格的高中毕业生，伊斯坦布尔大学也采用了这一招生办法（工程学院和政治学院除外）。

以往持高中毕业证书者即拥有了大学入学资格，然而通过高中毕业考试仅是对学生高中毕业资格的评判，以高中毕业资格作为大学人才选拔的标准，更倾向于对人才的资格评估，并不具备竞争性质，因此几乎所有符合资格的申请者都可以顺利进入大学。国家成熟度考试的出现改变了只需要评估高中毕业资格即可入学的选拔方式。当时的教育部认为，国家成熟度考试是对大学入学资格的筛选，是具有竞争性质的考试。国家成熟度考试由教育部在每年6月和9月举行，以笔试为主要考试形式。装有试题的信封将会发送到各个高中，信封将在同一时间开启。考试时间为4小时，分为科学卷和文科卷。1955年后，高中毕业考试和国家成熟度考试合并为一个考试，称为"国家高中考试"（Devlet Lise Sınavı）[1]。

除对学生"高中毕业资格+国家成熟度考试"进行资格审核录取外，伊斯坦布尔大学也通过举办考试进行招生。相较于奥斯曼帝国晚期每年组织一次笔试加学院口试的入学考试办法，伊斯坦布尔大学的入学考试有两项创新举措：首先在考试招生的频率上，采取每年两次考试招生的办法，在每年9月15日—10月15日和2月1—15日组织考试招生，以增加录取率。其次是在原有院系限制名额、招满为止的招生办法上，增加了第二和第三志愿，允许学生在第一志愿院系招生名额有限的情况下选择其他学院，极大地提高了录取率。

从这两项考试招生制度的改革措施来看，当时的共和国为了培养更多受过高等教育的人力资源、扩大大学招生规模，通过多次招考和多个

---

[1] Üstün Dökmen. T. C., *Yükseköğretim Kurulu Öğrenci Seçme ve Yerleştirme Merkezi: Kuruluşu, Gelişmesi, Çalışmaları*, Ankara: ÖSYM Yayınları, 1992, pp. 9–10.

第二章　土耳其高校考试招生制度的历史演进

志愿填报的方式来增加学生的入学概率，为新兴的共和国培养更多有用之才。

3. 将考试作为学生质量监控的工具

1933 年 7 月 31 日，土耳其共和国政府正式宣布废除奥斯曼帝国时代建立的伊斯坦布尔帝国大学，并建立伊斯坦布尔大学（İstanbul Üniversitesi）。重获新生的伊斯坦布尔大学根据共和国的需求对大学规章制度进行了全面革新，其考试招生制度主要遵循1934 年颁布的《伊斯坦布尔大学招生需求和入学指导》[1] 实行。受到生源不足等现实因素的影响，这一时期的伊斯坦布尔大学仍采取了以资格审核制为主（针对生源不足学院），考试为辅（针对生源充足学院）的招生办法。但此时招生要求也有些许改变，如：报考医学院的学生要求有所提高。要想被医学院录取，除持高中毕业证书外，还须持理学院的课程合格证书（Fen Fakültesi P. C. N. Sertifikası）。若从药剂师、牙医或兽医学校毕业的学生则可持毕业证书直接入学。

土耳其国家考试招生机构的研究表明，在 1960 年之前，伊斯坦布尔大学部分学院的录取人数和申请人数基本持平，也就是说入学时学生的淘汰率几乎为零[2]。为防范宽松的入学政策导致人才培养质量降低，伊斯坦布尔大学注重在入学后通过考试对学生的质量进行把控，以"宽进严出"的原则淘汰不合格学生。《指导》中对学生入学后的考试评估做出了严格要求：凡未能参加期末考试的学生将作开除处理；考试中若有疑似作弊的行为，将立即取消考试资格；若被证实考试中有作弊行为者，则由院长直接判定考试无效。因此，伊斯坦布尔大学学生数量的持续增长和高入学率并不意味着高毕业率，考试不仅在生源充足的学院起到了人才选拔的作用，并且在学生入学后起到了淘汰作用。

从 1934—1942 年伊斯坦布尔大学各学年的期末考试通过率来看

---

[1] Emre Dölen, *Türkiye Üniversite Tarihi 4 İstanbul Üniversitesi*（1933 - 1946），İstanbul：İstanbul Bilgi Üniversitesi Yayınları，2010，pp. 733-743.

[2] Üstün Dökmen. T. C., *Yükseköğretim Kurulu Öğrenci Seçme ve Yerleştirme Merkezi：Kuruluşu，Gelişmesi，Çalışmaları*，Ankara：ÖSYM Yayınları，1992，pp. 8-9.

(见表2-1)，药学院和牙医学院的考试通过率最高。校长塞米尔·比尔塞尔（Cemil Bilsel）将这两个学院的高通过率归功于学院在入学考试时对人才的严格筛选："他们选择了优秀的学生，他们在忠诚和纪律下辛勤地学习才有了这样的成就。"[①] 医学院的人才培养质量在历年都是最高的，这为医学院带来了格外好的生源，医学院成为伊斯坦布尔大学为数不多的在入学申请阶段可以对候选人进行筛选和淘汰而无须尽数皆收的学院之一。在1945年的伊斯坦布尔大学入学考试中，考生总数为4189人，其中1440人填报了医学院（占比34.4%）[②]。由此可见，在入学时有充足的生源并能够通过竞争性考试选拔学生有利于在入学后保障教育的高质量。而在入学时由于生源不足而无法筛选学生的学院，就只能通过入学后的考试来淘汰不合格学生。

表2-1　　1934—1942年伊斯坦布尔大学各学院期末考试通过率[③]　（单位:%）

学年学院	药学院	牙医学院	法学院	科学学院	文学学院	经济学院
1934—1935	92.3	93.0	67.3	77.0	67.9	—
1935—1936	87.1	—	62.3	76.7	71.3	
1936—1937	90.4	87.7	57.5	57.7	91.8	54.1
1937—1938	95.7	94.4	64.0	70.8	86.8	61.4
1938—1939	92.3	80.0	74.0	53.0	75.0	56.0
1939—1940	84.3	80.0	59.0	70.0	63.0	64.0
1940—1941	82.2	—	68.0	75.4	80.0	70.0
1941—1942	82.5	87.2	65.3	56.9	69.0	56.0

注："-"表示数据缺失。

---

① Emre Dölen, *Türkiye Üniversite Tarihi 4 İstanbul Üniversitesi* (1933-1946), İstanbul: İstanbul Bilgi Üniversitesi Yayınları, 2010, p. 303.

② Tevfik Sağlam, XII *Ders Yılı Açış Nutku*: *Üniversite Konferansları* 1944-1946, İstanbul, 1946.

③ Emre Dölen, *Türkiye Üniversite Tarihi 4 İstanbul Üniversitesi* (1933-1946), İstanbul: İstanbul Bilgi Üniversitesi Yayınları, 2010, pp. 303-304.

1951年，伊斯坦布尔大学进一步提升了对学生入学后考试的要求。《伊斯坦布尔大学学生纪律条例》规定，学生有自主选择参加课程考试的权利，考试定在每年2月、6月和10月共举行3次，通过了课程考试的学生才可能获得毕业资格。同时制定了更为严格的考试纪律要求，将考试中的抄袭等行为列为严重违纪行为，视情节轻重处以警告、停学以及开除等处分[1]。1952年的《伊斯坦布尔学生指南》进一步明确指出：学生的课程考试包括4小时笔试和口试，其中笔试为淘汰性考试，未通过笔试者直接淘汰不能参加口试。各学院将依据学生的课程考试成绩（非常好、好、中等、不及格）综合评定学生的毕业资格。[2] 可见，伊斯坦布尔大学将课程考试与毕业资格挂钩，进一步提高了对人才培养质量的要求。

总之，在难以保障充足生源的现实情况下，伊斯坦布尔大学的考试招生制度是灵活的，许多学院入学门槛颇低，为了保证教学质量和学校声誉，吸引更多优质生源，学校将重心放在了入学后学生质量的监控上，力求为国家培养更多高质量人才。因此，考试对于这一阶段的伊斯坦布尔大学来说，既是生源充足学院人才选拔的工具，也是所有学院人才质量评估的工具，它起到了人才选拔、淘汰、评估等综合作用。

总体而言，由伊斯坦布尔大学自主考试招生制度的演变历程可见，伊斯坦布尔大学主要以高中毕业文凭和国家成熟度考试证书等作为大学入学资格的评定依据，仅有少数院系采取了竞争性考试选拔新生，其根源在于生源严重不足这一现实所导致的对人才选拔规格的降低。虽然此时竞争性入学考试在伊斯坦布尔大学仅在少数院系采用，但伊斯坦布尔大学仍是土耳其第一所通过竞争性考试选拔新生的大学，它打破了仅以高中毕业文凭和国家成熟度考试证书作为大学入学依据的旧制，给予了大学人才选拔的自由，有利于保障大学的生源质量，满足了大学对优秀

---

[1] İstanbul Üniversitesi, *İstanbul Üniversitesi Öğrenci Disiplin Yönetmeliği*, İstanbul：İstanbul Akgün Matbaası, 1951, pp. 12-13.

[2] İstanbul Üniversitesi, *İstanbul Üniversitesi Öğrenci Rehberi*, İstanbul：İstanbul Akgün Matbaası, 1952, pp. 25-30.

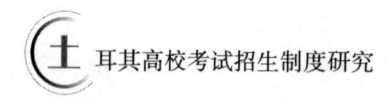

人才的需求。

(二) 安卡拉大学考试招生制度的演变历程

安卡拉大学建成于1946年6月13日，前身是成立于1933年6月10日的安卡拉高级农业学院（Ankara Yüksek Ziraat Enstitüsü）。该学院由自然科学、农业、畜牧业和农业艺术4个学院组成，负责课程教授、相关领域的科学技术研究及出版工作。安卡拉大学的考试招生制度由安卡拉高级农业学院的考试招生制度演变而成。

1. 传统的沿袭：以资格审核制为主的招生制度

安卡拉高级农业学院也采取了以高中毕业证书结合国家成熟度考试证书的双边审核制度挑选合格生源。

根据安卡拉农业学院的规定，招生对象为17—25岁并通过了高中毕业考试及国家成熟度考试的健康青年。并将培养对象具体分为三类：免费寄宿制学生、付费寄宿制学生以及非寄宿制学生。持高中毕业证书并通过国家成熟度考试的学生即可入学成为免费寄宿制学生。如不具备免试入学条件的学生，则需要参加由土耳其语、数学、生物学（植物学，动物学）、物理、化学和外语等科目组成的入学考试，每场考试持续4个小时，考试时间为期两天半，如通过考试则可以顺利入学成为免费寄宿制学生。此外还有由其他高等教育机构转学而来的学生，这部分学生如果能够选择安卡拉高级农业学院第一学年的全部课程并成功通过课程考试，则可以成为免费寄宿制学生。但实际上除免费寄宿制学生和离家近而自愿成为非寄宿制的学生外，学院对付费寄宿制学生并没有强制的规定和要求。从1934年至1942年，安卡拉高级农业学院共培养毕业生1149名[1]，为土耳其共和国林、农、畜牧业的人才培养及科学研究作出了重要的贡献。

安卡拉大学（Ankara Üniversitesi）是土耳其共和国建国后重点建设的三所大学之一。1946年安卡拉大学成立后合并了原安卡拉高级农业学

---

[1] Ankara Yüksek Ziraat Enstitüsü, *Ankara Yüksek Ziraat Enstitüsü Kılavuzu*, Ankara: Ankara Yüksek Ziraat Enstitüsü Basımevi, 1943, pp. 99-100.

院，并陆续成立了法学院、人文学院等17个院系。安卡拉大学的招生录取标准自成立之初到1960年基本保持不变。大学入学时间从每年的9月15日持续到10月底，其中，医学、兽医、农业和科学学院的入学时间于10月15日结束。招生对象为从国立高中毕业或通过了国家成熟度考试的学生，也就是说，安卡拉大学的录取标准比伊斯坦布尔大学更为宽松，高中毕业证书和国家成熟度考试证书二者任取其一即可。1946年安卡拉大学成立之初招收了1786名学生，录取学生中46.9%被法学院录取，30.8%被医学院录取，录取人数最少的是科学学院，仅为4.7%。这一时期虽然土耳其实行了世俗化政策，鼓励女性上大学，但从大学录取的学生性别比例来看，女性学生仍处于弱势，仅占录取学生的17.7%。[1]

安卡拉大学同样采取了入学后通过课程考试来严把人才质量关的方式进一步评估和淘汰学生。各院系有权根据自身教育教学需要进行考试设置，总体而言，考试时间一般在夏、秋两季，分为笔试与口试，大多数学院都规定通过笔试者才能参加口试。笔试题型一般为主观题，多以论文写作为主，考试作弊者将会受到刑事起诉。最终考试成绩以"优、良、中、差、不及格"的5级制和"1—10分"的10分制计算，规定"中"以上者或"6分"以上者即视为通过考试。如重修课程后参加考试仍不及格者，将面临不能获得毕业证书的后果[2]。

总之，这一时期安卡拉大学与伊斯坦布尔大学一样，同样因生源不足而采用了资格审核制录取新生。为了保障教育教学质量和人才培养质量，安卡拉大学同样以考试为工具在入学后严把学生质量关。由此可见，时代发展的局限性对不同大学的考试招生制度产生了相同的影响效果，限制了考试招生制度的创新与发展。

2. 大胆的创新：竞争性考试与客观题型的启用

1960年，安卡拉大学迎来了考试招生制度的重大变革。这一年，

---

[1] Musa Çadırcı, Azmi Süslü, *Ankara Üniversitesi Gelişim Tarihi*, Ankara：Ankara Üniversitesi Basımevi, 1982, pp. 24-25.

[2] Ankara Üniversitesi, *Ankara Hukuk Fakültesi Lisans Öğretim ve İmtihan Yönetmeliği*, Ankara：Güney Matbaacılık ve Gazetecilik T. A. O., 1952, pp. 3-7.

安卡拉大学政治学院接到了3000人的入学申请，这对于当时的大学入学评估系统来说是一个巨大的挑战。有限的学院考试委员成员根本无法在1个月内完成所有申请者的入学资格评估，且不同考试委员的主观评审所带来的评估标准差异问题在此时格外凸显。在此情况下，政治学院的系主任塞马尔·姆奥卢（Cemal Mıhçıoğlu）提议建立新的考试系统。新的考试系统要求所有申请人均需提前填写入学申请表并递交学校，之后申请人将参加基础知识测试（客观多选题）和经典知识测试（主观题）两场考试，考官仅需评估达到基础知识测试合格线的考生的经典知识测试卷。1961年安卡拉大学政治学院正式启用了新的考试系统，对当年5000位考生进行了测试。考试委员会在两周内成功完成了入学考试工作[1]，最终录取了4450人。[2] 此后，安卡拉大学语言、历史、地理学院和社会服务学院也陆续启用了新的入学考试系统。[3]

安卡拉大学的考试招生制度从传统走向创新，成为土耳其高校考试招生制度史上的重要转折点。它不仅采用了相较于主观题型更具高信度和高效度的客观题型，而且采用了两次考试逐步淘汰考生的模式，为此后土耳其高校考试招生制度的科学化发展奠定了重要的实践基础。

1923—1960年的40年间，土耳其建成的7所大学中，伊斯坦布尔大学和安卡拉大学的考试和招生模式被其他大学广泛接受和采纳。总体看来，在各大学自主考试招生阶段，各大学的招生办法主要以资格审核制为主，竞争性考试为辅。

在大学成立之初，由于各大学入学申请人数远低于大学的培养能力，因此，各大学并不需要通过竞争性考试来招生，仅以高中毕业资格审核的方式招生。但以高中毕业资格作为入学条件的优点和弊端同样明显，它使得中等教育备受重视，增加了中等教育对民众的吸引力，但与

---

[1] Üstün Dökmen. T. C., *Yükseköğretim Kurulu Öğrenci Seçme ve Yerleştirme Merkezi: Kuruluşu, Gelişmesi, Çalışmaları*, Ankara: ÖSYM Yayınları, 1992, pp. 9-15.

[2] Ankara Üniversitesi, *Ankara Üniversitesi 1961-1962 Öğretim Yılında Alınan Öğrencilere Ait İstatistik Bilgileri*, Ankara: Ankara Üniversitesi Basımevi, 1962, pp. 3-5.

[3] Ata Tezbaşaran, "Yüksek Öğretime Geçişin Kısa Öyküsü ve Öğrenci Seçme ve Yerleştirme Sistemindeki Değişmeler (1960-2004)" *Eğitim Bilim*, June 2004, pp. 108-113.

此同时，大学的需求却被忽视了。虽然后期教育部声称国家成熟度考试是基于大学人才选拔需求为考量的淘汰性考试，但实际上它仍无法真正满足各个大学对人才选拔的实际需求。各大学为规避"轻松入学"导致人才质量下降的弊端，纷纷以入学后的考试作为人才评估的工具，以保障人才培养质量。

竞争性考试作为大学人才选拔工具的出现显然是大学得以真正实现择优录取、提升招考自主权的体现。这一时期竞争性入学考试仅能够在生源较为充足的少数院校和系别实施，除安卡拉大学和伊斯坦布尔大学的部分学院外，还有一些其他大学，如：伊斯坦布尔技术大学（İstanbul Teknik Üniversitesi），该校自建校伊始就一直坚持通过考试进行招生，申请人必须参加包括数学、几何、科学、历史、地理、逻辑、哲学，土耳其语和作文等学科内容的考试，考试为期两天半，每场考试持续约 4 个小时；中东技术大学（Orta Doğu Teknik Üniversitesi）的建筑与机械工程学院要求考生首先需要通过英语水平测试，之后才能够参加由各系举办的包含数学、物理或化学科目内容的笔试及口试，其中笔试题型为选择题。

以竞争性考试作为大学选拔新生的工具，为土耳其高校考试招生制度的发展起到重要的探索和实践作用，尤其是安卡拉大学在 1960 年对考试招生制度的创新，为土耳其高校统一考试招生制度的实践提供了宝贵的历史经验。

二 高校联合考试招生阶段（1961—1973 年）

1961 年后，土耳其高校进入了联合考试招生阶段，在安卡拉大学的率先倡议下，各高校组成考试招生委员会开始联合组织大学的招生及考试工作。

（一）高校联合考试招生制度的产生背景

高校联合考试招生制度的产生基于土耳其当时社会背景下中等教育稳定发展的现实和已有分散考试招生制度弊端凸显的触动。它遵循了考试招生制度发展的客观规律，是土耳其高校考试招生制度发展到一定阶段的产物。

1. 充足的生源

生源充足与否是决定高校采用何种入学资格评估方式的直接影响因素。在生源严重不足的时期，降低入学标准、保证足额招生成为土耳其大学为维持正常运转不得已而采取的政策。1960年后，土耳其社会步入了稳定发展期，初等教育和中等教育得以稳步发展，高中和同等学力的毕业生人数迅速增加。虽然大学的数量和招生名额也在增长，但相对于高中毕业生的增长速度来说，大学的招生数量增长相对缓慢。这一供需落差使得大学有权挑选学生，为竞争性考试的广泛应用创造了条件。

由表2-2可以看出，1960年至1973年，土耳其高中毕业生数量增长迅速。1973年增长的高中毕业生数量是1960年的279.7%，而大学录取学生的增长速度却远低于高中毕业生的涨幅，1973年增长的高校录取学生数量是1960年的117.7%。由此可见，在此期间大学已经完全扭转了生源不足的局面，有限的大学招生名额和充足的生源形成了竞争入学的新形势，为大学实施竞争性考试提供了现实条件。但充足的生源也为各高校人才选拔带来了难题：如何为数量庞大的考生组织入学考试，如何公平评估和选拔考生，成为各个高校需要共同面对的新挑战。

表2-2　　1960—1973年土耳其高中毕业生人数及大学录取人数[1]　　（单位：个）

年份	高中毕业生人数	大学录取学生人数
1960	23535	19197
1961	28626	16506
1962	32091	20481
1963	36539	21919
1964	40535	23031

---

[1] Üstün Dökmen. T. C., *Yükseköğretim Kurulu Öğrenci Seçme ve Yerleştirme Merkezi: Kuruluşu, Gelişmesi, Çalışmaları*, Ankara: ÖSYM Yayınları, 1992, pp. 19-20.

续表

年份	高中毕业生人数	大学录取学生人数
1965	44926	28083
1966	44846	30497
1967	54292	35168
1968	67812	42197
1969	71125	38662
1970	79458	40847
1971	86468	31933
1972	95476	33660
1973	89359	41789

2. 各高校单独考试招生的弊端凸显

1960年之前，土耳其虽然有7所大学，但7所大学分别位于5个省份：伊斯坦尔布（İstanbul）、安卡拉（Ankara）、伊兹密尔（İzmir）、特拉布宗（Trabzon）和埃尔祖鲁姆（Erzurum）。5个省分别位于土耳其的西南、西部、中部、东北以及东部，极为分散。各所大学组织入学考试或资格审核的时间不同、内容不同、要求不同，地域亦不同，入学申请程序和考核程序冲突引发了一系列矛盾，随着时间的推移，这些矛盾日益激化。

（1）重复的申请资料

以入学资格审核评估为例，申请人在大学入学资格评估时，除最重要的高中毕业证书和国家成熟度考试证书外，还需要提交其他材料，如：5张照片、疫苗接种证书、身份证明、健康报告等诸多文件。当时1位考生同时向5—6所大学提交入学申请资料是极为普遍的现象，也就是说，这名考生需要同时准备30多张照片和其他各类等量的证书文件。这不仅对于考生个人而言是个负担，对于证书文件的提供机构来说也带来了重复性的、巨大的工作量，造成了资源的严重浪费。

（2）奔波的求学之路

当一位考生同时应对不同大学的考试（面试）时，在当时的情况下所要协调的不仅仅是时间问题，还有路程问题；付出的不仅仅是精力，还有财力。奔波于不同省份提交文件、参加考试，在当时有限的交通条件下是一项异常艰巨的工作。考生不仅要投入超于常人的精力，更需要具备一定的经济实力，两者兼具不得不说难上加难。如果遇到考试时间冲突，考生就不得不放弃一次入学机会。这一情况不仅对考生不利，对大学更为不利，成为造成各个大学生源流失的重要原因之一。

（3）重复录取和招生名额流失

在当时生源紧缺的大环境下，完成招生任务是保障大学正常运转的首要目标。但由于考生往往同时报考多所大学，同一考生被多所大学同时录取的情况较为普遍。大学在注册时才发现招生名额与实际录取数量不符，再填补空缺名额极为棘手。由于大学之间实力的差距，也出现了有的大学无法招满，有的大学生源过剩的情况。学校之间缺少协调，要使录取学生与招生名额形成一对一的精确配置以满足所有大学的招生需求，在当时各个大学分散招生的情况下尚无法实现。

总之，一方面是学生需要付出更多的时间、精力、财力去应对不同大学的入学考试和评估；另一方面是随着入学申请者的增多，许多学校难以招架日渐庞大的入学考试和审核工作。即使度过了入学评估这一关，接下来的招生工作同样暴露出各高校因缺少协调所带来的招生名额流失等问题。原有分散考试招生制度的弊端凸显是促成高校联合考试招生制度产生的直接原因。

（二）高校联合考试招生制度的产生与发展

1961年11月21日，安卡拉大学参议院（Ankara Üniversitesi Senatosu）提议建立一个涵盖安卡拉大学所有院系的校级中央考试体系，并于1962年1月12日向安卡拉大学理事会提交了建议报告。报告中提出，希望建立一个大学集中入学考试招生系统，该系统可以覆盖安卡拉大学的所有院系，并同时向其他自愿加入的高等教育机构开放。新的考试招生系统的创新之处在于：（1）考生不再向各个院系分别提交入学申请，而统一向大学注册中心提交入学申请；（2）入学考试将采取客观测试技术；（3）考试评估委员会最终将以考生的分数和志愿作为录取依据。

1962—1963 年，新的考试招生制度在安卡拉大学试行。此后，由多所大学（安卡拉大学、伊斯坦布尔大学、埃格大学和哈切特佩大学）代表组成的入学考试招生委员会成立，旨在研究将安卡拉大学的考试招生制度扩展到其他大学的可行性。1963 年 5 月 24 日，入学考试招生委员会会议召开，会上提议在全国范围内实施集中考试招生制度。1964 年 5 月 5 日，《大学注册和入学考试条例》在官方公报上发布，宣布将在土耳其逐步实现高校考试招生的集中化，号召各高校自愿加入大学联合考试招生系统，并每 2 年轮换 1 次大学考试招生的负责高校。[①] 这一《大学注册和入学考试条例》成为土耳其全国高校统一考试招生制度产生的重要前提，是土耳其高校考试招生制度发展史上的里程碑，它意味着各个大学之间开始形成统一化的考试招生制度，是国家对高校人才选拔规格直接掌控和管理迈出的第一步。

1964 年，土耳其 7 所大学中有 5 所加入了高校联合考试招生系统，分别是：安卡拉大学、伊斯坦布尔大学、埃格大学、阿塔图克大学和卡拉德尼兹技术大学，还有一所高等教育机构安卡拉经济与商业科学院（Ankara İktisadi ve Ticari İlimler Akademisi）也加入了高校联合招考系统。在随后的十年间，哈切特佩大学、伊斯坦布尔技术大学、中东技术大学也陆续加入了该系统。

"每两年轮换 1 次大学考试招生的负责高校"的规则在高校联合考试招生系统启动之初得以实行：1964—1966 年，由安卡拉大学负责联合考试招生制度。1966—1973 年这一职责转移到了伊斯坦布尔大学。但由于联合考试招生的复杂性和艰巨性，此后没有其他大学愿意接手，高校联合考试招生制度至此步入了瓶颈期，亟须一个更为专业的考试招

---

① Üstün Dökmen. T. C., *Yükseköğretim Kurulu Öğrenci Seçme ve Yerleştirme Merkezi：Kuruluşu, Gelişmesi, Çalışmaları*, Ankara：ÖSYM Yayınları, 1992, pp. 21-23.

生机构对其进行统一管理。

(三) 高校联合考试招生制度的实施

在联合考试招生时期，由主办大学负责联合各所大学共同开展考试和招生工作，考试招生制度的主要内容如下。

1. 考点设置、考试内容及录取依据

大学联合考试招生时期，考试的考点除土耳其国内以外，还包括国外考场，以保障土耳其籍人员可以在国外参加大学入学考试，但最主要的考场基本集中在伊斯坦布尔和安卡拉两地。以 1965 年为例，当年土耳其国内考场分别设置在安卡拉（Ankara）、伊斯坦布尔（İstanbul）、伊兹密尔（İzmir）、埃尔祖鲁姆（Erzurum）、特拉布宗（Trabzon）、阿达纳（Adana）、迪亚巴克尔（Diyarbakır）。土耳其国外考场分别位于美国纽约（New York）和德国波恩（Bonn）。[①]

考试内容包括思维能力测试、社会科学测试、外语测试（英语/法语/德法）和科学测试 4 个考查项目。当时各科目的考试持续时间相对较短，思维能力测试 55 分钟、社会科学测试 60 分钟、外语测试 20 分钟、科学测试 90 分钟。

考生在上述考试中所获得的原始分数换算为标准分后，与适当的加权标准分换算，以各科所得加权标准分相加后的总分进行排名，再根据各高校的录取分数线和招生名额进行依次录取。

2. 联合考试招生制度的实施情况

以 1964 年安卡拉大学联合考试招生制度的实施情况为例。安卡拉大学共接纳了 15000 名申请人参加考试，安卡拉大学各个学院的教室及宣讲大厅均作为考试场地。考试监管人员分为三级，包括地区考试委员会成员、考试大厅主管和考场监考人员。三级监管人员负责对考试的实施进行全面的管理、协调和监督工作。安卡拉大学在考前连续 4 天对所有考试管理人员进行了资格复审和考试培训，并印发了《安卡拉大学入

---

① Ankara Üniversitesi, *Üniversitelerarası Giriş Sınavı Uygulama Kuralları*, Ankara: Ankara Üniversitesi Basımevi, 1965, pp. 1-20.

学考试说明》①，该手册对考官职责、考生管理、考场协调、试卷发放及回收、考试规则、突发事件处理等进行了详细说明，以保障考试工作的顺利进行。但由一所大学来组织一场上万人的考试仍是一个重大的考验。

总体而言，联合考试招生制度的出现走出了各个高校单独考试招生的小圈子，扩大了考试的地域范围，增加了考生考试的便利性，激励了更多考生参加考试，确保了考试测评的统一性，提升了考试招生的效率，在以统一标准为高校选拔人才方面具有重要的革命意义。但它仍存在着许多局限，面临着诸多现实困境，虽然在土耳其高校考试招生制度的历史长河中存在了十余年便被新的考试招生制度取代，但仍是高校考试招生制度走向科学化的重要过渡阶段。

(四) 高校联合考试招生制度存在的问题与困境

高校联合考试招生制度被土耳其政府认可，由大学联合组成的考试委员会执行，它本着各大学自愿加入的原则，由加入的大学轮流主办。虽然在此期间联合考试招生制度较好地完成了高等教育机构的入学资格审核、试题准备、考试实施、考试评估等工作。但由于该制度的功能尚未健全，在申请人的科学合理分发、大学间招生名额的协调、高校联合考试招生制度实施的覆盖面等方面仍存在着不足之处，面临着诸多实施困境。

1. 排名与录取程序运行艰难，招生工作难以完成

1966—1967 年由安卡拉大学负责高校联合考试招生工作时，虽然已经有了关于考生分数统计和排名的计算机算法研究②，但受到现实条件限制仍无法完全实现利用计算机来科学合理地完成招生和录取工作。安卡拉大学曾通过制作手写排名表单，依据考生的分数和志愿对考生进行录取，但纯手动表单工作量庞大且较为粗糙，难以精准获取最终录取

---

① Ankara Üniversitesi, *Ankara Üniversitesi Giriş Sınavı Hakkında Talimat*, Ankara： Ankara Üniversitesi Basımevi, 1963, pp. 1-10.

② Şenol Utku, Muzaffer İpek, 1964-1965 *Ders Yılı Üniversitelerarası Giriş Sınavı Sıralaması ve Bazı İstatistik Sonuçlar*, İstanbul： Teknik Üniversite Matbaası Gümüşsuyu, 1965, pp. 1-78.

结果，因此不得不放弃了这一尝试，仅以考试分数作为考生排名和录取的依据。1963—1967 年，土耳其高等教育的毛入学率一直维持在 3.5% 左右①，这对于当时土耳其高等教育的总体情况来说并不理想，而考试招生制度中存在的问题和困境也成为高校入学率难以提升的原因。但到了 1968 年，仅以分数为依据的手动排名表单也被放弃了，只通知考生所得分数。各高校由于无法准确掌握考生分数的分布情况，只能凭经验在报刊上公布最低录取分数线。然而几乎没有一所高校能够在第一次公布录取分数线后就顺利完成招生任务，因此不得不继续降低分数线，这导致考生们亦不敢贸然报名，仅持观望态度。在考生观望期间，高校招生名额往往已经填满不再招生，导致考生失去入学机会。这一乱象致使公众对高校极为不满，各种谣言四起，入学考试的公平性和科学性受到了强烈质疑。而对于高校而言也无法较好地完成招生任务，以至于不停地更改录取分数线，协调录取招生，备感压力。1973 年哈切特佩大学接管联合考试招生系统后重新启用了分数加志愿的录取排名清单，以确保各个大学能够科学合理地完成招生任务。但此时新的问题又出现了，当学生根据分数和志愿被高校录取后，却又因为专业不理想而放弃入学。因此，考试委员会不得不继续准备第二轮录取学生名单，以最大限度完成各大学的招生任务，工作量大且效率低下。

2. 高校分散考试招生制度与联合考试招生制度并存，冲突依旧

高校联合考试招生制度存在的重要缺陷之一即是并未实现全国高校的完全统一，仅是对部分自愿加入的高校进行了联合。如中东技术大学和伊斯坦布尔技术大学，这两所大学加入高校联合考试招生系统的时间极晚，伊斯坦布尔技术大学直至 1968 年才开始分学院分专业加入联合考试招生系统，中东技术大学仅参加了最后一年的联合考试招生。在此之前，这两所大学一直坚持自主考试招生，无疑形成了多个高校考试招生制度并轨而行的局面。部分考生奔波于各个城市参加考试、考试时间

---

① T. C. Başbakanlık Devlet Planlama Teşkilatı Müsteşarlığı, *Türkiye'de Yüksek Öğretimin Eğitim Sistemi İçindeki Yeri ve Gelişmesi*, Ankara: Devlet Planlama Teşkilatı, 1966, p. 34.

冲突、失去录取机会等问题依旧存在。

3. 大学考试招生委员会工作难度大，沟通协调难

在高校联合考试招生期间，除各大学考试招生委员会对考试进行管理、实施外，并未形成专门的考试招生机构。各大学考试招生委员会力量薄弱，为确保考试顺利进行，需要与众多机构沟通合作，如：各大学考试委员会下设的秘书处、高中教师和教育部测试研究局所组成的试题委员会、负责准备考试答题卡和申请人信息卡的国家统计局和教育部测试研究局、负责计算考试成绩的伊斯坦布尔技术大学计算机部、负责提供答题卡运送服务的公路和国家水利总局等等。大学考试委员会需要面对众多机构的联络、协调和沟通工作，工作艰巨而复杂，大大降低了工作效率。此外，由于各大学考试招生委员会的规模极为有限，在试卷的印刷和运送过程中，往往需要雇用当地劳工，造成了两次试卷遗失和被盗的严重事故，导致考试安全受到了极大威胁。①

种种问题使得高校联合考试招生制度的不稳定性和欠科学性的问题愈发突出，亟待一个更为集中的高校考试招生制度的出现。

总之，高校联合考试招生制度是土耳其高校考试招生制度在当时历史背景下的必然产物，也是高校考试招生制度从完全分散走向完全统一的过渡性产物。高校联合考试招生制度 13 年的实践，一方面为土耳其全国高校统一考试招生制度的产生奠定了实践基础，让国家看到了随着高等教育的发展和壮大，国家组织高校统一考试招生的必要性和必然性；另一方面，随着联合考试招生制度的实践和推广，培养出一批具有实践经验和理论思考的考试招生专家，为土耳其高校考试招生制度从联合走向统一储备了专业人才。

综上所述，从 1923—1973 年的半个世纪里，随着土耳其社会稳定发展，中等教育数量增多，高校生源从紧缺向充足的转变，土耳其高校考试招生制度也经历了"各高校资格审核招生→各高校竞争性考试招生

---

① Üstün Dökmen. T. C. , *Yükseköğretim Kurulu Öğrenci Seçme ve Yerleştirme Merkezi：Kuruluşu, Gelişmesi, Çalışmaları*, Ankara：ÖSYM Yayınları, 1992, pp. 21-23.

→高校联合考试招生"的转变轨迹。土耳其高校考试招生制度由分散走向联合、由资格审核制走向竞争性考试招生、由主观测试走向客观测试，体现出土耳其社会变迁下对高等教育需求的增加，体现着高校几代考试招生管理者的智慧和改革精神，体现出土耳其高校考试招生制度逐渐走向公平、科学和合理的探索。

土耳其高校考试招生制度的发展道路印证了高校集中考试招生制度的发展有其客观规律，是历史条件下的必然产物。但高校考试招生制度仅从分散走向联合，尚未到达它的终点，它只是高校考试招生制度发展历史中的一个重要环节、一次尝试、一轮预热、一场经验的积累，它将以全国高校统一考试为最终发展目标。接下来的四十余年，将会是土耳其高校考试招生制度走向全国统一化，并继续探索科学化、合理化、公平化发展道路的改革和发展阶段。

第三节　土耳其全国高校统一考试招生制度的诞生（1974年）

全国高校统一考试招生制度的诞生绝非突如其来，亦非一夜达成，它的产生和发展基于社会发展的现实需要，是高校考试招生制度发展到一定阶段的产物。就土耳其而言，社会的稳定发展带来基础教育的持续发展、高等教育规模的逐步扩大、已有高校考试招生制度的探索与实践以及国家对高等教育发展的重视等诸多因素都为土耳其全国高校统一考试招生制度的诞生奠定了基础。

一　全国高校统一考试招生制度的诞生背景

总体而言，土耳其全国高校统一考试招生制度的诞生基于土耳其社会发展和教育发展的现实需要。

（一）中等教育发展稳定，高等教育需求增长

土耳其全国高校统一考试招生制度产生的直接原因是土耳其国内基

础教育发展稳定，中等教育机构数量不断增加和高等教育需求的持续增长①。面对申请高等教育机构人数的激增，高校单独应对人才选拔的能力日渐不足。1964 年土耳其申请就读高校的候选人仅有 33763 人②，而 1974 年这一数字已达到 229994 人③，十年间大学申请人数翻了近 7 倍，但此时土耳其仅有大学 12 所。这一庞大的数字差距意味着各高校分散招考或联合招考都不再能够应对高校的人才选拔需要，亟须从国家层面对高校考试招生进行统一管理，建立一个更为科学和持续的高校考试招生制度。

(二) 高校联合考试招生制度的弊端凸显

即使在各大学自发组织联合高校考试招生后，土耳其高校考试招生制度中的原有矛盾仍未消除：负责联合考试招生的单所大学能力有限，考试招生工作开展难度大、困难多；仍有高等教育机构未加入高校联合考试招生系统，考生奔波于不同省份参加各个大学的招考极为不便；不同大学的考试日期重合，降低了考生的入学概率。这些矛盾尖锐而突出，严重影响着各所高校人才选拔的效率，直接造成大学入学率难以提升，激化了高校与社会的矛盾。

(三) 高等教育资源不足

土耳其全国高校统一考试招生制度之所以产生，还源于国家财政资源不足难以支持所有学生进入大学学习的现实，同时个体差异也决定了并非所有学生都适合在大学学习。面对庞大的高校入学候选人群体，必须在有限的财力和高校培养能力下筛选符合国家发展需求的有用之才，通过全国高校统一考试招生制度选拔人才进入高校无疑是最高效的，这是基于土耳其国情的必然选择。

---

① Higher Education Council Student Selection and Placement Center, *The System of Student Selection and Placement in Higher Education Institutions in Turkey*, Ankara：ÖSYM Yayınları, 1988, p. 2.

② Türk Eğitim Derneği Yayınları, *Yüksek Öğretime Giriş Sorunları Eğitim Toplantısı 25－26 Ekim 1977*, Şafak Matbaası, 1978.

③ ÜSYM, *İki Aşamalı Üniversitelerarası Seçme ve Yerleştirme Sınav Sistemi*, Ankara：ÜSYM Yayınları, 1980, p. 53.

在上述背景下，土耳其亟须建立一个中央考试招生系统，以确保高校考试招生的连续性和统一性。这一系统首先需要有一个专门和专业的考试招生管理机构，该机构能够就考试问题进行研究，持续提升高校人才选拔的公平和效率。基于此，土耳其大学理事会首先确定了全国高校统一考试招生的形式，之后成立了大学生选拔与分发中心作为全国高校统一考试招生制度的管理机构，负责全国高校入学考试的测试开发和研究、考试数据处理、候选人登记、候选人录取等考试与招生的相关工作。

二 全国高校统一考试招生制度的建立与实施

土耳其全国高校统一考试招生制度的诞生始于土耳其国家考试招生管理机构的创建。

（一）国家考试招生机构的创建

1961—1973年，随着土耳其高校联合考试招生制度向全国范围的推行，越来越多的高校意识到建立一个更加集中化、专门化、专业化的考试招生机构的必要性和紧迫性。1974年1月18日，土耳其全国大学理事会召开，并在会上决定："建立一个隶属于大学理事会的考试招生管理机构，该机构将专门用于高校新生的选拔和分发工作。"同时决定"所有高等教育机构都将加入集中考试招生系统"[1]。这一决定正式将高校联合考试招生系统由各大学自愿加入改为强制加入，避免了多个高校考试招生系统同时存在。1974年5月7日，由于国家考试招生机构尚未建成，哈切特佩大学（Hacettepe Üniversitesi）负责了第一次全国性质的高校考试招生工作，这也是最后一次由大学主持的高校考试招生工作。[2] 当时土耳其全国14所普通高校[3]及其他高等教育机构均纳入这一考试招生系统，

---

[1] Üstün Dökmen. T. C., *Yükseköğretim Kurulu Öğrenci Seçme ve Yerleştirme Merkezi：Kuruluşu，Gelişmesi，Çalışmaları*，Ankara：ÖSYM Yayınları，1992，pp. 24-25.

[2] Higher Education Council Student Selection and Placement Center, *The System of Student Selection and Placement in Higher Education Institutions in Turkey*，Ankara：ÖSYM Yayınları，1988，p. 2.

[3] YÖK，"Tüm Üniversiteler Hakkında Genel Bilgiler"（November 29, 2019），https：//istatistik.yok.gov.tr/.

第二章　土耳其高校考试招生制度的历史演进

考试命名为大学选拔考试（Üniversitelerarası Seçme Sınavı, ÜSS），这一名称一直沿用至 1982 年。

1974 年 11 月 19 日，《高校学生选拔与分发中心规定》① 在《土耳其国家公报》上公布。该报纸由土耳其国家发展和出版总局出版，旨在公布国家法律、法规及其他行政命令，是土耳其建国后最重要的立法信息公布平台。《高校学生选拔与分发中心规定》在国家公报的公布标志着国家考试招生机构——大学生选拔与分发中心正式成立。

在当时尚未建成高等教育委员会的情况下，《高校学生选拔与分发中心规定》将大学生选拔与分发中心归属于大学理事会的管理之下，作为专门机构统筹管理全国高校入学考试及招生工作。《高校学生选拔与分发中心规定》指出，大学生选拔与分发中心的机构使命在于"组织、实施和研究高等教育入学考试、选拔、排名及分发工作"②。该中心对全国大学和其他高等教育机构的入学考试及分发工作负责，有权收取考试费用及分发费用。大学生选拔与分发中心的机构设置采取董事会制度，机构决策层由 5 位董事会成员组成，董会主席和董事会成员由安卡拉各权威大学提名的校长作为候选人，由大学理事会选举产生，任期三年。董事会下设学生选拔和分发顾问委员会，顾问委员会负责讨论董事会主席将提出的问题并提出建议。顾问委员会成员由所有大学和高等教育机构的代表组成，任期两年。《高校学生选拔与分发中心规定》中除明确了考试招生机构的权利和责任之外，还规定所有大学及高等教育机构的入学考试及招生工作都由大学生选拔与分发中心统一管理，确定了全国高校统一考试招生制度的法律地位，宣告了土耳其全国高校统一考试招生制度的正式诞生。

大学生选拔与分发中心在取得法律保障后，面对的是一项前无古人、百废待兴的工作，在汲取了之前高校联合考试招生制度实施的经验

---

① T. C. Cumhurbaşkanlığı Resmî Gazete, "Üniversitelere Öğrenci Seçme ve Yerleştirme Merkezi Yönetmeliği" (November 19, 1974), https://www.resmigazete.gov.tr/arsiv/15067.pdf.
② T. C. Cumhurbaşkanlığı Resmî Gazete, "Üniversitelere Öğrenci Seçme ve Yerleştirme Merkezi Yönetmeliği" (November 19, 1974), https://www.resmigazete.gov.tr/arsiv/15067.pdf.

土耳其高校考试招生制度研究

教训后，大学生选拔与分发中心迅速组建起囊括测试准备、计算机运行和科学研究的核心团队，创立了中心下属的计算机中心和印刷厂，以保障考试安全和考试管理的现代化。直至1977年，大学生选拔与分发中心的机构建设工作才基本完成。大学生选拔与分发中心自建立以来始终秉承着以专业队伍管理专门考试招生业务的机构管理原则，先后建立了4个考试服务部门：测试开发和研究部、研究与开发项目部、考试服务部和计算机处理部。除考试服务部门外，大学生选拔与分发中心还设有行政管理部门和后勤部门等。各部门分工明确，职责清晰，为大学生选拔与分发中心的专业化发展奠定了坚实的基础。

大学生选拔与分发中心作为土耳其高校考试招生的专门管理机构，是土耳其得以实现全国高校统一考试招生的基本前提和机构保障。由专业的考试招生机构管理专门的考试招生业务，对考试招生制度的公平化、科学化、合理化发展起到了重要的推动作用。大学生选拔与分发中心与土耳其全国高校统一考试招生制度同步诞生，为之保驾护航，一路引领创新，为土耳其全国高校统一考试招生制度的发展作出了不可磨灭的贡献。

（二）大学生选拔与分发中心管理下的首场全国高校统一考试

1974年土耳其确立了全国高校统一考试招生制度，大学生选拔与分发中心于1975年6月4日成功举办了第一场全国高校统一考试。考试名称沿袭了大学选拔考试。由于受现实条件的制约，当时咨讯渠道尚不发达，大学生选拔与分发中心为了能在全国范围内对新兴的全国高校统一考试招生制度进行宣传，使考生了解考试规则及招生办法，专门印发了《1975年大学选拔考试指南》[①]，向全国高中和相关教育机构免费发放。该指南对报考办法、考试细则、大学各专业往年录取分数线、当年招生名额、招生要求等信息均进行了详细的介绍，并通过指南附页为考生提供了报考申请表、邮寄卡片及学历证明模版等附件。

---

① ÜSYM, 1975 Üniversitelerarası Seçme Sınavı Kılavuzu, Ankara: ÜSYM Yayınları, 1975, pp. 1-71.

70 余页的指南事无巨细地对最新全国高校统一考试招生制度进行了全面介绍，打响了全国高校统一考试招生制度实施的第一枪。透过指南可以看出大学生选拔与分发中心对原高校联合考试招生制度进行了翻天覆地的改革，建立起了一个全新的高校考试招生制度，其主要内容如下。

报考资格要求：全国高校统一考试报考资格要求：（1）高中及同等学力毕业生。（2）高中及同等学力但尚未毕业的候选人需要提供可以证明他们将在全国高校统一考试前获得高中毕业证书的证明文件。（3）持土耳其共和国国籍和居住在塞浦路斯的土耳其籍人均可报考。

报名办法：报考者需向大学生选拔与分发中心邮寄报名表（见图2-1）、高中毕业证书证明件、健康证等相关资料，并通过指定银行缴汇 100 土耳其里拉的考试费用。

考试时间和考试内容：考试定在 1975 年 6 月 24 日举行，分为上午 10：00 点场和下午 3：30 场两场考试。上午场考科学和社会科学两科，下午场考一般能力测试（Genel Yetenek）和外语两科。

考试题型及计分办法：所有测试均为选择题，考试题量为 100 道题。答对加分，答错不扣分。

考生原始分将转换为平均分值为 50，标准差为 10 的标准分数，最后将考生的标准分转换为加权分。考生的加权分按照四种类型的学科（自然科学、社会科学、外语、自然科学+社会科学）分别进行计算。

考生各学科分数计算方法遵循下列公式。

- $F = 3(f) + 1(s) + 3(y) + 0.2(d)$
- $S = 3(s) + 1(f) + 3(y) + 0.2(d)$
- $D = 0.6(f) + 0.6(s) + 2(y) + 4(d)$
- $T = 2(f) + 2(s) + 3(y) + 0.2(d)$

其中，F 代表加权科学分数、S 代表加权社会科学分数、D 代表加权外语分数、T 代表自然科学和社会科学的加权总分、f 代表科学标准分数、s 代表社会科学标准成绩、d 代表外语标准分数、y 代表一般能力标准分数。

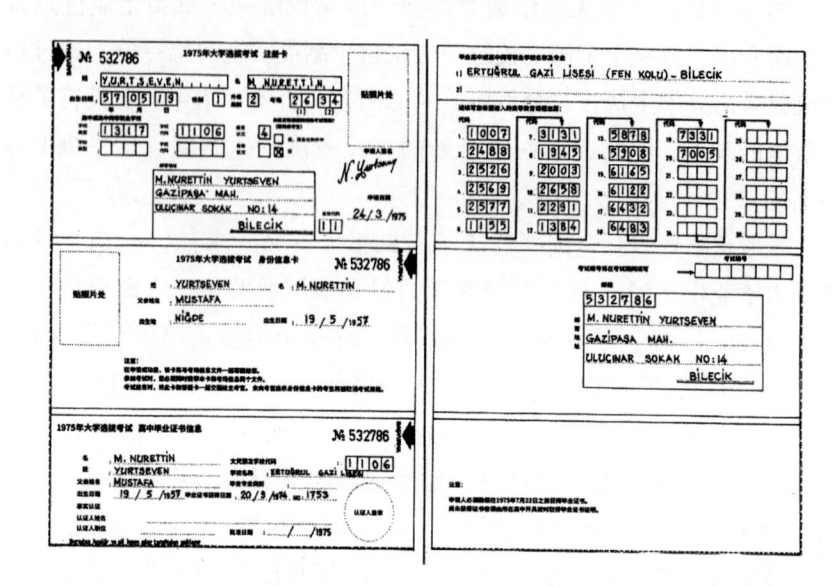

图 2-1　1975 年考生报名表①

考试场地分布：考试场地分布在土耳其的 15 个省以及北塞浦路斯、美国纽约和德国（北部和南部）。

考试纪律要求：考生需持身份证明（报名表身份信息卡）和报名回执单（显示考场及考生编号）提前半小时到达考场，迟到者不得入场。考试期间考生禁止向监考人员提问；考生禁止交换笔、橡皮、香烟等任何物品；考生禁止使用标尺、计算器等辅助工具；考生禁止出现交谈、作弊、抄袭等行为。如考生出现上述违规行为，考官有权将考生从考场中撤出并移交警察官，同时即刻取消考生的考试资格，考试成绩以无效处理。

招生名额与志愿填报：与以往招生名额在考试后才公布的政策不同，此时各高等教育机构需提前向公众公布面向普通高中毕业生和职业高中毕业生的招生名额。1975 年，各高校面向普通高中招生 47665 人，

---

①　ÜSYM, 1975 Üniversitelerarası Seçme Sınavı Kılavuzu, Ankara：ÜSYM Yayınları, 1975, p. 8.

96

职业高中招生 12716 人，其他类招生 4837 人，共计招生 65218 人。①

1974 年考生可以报考 18 个平行志愿，到了 1975 年可填报 30 个专业作为平行志愿，以最大限度提高录取率。但在 1976 年，考生可填报的平行志愿再次调整到 20 个，以减少在录取过程中不必要的资源浪费。②

录取办法：首先，土耳其全国高校总体录取原则如下：根据考生得分和报考志愿，综合高校招生名额由高分向低分录取；如出现成绩相同者，优先录取原始分较高者；如原始分相同者，优先录取年龄较低者；如上述情况皆相同则采取随机抽签的方式决定录取对象。其次，考生达到全国最低录取分数线后，还需满足各高校各专业的招生限定条件，这些条件包括：考生的高中类别、特定考试科目分值、外语水平要求、身份健康状况，甚至还有少数专业限定了招生性别。如：安卡拉大学教育学专业录取依据为科学学科得分而非考试总分；安卡拉大学的医药专业不招收残疾学生；哈切特佩大学的木工制作专业仅招收男性学生；伊斯坦布尔技术大学的船舶制造等专业仅招收毕业于科学高中、理科高中、军事高中，技术高中以及师范高中的数学专业的考生，等等③。

在所有考生考试结果评估完成后，考生将收到包括原始分和加权分的成绩邮寄文档。如考生通过统考最低分数线，文档中还会列出考生可以报名注册的高校及专业名单。

其他说明：大学生选拔与分发中心所公布的考试结果视为最终结果，不接受考生复查；当年的考试成绩仅限当年有效。

在确立全国高校统一考试招生制度的同时，特殊才能考试（Özel

---

① ÜSYM, 1975 *Üniversitelerarası Seçme Sınavı Kılavuzu*, Ankara：ÖSYM Yayınları, 1975, pp. 30-61.

② Higher Education Council Student Selection and Placement Center, *The System of Student Selection and Placement in Higher Education Institutions in Turkey*, Ankara：ÖSYM Yayınları, 1988, p. 5.

③ ÜSYM, 1975 *Üniversitelerarası Seçme Sınavı Kılavuzu*, Ankara：ÖSYM Yayınları, 1975, pp. 30-61.

Yetenek Sınavı）同步诞生。这一考试旨在选拔在美术、体育、音乐等领域具有一技之长的特殊人才。大学生选拔与分发中心组建了专门的特殊才能考试委员会为此类考试组织面试考核，各高校也为特殊人才制定了录取分数线和招生名额。有意参加特殊才能考试的考生，必须首先通过大学选拔考试后才有资格参加特殊才能考试。这一规定使得全国高校统一考试招生制度实现了真正意义的"统一"：所有大学、所有专业、所有类型的报考者无一例外地通过全国高校统一考试进入高校，保障了全国高校统一考试招生制度在程序上的公平性。

三 全国高校统一考试招生制度的特点

土耳其全国高校统一考试招生制度首先具有统一性特点，具体体现在全国统一招生、全国统一命题、全国统一施考、全国统一评卷、全国统一排名、全国统一录取。从考试命题、考试实施、招生录取，所有的环节都由土耳其国家考试招生机构——大学生选拔与分发中心统一完成。同时，它还体现出自下而上实现统一考试招生、以法律保障考试招生制度有法可依、最大限度吸引符合条件的考生参加考试、全力提升招生效率等特点。

（一）自下而上确立全国高校统一考试招生制度

土耳其全国高校统一考试招生制度的确立是一个自下而上的发展过程。土耳其全国统一考试招生制度萌芽于大学联合考试招生制度。这一制度发源于一所大学的倡议，由一所大学牵头其他高校，自发组成校际考试招生委员会，并号召全国所有大学自愿加入联合考试招生系统。通过高校联合考试招生，以节省资源、促进高校考试招生公平、提升高校考试招生效率。随着高校联合考试招生规模的扩大，校际考试委员会的专业性和承载能力严重不足，土耳其高校考试招生亟待由国家进行管控，通过建立更为专业的考试招生机构，在全国范围内实施统一考试招生制度。基于此，最终催生了全国高校统一考试招生制度。

自下而上建立全国高校统一考试招生制度的特点，体现出高校考试招生制度发展的客观规律，它是土耳其高等教育发展壮大后的必然选择。

（二）保障全国高校统一考试招生制度有法可依

在正式创立国家考试招生机构并实施全国高校统一考试招生制度之前，土耳其政府首先通过颁布相关法律法规，确立了全国高校统一考试招生制度和国家考试招生机构的法律地位。法律规定走在制度建立和机构创建之前，率先为制度的建立提供了法律准绳和实施依据。

有法可依是土耳其全国高校统一考试招生制度得以在全国高校推行的前提和保障，通过法律条款明确国家考试招生机构的权利与职责，为国家考试招生机构大胆实践、强力推行全国高校统一考试招生制度提供了坚实的法律后盾。

（三）最大限度吸引符合条件的考生参加考试

土耳其全国高校统一考试招生制度在考生的报名资格中仅对考生学历作出了要求，即"高中及同等学力毕业生"，并未对报考者的年龄、性别、出身等其他条件作出要求。这一包容性的报考规则，极大地鼓励了符合条件的社会各阶层、各年龄段的有志之士报考高校，不仅满足了民众期望接受高等教育的强烈需求，同时也为土耳其高等教育扩大规模提供了政策支持。

总之，不过分限制考生报考条件，既符合高等教育发展需要包容性、全纳性、大众化的特点，也有利于保障民众获取高等教育机会。

（四）采取多项措施提升招生效率

招生效率不高是土耳其自建国以来各高校面对的共同问题，在全国高校统一考试招生制度的实践中，大学生选拔与分发中心采取多项招生措施，从考生端到高校端，通过多渠道解决招生效率低的历史难题。这些措施包括：（1）国家考试招生机构在建立了专业计算机团队和计算机运行中心后，已解决了高校联合招生时无法利用计算机科学排名和录取考生的问题。各高校将招生名额及招生要求上报国家考试招生机构后，由国家考试招生机构通过计算机统一为各高校完成招生及录取工作，以最大限度提升录取效率。（2）允许考生填报18—30个高校专业作为平行志愿，为考生提供更多的录取机会，为高校提供更多的补录机会，减少招生名额的浪费。（3）仅允许已获得高中毕业证书及在考试前将会获得高中毕业证书的申请者参加考试，防止被高校录取但无法从高中毕业的学生浪费招生名额。（4）针对个别专业招生难的问题，提供特别注册渠道补录未能在其他专业成功注册的考生。

四　全国高校统一考试招生制度的未来发展方向

1974年，土耳其全国高校统一考试招生制度的创立，对于土耳其教育体系乃至社会发展都是一项影响重大的变革。土耳其社会舆论对高校统一考试招生制度的讨论持续而热烈，尤其是教育界对这项新兴的高校考试招生制度尤为关注。其中，土耳其教育协会（Türk Eğitim Derneği）为此专门举办的研讨会极具代表性。该组织成立于1939年，是一个非政府组织，致力于搜集土耳其教育政策尤其是高等教育政策的非官方建议和意见，并向政府及相关机构提供评估与反馈。1977年10月25日至26日，土耳其教育协会专门组织召开了高校统一考试招生制度的专题研讨会，会议邀请了土耳其教育界的专家、学者、教育研究者、大学教师等参加。此次研讨会上的探讨内容被整理成册，形成名为《高等教育入学问题》[①]的会议记录，作为珍贵的历史资料留存。

与会学者深入探讨了当时世界各国实施的高校考试招生制度，研究国别包括：阿拉伯联合酋长国、巴西、英国、伊朗、墨西哥、印度、新西兰、尼日利亚、菲律宾、美国、苏联和日本等诸多国家，学者们也关注到此时中国也宣布恢复高考制度，开始通过全国高校统一考试为大学选拔人才。学者们通过研究各国高校考试招生制度，以期为土耳其新兴的全国高校统一考试招生制度提供国际经验借鉴。

除此之外，此次会议最为重要的贡献在于组织学者们就新建立的土

---

① Türk Eğitim Derneği Yayınları, *Yüksek Öğretime Giriş Sorunları Eğitim Toplantısı 25 – 26 Ekim 1977*, Şafak Matbaası, 1978.

耳其考试招生制度展开了激烈的讨论,指出了其未来的发展方向,为高校考试招生制度的发展提供了建设性的学术建议。

(一) 确立两阶段考试制度

有学者提出目前全国高校统一考试中的一般成就测试不能充分反映学生对科学知识的掌握情况。因为科学包括了广泛的学科领域,如数学、几何、代数量、三角学、天文学等,而目前的考试仅包含物理、化学、生物三个学科。并且具备这些知识的学生并不代表就适合在大学的不同学科领域学习,因此目前考试中设置的学科内容仅能起到淘汰考生的作用,并不能有效评估考生的知识和能力。因此,考试应该分为两个阶段进行:第一阶段作为淘汰性考试,第二阶段作为大学入学考试,并在第二阶段考试中根据不同考生报考的专业类型对考生的知识领域进行分别测量,以评估考生是否适合高校专业培养的需求。这一建议为土耳其全国高校统一考试在未来实施两阶段考试提供了思路。

(二) 将高中成绩纳入高校录取评价体系中

有学者认为高中成绩与大学学业成就之间存在着必然的联系,在候选人录取时应适当考虑这一因素。高中的学业成就应当纳入高校的录取评价标准,或者以学术简历来体现学生高中阶段的学习成果,以更立体和全面的方式来体现学生在高中阶段的教育成果。

总之,1977年高校考试招生制度研讨会是土耳其教育界的一次重要会议,它引发了学术界对高校考试招生制度的长期关注,为土耳其全国高校统一考试招生制度地位的确立和未来的发展提供了建设性意见和建议,启发教育专家和学者对土耳其高校考试招生问题进行持续研究。此次会议所探讨的问题和提出的建议,许多都得到了国家考试招生机构的重视并予以采纳,推动了全国高校统一考试招生制度的改革与长足发展,而且在四十余年后仍适用于今天的土耳其高校统一考试招生制度,具有历史和现实的双重意义。

总而言之,土耳其高校统一考试招生制度的建立是土耳其历史上高校考试招生制度的重要转折点,它标志着土耳其高校考试招生制度开始走向统一化、科学化和公平化。国家考试招生机构一边广泛收集社会各界对高校统一考试招生制度的建议和意见，一边不断努力发掘考试招生制度中所存在的问题，以解决问题、维护公平、提升效率为方向筹划对高校考试招生制度进行改革和完善。在反复验证高校考试招生制度改革的合理性、可行性和有效性后，1981年土耳其高校考试招生制度迎来了第一次大型改革。但在此之前，高校考试招生制度已经进行了数次微调，如：1978年取消了高中未毕业学生的报考资格；1976年考生志愿填报限额改为20个，1977—1980年改为18个；考场数量持续增加，至1980年增加到37个，以方便考生就近参考。[①] 这些改革信息传递着土耳其高校考试招生制度不再率由旧章，它随着社会的发展也在不断自我反思和寻求发展，满足和适应着时代发展的需求。

第四节　土耳其全国高校统一考试招生制度的改革历程（1981—2017年）

自土耳其全国高校统一考试招生制度确立以来，走过了漫长的改革和发展道路。探索土耳其高校统一考试招生制度的改革历程有利于我们了解高校统一考试招生制度与社会发展的相互作用、高校考试招生制度与教育发展的相互作用、高校招生制度自身的改革发展趋势等，从纵向的角度厘清土耳其全国高校统一考试招生制度的流变和走向。

土耳其高校自1974年起实行全国统一考试招生制度至今已逾47载。土耳其高校考试招生制度在1974—2017年共经历了4次主要改革和多次微小的调整。4次改革的内容涉及考试名称、考试形式、考试内容、招生录取办法等各个方面。4次改革的主要信息如表2-3所示。

---

① Üstün Dökmen. T. C. , *Yükseköğretim Kurulu Öğrenci Seçme ve Yerleştirme Merkezi: Kuruluşu, Gelişmesi, Çalışmaları*, Ankara: ÖSYM Yayınları, 1992, pp. 50-54.

表 2-3　　　　土耳其高校考试招生制度改革主要信息一览①（1981—2017 年）

考试名称	改革顺次	时期	各考试阶段名称
学生选拔和分发考试（ÖSYS）	第一次改革	1981—1982 年	• 大学选拔考试（Üniversitelerarası Seçme Sınavı，ÜSS）； • 大学入学考试（Üniversitelerarası Yerleştirme Sınavı，ÜYS）
		1983—1998 年	• 学生选拔考试（Öğrenci Seçme Sınavı，ÖSS）； • 学生入学考试（Öğrenci Yerleştirme Sınavı，ÖYS）
	第二次改革	1999—2005 年	• 学生选拔考试（Öğrenci Seçme Sınavı，ÖSS）
	第三次改革	2006—2009 年	• 学生选拔考试 1（Öğrenci Seçme Sınavı 1，ÖSS1）； • 学生选拔考试 2（Öğrenci Seçme Sınavı 2，ÖSS2）
	第四次改革	2010—2017 年	• 高等教育过渡考试（Yükseköğretime Geçiş Sınavı，YGS）； • 大学生分发考试（Lisans Yerleştirme Sınavı，LYS）

一　第一次改革时期：两阶段考试的启用（1981—1998 年）

土耳其自 1974 年正式实施全国高校统一考试招生制度后，直至 1981 年才迎来了第一次正式改革。1983 年对 1981 年的考试名称进行了微调，但总体考试招生政策未变。因此，1981—1998 年这一时期视为土耳其高校统一考试招生制度的第一次改革期。此次改革将原单阶段考试转变为两阶段考试，两阶段考试形式从此成为土耳其高校考试制度 40 年的主要考试形式。

（一）改革背景

总体而言，此次改革基于土耳其高等教育需求的增加和改革时机的成熟。

---

① ÖSYM, "Sınav Takvimleri"（April 6, 2020）, https：//www.osym.gov.tr/TR, 764/sinav-takvimleri.html.

土耳其高校考试招生制度研究

1. 高等教育需求增加，迫切需要提升高校人才选拔效率

土耳其自1974年实施全国统一考试招生制度后，高等教育需求持续稳定增长，申请参加全国高校统一考试的人数逐年增加。截至1980年，土耳其仅有普通高校21所①，而申请参加全国高校统一考试的考生已近47万人②。面对有限的高等教育资源和激增的高等教育入学需求，高校考试招生制度必须进一步提升人才选拔的效率，才能在有限的条件下缓解高等教育的供需矛盾。基于此，土耳其国家考试招生机构（ÖSYM）开始考虑启用两阶段考试模式。国家考试招生机构认为，实施两阶段考试可以在诸多方面达成改革目标：（1）通过分阶段考核和淘汰考生可以提高考试和招生的效率。（2）可以利用两阶段考试设置更多试题以提升考试的信度，减少测量误差。（3）在考试第二阶段可以为考生提供多种选考科目，有利于增加高校专业与考生知识、能力的匹配程度，同时尊重了考生的报考意愿。（4）避免"一锤定音"。只有一场考试时，考生可能因心理因素不佳或其他因素导致发挥失常、全盘皆输，但两阶段考试给予了考生更多机会，使考生有机会展现真正实力。（5）不同阶段考试可以分别制定不同的考查目标，第一阶段考试可以作为所有类型考生（包括特殊才能考生等）的必考内容，考查考生的基本知识，第二阶段考试重在测试考生是否具备在高等教育机构学习的能力。③ 因此，国家考试招生机构认为，启用两阶段考试有助于提高高校人才选拔的效率，是当时形势下的最佳选择。

2. 《高等教育法》的颁布与高等教育管理机构的落实

国家考试招生机构早在1979年就计划对高校考试招生制度进行改革，但由于当时时机尚不成熟：高等教育管理机构大学理事会即将改

---

① YÖK, "Tüm Üniversiteler Hakkında Genel Bilgiler" (November 29, 2019), https://istatistik.yok.gov.tr/.

② ÜSYM, *İki Aşamalı Üniversitelerarası Seçme ve Yerleştirme Sınav Sistemi*, Ankara: ÜSYM Yayınları, 1980, pp. 1-5.

③ ÜSYM, *İki Aşamalı Üniversitelerarası Seçme ve Yerleştirme Sınav Sistemi*, Ankara: ÜSYM Yayınları, 1980, pp. 1-5.

第二章 土耳其高校考试招生制度的历史演进

建、《高等教育法》即将颁布、国家考试招生机构面临着新的人员聘用制度和机构改革等不确定因素使得国家考试招生机构难以作出改革高校考试招生制度的最终决定。1981 年对土耳其高等教育而言是一个具有划时代意义的年份：这一年《高等教育法》正式颁布、高等教育管理机构高等教育委员会正式成立、国家考试招生机构也完成了机构内部改革。这些举措都为土耳其全国高校统一考试招生制度改革创造了一个稳定而有利的大环境。因此，全国高校统一考试招生制度的第一次改革于 1981 年正式启动。

由此可见，土耳其高校统一考试招生制度的第一次改革首先源于高等教育发展下民众对高等教育需求增加，高等教育供需矛盾凸显，亟待通过改革旧的考试招生制度以提升人才选拔的效率。同时，《高等教育法》的确立、高等教育管理机构的建立和国家考试招生机构内部改革的完成，都为高校统一考试招生制度的第一次改革提供了有利的机构和制度保障。土耳其高校统一考试招生制度的第一次改革应运而生。

（二）改革措施

土耳其高校统一考试招生制度第一次改革的主要措施包括：国家考试招生机构改革、考试制度改革和招生制度改革三个方面。

1. 国家考试招生机构改革

1981 年第 2547 号《高等教育法》颁布，法案中规定原大学生选拔与分发中心更名为学生选拔与分发中心（Öğrenci Seçme ve Yerleştirme Merkezi，ÖSYM）。并将"大学生选拔与分发中心连同其管理权、动产和不动产、一切权利和义务，工作人员一起移交给高等教育委员会"[1]。学生选拔与分发中心自此转变为高等教育委员会的隶属机构。获得新身份的国家考试招生机构迅速开始了机构内部改革：在全国范围内增设分支机构，将全国各省考试中心扩展到 47 个[2]，较成立之初增加了

---

[1] Mevzuat Bilgi Sistemi, "Yükseköğretim Kanunu"（November 11, 1982）, https：//www.mevzuat.gov.tr/MevzuatMetin/1.5.2547.pdf.

[2] Üstün Dökmen. T. C., *Yükseköğretim Kurulu Öğrenci Seçme ve Yerleştirme Merkezi：Kuruluşu, Gelişmesi, Çalışmaları*, Ankara：ÖSYM Yayınları, 1992, p.54.

104.3%；升级并强化了计算机运行中心；将聘用人员转岗为国家公务人员，扩大了在职员工规模。至 1981 年，国家考试招生机构在编员工达到了 243 人，是成立之初 35 人的 6 倍多①，为高校考试招生制度改革做好了人力资源准备。在工作业务范畴上，国家考试招生机构除以高校考试招生为核心工作外，进一步扩展了考试业务，开始组织外国学生考试（Yabancı Uyruklu Öğrenci Sınavı）②，拓展了考试招生机构的服务范围。国家考试招生机构的改革，为即将开始的高校考试招生制度改革提供了前期的机构保障。

2. 考试制度改革

1981—1982 年，土耳其全国高校统一考试招生制度名为大学入学选拔考试（Üniversitelerarası Seçme ve Yerleştirme Sınavı，ÜSYS），实行两阶段考试模式，第一阶段考试名为大学选拔考试（Üniversitelerarası Seçme Sınavı，ÜSS），第二阶段考试名为大学入学考试（Üniversitelerarası Yerleştirme Sınavı，ÜYS）。1983 年对考试名称进行了改革，将高校考试招生制度更名为学生选拔和分发考试（Öğrenci Seçme ve Yerleştirme Sınavı，ÖSYS）并沿用至今，同时将第一阶段考试更名为学生选拔考试（Öğrenci Seçme Sınavı，ÖSS），第二阶段考试更名为学生入学考试（Öğrenci Yerleştirme Sınavı，ÖYS）。1981—1983 年土耳其高校考试招生制度的基本信息如表 2-4 所示。

表 2-4　　1981—1983 年土耳其高校考试招生制度基本信息③

考试时间	第一阶段考试时间：4 月的第二个星期一 第二阶段考试时间：6 月的最后一个星期一

---

① Üstün Dökmen. T. C., *Yükseköğretim Kurulu Öğrenci Seçme ve Yerleştirme Merkezi: Kuruluşu, Gelişmesi, Çalışmaları*, Ankara: ÖSYM Yayınları, 1992, p. 33.
② ÖSYM, "Sınav Takvimleri"（April 6, 2020）, https://www.osym.gov.tr/TR,764/sinav-takvimleri.html.
③ ÜSYM, *Üniversitelerarası Seçme ve Yerleştirme Sınavı: 1981 İkinci Basamak Sınavı Kılavuzu*, Ankara: ÜSYM Yayınları, 1981, pp. 1–39.

续表

考试内容	第一阶段考试（ÜSS/ÖSS）：2 类科目 1. 文科测验：土耳其语、社会科学 2. 理科测验：数学、科学 第二阶段考试（ÜYS/ÖYS）：5 类科目（试题数量比重%） 1. 科学测验（27%）：物理（11%）、化学（9%）、生物学（7%） 2. 数学测验（20%） （以上 2 类科目考试时间共计 110 分钟） 3. 土耳其语测试（20%） 4. 社会科学测验（23%）：历史（9%）、地理（8%）、哲学（6%） 5. 外语测试（德语/法语/英语）（10%） （以上 3 类科目考试时间共计 90 分钟）
考试大纲 （各科目测试重点）	• 土耳其语：土耳其语的理解与使用 • 社会科学：基本概念和原理 • 数学：数学关系与应用 • 科学：基本概念和原理
可填报志愿数量	18 个
分值计算办法	1. 从正确答案数量中减去不正确答案数量的四分之一得出原始分数； 2. 将原始分数转换为平均分数为 50、标准偏差为 10 的标准分数（各科分别计算）； 3. 根据各选考类型的加权办法进行分值计算（见表 2-5）。

由表 2-4 可知，土耳其高校考试招生制度此次改革将第一阶段考试内容进行了文、理分科，与当时土耳其高中阶段的专业分科相对应。所有考生均须考查第一阶段考试的所有科目。

第二阶段有 5 类考试科目，包括科学、数学、土耳其语、社会科学和外语，其中科学和社会科学为综合科目。在 5 类考试科目中，科学试题数量最多，其次为社会科学，外语试题数量最少。第二阶段考试将根据大学招生要求决定各科目的加权赋分办法，加权赋分类型共分 7 类，包括："科学""外语""数学+科学""数学+社会科学""土耳其语+社会科学""土耳其语+数学"以及"土耳其语+数学+科学+社会科学"等，加权赋分办法具体如表 2-5 所示。

表2-5　1981年高校考试招生制度第二阶段考试科目加权赋分表① （单位:%）

ÜYS加权分值类型	ÜSS标准分数	土耳其语标准分数	数学标准分数	科学标准分数	社会科学标准分数	外语标准分数
科学加权分	18	8	20	50	2	2
"数学+科学"加权分	18	8	35	35	2	2
"数学+社会科学"加权分	18	20	5	5	50	2
"土耳其语+社会科学"加权分	18	35	2	2	35	8
"土耳其语+数学"加权分	18	35	35	5	5	2
外语加权分	18	20	2	2	8	50
"土耳其语+数学+科学+社会科学"加权分	18	20	20	20	20	2

考生需全考第二阶段的所有科目，再根据报考专业要求核算各科的加权分数，这一办法一直沿用至1986年。高校指定的专业选考内容决定了考生各个科目的不同加权赋分办法，这是土耳其高校考试招生制度选考科目的雏形。以安卡拉大学为例，1981年安卡拉大学医学院要求以考生的科学加权分值为录取依据。② 因此在第二阶段分数核算时，报考该学院考生的录取总分=18%ÜSS标准分数+8%土耳其语标准分数+20%数学标准分数+50%科学标准分数+2%社会科学标准分数+2%外语标准分数。

---

① ÜSYM, *Üniversitelerarası Seçme ve Yerleştirme Sınavı*：1981 *İkinci Basamak Sınavı Kılavuzu*，Ankara：ÜSYM Yayınları，1981，p. 11.

② ÜSYM, *Üniversitelerarası Seçme ve Yerleştirme Sınavı*：1981 *İkinci Basamak Sınavı Kılavuzu*，Ankara：ÜSYM Yayınları，1981，p. 15.

1987年国家考试招生机构对高校考试招生制度进行了新一轮改革，改革重心放在第二阶段考试（ÖYS）的考试科目上。为充分发挥第二阶段考试的功能，进一步匹配考生选考科目和高校各专业的人才培养需求，提高高校人才选拔的准确性和针对性。国家考试招生中心规定考生不必全盘考查第二阶段考试的所有科目，仅需选考高校各专业的指定科目。为此，国家考试招生机构将高校专业划分为三大类：（1）科学与工程科学类，主要包括科学（指定选考科学科目）和工程科学（指定选考数学科目）的相关专业；（2）经济与社会科学类，主要包括经济科学（指定选考"土耳其语+数学"科目）和社会科学（指定选考社会科学科目）的相关专业；（3）人文科学类，主要包括语言和历史（指定选考土耳其语和社会科学科目）和现代语言（指定选考外语科目）的相关专业。不同类别专业指定的选考科目不同，旨在匹配考生知识结构与高校专业人才培养的需求，选拔具备专业知识素养的人才。

3. 招生制度改革

此次土耳其高校招生制度的改革主要涉及招生主体、录取依据和加分优惠政策三个方面。

（1）强化两阶段考试的招生功能

1981年土耳其高校招生制度允许考生填报18个高校专业作为报考志愿，根据考生分数排名和志愿对考生进行依次录取。考生如通过录取最低分数线，就意味着拥有了选择大学和专业的权利，考分高的考生有更大的概率选择首选志愿。当然，这也取决于大学的招生名额，如果招生名额已满，则考生顺势降到下一志愿学校。1983年这一政策产生了一定的变化，国家考试招生机构在高校招生列表中将高等教育机构分成了两类：一类为普通高校，另一类为职业院校。考生可从这两组高等教育机构中选报24个志愿，这一做法一直沿用至1986年。

1987年后，两阶段考试的作用进一步强化，它们成为两个相对独立的考试。考生可以仅报考第一阶段考试，考生如在第一阶段考试中获得105分及以上者（满分200分），就可以进入2年制职业院校的录取程序。因此，第一阶段考试的作用不仅仅是淘汰考生，还用于为职业院校招生。考生如果在第一阶段考试中获得120分以上，可以继续参加第二阶段考试，通过了第二阶段考试最低录取分数的考生有资格进入4年制本科高校的录取程序。国家考试招生机构认为："自1987年开始，第一阶段考试的目的在于选择一批有资格参加第二阶段考试的考生，同时使部分高等教育机构可以根据第一阶段考试分数对学生进行录取。"[1]也就是说，第一阶段考试同时承担了淘汰和选拔的双重职能，职业院校招生也被纳入高校考试招生制度中，形成了以两次考试为职业院校和本科院校分别招生的模式。

（2）高中成绩纳入高校录取依据

1978年后，国家考试招生机构进行了理论和实证研究，计划将考生中等教育阶段成绩纳入高校录取依据中，以实现高校录取标准的多元化。研究结果表明，中等教育阶段的平均成绩具有有效性，且与全国高校统一考试的成绩显著相关。[2] 自1982年开始，考生中等教育阶段成绩正式纳入高校录取总分中作为高校的录取依据之一，这一规定同时写入了《高等教育法》第45条，使其有了法律保障。

纳入高校录取总分的中等教育阶段成绩通过两步计算，首先是计算候选人在中等教育阶段所有课程成绩的平均值以得到原始分，之后以原始分和特定系数相乘得到最终分值，并添加到考生的考试总分中。特定系数取决于考生的高中类型和考生是否被高校录取过两个因素，具体可分为4种情况：普通高中考生、职业高中考生、首次参加全国高校统一考试的考生、被高校录取过的考生。不同情况考生的赋分权重不同，详情见表2-6。

---

[1] Higher Education Council Student Selection and Placement Center, *The System of Student Selection and Placement in Higher Education Institutions in Turkey*, Ankara: ÖSYM Yayınları, 1988, p. 7.

[2] Üstün Dökmen. T. C., *Yükseköğretim Kurulu Öğrenci Seçme ve Yerleştirme Merkezi: Kuruluşu, Gelişmesi, Çalışmaları*, Ankara: ÖSYM Yayınları, 1992, pp. 114–115.

表 2-6　　　　　考生高中成绩纳入录取总成绩赋
分权重变化情况（1982—1990 年）①

考试阶段	考生类型	1982	1983	1984	1985	1986	1987	1988	1989	1990
第一阶段考试（ÖSS）	普通高中未被高校录取过的考生	0.20	0.25	0.25	0.25	0.25	0.25	0.25	0.30	0.30
第一阶段考试（ÖSS）	普通高中被高校录取过的考生	0.20	0.05	0.125	0.125	0.125	0.125	0.125	0.15	0.15
第一阶段考试（ÖSS）	职业高中未被高校录取过的考生	—	—	—	—	—	0.35	0.35	0.35	0.35
第一阶段考试（ÖSS）	职业高中被高校录取过的考生	—	—	—	—	0.175	0.175	0.175	0.175	0.175
第二阶段考试（ÖYS）	普通高中未被高校录取过的考生	0.08	0.09	0.10	0.70	0.70	0.70	0.70	0.80	0.80
第二阶段考试（ÖYS）	普通高中被高校录取过的考生	0.08	0.01	0.05	0.35	0.35	0.35	0.35	0.40	0.40
第二阶段考试（ÖYS）	职业高中未被高校录取过的考生	—	—	0.03	0.20	0.50	0.50	0.50	0.50	0.50
第二阶段考试（ÖYS）	职业高中被高校录取过的考生	—	—	0.015	0.10	0.25	0.25	0.25	0.25	0.25

注："-"表示尚未实施。

---

① Üstün Dökmen. T. C. , *Yükseköğretim Kurulu Öğrenci Seçme ve Yerleştirme Merkezi*：*Kuruluşu*，*Gelişmesi*，*Çalışmaları*，Ankara：ÖSYM Yayınları，1992，pp. 61-62.

111

由表2-6可见，国家考试招生机构区分了不同类型考生的中学成绩在录取总分中的加分权重比例。各类考生中学平均成绩在录取总分中所占权重变化呈现出一定的规律性：①自1983年起，被高校录取过的考生比未被高校录取过的考生的中学成绩在录取总分中所占权重更低，旨在鼓励未被高校录取过的考生积极参考，抑制已被录取过的考生多次报考占用教育资源。②在第一阶段考试中，职业高中考生比普通高中考生的中学成绩在录取总分中所占权重更高，旨在鼓励职业高中考生积极报考职业院校。③在第二阶段考试中，职业高中考生比普通高中考生的中学成绩在录取总分中所占权重更低，旨在鼓励普通高中学生报考普通高校。④从总体上看，中学阶段平均成绩在总成绩中的所占权重呈现逐年上升的趋势，高中阶段学业成绩受重视程度逐年提升。

（3）设置高中第一名学生预留招生名额

1982年起，土耳其高校招生制度开始为高中最优毕业生预留特殊招生名额。如考生的全国高校统一考试成绩在本人所在高中排名第一，即可享受这一招生优惠政策。但各高中最优考生同样需要参加全国最优生的排名竞争，在招生名额有限的情况下，低分的最优生也将面临被淘汰的风险。这一政策的出台旨在激励各类高中学生学习和竞争的动力，在一定程度上也起到了为不发达区域学生提供更多高等教育入学机会的作用。

（4）科学和体育竞赛加分政策

1987年起，土耳其高校招生制度开始实施体育和科技类竞赛加分政策，主要加分类别如下。

科技类竞赛加分：参加化学、物理、生物、数学等国际竞赛的获奖者，如报考与竞赛内容相同的专业，可获得额外加分。其中，考生以第一阶段考试分数进入职业院校的相同专业时，可在原始分基础上获得0.35系数的加分；考生以第二阶段考试分数进入高等院校的相同专业时，可在原始分基础上获得0.50系数的加分。

体育类竞赛加分：凡在世界级、欧洲级、巴尔干锦标赛、奥林匹克运动会、地中海运动会、伊斯兰国家团结运动会、ISF世界学校体育运动会中获得优异成绩者，报考大学体育专业，且全国高校统一考试成绩在本人所在中学名列前三的考生，可获得一定的加分。

(三) 土耳其全国高校统一考试招生制度第一次改革特点

土耳其全国高校统一考试招生制度第一次改革的主要特点如下。

1. 逐步强化两阶段考试功能

土耳其高校考试制度最初采用两阶段考试的目的在于在第一阶段淘汰考生，在第二阶段为高等教育机构选拔所需人才。此次改革后，两阶段考试的功能进一步强化，第一阶段考试与职业院校招生挂钩，第二阶段考试与普通高校人才选拔挂钩。通过区分两阶段考试的目的和内容，为职业院校和普通高校选拔不同层次的人才，最大化发挥两阶段考试的功能。

2. 注重选拔专业人才

土耳其高校考试招生制度的首次改革强调高校人才选拔的专业性。从初次改革的加权分值计算办法凸显高校不同专业的人才培养需求，鼓励考生在全考所有科目的前提下强化高校指定科目的学习。到再次改革后将高校专业分为三大类，由高校各专业指定必考科目，进一步提高了对人才专业性的要求。总体而言，考试科目改革从每科必考到仅考查指定科目，体现出土耳其高校考试招生制度注重选拔专业人才的改革特点。

3. 注重多元评价

土耳其高校招生制度的第一次改革体现出注重多元评价的特点。经过改革的高校考试招生制度不再以统一考试分数作为录取考生的唯一标准，高中学业成绩也被纳入高校的录取评价体系中，形成多元评价体系。在招生录取中以多元评价作为录取依据，意味着高校的人才选拔从注重结果向注重过程的转变，有利于激励考生重视高中阶段的学习过程，而非一味将时间和精力放在全国高校统一考试上。此外，土耳其将高中成绩纳入高校录取依据同时，也注意给不同类型考生的高中成绩加分划分等次、做出区分，鼓励未被高校录取过的学生积极参加考试，抑制已被大学录取过的学生反复参加考试招生占用高等教育资源，保障了考试公平，提升了选拔效率。

(四) 土耳其高校考试招生制度实施概况

以1983年为例，土耳其共有361158人报名参加全国高校统一考试，其中105158人被高校首批录取，后又补录3000余人，共计108725人最终被高校录取。录取考生中女性共计36135人（占比33.2%），男性共计72590人（占比66.8%）。在录取考生中有89101人被本科高校录取（占比81.9%），19624人被副学士院校录取（占比18.1%）。[①]1983年土耳其大学的录取率已经达到30.1%。从录取学生的性别比例上来看，男性是女性的两倍。从录取学生的院校类别来看，本科高校远远高于副学士院校，承担起了高等教育人才培养的主要职责。

总之，土耳其高校考试招生制度的第一次改革期最主要的改革措施在于从单阶段考试转变为两阶段考试、将高中学业成绩纳入高校录取依据，同时在第二阶段考试中出现了选考科目的雏形。这些改革措施是土耳其全国高校统一考试招生制度不断走向科学化的第一步。

二 第二次改革时期：单阶段考试的重启（1999—2005年）

土耳其高校考试招生制度的第二次改革始于1999年。在高等教育大众化背景下，土耳其高校考试招生制度的目标从"淘汰""知识检测"向"扩招""能力检测"方向转变。此次改革将两阶段考试改为仅保留高等教育学生选拔考试（ÖSS），这是土耳其全国统一考试招生制度改革史上唯一一次单阶段考试模式的重启。

(一) 改革背景：高等教育大众化背景下高校考试招生制度的适应性改革

1981—1998年土耳其高等教育进入迅速发展期，高等教育机构数量持续增长，高等教育入学率不断提升。1992年土耳其高等教育毛入学率为14.5%，处于高等教育精英化阶段，1993年高等教育毛入学率

[①] ÖSYM, 1983-1984 Öğretim Yılı Yükseköğretim İstatistikleri, Ankara: ÖSYM Yayınları, 1986, p.7.

达到 16.6%①，正式迈入了高等教育大众化阶段。在十年间实现了从高等教育精英化阶段向高等教育大众化阶段的转变。这一时期土耳其高等教育快速发展的根本原因在于土耳其社会经济结构的变化促使行业对高学历人才需求的增加。伴随着土耳其社会经济发展，产业结构转变，对人力资源的要求也逐渐提升，受过高等教育的劳动者成为劳动力市场强有力的竞争者。1997 年土耳其一项就业调查研究结果表明，在土耳其社会中，持有高等教育文凭的人拥有更多择业机会、就业率更高、薪资收入远高于低学历者。② 这一研究一方面证实了高等教育高产出的事实，另一方面反映出受过高等教育的劳动力适应了土耳其社会发展的需要，在土耳其劳动力市场中更具竞争优势，供不应求。

土耳其社会对高等教育人才需求的增长推动了土耳其高等教育机构的兴办。在政府的重视和推动下，土耳其高等教育总体办学规模空前扩大。1992 年土耳其已有普通高校 53 所，较 1982 年增加了 96.3%，至 1998 年高校数量增长至 71 所，增长迅猛。但与此同时，1992 年以后土耳其高等教育需求也同步增长（见图 2-2），1993 年土耳其全国高校入学考试报名人数达到了 977550 人，较 1992 年增长了 11.7%，1994 年高校报考人数首次突破百万，至 1998 年高校报考人数已有 139 万人，占当时土耳其总人口的 2.3%。与高校报考人数快速增长相对的是高校录取人数稳定而缓慢的增长，土耳其高校的扩张速度远远不能满足快速增长的高等教育需求。供需矛盾下高校考试招生制度改革迫在眉睫，如何在有限的高等教育资源条件下为高校选拔更优秀的人才，成为摆在高校考试招生制度面前的新问题。

总之，在土耳其高等教育的总体办学规模空前扩大的情况下，土耳其高等教育正式步入了大众化阶段。"精英教育"的目标和模式已经难

---

① OECD Data, "School Enrollment Tertiary (% Gross)" (March 30, 2018), https://data.worldbank.org/indicator/SE.TER.ENRR?locations=TR.

② Özgür Yazlalı, A Study of the Student Placement System for Higher Education Institutions in Turkey, Master dissertation, METU, 2001.

土耳其高校考试招生制度研究

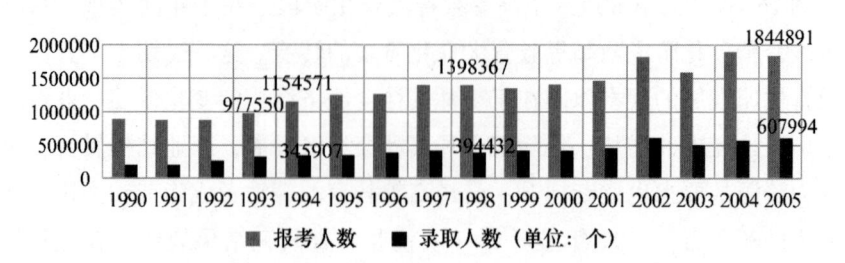

图 2-2　土耳其高校入学考试报考人数及高校录取人数（1990—2005 年）①

以适应土耳其高等教育发展的现实需要，作为重要的教育制度，高校考试招生制度也需要与之相适应；加之第一次改革时期的高校考试招生制度"两个阶段考试的成绩相关度极高，几乎是 100%"②。因此，在两阶段考试制度的有效性受到质疑、高等教育大众化的新形势下，土耳其高等教育对人才选拔提出了新要求，催生了高校考试招生制度的第二次改革。

(二) 主要改革措施

新的学生选拔和分发考试制度（Öğrenci Seçme ve Yerleştirme Sınavı, ÖSYS）仅保留了第一阶段考试，即高等教育学生选拔考试（Yükseköğretime Öğrenci Seçme Sınavı, ÖSS）。此次改革对考试目标进行了重新定位："以前的考试系统更注重对考生基本知识、概念和原理的检测，它是一种成就性测试，而非能力测试。它将学生困于知识与概念的记忆中，却无法测试学生的能力。新的系统将把考试评估的重点放在能力测试上，从成就考试转变为能力考试。"③

---

① Yükseköğretim Bilgi Yönetim Sistemi, "Yıllara Göre Başvuran Yerleşen Aday Sayıları", (March 12, 2020), https://istatistik.yok.gov.tr/.
② Özgür Yazlalı, A Study of the Student Placement System for Higher Education Institutions in Turkey, Master dissertation, METU, 2001.
③ ÖSYM, Yükseköğretime Giriş Sınavı Geçmiş Yıllarla Karşılaştırma ve Değerlendirme, Ankara: ÖSYM Yayınları, 1999, pp. 1-2.

第二章　土耳其高校考试招生制度的历史演进

表 2-7　1999 年土耳其高校考试招生制度基本信息①

考试时间	学生选拔考试（ÖSS）原定考试时间：1999 年 5 月 2 日，上午 9：30 学生选拔考试（ÖSS）实际考试时间：1999 年 6 月 6 日，上午 9：30
报考条件	√1998—1999 学年从中等教育机构（高中或同等学力学校）毕业的学生； √中等教育机构最后一年准毕业生； √中等教育机构往届毕业生； √在国外完成中学教育，其身份符合上述条件之一者。
报考费用	学生选拔考试（ÖSS）：600 万土耳其里拉 外语考试（YDS）：1000 万土耳其里拉
考试大纲之测试目标	人文类测试：旨在测试土耳其语的使用能力；社会科学基本概念和原则的思维能力； 数学类测试：旨在测试数学关系的使用能力问题；科学基本概念和原理的思维能力。
考试内容	选考科目（试题数量比例%） 人文类（SÖZ） ●土耳其语（25%） ●社会科学科目： 历史（10%） 地理（9%） 哲学（6%） 数学类（SAY） ●数学（25%） ●科学科目： 物理（10%） 化学（8%） 生物学（7%） 文数类（EA） ●人文类测试 ●数学类测试 外语类（YDS） 德语/法语/英语
考试题型	选择题（5 选 1）
录取依据	统考成绩+中学学业成绩
高校最低录取分数线/参加特殊才能考试分数线	●副学士院校（2 年制）：105 分 ●本科高校（4 年制）：120 分 ●参加特殊才能考试：105 分
可填报志愿数量	●副学士院校填报 18 个志愿或本科专业填报 18 个志愿； ●副学士院校+本科专业共填报 24 个志愿

---

① ÖSYM, "ÖSYS: Öğrenci Seçme ve Yerleştirme Sistemi"（April 13, 2020），https：//www.osym.gov.tr/TR，2538/1999.html.

此次高校考试招生制度改革基于土耳其高等教育迈入大众化的背景之下，人才选拔目标定位于具备综合素质的专业人才，考试目标由知识测试转化为能力测试。基于此，高校考试招生制度首先对考试内容进行了改革。

1. 考试题目设置的转变

此次考试制度改革后考试题目的设置方式发生了明显的变化，着重由原来事实性的、记忆性的考试题目设置转变为逻辑和推理性的考试题目设置。考题的设置变得更为复杂、灵活而深入，更注重考查学生的逻辑思维能力、判断能力和推理能力。

2. 选考科目突出专业适应性

为突出选拔具备综合素质的专业人才的目标，此次改革对选考科目进行了较大的改革：第一，选考科目延续了根据高校各专业的招生需求和考生意愿选考科目的办法；第二，将选考科目进行学科分类以突出选考科目的专业属性；第三，要求考生选考所有科目（外语类考生除外），凸显选拔综合知识素养人才的目标；第四，将外语科目划到必考科目之外，加强了对外语人才专业性的要求，进一步提升了考试的公平性。

表 2-8　　　　　　　　1999 年选考科目加权赋分表①

科目选考类型	人文类标准分	土耳其语标准分	社会科学标准分	数学类标准分	数学标准分	科学标准分	外语类标准分
人文类（SÖZ）	1.8			0.4			
数学类（SAY）	0.4			1.8			
文数类（EA）		0.8	0.3		0.8	0.3	
外语类（YDS）	0.4						1.8

---

① ÖSYM, "Öğrenci Seçme ve Yerleştirme Sistemi" (April 13, 2020), https：//www.osym.gov.tr/TR, 2555/tablo-2a-1999-ogrenci-secme-sinavi-oss-oss-puanlari-hesaplanirken-testlerle-ilgili-standart-puanlarinin-carpilacagi-katsayilar.html.

考试科目分为人文类（SÖZ）、数学类（SAY）、文数类（EA）和外语类（YDS）4类。由于考生需要选考所有科目，因此选考类型以分值权重加以体现（见表2-8）。一般来说，各高校外语类专业指定考生选考外语类科目，其他专业则根据高校培养需求指定考生的选考科目类型。以1999年安卡拉大学的招生要求为例，当年安卡拉大学共有23个专业招生，其中乌尔都语语言文学（Urdu Dili ve Edebiyatı）、德国语言文学（Alman Dili ve Edebiyatı）等7个语言类专业指定考生选考外语类科目；哲学专业和家政学专业要求考生选考文数类科目；艺术史、民俗学等6个专业要求考生选考人文类科目；其余8个理科专业如植物学等要求考生选考数学类科目①。整体看来，除文数类选考科目对各类专业的适应性较为灵活外，其余选考科目体现出文、理分明的特点，与高校专业的学科性质直接关联，对考生的专业学习能力要求显著提升。

3. 高中学业成绩加分办法与报考专业挂钩

为强化考生高校报考专业与高中专业的一致性，此次考试改革将考生的高中学业成绩的加分系数与考生的报考专业直接挂钩。如果考生报考专业与高中所学专业一致，则高中学业成绩在录取总分中所占分值的计算方式为：高中学业成绩×0.5。如果考生报考专业与本人高中专业不一致者，则高中学业成绩仅能以0.2的系数计入总分。这一加分比例在2002年后提高为0.8和0.3②，进一步强化了考生高中专业和大学报考专业的对口优势。此加分政策的实施旨在鼓励学生从高中阶段就确定大学的专业方向，保持专业学习的连续性，从高中开始培养专业人才。

4. 以分数段区分不同层次高校的录取要求

与两阶段考试分别对不同层次高校进行考试、招生不同，单阶段考试下的高校招生制度采取通过划定分数线分段录取的办法，区分不同层

---

① ÖSYM, "Merkezi Yerleştirme İle Öğrenci Alan Yükseköğretim Lisans Programları"（April 13, 2020）, https://www.osym.gov.tr/Eklenti/1542, tablo4pdf.pdf? 0.

② ÖSYM, 2002 Öğrenci Seçme ve Yerleştirme Sistemi Yükseköğretim Programları ve Kontenjanları Kılavuzu, Ankara：ÖSYM Yayınları, 2002, p.16.

次高校的招生对象。考试总成绩达到 105 分及以上者可进入两年制副学士院校，总成绩达到 120 分者可以进入四年制本科高校。同时，105 分也是申请参加各高校组织的特殊才能考试的最低分数线。一场考场，分段录取，极大地节约了考试成本，提升了招生效率。

5. 为残疾考生提供考试便利

此次改革专门出台了为残疾考生提供考试便利的政策，如：为残疾考生提供专门考场；允许残疾考生在提交相关残疾证明后，携带特殊计算器参加考试（仅供本人使用）；残疾考生可以携带相关医疗辅助仪器进入考场等。这是土耳其全国高校统一考试首次为残疾学生提供专门考场，是为弱势群体提供考试便利的重要突破，是维护考试公平的新阶段。

（三）1999 年高校考试招生制度实施概况

1999 年的高校考试招生制度创造了土耳其全国高校统一考试招生制度史上的多个"第一"：第一次从两次考试模式回归到单次考试模式、第一次实施高中学业成绩与高中专业挂钩加分政策、第一次明确为残疾考生提供考试便利措施、第一次将选考科目进行大类划分、第一次将外语考试从必考科目中分离出来、第一次将考试招生指南通过国家考试招生机构官方网络平台公布。除此之外，1999 年也是土耳其全国高校统一考试招生制度自确立以来首次推迟考试时间。原定 1999 年 5 月 2 日上午 9：30 进行的全国高校统一考试，由于在考试前一天某大学考点试卷遗失，导致全国统考不得不延期 1 个月以便重新制卷。[①] 突然延长的备考期被考生们称为"意外的备考马拉松"[②]。这场重大的考试安全事故不仅使国家考试招生机构蒙受了巨大的经济损失，更是严重损害了国家考试招生机构的声誉，为此后国家考试招生机构应对考试安全敲响了警钟。

---

① Hürriyet, "1.5 Milyon Öğrenci Yıkıldı"（May 2, 1999），https：//www.hurriyet.com.tr/gundem/1-5-milyon-ogrenci-yikildi-39076985.

② Eksisozluk, "ÖSS 1999"（April 13, 2020），https：//eksisozluk.com/oss-1999—677485? p=2.

第二章　土耳其高校考试招生制度的历史演进

总体来看，1999 年土耳其高校考试招生制度改革目标明确，改革措施直接为改革目标服务。除选考科目办法改变较大外，考试的其他方面如考试题型、标准分计算办法、录取办法、加分政策等变化不大，保障了高校考试招生制度的一致性和连续性。虽然此次改革使得考生们面临着考试科目选考办法的巨大改革，但当年仍有 1433717 人参加了全国高校统一考试，其中女性占 39.6%，男性占 60.4%。达到普通高校录取最低分数线（120 分）的有 631572 人，占考生总人数的 44%。其中报考的女性有 74.4% 通过了考试，报考的男性有 67.6% 通过了考试[1]，可见当时报考普通高校的考生考试通过率相对较高，虽然参加考试的男性数量多于女性，但女性的考试通过率要高于男性，女性在全国高校统一考试中具有较强的竞争力。在明确提出为残疾考生提供考试便利的情况下，1999 年有 776 位残疾人参加了考试，其中 619 人获得了 105 分以上的成绩，有资格进入副学士院校；得分达到 120 分及以上的残疾考生有 231 人，有资格进入普通高校。[2] 残疾人在土耳其全国高校统一考试中通过率较高，极大地鼓励了残疾人接受高等教育的积极性。

三　第三次改革时期：两阶段考试的回归（2006—2009 年）

1933 年至 2011 年土耳其公立及私立大学数量变化情况见图 2-3。2006 年，土耳其高等教育机构迎来了又一次规模扩张期。随着土耳其经济的发展，高等教育建设的重要性日益凸显，为了更好地发挥高等教育对地方经济、文化、教育发展的推动作用，土耳其政府致力于扩大大学在各个省份的覆盖范围。在这一扩建政策推行之前，土耳其公立大学主要集中在土耳其西海岸的大型城市，私立大学主要分布在少数几个发达城市，大学分布的严重不均衡加深了区域发展的不均衡程

---

[1] Eksisozluk, "ÖSS 1999" (April 13, 2020), https://eksisozluk.com/oss-1999—677485? p=2.

[2] ÖSYM, "1999 Öğrenci Seçme Sınavı (ÖSS) İle İlgili Bazı Bilgiler" (July 11, 1999), https://www.osym.gov.tr/TR, 2734/11-temmuz-1999-tarihli-oss-basin-duyurusu.htm.

度。因此，土耳其政府决定以行政力量推动各省兴建大学，力求改变大学分布的失衡状态。为实现这一目标，政府一方面在不同的省份建立公立大学，另一方面出资鼓励私立大学到不同省份建立。在土耳其政府的努力下，仅2006年土耳其就兴建了15所公立大学和1所私立大学，此时土耳其共有普通高校93所，2007年增加到115所，2008年130所，2009年139所。短短四年间，土耳其普通高校涨幅达到了49.5%，被土耳其高等教育界称为"大学的迅速扩张期"①（A Rapid Expansion of Universities）。伴随着高校规模的扩张，提升高等教育入学率、继续为高校选拔具备综合素质的专业性人才成为此次高校考试招生制度的改革目标。

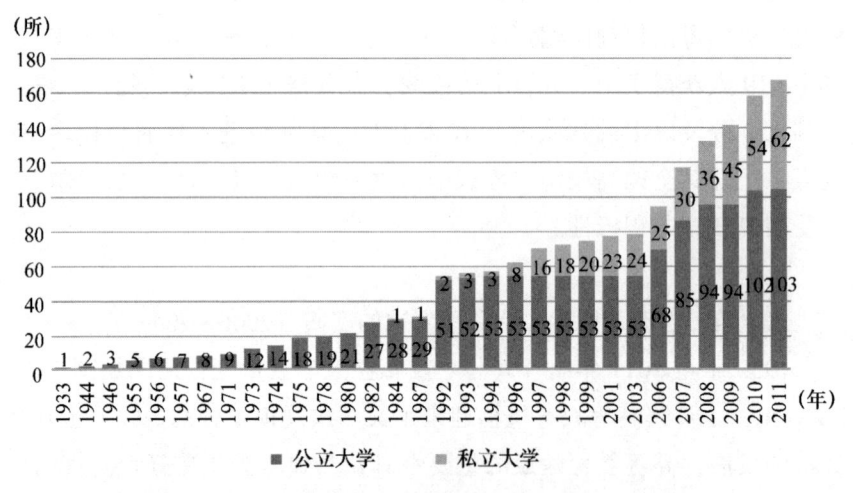

图2-3 土耳其大学数量变化情况（1933—2011年）②

---

① Ebru Karataş Acer, "An Analysis of the Expansion of Higher Education in Turkey: Using the New Institutional Theory", *Educational Sciences: Theory & Practice*, Vol. 17, No. 6, December 2017, pp. 1911-1933.

② Durmuş Günay, Aslı Günay, "1933'den Günümüze Türk Yükseköğretiminde Niceliksel Gelişmeler", *Yükseköğretim ve Bilim Dergisi*, Vol. 1, No. 1, April 2011, pp. 1-22; YÖK, "Tüm Üniversiteler Hakkında Genel Bilgiler" (November 29, 2019), https://istatistik.yok.gov.tr/.

2006年为配合高等教育规模扩张下对人才选拔提出的新要求，进一步提升高校考试招生制度的科学性和合理性，土耳其高校考试招生制度再次经历了结构上的重大变革，重新恢复到了两阶段考试制度——高等教育学生选拔考试1（ÖSS1）和高等教育学生选拔考试2（ÖSS2）。第一阶段考试定位为基础知识测试，旨在淘汰部分考生，同时为副学士院校招生；第二阶段定位为大学选拔考试，旨在选拔具备大学学习能力的学生，同时在两个阶段考试中采用了1999年所实施的选考科目办法，以选拔具备综合性和专业知识结构的人才。在招生政策方面，继续延用高中专业与所报考高校专业一致即可获得额外加分的政策，鼓励考生注重专业学习的连贯性和持续性。此次改革可以说是综合了单阶段考试和两阶段考试优点的一次考试招生制度改革。

（一）主要改革措施

此次高校考试招生制度改革最大的改革措施即是对考试科目的改革，其他方面变化不大，考试招生的基本信息如表2-9所示。

表2-9　　2006年土耳其高校考试招生制度基本信息[①]

考试时间（时长）	学生选拔考试（ÖSS）：2006年6月18日，9：30（195分钟） 外语考试（YDS）：2006年6月25日，9：30（150分钟）
考试相关费用	ÖSYS指导费：2.00 YTL YDS考试费：40.00 YTL ÖSS考试费用：40.00 YTL ÖSYS高等教育计划和招生指导费：3.00 YTL 考试入场费：6.00 YTL ÖSYS分发费：15.00 YTL 申请服务费：2.00 YTL ÖSYS优先服务费：2.00 YTL
考试大纲及测试重点	● 土耳其语：测试土耳其语的使用能力的相关问题 ● 社会科学：基于社会科学基本概念和原理的思考性问题 ● 数学：有关数学关系使用能力的相关问题 ● 科学：基于科学基本概念和原理的思考性问题

① ÖSYM, 2006 - ÖSYS Öğrenci Seçme ve Yerleştirme Sistemi Kılavuzu, Ankara：ÖSYM Yayınları, 2006, pp.1-24；YTL：2006年土耳其货币单位为新土耳其里拉（Yeni Türk Lirası）。

续表

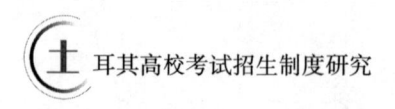

考试内容 [试题数量比例%]	(1) 学生选拔考试1（ÖSS1） • 土耳其语测验（Tür）[100%] • 社会科学1测验（Sos-1）：历史[43%]、地理[34%]、哲学[23%] • 数学1测验（Mat-1）[100%] • 科学1测验（Fen-1）：物理[43%]、化学[30%]、生物[27%]
	(2) 学生选拔考试2（ÖSS2） • 土耳其语言文学（Ed-Sos）：土耳其语言文学[57%]、土耳其地理[27%]、心理学[16%] • 社会科学2测验（Sos-2）：历史[43%]、国家地理[23%]、社会学[17%]、逻辑学[17%] • 数学2测验（Mat-2）：数学[70%]、几何[30%] • 科学2测验（Fen-2）：物理[43%]、化学[30%]、生物[27%]
	(3) 外语考试（YDS） • 德语/法语/英语（DİL）：词汇和语法[25%]、翻译[15%]、阅读理解[60%]
高校录取最低分数线/ 参加特殊才能考试 分数线	• 副学士学位院校（2年制）：ÖSS1≥160分 • 参加特殊才能考试：185分≥ÖSS1≥60分 • 本科高校（4年制）：ÖSS1≥185分 并且 ÖSS2≥185分

此次改革后试题量依然保持在180题，但第一次将考试时间延长至195分钟，以保证考生有充足的时间答题。从考试改革的内容来看，此次改革主要聚焦在考试科目上，不仅扩充了考试科目的类型，也进一步加强了考试科目的综合性。

1. 两阶段考试同时提供选考科目

此次考试改革最大的变化在于两阶段考试同时采用了选考科目办法。不仅普通高校可以指定考生的选考科目，副学士院校也可以指定考生的选考科目。这一举措旨在提升各层次高等教育机构人才选拔的质量，高度匹配高校专业人才培养需求与人才知识结构，进一步提升对人才的专业要求。

2. 选考科目的综合性与多样化

与此前的考试制度相比，此次考试科目改革首先突出了综合性特点。此次改革在原有考试科目：数学、自然科学、土耳其语的基础上，新增了社会科学类综合科目和科学类综合科目，并且在两个阶段考试中区分了相同科目的考试范围及难度。第一阶段的4个考试科目中，社会科学和科学体现出综合性特点；第二阶段的4个考试科目均为综合科目，考试的难度和综合性进一步加强。

其次，此次两阶段考试都提供了三类选考科目，体现出考试科目多样化的特点，进一步提高了考试内容的综合性和跨学科性。

表 2-10　2006 年土耳其高校考试招生制度考试科目加权赋分表①

ÖSS加权分值类型	土耳其语	社会科学1	数学1	科学1	土耳其语言文学	社会科学2	数学2	科学2	外语
人文类-1	1.0	0.7	0.3	0.2	—	—	—	—	—
数学类-1	0.3	0.2	1.0	0.7	—	—	—	—	—
文数类-1	0.8	0.3	0.9	0.2	—	—	—	—	—
外语类	0.5	0.2	0.2	0.1	—	—	—	—	1.2
人文类-2	0.5	0.35	0.3	0.2	0.5	0.35	—	—	—
数学类-2	0.3	0.2	0.5	0.35	—	—	0.5	0.35	—
文数类-2	0.4	0.3	0.45	0.2	0.4	—	0.45	—	—

如表 2-10 所示，第一阶段考试中选考科目类型包括人文类（SÖZ）、数学类（SAY）和文数类（EA），虽然看似与上次改革选考科目相同，但实际上每类选考科目所涵盖的学科内容更多，且第一阶段考试的所有科目都是必考科目。区分选考科目类型的办法在于：不同选考类型下，选考科目的加权赋分办法不同，如选考人文类的考生在分值计算时，社会科学科目占总分值的 70%。以加权分区分考生的选考类型，

---

① ÖSYM, 2006 - ÖSYS Öğrenci Seçme ve Yerleştirme Sistemi Kılavuzu, Ankara：ÖSYM Yayınları, 2006, p. 25.

有利于突出考生的选考优势。第二阶段考试中同样有三种选考类型：人文类（SÖZ）、数学类（SAY）和文数类（EA）。人文类包括土耳其语言文学和社会科学2，数学类包括数学2和科学2，文数类包括土耳其语言文学和数学2。第二阶段考试中考生只需要选考报考专业指定的选考科目即可。外语类考生在第二阶段考试中只需通过外语类考试即可。总体体现出选考科目空前多样化的特点。

（二）2006年高校考试招生制度实施概况

从2006年的选考人数分布情况来看（见表2-11），在第二阶段考试中，人文类科目选考人数最多，有583718人；其次是文数类，有327125人；最后是数学类，选考人数为223793人。外语类考试中英语考生最多，有30153人，德语考生845人，选考人数最少的是法语考生仅有369人。从各分数段的通过率来看，第一阶段考试通过率（160分及以上）最高的是人文类考生，达到79.3%，其次是文数类考生，通过率达到72.9%，最后是数学类考生，通过率仅有50.5%。从第二阶段考试的通过率来看（185分及以上），外语类考生的通过率最高，其中英语考生通过率达到了75%，其次为数学类考生，通过率达到48.3%，最末为人文类考生，通过率为41.6%。总体而言，土耳其考生更偏向选考文科类科目，而数学类科目选考率垫底。但在考试通过率上却恰恰相反，数学类考生能够在最后突出重围，实现较高的考试通过率，具有极强的竞争优势。最为特殊的是外语类考生，考生人数最少，但通过率极高，可见外语类人才在土耳其各类人才中处于少而精的状态。

表2-11　2006年选考科目人数分布情况及上线考生数[①]　　（单位：个）

分数类型	参考人数	160分及以上	185分及以上
人文类-1	1482438	1176071	839633
数学类-1	1482438	748556	377086

---

① ÖSYM, "2006-ÖSYS Başvuru ve Sınavlara İlişkin Sayısal Bilgiler", ÖSYM (July18, 2006), https://www.osym.gov.tr/TR, 1467/2006-osys-sayisal-bilgileri.html.

第二章　土耳其高校考试招生制度的历史演进

续表

分数类型	参考人数	160分及以上	185分及以上
文数类-1	1482438	1081202	699395
人文类-2	583718	403805	243027
数学类-2	223793	167440	108176
文数类-2	327125	247231	155937
外语类（英语）	30153	26107	22635
外语类（德语）	845	690	565
外语类（法语）	369	302	244

从2006年土耳其高校入学考试的报考及录取数据上来看，当年有1678383人报名参加全国高校统一考试，实际参加考试的考生有1537374人，考试无效者共有109人（包括抄袭11人、替考4人、未带身份证49人、缺少试卷5人，以及其他违法者40人）。最终被普通高校录取的考生有405517人，其中：公立大学录取人数为356512人，占总体录取人数的87.9%；私立大学录取人数为35271人，占总体录取人数的8.7%；北塞浦路斯大学录取人数为10745人，占总体录取人数的2.6%；被海外大学录取的学生有2989人，仅占总体录取人数的0.7%。可见，此时土耳其普通高校中公立大学仍是高等教育人才培养的主力军，私立大学仅起到补充作用。从性别分布上来看，此次参加考试的女性占44.03%，男性占55.97%，报考的女性中有84.29%通过第一阶段考试（160分），男性通过率为77.8%。通过第二阶段考试（185分）的女性占女性考生总数的64.6%，男性为57.2%[①]。由此可见，女性的报考比例明显高于上一个改革期，女性考生虽然在数量上还未能与男性考生实现平衡，但在通过率上依然超越男性，在高校入学考试中具有较强的竞争优势。

总体来看，此次高校考试招生制度改革旨在为高校选拔具备综合学

---

① ÖSYM, "2006‐ÖSYS Başvuru ve Sınavlara İlişkin Sayısal Bilgiler", ÖSYM (July18, 2006), https://www.osym.gov.tr/TR, 1467/2006‐osys‐sayisal‐bilgileri.html.

科素养的专业人才。首先通过两阶段考试为不同层次高校选拔专业对口人才，其次在考试科目及选考办法中突出考试科目的综合性和专业性，对人才要求继续提高。但此次改革后的高校考试招生制度是土耳其高校考试招生制度改革史上实施时间最短的一次，仅维持了4年便开始了新一轮改革。究其根源在于此次改革在其实施过程中面临了极大的争议和阻力，主要体现在三个方面：（1）从考试制度本身来看，此次考试制度是历年考试制度中考试科目最多的：从第一阶段涵盖8门考试科目到第二阶段涵盖12门考试科目。它超大容量的考试科目和试题内容引发了考生和高中教师的强烈不满，被高等教育研究者称为"超长的考试马拉松"[1]。（2）考试制度引发了教育体系的一系列负面连锁反应，如：题海战术空前盛行，考生压力倍增；考试内容与高中教学内容严重脱节，高中教学难以覆盖考试内容；私立考试补习班空前火爆，甚至"开始取代学校"[2]，严重影响了高中的正常教学秩序。（3）从考试制度的实施效果来看，并未实现提高高校入学率的目标。除这些主要问题外，考试相关费用多而杂等问题也令考生和家长极为不满。基于此，2006年所实施的高校考试招生制度在2009年落下了帷幕，新一轮高校考试招生制度改革再次出发。

四　第四次改革时期：组合选考科目的诞生（2010—2017年）

2010年土耳其高等教育正式迈入了普及化阶段，普通高校达到156所，较2009年增加了17所。在已有高校考试招生制度备受争议的情况下，土耳其高校考试招生制度迎来了第四次改革。

（一）主要改革措施

此次改革较之以前的改革变动最大，也最为复杂。此次改革保留了两阶段考试的形式，两次考试时间间隔三个月。第一阶段考试为高等教

---

[1] Türk Eğitim Derneği, "Hayat = 195 DK. ?" (April 15, 2020), https://www.ted.org.tr/wp-content/uploads/2019/04/195dk.pdf.

[2] Türk Eğitim Derneği, "Hayat = 195 DK. ?" (April 15, 2020), https://www.ted.org.tr/wp-content/uploads/2019/04/195dk.pdf.

育过渡考试（Yükseköğretime Geçiş Sınavı，YGS），在每年3月举行，重在对考生数学、哲学、土耳其语、历史、地理、化学、宗教文化和道德品质、生物、物理9大学科知识进行考查，共有160道选择题，考试时间为180分钟。第二阶段考试为大学生分发考试（Lisans Yerleştirme Sınavı，LYS），在每年6月举行，这一考试阶段首次以组合选考科目的形式考查考生的专业知识素养。

表2-12　　　　2010年土耳其高校考试招生制度基本信息[1]

考试时间（考试天数）	高等教育过渡考试（YGS）：2010年3月（1天） 大学生分发考试（LYS）：2006年6月（4—5天）
考试相关费用	ÖSYS指导费：3.00 TL ÖSS考试服务费：3.00 TL 密码获取费：2.00 TL
高校录取最低分数线/ 参加特殊才能考试分数线	副学士学位院校（2年制）：YGS≥140分 参加特殊才能考试：180分≥YGS≥140分 本科高校（4年制）：YGS≥180分且LYS≥180分

1. 选考科目及加权赋分办法改革

此次改革保留了由各层次高校各专业指定学生选考科目的政策，考生在两个考试阶段都将根据所报考高校的专业招生要求进行科目选考。第一阶段考试中的选考科目通过不同的加权赋分办法进行区分，延续了上次的改革政策。第二阶段考试选考科目由五类综合学科组合而成（见表2-13），综合学科包括：LYS1（数学+几何）、LYS2（物理+化学+生物）、LYS3（土耳其语+地理）、LYS4（历史+地理+心理学/宗教文化/社会学）和LYS5（德语/法语/英语）。五类综合学科组合成4种选考科目：分别为自然科学类（MF）= LYS1+LYS2，社会科学类（TS）= LYS3+LYS4，土耳其语及数学类（TM）= LYS1+LYS3、外语类

---

[1] ÖSYM，2010-ÖSYS Yükseköğretim Programları ve Kontenjanları Kılavuzu，Ankara：ÖSYM Yayınları，2010，pp.1-24.

（DİL）= LYS5。不同选考科目的题量不同，一般为 160 题至 170 题不等，考试时间从 120 分钟至 135 分钟不等。

表 2-13　2010—2017 年土耳其全国高校统一考试内容基本信息①

考试名称	考试时长（分钟）	题量（个）	考试科目（题量：个）
高等教育过渡考试（YGS）	180	160	• 土耳其语：土耳其语（40） • 社会科学：哲学（8）、历史（15）、地理（12）、宗教文化、道德品质（5） • 基础数学：数学（40） • 科学：化学（13）、生物（13）、物理（14）
大学生分发考试（LYS）	80	135	LYS1：数学（50）、几何（30）
	90	135	LYS2：物理（30）、化学（30）、生物（30）
	80	120	LYS3：土耳其语（40）、地理 1（24）
	90	135	LYS4：历史（44）、地理 2（14）、心理学/宗教文化/社会学（32）
	80	120	LYS5：德法/法语/英语

此次改革创造了最为繁复的计分方式，计分办法多达 19 种。从第一阶段考试到第二阶段考试，考生的不同选考科目类型决定了考生的不同计分办法。计分办法通过对不同科目的加权赋分体现。

表 2-14　第一阶段考试（YGS）6 类选考科目加权赋分②　　（单位:%）

科目选考类型	土耳其语	社会科学	基础数学	科学
YGS-1	20	10	40	30
YGS-2	20	10	30	40

---

① ÖSYM, 2010-ÖSYS Yükseköğretim Programları ve Kontenjanları Kılavuzu, Ankara: ÖSYM Yayınları, 2010, pp. 1-24.

② ÖSYM, 2010-ÖSYS Yükseköğretim Programları ve Kontenjanları Kılavuzu, Ankara: ÖSYM Yayınları, 2010, pp. 14-15.

续表

科目选考类型	土耳其语	社会科学	基础数学	科学
YGS-3	40	30	20	10
YGS-4	30	40	20	10
YGS-5	37	20	33	10
YGS-6	33	10	37	20

第一阶段考试分为6类选考类型，由两年制副学士院校各专业指定。虽为选考，但考生需完成所有科目的考试内容，选考类型通过科目的加权赋分来体现。由上表可知，YGS-1和YGS-2侧重于考查理科科目，YGS-3和YGS-4侧重于考查文科科目，YGS-5和YGS-6侧重于考查土耳其语和基础科学，属于文、理并重科目。虽然在第一阶段的选考是两年制院校对考生专业的限定，但并不影响想要进入普通高校的考生。相反，科目加权赋分的选考办法有利于考生在第一阶段考试中通过选考擅长科目扬长避短，获得考试优势。

由第二阶段考试不同选考科目的加权赋分表可知（见表2-15至表2-18），每个大类选考科目下，考生还可以有多种加权赋分选项，如选考自然科学类（MF）的考生有四种选择。这一改革措施为考生提供了更多的选择机会，考生可以根据自身学科特长选择有利的选考科目类型。

表2-15　第二阶段考试选考科目加权赋分表（%）-自然科学类（MF）[①]

考试阶段	YGS				LYS				
科目选考类型	土耳其语	社会科学	基础数学	科学	数学	几何	物理	化学	生物
MF-1	11	5	16	8	26	13	10	6	5

---

① ÖSYM, 2010-ÖSYS Yükseköğretim Programları ve Kontenjanları Kılavuzu, Ankara: ÖSYM Yayınları, 2010, pp. 14-15.

续表

考试阶段	YGS				LYS				
科目选考类型	土耳其语	社会科学	基础数学	科学	数学	几何	物理	化学	生物
MF-2	11	5	11	13	16	7	13	12	12
MF-3	11	7	11	11	13	5	13	14	15
MF-4	11	6	14	9	22	11	13	9	5

表2-16　第二阶段考试选考科目加权赋分（%）－土耳其语及数学类（TM）[①]

考试阶段	YGS				LYS			
科目选考类型	土耳其语	社会科学	基础数学	科学	数学	几何	土耳其语	地理1
TM-1	14	5	16	5	25	10	18	7
TM-2	14	7	14	5	22	8	22	8
TM-3	15	10	10	5	18	7	25	10

表2-17　第二阶段考试选考科目加权赋分（%）－社会科学类（TS）[②]

考试阶段	YGS				LYS				
科目选考类型	土耳其语	社会科学	基础数学	科学	土耳其语	地理1	历史	地理2	哲学组
TS-1	13	12	10	5	15	8	15	7	15
TS-2	18	11	6	5	25	5	15	5	10

---

① ÖSYM, 2010-ÖSYS Yükseköğretim Programları ve Kontenjanları Kılavuzu, Ankara：ÖSYM Yayınları, 2010, pp. 14-15.

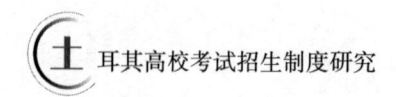

② ÖSYM, 2010-ÖSYS Yükseköğretim Programları ve Kontenjanları Kılavuzu, Ankara：ÖSYM Yayınları, 2010, pp. 14-15.

表 2-18　第二阶段考试选考科目加权赋分表（%）-外语类（DİL）①

考试阶段	YGS				LYS
科目选考类型	土耳其语	社会科学	基础数学	科学	外语
DİL-1	15	9	6	5	65
DİL-2	25	13	7	5	50
DİL-3	48	20	7	5	20

此次选考科目改革进一步体现出对考生综合素质的考查，并且通过多种选考科目加权赋分办法为考生发挥学科特长提供了机会，增加了考生的考试优势，加大了考生的录取概率，是对上次改革后高校录取率仍难以提升的直接回应。

2. 指定专业获奖加分政策

此次改革保留了特长生加分政策，但加分政策进一步收紧，加分条件需满足以下两点：一是指定专业；二是国际、国家、全国水平的科学奥林匹克竞赛获奖者。如：参加国际科学奥林匹克竞赛的学生，金牌可获得10%的加分，银牌9%，铜牌8%，未获名次者加分7%。国家级和全国项目的加分仅奖励前三名获奖者。这一规定旨在对土耳其国家重点建设专业的人才进行加分，并号召和鼓励学生积极参加科学类奥林匹克竞赛项目，重点培养科学创新型人才。

3. 下调高中学业成绩在录取总分中的比例

此次改革降低了高中学业成绩在录取总分中的比例，原招生制度中考生高中学业成绩乘以系数0.8或0.3（报考对口专业和不对口专业）计入录取总分中，此次改革将这一系数下调至0.15和0.12（报考对口专业和不对口专业），削弱了高中学业成绩在录取总分中的比重。这一决定源于土耳其因区域发展不均衡而导致的考试结果不公平的长期争议。土耳其区域发展不均衡是一个长期问题，这一问题致使各地区教育

---

① ÖSYM, 2010-ÖSYS Yükseköğretim Programları ve Kontenjanları Kılavuzu, Ankara：ÖSYM Yayınları, 2010, pp.14-15.

资源分配极度不平衡,严重影响了各地区考生在获得高中学业成绩时的公平性。此次改革下调高中学业成绩在考试总分中的占比,旨在降低教育资源分配不均衡对考试结果公平造成的负面影响。

（二）2010年高校考试招生制度实施概况

从2010年高校考试招生的数据来看,2010年申请参加大学入学考试的人数达到1587990人,实际参加考试的有1512519人,考试达到140分及以上的考生有1403089人,180分及以上考生有1233580人[①]。也就是说,实际参考的考生中有92.8%达到了副学士院校的最低录取线,81.6%达到了普通高校的最低录取线。可见此次改革在提高高校录取率上取得了显著成效,过线考生比例远远高于往年。从考生的性别分布上来看,女性考生占考生总数的45.1%,男性考生占54.9%,通过第一阶段考试（140分）的女性考生占报考女性总数的96.5%,男性考生占报考男性总数的92.6%,通过第二阶段考试（180分）的女性考生占报考女性总数的87.3%,男性考生占报考男性总数的79.4%[②]。由此可见,女性报考人数较上一改革阶段有了明显的增长,女性考生在全国高校统一考试的通过率上仍占据优势,但男性考生与女性考生之间的考试优势差距在逐渐缩小。

总之,相较以往的高校考试招生制度,这一时期对数学、土耳其语、宗教文化等科目提出了更高的要求,学科综合性更强,体现出土耳其高等教育进入普及化后对人才选拔内涵多元化和人才选拔质量高水平的追求。同时也可以看到此次改革通过调低录取分数线,提供多类选考科目组合和多种加权赋分办法等多项改革措施大幅提升了考生的录取概率,为高校扩大招生规模提供了强有力的政策支持。

---

① ÖSYM, "2010-ÖSYS: Başvurular", ÖSYM (March 3, 2010), https://www.osym.gov.tr/TR, 1107/2010-osys-basvurular-01032010.html.

② ÖSYM, "2010-ÖSYS: Başvurular", ÖSYM (March 3, 2010), https://www.osym.gov.tr/TR, 1107/2010-osys-basvurular-01032010.html.

五　全国高校统一考试招生制度的改革趋势

土耳其自1974年确立全国高校统一考试招生制度至2017年共经历了四次大型改革，从四次土耳其高校考试招生制度的改革情况可以总结出土耳其高校考试招生制度的改革趋势。

（一）考试形式：趋向于采用两阶段考试形式

首先，土耳其高校考试制度在单阶段考试和两阶段考试中不断尝试，最终趋向于分两阶段考试，通过两次考试为不同层次的高校选拔新生。通过两阶段考试筛选人才是土耳其高校考试制度经过反复实践后认为最适合土耳其高校人才选拔的考试形式：（1）两阶段考试形式有利于避免"一考定终身"，给予考生两次考入不同层次大学的机会，如果考生无法考入普通高校，还有机会考入两年制副学士院校。（2）两阶段考试形式有利于将两年制副学士院校纳入高校考试招生制度体系中，对此类院校的招生具有积极的推动意义。（3）两阶段考试形式有利于在不同考试阶段设定不同的考查目标。在高校考试招生制度的不断改革中，最终形成第一阶段考试重在考查考生的基础知识掌握情况，第二阶段考试重在考查考生的大学专业知识学习能力的分阶段考试目的，为不同层次高校选拔合格人才。（4）两阶段考试形式有利于通过考试题量逐渐增加、知识范围逐渐拓宽、考试内容逐步综合化，以达到强化考试人才选拔功能的目的。由此可见，两阶段考试形式将长期作为土耳其高校考试制度的考试形式存在。

（二）考试科目：逐步走向综合化

从土耳其高校考试制度的考试科目设置上来看，呈现出逐渐综合化的发展趋势。从最初考试科目单科设置，到1981年重点科目综合化设置，直至2010年所有考试科目综合化设置。考试科目综合化已经成为土耳其高校考试制度的发展趋势。这是土耳其国家经济发展、产业结构转变、高等教育从数量扩张到质量提升的大环境下，不断提高人才选拔要求的直接体现。即使随着高校考试科目设置愈发综合化，考试科目涵盖内容只增不减，带来中等教育教学内容不断改革、考生压力逐年加大等负面现象，也无法避免高等教育人才选拔的规格和标准越来越高的现实，这是所有国家高等教育发展道路上考试招生制度的必然发展趋势。

（三）选考科目办法：强调跨学科和综合化

土耳其高校考试招生制度从指定考试科目到单阶段选考再到两阶段选考，以选考科目对考生进行考核已经成为土耳其高校考试制度的发展趋势。科目选考办法不仅将在土耳其高校考试制度中长期存在，并且选考科目的测试内容也将从偏向测试考生的专业知识转向注重测试考生的跨学科学习能力方向发展。启用选考科目办法，一是尊重了考生的意愿，有助于考生在学习中发挥主观能动性，使考生选择最擅长的学科进行学习、参加考试；二是高校各专业指定选考科目，能够充分体现各高校各专业的办学需求和办学特点，有利于高校选拔符合专业培养规格的人才。选考科目的双向选择，是高度匹配大学各专业人才培养需求和人才知识结构的办法。随着土耳其高等教育的发展，选考科目体现出愈发综合化和跨学科的特点，注重选拔具备跨学科学习能力和综合知识的人才必将成为主流，高校考试制度中的选考科目也必然会继续走向综合化和跨学科化。

（四）考查目标：从知识考查转向能力考查

土耳其高校考试制度的考查目标呈现出从知识考查向能力考查的转变趋势。仅基于知识点考查的考试造成了教育体系的一系列弊病，最典型的就是填鸭式教育、题海式战术和以记忆力论英雄等教育怪象。这些问题一直是困扰土耳其基础教育和使得高校考试制度备受争议的主要问题之一。因此，改变考试的考查目标，从知识考查转向能力考查，引导基础教育走向综合化和素质化，成为土耳其高校考试招生制度长久以来的改革目标。但能力考查易说难行，虽然经过了数次改革，仍收效甚微。因此，以考试为工具测试学生的综合能力，也将成为土耳其高校考试招生制度未来改革长期追求的目标之一。

（五）加分政策：加分要求逐步提升

从土耳其高校招生制度的改革趋势可以看出，高校招生制度中的加分政策呈现出逐渐收紧的发展趋势。这一趋势符合土耳其社会高度关注

第二章 土耳其高校考试招生制度的历史演进

高校考试招生制度公平的大环境，也体现出土耳其高等教育对人才选拔质量逐步提升的走向。土耳其政府希望能够在全国统一考试中享受加分政策的不仅是单方面具备特长的人才，更应该是全方面优秀的人才。这一发展趋势可以避免加分政策成为招生漏洞，使得一些走捷径的考生有机可乘，滋生招生过程中的腐败现象，是进一步维护高校招生制度公平的体现。

总之，从土耳其全国高校统一考试招生制度的改革轨迹可以看出，高校考试招生制度改革主要受到社会发展、教育发展，尤其是高等教育发展的多重影响。1981—2017年，土耳其高校考试招生制度共经历了四次大的改革，改革体现出循序渐进、不断创新的特点。土耳其高校考试招生制度作为一项重要的教育制度，通过改革将其不断推向科学化和合理化，从而不断提升和改进土耳其高等教育的人才选拔规格，以进一步促进土耳其高等教育的发展。同时高校考试招生制度作为一项重要的社会制度，它的改革也反映出了土耳其社会对高校考试招生制度的期望和要求，体现着在社会发展下土耳其高校考试招生制度的不断适应、反思和完善。然而没有任何一项制度在改革后就可以满足所有利益相关者的诉求，也没有任何一次改革可以臻于完美，它总会遇到这样或那样的问题，产生这样或那样的矛盾，随着时代的发展还有不断完善和改进的空间。改革意味着希望，意味着不断地前行和发展，虽然土耳其高校考试招生制度还面临着社会争议和现实阻力，但这些都无法阻止土耳其高校考试招生制度改革的步伐。坚持不断改革与完善、创新和发展，是土耳其高校考试招生制度得以不断走向科学化、合理化、公平化必须坚持的道路。

第三章

土耳其现行高校考试招生制度

土耳其现行高校教育招生制度在 2018 年改革后基本成形。本章将对土耳其 2018 年最新一次高校考试招生制度改革、土耳其现行高校考试招生制度的全貌、国家考试招生机构的专业化演进过程、高校考试招生制度的法制化建设情况等作出较为全面的介绍，以期展现一个完整的土耳其现行高校考试招生制度。

第一节 土耳其最新高校考试招生制度改革探析

自 1923 年土耳其共和国成立以来，高校考试招生制度经历了从各高校分散考试招生到高校联合考试招生再到 1974 年全国高校统一考试招生的过程。土耳其一直致力于提升全国高校统一考试招生制度的公平性、科学性和合理性，至今共进行了五次重大改革，平均每 8 年就有一次大型改革。最新一次改革于 2018 年正式实施，主要就考试形式、选考科目、赋分办法、残疾考生便利措施和招生政策等方面进行了改革。

一 最新高校考试招生制度的改革背景

1923 年土耳其共和国成立伊始便开始了高等教育的现代化建设之路，并一直致力于推进高等教育事业的发展。2010 年土耳其高等教育迈入普及化阶段，发展极为迅速。截至 2020 年 1 月，土耳其共有普通高校 207 所①，在校学生人数达到 442 万人②，占全国总人口的 5.7%。2017 年土耳其高等教育净入学率达 41.7%③，毛入学率达 107.4%④。伴随着高等教育步入普及化阶段后期的同时，土耳其开始着力建设世界一流大学，努力提升高等教育质量，改变人才培养规格⑤。但在此过程中，土耳其教育体系暴露出诸多问题，其中最主要的问题集中在高等教育人才知识结构失衡，中等教育"唯分数"现象严重以及残疾学生入学公平水平有待提升等问题上。土耳其政府认为解决这些问题的关键在于从基础教育与高等教育之间的"调节阀"——高校考试招生制度入手，通过改革高校考试招生制度，找到解决上述问题的突破口。

首先，此次高校考试招生制度改革以土耳其人才知识结构调整为目标。土耳其政府在《土耳其战略愿景 2023》中提出了高等教育的人才培养目标："为实现 2023 年目标，土耳其必须通过改革高等教育培养世界一流的科学家和工程师。"⑥ 要培养世界一流的科学家和工程师，关键在于培养具备基础科学学科知识的人才。但是近十年来，土耳其大学最受欢迎的专业仍以法律、医学、教育、心理咨询、神学等社会科学专业为主⑦，学生对基础科学学科兴趣不高，导致大学基础科学学科专业规模缩小，极大地影响了土耳其人才知识结构的合理性。土耳其共和国

---

① YÖK, "Türlerine Göre Mevcut Üniversite Sayısı" (November 29, 2019), https://istatistik.yok.gov.tr/.

② Yükseköğretim Bilgi Yönetim Sistemi, "Öğrenci Sayıları Raporu" (June 22, 2020), https://istatistik.yok.gov.tr/.

③ Türkiye İstatistik Kurumu, "İstatistiklerle Gençlik, 2018" (May 16, 2019), http://www.tuik.gov.tr/PreHaberBultenleri.do?id=30723.

④ Veri Kaynağı, "Yükseköğretimde Brüt Okullaşma Oranı" (January 16, 2020), https://www.verikaynagi.com/grafik/yuksekogretimde-brut-okullasma-orani/.

⑤ 杨滢、黄巨臣：《土耳其建设世界一流大学的动因、策略与特色》，《高教探索》2019 年第 1 期。

⑥ Turkey's Strategic Vision 2023, "Türkiye'nin Stratejik Vizyon 2023" (May 4, 2006), http://tsv2023.org/pdf/tsv2023_rapor1.pdf.

⑦ Takvim Eğitim, "En Çok Tercih Edilen Üniversite ve Bölümleri Hangileri" (January 16, 2020), https://www.takvimegitim.com/node/618.

总统埃尔多安（Recep Tayyip Erdoğan）在此次高校考试招生制度改革前期专门指出："新的考试系统应鼓励学生对基础科学产生兴趣。"① 全国高校统一考试既是高等教育人才选拔的重要制度，又深刻影响着基础教育的走向，是为国家提供高质量人力资源的重要社会制度，通过改革高校考试招生制度，有助于调整土耳其人才知识结构。

其次，此次高校考试招生制度改革旨在解决中等教育偏失而引发的"唯分数"问题。土耳其教育体系的应试性和"唯分数"现象与中国相比有过之而无不及。土耳其政府认为，过去的二十年土耳其教育转向了以考试为中心的体系。一方面，高中教育为考试服务，教学内容围绕考试进行，高中教育的"唯分数"导致"高中教育以死记硬背和信息加载模式对学生进行教育，而非对学生能力的训练"②。高中教育的偏失阻碍了学生能力的培养和综合素质的提升，降低了高等教育的生源质量。另一方面，土耳其高校在特殊才能考试（Özel Yetenek Sınavı）③ 中享有较大的招生自主权，考生可以不通过统考第二阶段考试直接参加高校的自主招生，或通过竞赛加分政策轻松进入大学。这使得高中教育愈发被学生轻视，许多学生将大量时间和精力投入课外考试补习班"造成中学教室空空如也"④，由考试引发的"唯分数"和忽视高中教育的问题一直饱受社会诟病。土耳其政府认为通过改革高校考试招生制度可以有效解决中等教育的"唯分数"困囿，提高考生对高中教育的重视，进而从生源供给侧提升高等教育质量。

最后，此次高校考试招生制度改革旨在提升残疾人高等教育的起点

---

① Haber, "Cumhurbaşkanı Erdoğan'dan YÖK'e YKS İçin 4 Talimat"（December 5, 2017），http://www.haber7.com/guncel/haber/2454157-cumhurbaskani-erdogandan-yoke-yks-icin-4-talimat.

② Turkey's Strategic Vision 2023, "Türkiye'nin Stratejik Vizyon 2023"（May 4, 2006），http://tsv2023.org/pdf/tsv2023_rapor1.pdf.

③ 特殊才能考试（Özel Yetenek Sınavı）：由各高校自行组织考试和招生，主要面向报考艺术类教师教育专业、美术、音乐、舞蹈、体育等专业的考生。

④ Turkey's Strategic Vision 2023, "Türkiye'nin Stratejik Vizyon 2023"（May 4, 2006），http://tsv2023.org/pdf/tsv2023_rapor1.pdf.

公平水平。根据 2017 年土耳其家庭和社会政策部（Aile ve Sosyal Politikalar Bakanlığı）公布的残疾人数据显示，土耳其残疾人口已占全国人口的 6.9%，其中 20 岁以下的残疾人口占总人口的 2.2%[①]，残疾人的生存与发展问题已经成为土耳其社会的显著问题。同时，随着土耳其国家经济结构的改变促使残疾人对高等教育的需求迅速增长。2014—2017 年，土耳其年均参加全国高校统一考试的残疾考生已达 12893 人，并呈现出逐年递增的趋势[②]。高等教育对土耳其残疾人承担起了越来越重要的社会责任，如何为残疾人提供公平的入学机会是实现残疾人高等教育公平的首要问题，而改革和完善高校考试招生制度则是提升残疾人入学公平水平的关键所在。

此外，除上述基于教育体系和国家人才储备的改革考量外，此次改革还基于解决已有高校考试招生制度本身所存在的效率低下的问题，诸如：考试时间跨度大，考试场次过多等问题。

基于对土耳其人才知识结构的调整、消除高中教育"唯分数"困囿、为残疾考生提供更多入学机会的现实需求以及提升考试制度选拔效率的考量，土耳其高校考试招生制度于 2018 年展开了新一轮改革。

二　最新高校考试招生制度改革的主要措施

土耳其现行高校考试招生制度将学生选拔和分发考试（Öğrenci Seçme ve Yerleştirme Sınavı，简称 ÖSYS）更名为高等教育过渡考试（Yükseköğretime Geçiş Sınavı，简称 YGS），并同时对各阶段考试进行了更名：第一阶段考试更名为基本能力测试（Temel Yeterlilik Testi，简称 TYT），第二阶段考试更名为专业领域测试（Alan Yeterlilik Testleri，简称 ATY），外语类考试更名为外语测试（Yabancı Dil Testi，简称 YDT）。

[①] Evrensel, "Türkiye'de Engelli Nüfus Oranı Yüzde 6.9"（December 8, 2017），https://www.evrensel.net/haber/340070/turkiyede-engelli-nufus-orani-yuzde-6-9.

[②] 杨滢:《土耳其推进残疾人高等教育公平的举措与启示》，《中国特殊教育》2019 年第 4 期。

从改革措施来看，土耳其现行高校考试招生制度改革具有明显的问题导向性，以考试制度改革结合招生制度改革，双管齐下有针对性地解决土耳其基础教育、高等教育以及考试制度中所存在的问题。土耳其此次考试招生制度改革措施主要集中在四个方面：通过精简考试形式提升考试效率；通过选考科目改革、加权赋分引导、特定专业招考条件调整鼓励学生选考基础科学学科；通过改革考试大纲和招生政策弱化高中教育的"唯分数"现象，重塑高中教育的重要地位；为残疾学生提供更多考试便利措施和招生优惠政策以保障残疾学生入学公平。

（一）提升考试效率：精简考试形式

土耳其现行高校考试制度在考试形式上实现了"三个减少"：（1）缩短考试周期：土耳其旧高考制度采取分两阶段考试的方式，两次考试时间跨度长达三个月。考试时间跨度大、周期长导致考生备考周期长、压力大、家庭负担重、考生抑郁情况严重等问题出现。[①] 新一轮考试制度改革针对这一问题，将考试周期缩短，由3月和6月考试缩短到仅在3月举行考试，由分散的5天考试变为集中在两天内完成考试。（2）减少考试场次：原制度下考生需要参加的考试场次多达6场，为减少考生负担，新一轮考试制度改革将考试缩减到3场。（3）减少考试题量：第一阶段考试从原有的160题减少到120题，第二阶段考试从原有的340题减少到160题，题量精减幅度高达44%。[②]

土耳其现行高校考试制度对考试周期、考试场次、考试题量等都进行了大幅度精简。降低了考试的复杂程度，减轻了考生负担，减少了考试的工作量，节约了考试的人力、财力、物力投入，增强了考试的可操作性，有利于考试效率的提升。改革考试形式，提升考试效率，其深层

[①] Yıldırım İbrahim, Ergene Tuncay, Münir Kerim, " High Rates of Depressive Symptomsamong Senior High School Students Preparing for National University Entrance Examination in Turkey", *International Journal on School Disaffection*, Vol. 4, No. 2, January 2007, pp. 35-44.

[②] YÖK, "Yükseköğretim Kurumları Sınavı İle İlgili Sıkça Sorulan Sorular ve Cevapları" (April 18, 2018), https://www.yok.gov.tr/Documents/AnaSayfa/yuksekogretim_ kurumlari_ sinavi_ sss_ ve_ cevaplari_ puan_ turleri_ ile. pdf.

次的原因在于在土耳其高等教育普及化的背景下，对以往不合理的考试形式进行改革，化繁为简，以实现人才选拔的高效性。

（二）强调基础科学学科重要性：选考科目改革，加权赋分引导，调整专业加分政策

土耳其高校入学考试实行两阶段考试制度，第一阶段考试为所有考生均须参加的统考科目测试，第二阶段考试为有意进入四年制高校考生参加的选考科目测试。此次全国高校统一考试改革对选考科目的改革力度最大，见2017年、2018年"测量，选拔与分发中心"公布的《高校考试招生指南》（整理如表3-1所示）。

表 3-1　土耳其 2018 年高校考试招生制度改革前后选考科目及选考办法对比[①]

时间	2018年前的选考科目及办法	2018年选考科目及办法
选考办法	综合科目3选1	1科综合科目+X（2≥X≥0）
选考科目（学科内容）	1. 自然科学类（数学、几何、物理、化学、生物） 2. 社会科学类（土耳其语、历史、地理、心理学、宗教文化、社会学、地理） 3. 土耳其语+数学类（土耳其语、数学、几何、地理）	1. 人文类：土耳其语言与文学-社会科学Ⅰ（土耳其语与文学素养、历史Ⅰ、地理Ⅰ）；社会科学Ⅱ（历史Ⅱ、地理Ⅱ、哲学、宗教文化与道德） 2. 数学类：数学、科学（物理、化学、生物） 3. 文数类：土耳其语言与文学-社会科学Ⅰ（土耳其语与文学素养、历史Ⅰ、地理Ⅰ）；数学

在选考科目方面，其一，与往年相比，此次改革将"数学类"科目单独列出作为选考科目，同时在"人文类"选考科目中也加入了数学科目，形成"文数类"，以强化基础科学学科在选考科目中的总体比

---

① ÖSYM, 2017 - *Lisans Yerleştirme sınavları*（2017 - LYS）*sonuçları Değerlendirme Raporu*, Ankara：ÖSYM Sınav Hizmetleri Daire Başkanlığı, 2017, pp. 1-5；ÖSYM, 2018 *Değerlendirme Raporu*, Ankara：ÖSYM Sınav Hizmetleri Daire Başkanlığı, 2018, pp. 11-12.

例。其二，此次选考科目均衡了各类选考科目的难度。"人文类"科目以不同难度的社会科学Ⅰ类和Ⅱ类科目构成，难度明显提升；"文数类"因含有数学类科目，所以仅考查难度较低的社会科学Ⅰ；"数学类"科目试题难度则保持在所有选考科目中的最低难度值。① 通过均衡选考科目的试题难度可以增强各选考科目的可比性，有利于鼓励考生选考"数学类"科目。

从选考科目的选考办法来看，考试改革后将原有"3选1"的选考办法改变为"1+X"。考生首先需遵照各高校专业的招生要求在"人文类""文数类"或"数学类"选考科目中选择一种②，在此基础上可根据考生意愿叠加选择其他综合科目作为X选考项，其中2≥X≥0。以选考"人文类"的考生为例，考生共有四种选考办法：（1）"人文类"；（2）"人文类"+"文数类"；（3）"人文类"+"数学类"；（4）"人文类"+"文数类"+"数学类"。新的选考办法鼓励考生对综合科目进行叠加选择，除单独选择"人文类"的考生外，其他选考组合均含有"数学"科目，增加了考生选考基础科学学科的概率。

此外，为进一步增强考生对基础科学学科的选考动力，避免考生趋易避难，此次考试还对选考科目实行了新的加权赋分办法（见表3-2）：首先，不论考生选择何种科目组合，"数学"科目分值始终以分值的30%计入总分，在所有科目中赋分最高，凸显了基础科学学科在考试中的重要性；其次，考生选考组合越多，分值越大，得分概率越高，极大推动了考生多学科和跨学科选考的动力。

---

① ÖSYM, 2017–*Lisans Yerleştirme sınavları*（2017–LYS）*sonuçları Değerlendirme Raporu*, Ankara：ÖSYM Sınav Hizmetleri Daire Başkanlığı, 2017, pp. 1–5；ÖSYM, 2018 *Değerlendirme Raporu*, Ankara：ÖSYM Sınav Hizmetleri Daire Başkanlığı, 2018, pp. 11–12；ÖSYM, 2019 *Değerlendirme Raporu*, Ankara：ÖSYM Sınav Hizmetleri Daire Başkanlığı, 2019, pp. 20–21.

② 土耳其在选考科目上实行考生与高校双向选择的办法。高校需在报考之前公布各专业所对应的科目选考类型，考生根据自身意愿和高校规定选择选考类型。如2018年伊斯坦布尔大学规定报考人力资源管理专业考生需选考"文数类"科目。

表 3-2　　土耳其现行高校考试制度选考科目加权赋分①

考试阶段名称	考试科目（题量：个）	权重（%）
基本能力测试（TYT）	土耳其语（40）	33
	基础数学（40）	33
	科学（20）	17
	社会科学（20）	17
专业领域测试（AYT）	土耳其语言与文学-社会科学Ⅰ（40）	18
	数学（40）	30
	科学（40）	—
	社会科学Ⅱ（40）	—

注："-"表示视具体选考情况而定。

　　除在选考科目和加权赋分办法上引导考生重视基础科学学科的学习外，此次招生制度也提出了相应的改革措施。一方面对高中阶段选修基础科学学科的考生实行加分；另一方面提高热门专业的报考条件，双管齐下引导学生报考基础科学学科专业。其一，此次改革延续了高中选修专业与大学报考专业一致即可加分的政策，但进一步缩小了加分专业的范围。普通高中的加分专业以数学、化学、科学、物理等专业为主，职业高中则以为机械制造、冶金、电子、工业等专业为主。② 通过有针对性地对特定专业实行加分优惠政策引导学生在高中阶段选修基础科学学科，打造国家所需人才。其二，针对过去十年法律、医学、教育、心理咨询、神学等专业报考热度居高不下导致大学专业结构失衡的问题，此次招生政策对上述专业的招生条件进行了限制：一是，报考上述专业的考生除法学专业考生在选考中须选考"文数类"、教育专业不作特别规定外，其他专业考生均须选考"数学类"。二是，报考热门专业的考生

---

① YÖK, "Yükseköğretim Kurumları Sınavı İle İlgili Sıkça Sorulan Sorular ve Cevapları"（April 18, 2018）, https://www.yok.gov.tr/Documents/AnaSayfa/yuksekogretim_ kurumlari_ sinavi_ sss_ ve_ cevaplari_ puan_ turleri_ ile. pdf.

② ÖSYM, 2018 *Yükseköğretim Kurumları Sınavı（YKS）Kılavuzu*, Ankara：ÖSYM Sınav Hizmetleri Daire Başkanlığı, 2018, pp. 45-72.

除须达到全国统一考试的录取分数线外,还需在全国统一考试中达到一定的排名要求才具备录取资格。如报考法律专业的考生统考分数需达到全国考生的前15万名,报考医学专业者须达到前4万名等。① 这一规定直接限定了报考热门专业考生的选考类型,突出了基础科学学科的地位,加大了考生报考热门专业的难度,实现了热门专业报考分流,间接增加了报考基础科学学科专业的学生数量。

此次考试仍保持了外语类考生在第二阶段只需选考外语类考试(YDT)的传统,但新增俄罗斯语和阿拉伯语,旨在选拔符合国家战略发展需要的专精外语人才。

最新土耳其高校考试招生制度改革采取了多项有针对性的措施以解决土耳其人才知识结构失衡、基础科学学科人才储备不足的问题,力求充分利用高校考试招生制度这一"指挥棒"对学生知识结构进行重塑,培养国家亟须人才。

(三)重塑高中教育的重要地位:改革考试大纲,加强高大衔接,收紧高校自主招生权限

要克服高中教育"唯分数"痼疾,重塑高中教育的重要地位,必须加强考试评价的综合性。此次改革对考试大纲进行了大幅改革,力求将重知识考查转变为重综合能力考查,全方位综合考查考生。以往土耳其高校入学考试重在对考生知识点的考查,知识点覆盖面广,往往超出高中的教学内容,造成高中教育以取得考试分值为唯一教学目标,以知识灌输为唯一教学方法。② 此次改革在考试大纲中指出:"考试内容均基于高中教学内容,考试重在对学生能力的考查而非知识的记忆。"③ 通过考试内容改革强调对考生能力的考查,强调高中的育人功能。此次

---

① ÖSYM, 2018 *Yükseköğretim Kurumları Sınavı*(YKS)*Kılavuzu*, Ankara:ÖSYM Sınav Hizmetleri Daire Başkanlığı, 2018, pp. 45–72.

② Özge Bala, Ömer Kutlu, "The Study on the Attitudes Towards the Student Selection System for Higher Education in Terms of Student Characteristics" *Procedia-Social and Behavioral Sciences*, Vol. 15, January 2011, pp. 2875–2880.

③ ÖSYM, 2018 *Yükseköğretim Kurumları Sınavı*(YKS)*Kılavuzu*, Ankara:ÖSYM Sınav Hizmetleri Daire Başkanlığı, 2018, pp. 45–72.

第三章　土耳其现行高校考试招生制度

改革进一步对考试科目的考查要求作出了详细的规定，如核心考试科目基础数学和土耳其语的测试要求为："基础数学测试重在检测考生使用基本数学概念解决实际问题的能力，能够利用基本数学知识进行抽象操作，能够将基本数学原理运用于日常生活和实践的能力。""土耳其语测试重在检测考生正确使用土耳其语的技巧，阅读理解能力和对文字的解释能力。"① 强调对考生的知识转化能力、问题分析能力、问题解决能力和实际应用能力的综合考查。考试大纲的改革倒逼高中不得不改变"唯分数"的教育目标，摒弃填鸭式教学方法，变知识灌输为能力培养，重新回归教育的本真，发挥育人功能。

在招生制度方面，此次改革一方面延续了原有将高中学业成绩纳入高校录取依据的政策②，另一方面收紧了高校自主招生的权限。以往土耳其高校在特殊才能考试中自主招生权限较大，考生可不通过统考第二阶段考试直接参加高校组织的特殊才能考试，且可享受各类竞赛加分入学政策，导致大量考生将时间和精力都放在课外补习班和竞赛中而忽视了高中课堂。此次改革以体育管理、图形设计等14个专业作为试点专业，规定考生必须达到统考第二阶段考试最低录取分数线后方可进入录取程序，逐步取消了高校对特定专业的自主招考权③。同时删减了特殊才能考生的竞赛加分项，仅对国际赛事和国家级比赛获一、二、三等奖者给予加分，如参加国际科学奥林匹克比赛获第一名可在总分基础上增加6%的分值，第二名增加5%的分值，第三名增加4%的分值。④ 这一系列改革促使学生不得不停止片面追求竞赛加分和课外补习，重新回归

---

① ÖSYM, 2018 *Yükseköğretim Kurumları Sınavı*（YKS）*Kılavuzu*, Ankara：ÖSYM Sınav Hizmetleri Daire Başkanlığı, 2018, pp.45-72.

② 土耳其高中学业成绩转换为统考分数的计算方式：考生高中阶段所有课程成绩平均分值的五倍作为最终高中学业成绩。每位考生的高中学业成绩乘以系数0.12后所得分值作为统考成绩的组成部分纳入总分。

③ ÖSYM, 2018 *Yükseköğretim Kurumları Sınavı*（YKS）*Kılavuzu*, Ankara：ÖSYM Sınav Hizmetleri Daire Başkanlığı, 2018, pp.45-72.

④ Akşam, "Özel Yetenek Sınavı ile İlgili YÖK'ten Yeni Karar! Son Dakika Yetenek Sınavı Kalktı Mı?"（October 21, 2019）, https://www.aksam.com.tr/guncel/yetenek-sinavi-son-dakika-kalkti-mi-ozel-yetenek-sinavi-ile-ilgili-yok-aciklamasi/haber-1015354.

高中教学和统一考试，提升了对特殊人才综合素养的要求，强化了高中教育的重要地位。

（四）保障残疾人入学机会公平：建立考试招生机构专门部门，完善残疾人考试便利措施，加大残疾人招生优惠政策

残疾人作为弱势群体，要在高等教育的入学阶段与普通人享有平等的入学机会就需要对其进行政策补偿。此次土耳其高校考试招生制度改革对残疾考生的补偿政策主要包括在国家考试机构中设置残疾考生部、完善考试便利措施、出台残疾人录取优惠政策等。

"测量选拔和分发中心"率先进行了机构改革，创设了"残疾考生部"，对残疾人招考实行专项管理。残疾考生部通过前期调研设计，制定出了有针对性的残疾人招生、考试补偿性政策，如：建设残疾考生考试帮辅人员库，为残疾考生提供考试便利措施，加大残疾考生招生政策倾斜力度等措施，为残疾人高等教育起点公平的实现起到了重要的推动作用。

"测量，选拔与分发中心"将残疾考生划分为视力障碍、听力障碍、话语障碍、肢体障碍、智力发育迟缓/学习障碍、精神/情绪健康问题六大类。残疾考生在考试前需提交残疾健康委员会报告（由大学医院/国立医院提供）、健康障碍信息表以及测试便利申请书，由考试招生机构审核后为残疾考生提供相应的考试便利服务。便利措施包括考试场地便利、考试时间便利、人员帮辅便利、考试内容便利诸多方面（见表3-3）。

表3-3　　土耳其高校考试制度中的残疾人考试便利措施[①]

便利措施类型	具体内容
考试场地便利	●在全国81个省份（覆盖率100%）建立残疾人专用考点，考点经过抗干扰检测及残疾人设施检测（残障坡道、工作电梯、残疾人适用卫生间等） ●残疾考生可根据自身情况申请在大厅或在单独的房间考试

---

① ÖSYM, 2018 *Yükseköğretim Kurumları Sınavı（YKS）Kılavuzu*, Ankara：ÖSYM Sınav Hizmetleri Daire Başkanlığı, 2018, pp. 45-72.

续表

便利措施类型	具体内容
考试帮辅人员便利	●建立残疾人帮辅人员库，在考试中为残疾考生提供考场引导、试卷阅读、答题标注等服务 ●建立医疗人员帮库，为残疾考生提供考试期间的医疗保障
考试时间便利	●不同类型残疾考生可根据需要将考试时间延长25%—60%（如学习困难/智力发育迟缓/精神障碍类考生给予1/3额外时间，智力障碍考生给予2/3额外时间，视力障碍考生给予1/4额外时间等）
考试内容便利	●视觉障碍考生可以免试图形及形状类试题 ●听力障碍考生可以免试外语听力试题
视力障碍考生考试便利	●可选择电子考试和纸制考试：电子考试通过电脑自动读题进行考试，配备大屏幕显示器、屏幕阅读器、屏幕放大软件、有触控板的键盘、手语翻译、盲文笔、盲文板、盲文打字机等 ●纸制考试提供3种字号印刷试卷供考生选择，并提供电子放大镜、盲人拼字板、平板电脑、台灯等
听力障碍考生考试便利	●提供仿生耳（人工耳蜗）/助听器等辅助设备
其他残疾考生考试便利	●提供医疗器械、测量仪器、药物、补充食品、石膏、夹板、扶手椅、座席等物质支持

在招生制度方面，此次改革进一步加大了残疾考生的招生优惠力度。如为残疾考生提供各高校10%的招生预留名额，若高校的残疾人预留名额不足10个，则可追加1个名额；为参加特殊才能考试的残疾考生提供33.3%的降分力度①，将残疾考生考分有效期延长至两年②；如考生通过了特殊才能考试，并且在全国高校统一考试中分数低于140分且未被高校录取，则可申请学校内部保留名额进入高校。以期通过多项招生优惠提升残疾考生参加高校入学考试的积极性，提高残疾考生的录取率。

土耳其国家考试招生机构通过建立专门的残疾考生部门，提供多样

---

① 残疾考生参加特殊才能考试须在TYT考试中至少达到100分，普通考生须在TYT考试中至少达到150分。

② ÖSYM, "Engelli/Sağlık Sorunu veya Özel Durumu Olan Adaylara Yapılan Sınav Uygulamaları"（March 2, 2018），https：//dokuman.osym.gov.tr/pdfdokuman/2018/GENEL/Engelliadayraporu09042018.pdf.

化、细化、有针对性的考试便利措施以及各类招生优惠政策"希望残疾人得到平等的对待"①，从质上提升残疾考生高等教育起点公平的水平。

三 最新高校考试招生制度的改革成效

土耳其高校考试招生制度经过改革后已经运行了两年，逐渐显现出一定的改革成效，如可观测到考生选考科目向基础科学学科科目倾斜、残疾人大学在学率逐年稳定攀升等直观数据。

（一）考生选考科目向基础科学科目倾斜

作为基础教育的"指挥棒"，高校考试招生制度可以有效地调节学生的知识结构，通过制定相应的考试及招生政策引导学生知识结构向即定方向发展。土耳其最新考试招生制度重在引导学生的知识结构向基础科学学科倾斜，通过加大基础科学学科分值、降低基础科学学科试题难度、报考相关专业加分等政策，有效地推动了选考基础科学学科学生数量的增长。

表3-4　　2017—2019年第二阶段考试选考科目类型及选考人数②

年度-考试名称	选考科目类型名称	选考科目所含学科内容	选考人数（个）
2017年大学生分发考试（LYS）	自然科学类（MF）	数学、几何、物理、化学、生物	445429
	社会科学类（TS）	土耳其语、历史、地理、心理学、宗教文化、社会学、地理	788100
	土耳其语—数学类（TM）	土耳其语、数学、几何、地理	806219
	外语类（DİL）	德法/法语/英语	101202

---

① YÖK, "Engelli Öğrencilere YÖK'ten Müjde" (September 1, 2017), http://www.yok.gov.tr/documents/10279/31137395/engelli_ ogrenciler_ yok_ ten_ mujde.pdf/2169e074-343e-404b-924d-306a9956d48e.

② ÖSYM, 2017-*Lisans Yerleştirme Sınavları（2017-LYS）Sonuçları Değerlendirme Raporu*, Ankara: ÖSYM Sınav Hizmetleri Daire Başkanlığı, 2017, pp. 1-5; ÖSYM, 2018 *Değerlendirme Raporu*, Ankara: ÖSYM Sınav Hizmetleri Daire Başkanlığı, 2018, pp. 41-42; ÖSYM, 2019 *Değerlendirme Raporu*, Ankara: ÖSYM Sınav Hizmetleri Daire Başkanlığı, 2019, pp. 20-21.

续表

年度-考试名称	选考科目类型名称	选考科目所含学科内容	选考人数（个）
2018 年专业领域测试（AYT）	人文类（SÖZ）	土耳其语言与文学—社会科学Ⅰ（土耳其语与文学素养、历史Ⅰ、地理Ⅰ）；社会科学Ⅱ（历史Ⅱ、地理Ⅱ、哲学、宗教文化与道德）	1209588
	数学类（SAY）	数学、科学（物理、化学、生物）	1248128
	文数类（EA）	土耳其语言与文学—社会科学Ⅰ（土耳其语与文学素养、历史Ⅰ、地理Ⅰ）；数学	1489705
	外语类（YDT）	德法/法语/英语/俄罗斯语/阿拉伯语	140724
2019 年专业领域测试（AYT）	人文类（SÖZ）	土耳其语言与文学—社会科学Ⅰ（土耳其语与文学素养、历史Ⅰ、地理Ⅰ）；社会科学Ⅱ（历史Ⅱ、地理Ⅱ、哲学、宗教文化与道德）	1142773
	数学类（SAY）	数学、科学（物理、化学、生物）	1232397
	文数类（EA）	土耳其语言与文学—社会科学Ⅰ（土耳其语与文学素养、历史Ⅰ、地理Ⅰ）；数学	1436601
	外语类（YDT）	德法/法语/英语/俄罗斯语/阿拉伯语	95605

由上表可见，在 2017 年改革之前，最受欢迎的选考科目为"土耳其语—数学类"，最末为"自然科学类"。其中选考"自然科学类"的人数仅有选考"土耳其语—数学类"人数的一半不到，差距悬殊。2018 年改革之后，选考"数学类"的考生人数明显增多，一直保持在选考科目的第二位，并在选考人数上远超"人文类"。而含有"数学"的"文数类"选考科目在改革之后一直保持在选考科目的第一位，成为考生最为青睐的选考科目类型。从近三年来土耳其全国高校统一考试的选考科目情况可见，高校考试招生制度改革已经起到了引导学生选考基础科学学科的作用，通过高校考试招生制度调整学生知识结构的既定目标已初见成效。

（二）残疾人大学在学率逐年稳定攀升

随着土耳其政府对残疾学生高等教育公平事业的推进，近年来土耳其高校残疾人大学在学人数持续上升（见图3-1），尤其是2018年高校考试招生制度改革之后，残疾人大学在校生数量增长迅速，2019年残疾人大学在校生人数较2015年增长了2.61倍。其中公立大学的残疾在校生人数增长最为显著，2019年残疾在校生人数较2015年增长了2.86倍，较2017年增长了35.3%。但相较公立大学残疾在校生人数的迅速增长而言，私立大学残疾学生人数并未有显著的增长，仅是相对稳定，可见土耳其公立大学在残疾学生入学方面承担起了主要的社会责任。

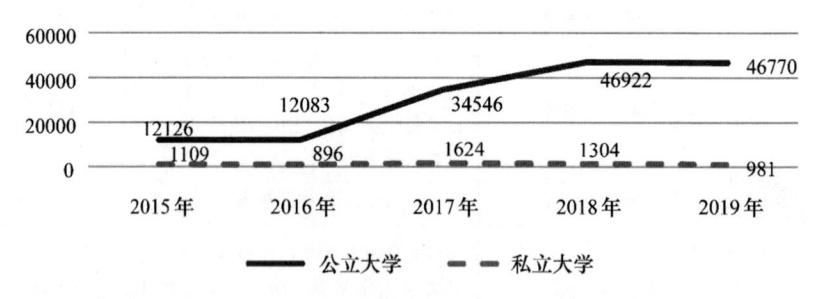

图3-1　2015—2019年土耳其高校残疾在校生人数（单位：个）①

土耳其最新高校考试招生制度已实施了两年，除可观察到如残疾在校生数量上升以及选考科目向基础科学学科倾斜等显著的直观数据外，由于高校考试招生制度改革对基础教育和高等教育的影响是长久而深远的，因此其他效果尚不明朗。改革的初衷总是理想的，现实的效果还需时间检验，土耳其高校考试招生制度改革是否可以取得预期成效还有待持续观察和验证。

四　最新高校考试招生制度的改革特点

2018年土耳其高校考试招生制度改革的主要特点体现在：以选考

---

① Yükseköğretim Bilgi Yönetim Sistemi,"Engelli Öğrenci Sayıları Raporu"（February 4, 2020）, https://istatistik.yok.gov.tr/.

科目模块化设置选拔具备专业知识的跨学科人才、以学科加权赋分引导学生选考基础科学学科、通过考试管理过程人性化提升考试服务质量等方面。总体上体现出土耳其通过考试招生制度改革力求培养复合型和专业人才，引导人才知识结构向国家人才需求转变的特点。

（一）选考科目模块化设置：专业化基础上的复合型人才培养

2018年土耳其高校考试制度选考科目模块化改革的特点在于：一方面，将学生选考科目与大学专业挂钩，力求促使考生知识结构与专业需求相匹配，使考生在高中阶段定位未来专业发展方向，及早培养考生的专业学习兴趣和学习能力，强化人才知识结构的专业性。另一方面，在保证人才知识结构专业性的基础上，以综合学科组成的模块作为选考科目，强化选考科目的综合性，力求选拔具备综合学科知识的考生；同时，通过鼓励考生在专业模块基础上叠加其他选考科目，力求扩大考生知识面，促使考生跨学科学习能力的提升和知识结构的优化。专业性与复合型人才打造并进，以保证人才知识结构的融合性。

（二）核心科目权重倾斜：策略性调整中的理科人才培养

2018年土耳其高校考试制度通过加权赋分办法体现出以下特点：在考试第一阶段，文、理学科加权赋分相当，促使学生在人文学科和理学学科上投入同等的精力。有效避免学生在基本知识和基础能力培养阶段产生重文轻理或重理轻文的偏科现象，保证人才文理兼具的基本知识修养。在第二阶段专业领域考试中进一步调整策略，通过赋分权重倾斜（理科类知识尤其是数学学科权重高于文科类学科）体现出重视理科人才培养的倾向。这一策略符合《土耳其2030国家愿景》中提出的"培养世界一流的科学家和工程师"[①]的人才培养目标。土耳其考试招生制度以国家人才需求策略性对人才知识结构进行调整和引导，是人才培养为国家战略服务的体现。

---

① Turkey's Strategic Vision, "Eğitimde Vizyon 2023" (May 4, 2006), http：//portal.ted.org.tr/yayinlar/EgitimdeVizyon2023veAvrupaBirligineGirisSureci.PDF.

（三）考试管理过程人性化：兼顾公平与效率的考试服务改进

"教育考试机构的服务性质，在世界考试领域里几乎已是一个共识。任何一个国家的考试机构，凡是服务意识强，教育考试事业就发达，反之亦然。"[①] 2018 年土耳其高校考试招生改革改革，坚持以人为本的服务理念，将考生利益放在第一位，通过人性化服务提高了弱势群体考试的便利性、公平性，体现出本次改革的人性化服务特点，提升了考试的服务质量。本次改革以"为每个人服务"为目标，关注弱势群体，为残疾考生提供考试便利，体现出考试改革的公平性导向，是考试效率提升的体现。以服务促考试，以考试选拔人才从而服务社会，是此次改革的重要特点。

全国统一考试招生制度是国家发展到一定阶段的产物，它已成为世界上许多国家高校招生制度发展的大趋势。[②] 世界各国因政治、经济、教育发展水平与文化传统不同，在高校统一考试招生制度的制定上也各有差异。但对高校考试招生制度的科学性与公平性的不懈追求却是一致的。与中国一样，土耳其也在积极探寻高校考试招生制度的不断完善与发展，此次土耳其高校考试招生制度改革具有明显的问题导向性，通过对考试招生制度改革以期克服中等教育"唯分数"的困囿，提升高等教育质量，打造国家所需人才，进一步科学化、合理化考试招生制度本身，促进考试公平。

全国统一考试招生制度改革牵涉多方利益主体，有其复杂性，土耳其社会舆论在肯定了此次高校考试招生制度改革的同时，也提出了质疑，如：批判收紧高校招生考试自主权有碍特殊人才的选拔、选考科目进一步综合化加大了考生的负担、对基础科学学科的过分强调将弱化社会科学学科的发展以及批判考试改革过于频繁，等等。一个国家考试招生制度的成长和成熟从不是一蹴而就的过程，它需要面对争议和质疑，在不断反思中循序渐进地稳步改革、不懈探索。

[①] 戴家干：《谈教育考试机构的职能与定位》，《教育与考试》2007 年第 1 期。
[②] 刘海峰：《中国高考向何处去？》，《北京大学教育评论》2010 年第 4 期。

第二节　土耳其现行高校考试招生制度全貌概览

2018年，最新高校考试招生制度改革后，土耳其现行高校教育招生制度基本成型。有必要通过对土耳其高校考试招生制度进行全景式的探究，从而更为立体和全面地展现土耳其现行高校考试招生制度的全貌。

一　土耳其现行高校考试制度概览

土耳其现行高校考试招生制度名为高等教育过渡考试（YGS），由两阶段考试构成，基本流程如图3-2所示：所有希望进入高等教育阶段学习的考生均须参加第一阶段基本能力测试（TYT），第一阶段考试成绩达到150分者，有两个选择：一是继续参加第二阶段专业领域测试（ATY）或外语类考试（YDT）；二是可以放弃第二阶段考试直接进入两年制副学士院校学习。参加第二阶段考试达到180分者可进入四年制本科的录取程序。

（一）土耳其全国高校统一考试报考办法

报考办法是对考生的初步筛查，以保障参加全国高校统一考试的考生符合考试、招生资格。土耳其全国高校统一考试的报考办法涉及内容较多，包括报考资格、报考费用、报考时间、报考流程等具体信息。

1. 考生报考资格

土耳其全国高校统一考试的报考资格如下：（1）中等教育机构（高中或同等学力学校，开放式教育高中）的应届毕业生；（2）从中等教育机构毕业的往届生；（3）在国外完成高中学历且符合上述条件之一者。

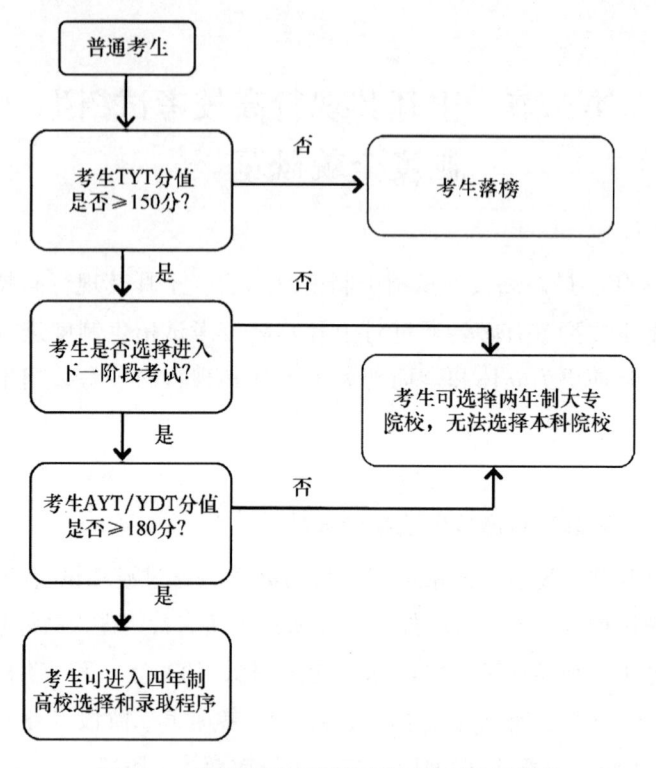

```
            ┌──────────┐
            │ 普通考生 │
            └────┬─────┘
                 ↓
         ┌───────────────┐   否    ┌──────────┐
         │ 考生TYT分值   ├────────→│ 考生落榜 │
         │ 是否≥150分?   │         └──────────┘
         └───────┬───────┘
               是│        否
                 ↓      ┌─────────────────────┐
         ┌───────────────┐  │                     │
         │ 考生是否选择进入├──→│考生可选择两年制大专 │
         │ 下一阶段考试? │    │院校，无法选择本科院校│
         └───────┬───────┘    │                     │
               是│         否 │                     │
                 ↓            │                     │
         ┌───────────────┐    │                     │
         │考生AYT/YDT分值├───→│                     │
         │ 是否≥180分?   │    └─────────────────────┘
         └───────┬───────┘
               是│
                 ↓
         ┌───────────────┐
         │考生可进入四年制│
         │高校选择和录取程│
         │序             │
         └───────────────┘
```

图 3-2　土耳其现行高校考试招生制度流程①

2. 报考费用

土耳其全国高校统一考试由国家考试招生机构统一管理，考试本着自愿报名的原则，参加考试的学生皆需缴纳相应的考试费用。如若通过第一阶段考试，是否继续参加第二阶段考试及是否参加大学分发程序皆为考生的自愿可选项。因此，2018 年改革之初，考试缴费按照各类考试及招生阶段分别收取，由考生自愿缴纳，每位考生需承担的考试费用从 55 里拉（TL）至 275 里拉不等。但由于考试费用名目繁多，引起考生和家长的强烈不满。2020 年，国家考试招生机构删减了考试费用类别，但增加了各个缴费项目的金额，考生需承担的费用调整至 70 里拉

---

① ÖSYM, "2020 Yükseköğretim Kurumları Sınavı（YKS）Kılavuzu"（March 5, 2020），https://dokuman.osym.gov.tr/pdfdokuman/2020/YKS/kilavuz19022020.pdf.

至 400 里拉不等。且这一费用金额并不固定，它将会以年为单位持续增长。

表 3-5　　　　　　土耳其高校入学考试相关费用明细（单位：土耳其里拉）①

2018 年考试费用		2020 年考试费用	
缴费项目	缴费金额	缴费项目	缴费金额
基本能力测试（TYT）考试费	50	基本能力测试（TYT）考试费	70
专业领域测试（AYT）考试费	50	专业领域测试（AYT）考试费	70
外语测试（YDT）考试费	50	外语测试（YDT）考试费	70
申请服务费	5	基本能力测试（TYT）延迟报名费	105
分发费用	15	专业领域测试（AYT）延迟报名费	105
申请服务密码重置费用	5	外语测试（YDT）延迟报名费	105
基本能力测试（TYT）延迟报名费	75	特殊才能考试报名费	20
专业领域测试（AYT）延迟报名费	75	特殊才能考试延迟报名费	30
外语测试（YDT）延迟报名费	75		

注：费用单位为土耳其货币单位里拉。

3. 报考时间

自 2018 年土耳其高校考试招生制度改革以来，报名时间也有所改变。2018 年考试报名时间为 3 月 1 日至 21 日，缴费截止日期为 3 月 22 日，延迟报名及缴费时间为 4 月 4 日。2020 年考试报名时间为 2 月 6 日至 3 月 3 日，缴费截止日期为 3 月 4 日，延迟报名及缴费时间为 3 月 18 日至 3 月 19 日。

4. 报考流程

土耳其全国高校统一考试报考流程如图 3-3 所示，报名考生分为两类：一类是除应届生以外的其他考生，此类考生报名途径有两种，一种是网上报名，一种是现场报名。网上报名通过国家考试招生机构的官方

---

① ÖSYM，"2020 Yükseköğretim Kurumları Sınavı（YKS）Kılavuzu"（March 5, 2020），https：//dokuman.osym.gov.tr/pdfdokuman/2020/YKS/kilavuz19022020.pdf.

网站报名窗口进行报名，凡符合网上报名资格的非应届毕业生、开放高中毕业生等均可通过网上申报系统完成报名程序。现场报名供不具备网上报名资格的非应届毕业生和开放高中毕业生等报名。现场报名点包括国家考试招生机构设置在各高校、各高中的考试中心及考试协调员处等，遍布土耳其各省、市，约2000个。[①] 另一类是应届考生，由于国家考试招生机构下属考试中心几乎覆盖了所有高中，因此应届生由所在高中的考试调员或考试中心统一报名，无须自行报名。

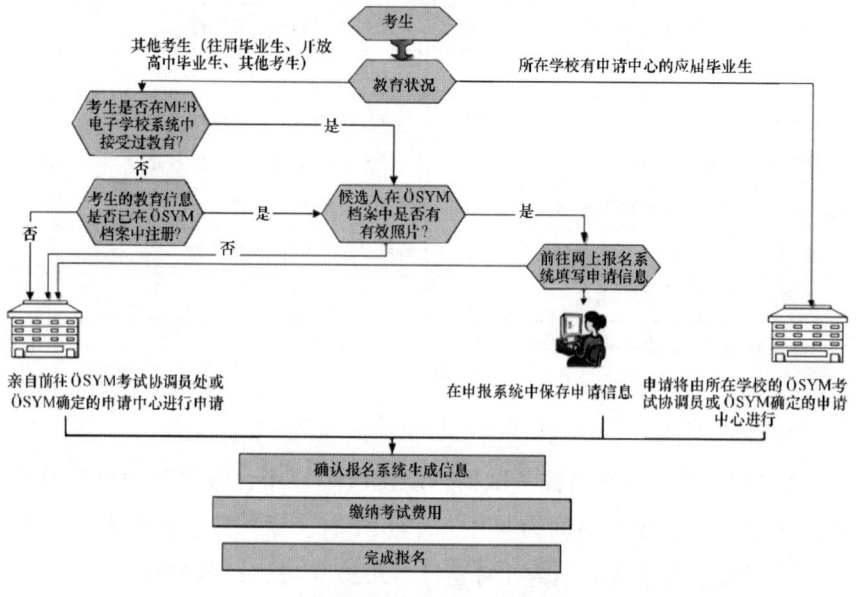

图 3-3 土耳其全国高校统一考试报名流程[②]

[①] ÖSYM, "ÖSYM Başvuru Merkezleri" (February 4, 2020), https://dokuman.osym.gov.tr/pdfdokuman/2020/YKS/bm05022020.pdf.

[②] ÖSYM, "2020 Yükseköğretim Kurumları Sınavı (YKS) Kılavuzu" (March 5, 2020), https://dokuman.osym.gov.tr/pdfdokuman/2020/YKS/kilavuz19022020.pdf.；MEB 电子学校 (MEB E-Okul)：由土耳其国家教育局 (T. C. Milli Eğitim Bakanlığı, 简称 MEB) 所开发的在线教育系统供学生通过网络学习完成学业。首先由各高中设置远程教育名额，之后学生申请和注册成为高中远程学习学生。远程学习的学生根据高中的教学计划在网上完成课程学习和课程考试后可获得学分，再由所注册的高中进行毕业资格认证。通过毕业资格认证的学生视为高中同等学力学生。

5. 报考申请办法

考生成功完成考试申请后将生成考试申请表样如图 3-4 所示，申请表共有 33 项填报项目。普通项目无须额外说明，个别项目说明如下：

身份信息

1. 土耳其身份证号码 ：3 5 5 0 0 9 9 9 9 9 9
2. 名：DENİZ EREN　3. 姓 ：GÜRHAN
4. 父亲姓名：HASAN ALİ　5. 母亲姓名：AYŞE NİHAN
6. 出生日期 ：01（日）/ 01（月）/ 2002（年）　7. 性别 ：☒ 男　☐ 女
8. 出生地 ：TRABZON　9. 人口登记所在省/地区 ：HATAY
10. 国籍 ：☒ 土耳其　☐ 蓝卡持有者
☐ 北塞浦路斯土耳其共和国　证件号码：
☐ 外国人　☐：符合2527号法案规定的外国人士　☐ 来自保加利亚的移民

联络资料

11. 现居地址 ：Bahcelievler Yıldız Mahallesi Vatan Caddesi İstiklal Sokak No:19/23
地址所在省 ：安卡拉省　地址所在区 ：詹卡亚市
12. 家庭/工作电话号码 ：+90 - 312 - 1110111（Ülke Alan Kodu / İl Alan Kodu / Telefon Numarası）
手机号码 ：+90 - 999 - 1110111
13. 联系邮箱 ：dereng.02@ornek.com

教育信息

14. 学校名称 ：范斯安纳托利亚高中　代码：067038
15. 学校类别 ：安那托利亚中学（外语教学）　代码：11033
16. 职业学校类别 ：非职业学校　代码：9008
17. 职业领域 ：　代码：
18. 学校代码 ：1919　19. 入学时期 ：01.09.2016
20. 毕业日期 ：　/　/　21. 计分方式 ：☐5分制 ☐10分制 ☐100分制　22. 文凭等级/分数 ：

考试相关信息

23. 教育情况 ：高中应届生　代码：1
24. 考试场地 ：
1. 偏爱 ：安卡拉省-詹卡亚市　代码：062　2. 偏爱 ：安卡拉省-凯杰爱仁市　代码：063
25. TYT：社会科学测试；AYT：社会科学家2测试中的宗教文化和道德信息问题或其他哲学/哲学问题学习情况说明
：我已在中学学习了必修课程宗教文化和道德　代码：1
26. 外语考试选项 ：☐ 德语　☐ 阿拉伯语　☐ 法语　☒ 英语　☐ 俄语
27. 我的2019-TYT分数为200分及以上，我想使用我的2019-TYT分数并无意参加任何2020-YKS的考试。☐
28. 我已阅读并接受《报考指南》规定 ☒

费用豁免

29. 申请豁免烈士、退伍军人子女考试相关费用。☐
如果您在ÖSYM董事会确定的烈士/退伍军人亲属豁免范围内，并且希望从豁免条例中受益，则可以通过报考申请系统个人资料中的烈士/退伍军人信息菜单选项或ÖSYM申请中心标记此字段来申请免费权利。

30. ☒ 1. 报考基本能力测试（TYT）　☒ 2. 报考专业领域测试（AYT）　☒ 3. 报考外语类测试（YDT）

31. 健康/残疾信息
该字段由残疾考生和由于健康问题而需要在残疾人专用考点参加考试的考生标记。
请相关考生必须在申请期内将从医院获取的医疗委员会报告的认证副本发送给ÖSYM，并请详细描述健康障碍情况。
我已阅读上述说明并填写了健康状况/障碍信息表。☐

32. 密码重置申请：我忘记了上网密码，我想要一个新密码。☐

签名

33. 申请人签名
我声明本人亲自填写并签署此考试申请表，并保证申请表所述所有信息属实。
ereng

考试申请表收取官员签名
收表人签名 ：
收取日期 ：11/02/2020

图 3-4　考生考试申请表样①

注：表中“×”表示选择此项。

① ÖSYM，“2020 Yükseköğretim Kurumları Sınavı（YKS）Kılavuzu”（March 5，2020），https：//dokuman. osym. gov. tr/pdfdokuman/2020/YKS/kilavuz19022020. pdf.

第10项，国籍。土耳其全国高校统一考试首先要求考试申请人符合报考资格，其次要求申请人满足以下国籍要求之一：（1）土耳其公民；（2）持双重国籍且其中之一为土耳其国籍的公民；（3）出生时为土耳其公民且因获得离境许可而失去土耳其国籍的蓝卡持有者；（4）保加利亚移民；（5）北塞浦路斯土耳其共和国公民；（6）符合2527号法案规定，父母是土耳其国籍并在土耳其私人机构和企业从事特定职业和艺术行业的外国人才；（7）"外国人"选项：仅供无国籍人士和在土难民勾选。

第16、17项，中等职业学校类别及职业领域。除普通中学外，土耳其中等职业学校学生与其他高中毕业生一样可参加全国高校统一考试。土耳其中等职业技术学校和机构可划分为61个大类和225个专业领域。① 考生学习领域如符合相关招生政策可获得额外加分。

第23项，教育情况说明。该项目旨在区分不同情况的考生，可选项有以下七类：（1）高中最后一年在读应届生（仍未完成高中学业课程）；（2）高中即将毕业（已完成高中学业课程，待参加毕业考试）；（3）完成高中教育后，未曾参加过全国高校统一考试；（4）曾被高校录取，但未注册；（5）已被高校录取并注册；（6）已被高校录取并毕业；（7）注册过高校但已脱离注册关系。以上七种考生中前两种以应届生资格报考，后五种为往届生。土耳其常常有许多学生在通过了全国高校统一考试并被大学录取后，对学校或专业不满，又不符合转学、转专业条件者，会通过重新参加全国高校统一考试再次选择大学和专业。

表3-6　2018年土耳其全国高校统一考试第一阶段考试考生分布情况②

考生教育情况类别	考生人数（个）	平均得分
（1）高中最后一年在读应届生（仍未完成学业课程）	915699	209.17

---

① Sözcü, "Meslek Lisesi Bölümleri Nelerdir? Meslek Lisesinde Hangi Bölümler Var?" (June 14, 2019), https://dokuman.osym.gov.tr/pdfdokuman/2020/YKS/ysm05022020.pdf.

② ÖSYM, "2018 YKS Değerlendirme Raporu" (August 1, 2018), https://dokuman.osym.gov.tr/pdfdokuman/2018/GENEL/YKSDegrapor06082018.pdf.

续表

考生教育情况类别	考生人数（个）	平均得分
（2）高中即将毕业（待参加毕业考试）	2816	171.17
（3）完成高中教育后，未曾参加过全国高校统一考试	704491	197.71
（4）曾被高校录取但未注册	38021	187.96
（5）已被高校录取并注册	353814	209.43
（6）已被高校录取并毕业	164886	219.99
（7）注册过高校但已脱离注册关系	39243	181.20

以2018年为例（见表3-6），参加TYT考试的考生共计2218970人，其中（1）类考生占915699人，（2）类为2816人，（3）类704491人，（4）类38021人，（5）类353814人，（6）类164886人，（7）类39243人。从考生类别比例来看，应届生占参考人数的41.4%，往届生占参考人数的58.6%，往届生人数远远超过了应届生。尤其是（4）—（7）类被高校录取之后又再次参加全国高校统一考试的学生共计595964人，占考生总数的26.9%，比例较大。从参加TYT考生的平均得分来看，有大学学习经验的考生［（5）类、（6）类］在大学入学考试中优势明显，较应届生更具竞争力。国家考试招生机构为避免高等教育资源浪费，特别规定已经被大学录取而未脱离注册关系的学生，即使通过了全国高校统一考试也不可能被新的大学重复录取，因此，这类考生须在分发程序开始之前从原大学完成退学手续，方可进入新的大学。

第24项，考试场地选择。考生可以从国家考试招生机构公布的185个城、镇考点区域（一般为城镇名称）[①]中优先选择两个较为便利的考点区域，之后由国家考试招生机构随机安排考生在该考点区域的任意考场进行考试。[②]

[①] ÖSYM, "2020 Yükseköğretim Kurumları Sınavı（YKS）Kılavuzu"（March 5, 2020），https：//dokuman.osym.gov.tr/pdfdokuman/2020/YKS/kilavuz19022020.pdf.

[②] ÖSYM, "2020 YKS Okul veya Adres İline Göre Tercih Edilebilecek Yakın Sınav Merkezleri"（February 4, 2020），https：//dokuman.osym.gov.tr/pdfdokuman/2020/YKS/ysm05022020.pdf.

第26项，对宗教类试题的说明。在TYT考试的社会科学测试和AYT考试的社会科学Ⅱ测试中会出现宗教文化和道德试题以及哲学试题。穆斯林学生、伊玛目哈蒂普学校（宗教高中）的毕业生在高中阶段都必修宗教文化和道德课程，因此，此类学生在考试中也必须回答宗教文化和道德类试题。即便此类考生回答了哲学类试题也不予计分。非此类学生则选考哲学类试题，若回答宗教类试题同样不计分。

第27项，如考生的上一年TYT考试成绩超过了200分，又不愿意参加新一年的考试，则可勾择此项。这类考生可以直接进入两年制副学士院校的录取程序。

第28项，对《报考指南》的阅读及接受。2018年新的高校考试招生制度实施之初，为扩大宣传、增进家长和学生对新政策的理解，国家考试招生机构不仅通过网络、电视等多种媒介对新政策进行宣传，也印发了大量的纸制《报考指南》向高中及相关教育培训机构免费发放。2020年随着高校考试招生制度的多次实施和广泛宣传，国家考试招生机构采取《报考指南》去纸化政策，仅提供电子版本供考生及家长阅读，勾选此项即表示已阅读并接受了《报考指南》的相关规定。

第30项，考试阶段选择。如有意进入两年制副学士院校学习的考生只需勾选TYT考试；想进入四年制普通高校的考生需勾选TYT和AYT两类考试（上一年TYT考分达到200分者可直接进入AYT考试）；外语类考生需勾选TYT和YDT考试，也可以自愿加选AYT考试。

（二）扩大考试大纲制定机构

土耳其自2018年高校考试招生制度改革后，在考试管理上出现了一个明显的变化，土耳其国家教育部首次参与到全国高校统一考试的考试大纲制定中。考试管理机构的扩大在土耳其实施全国高校统一考试以来尚属首次。

在土耳其，全国高校统一考试与高中教育严重脱节的问题长期存在，使得土耳其高校考试招生制度备受诟病。虽然2018年的高校考试招生制度改革通过改革考试大纲、改革招生制度等一系列的举措力求缓解这一情况，但收效甚微。为广泛听取高中一线教育者的意见、将更多利益相关者纳入全国高校统一考试的制定过程中、增强高中教学与全国高校统一考试的衔接性、促进考试公平，2019年，土耳其国家考试招生机构宣布将与国家教育部共同合作制定考试大纲并确定考试内容范畴，并由国家教育部向考生公布考试范畴和复习大纲，内容细化到各年级、各科目、各知识点。[①]

这一做法旨在加强全国高校统一考试与高中教育教学的衔接性、强化高中教育的重要地位、使考试范畴更加透明化、为区域发展不均衡下各个地区考生公平参加考试提供重要的支持。但由于该政策刚刚开始试行，效果尚有待时间检验。

（三）2020年土耳其全国高校统一考试的时间及考试内容调整

2020年对全世界来说都是特殊的一年，受新冠疫情影响，全球范围内的高校统一考试都受到波及纷纷延期，土耳其也未能幸免。在此情况下，土耳其全国高校统一考试时间和考试内容都做出了相应调整，但整体上来看，考试科目设置并未改变。

1. 2020年一波三折的考试时间安排

土耳其现行全国高校统一考试时间一般定为6月的倒数第二个周末，因此每年的具体考试日期会有所变动：2018年的考试时间为6月23日和6月24日，2020年则定为6月20日和6月21日。

但2020年是特殊的一年，是土耳其自实施全国高校统一考试47年以来第二次更改考试时间。如果说1999年被迫推迟考试时间是因为试卷被盗的"人祸"，那么2020年考试时间后延则是源于新冠疫情的"天灾"。受全球新型冠状病毒疫情影响，2020年土耳其全国高校统一考试时间被迫更改，并且更改了两次。第一次更改考试时间是2020年3月26日，国家考试招生机构通过社交媒体推特（Twitter）宣布将原定的考试时间延后一个月，改到7月末进行考试（见表3-7）。第二次宣布更改考试时间是5月4日晚，由土耳其总统埃尔多安通过电视媒

[①] MEB, "ÖSYM Tarafından 2019 Gerçekleştirilecek YTY ve AYT Sınavlarına Esas Ortak Derslere Ait Kazanım ve Açıklamalar" (April 20, 2020), https://ttkb.meb.gov.tr/meb_iys_dosyalar/2018_10/30100127_2019_yuksekogretimegecis_kazanimlar.pdf.

体向全国宣布考试时间再次更改到6月27—28日举行。如果说第一次考试时间的变动尚在考生们的预料之中，那么第二次考试时间的改动则大大出乎了考生的意料。全国高校统一考试时间的反复改动，在土耳其国内引起轩然大波，考生、家长、教师纷纷通过社交媒体对官方如此不负责任的行为口诛笔伐，认为这是为了政治利益和经济利益对2437119名考生权利的肆意践踏，是国家教育部和国家考试招生机构被政治力量左右的无能表现。这一话题迅速冲上土耳其各大媒体榜首，一夜之间社交媒体推特的讨论话题量超过了200万条，成为土耳其国内热门话题。受到直接影响的考生们普遍表示"焦虑感增加""复习节奏被打乱"，也有学生认为"如果我做好了复习准备，什么时候考试并不重要"①。次日凌晨3点，土耳其总统埃尔多安通过推特向考生公布：

> 新的考试时间已经比最初考试时间晚了一周，并且许多考试内容已经被免除，我们还为考生增加了考试时长（30分钟）。此外，第一阶段考试（TYT）录取分数线也降低了10分，改为170分。相信今年的这场马拉松比赛会更为轻松。②

全国高校统一考试作为一项重大的教育活动和社会活动，保持其稳定性和延续性至关重要。全国高校统一考试时间的反复改动严重削弱了考试的权威性和严肃性，不仅引发了舆情的动荡，更加剧了民众对教育体系的不信任："大学考试的日期在一年中更改了两次，向我们传递了教育可以被牺牲的信息。"（T2）此次考试时间的异动注定会载入土耳其全国高校统一考试招生制度的史册。

---

① Hürriyet, "YKS ne Zaman Yapılacak? Son Durum ile YKS 2020 Sınav Tarihi" (May 5, 2020), https：//www.hurriyet.com.tr/galeri-yks-ne-zaman-yapilacak-son-durum-ile-yks-2020-sinav-tarihi-hangi-gune-belirlendi-41509685/6.

② Twitter, "Recep Tayyip Erdoğan" (May 5, 2020), https：//www.twitter.com/RTErdogan/status/1257474292364857344.

2. 考试内容的调整

受疫情影响，土耳其所有学校自 2020 年 3 月 12 日开始停课，随即以远程网络教学平台、远程电视教学等方式继续学生课业。但由于土耳其区域发展极不均衡，大量农村地区互联网建设尚不健全，难以保障远程网络课程的正常运行，加之电视教学的限制性极强，教学效果欠佳。因此，为公平起见，土耳其国家教育部和国家考试招生机构联合宣布此次全国高校统一考试内容将做出调整，在疫情停课之后未及面授的课程都将被排除在统考范围之外，而以前未被纳入考试范围的高中 12 年级①第一学期课程将纳入全国高校统一考试的考查范畴。②

3. 考试科目设置

土耳其现行全国高校统一考试的具体考试时间及考试科目内容如表 3-7 所示。

表 3-7　　2020 年土耳其全国高校统一考试时间及科目安排

考试科目	考试时间	考试时长	考试科目（题量）	总题量	选考办法
基本能力测试（TYT）	原定考试时间： 2020 年 6 月 20 日（星期六）上午 10：15 第一次修改考试时间： 2020 年 7 月 25 日（星期六）上午 10：15 第二次修改考试时间： 2020 年 6 月 27 日（星期六）上午 10：15	135 分钟+35 分钟（额外延长）③	土耳其语（40）基础数学（40）科学［生物（6）、化学（7）、物理（7）］社会科学［地理（5）、哲学（5）、宗教文化与伦理（5）、历史（5）］	120 题	全考

---

①　土耳其高中一般为 4 年制，也有少数高中为 5 年制（含 1 年外语预科课程）。12 年级一般为高中 4 年级。

②　MEB,"2020 YKS'de 12. Sınıfın İkinci Dönemi Sorulmayacak"（March 27, 2020), https：//www.meb.gov.tr/2020-yksde-12-sinifin-ikinci-donemi-sorulmayacak/haber/20595/tr.

③　YÖK,"Açıklama"（May 5, 2020), https：//www.yok.gov.tr/Sayfalar/Haberler/2020/2020-yks-onemli-karat.aspx.

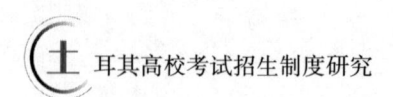

续表

考试科目	考试时间	考试时长	考试科目（题量）	总题量	选考办法
专业领域测试（AYT）	原定考试时间： 2020年6月21日（星期日） 上午10：15 第一次修改考试时间： 2020年7月26日（星期日） 上午10：15 第二次修改考试时间： 2020年6月28日（星期日） 上午10：15	180分钟	人文类（SÖZ） 数学类（SAY） 文数类（EA）	160题	1+X（2≥X≥0）
外语测试（YDT）	原定考试时间： 2020年6月21日（星期日） 下午15：45 第一次修改考试时间： 2020年7月26日（星期日） 下午15：45 第二次修改考试时间： 2020年6月28日（星期日） 上午10：15	120分钟	德语/法语/英语/俄罗斯语/阿拉伯语	80题	5选1

就考试场次来看，由于外语类考生不强制参加AYT考试，因此，每位考生的考试场次一般为两场：TYT+AYT或TYT+YDT，外语考生也可以选择加试AYT，但这对于外语类考生来说难度极大，因此外语考生选考AYT的概率较低。总之，相对于2018年以前需要参加六场考试来说，改革后的考试制度在一定程度上提高了考试效率，减轻了考生连续备考的负担。

就考试科目而言，TYT考试科目覆盖面非常广，涵盖了高中阶段的九大核心科目，尤其是科学和社会科学两个科目的组成科目众多，更需要考生付出大量的时间和精力充分准备。第二阶段考试AYT科目更为综合化，对考生专业知识水平和综合学习能力要求更高。因此，两场考试对于考生来说是一个巨大考验，考生需要付出长时间、高强度的不懈努力才可能顺利完成考试。

（四）考试计分办法

土耳其全国高校统一考试的最终录取成绩由三个部分组成：基本能力测试（TYT）成绩+专业领域测试（AYT）/外语测试（YDT）成绩+高中学业成绩（Ortaöğretim Başarı Puanı, OBP）组成。其中TYT成绩占总成绩的40%，AYT/YDT成绩占总成绩的60%，OBP占总成绩的12%。在所有成绩计入总分时，分数都不采用原始分计分，而采用标准分计分。

第一，各科目原始分的计算办法：土耳其全国高校统一考试以选择题为唯一考试题型，选择题加电脑阅卷的方式能够实现考试评价的高信度和高效率，避免了试卷评价人员主观因素的影响，减少了阅卷的人力和财力成本，具有科学性和公平性。但仅有选择题一种题型的弊端同样突出，如猜测概率大等。为规避考生猜题，现行全国高校统一考试在计分时采取从正确答案数量中减去错误答案数量的四分之一后再计算原始分的办法。

第二，使用平均值和标准差计算考生的各科目得分，所有考生的平均分设为50，标准差设置为10。

第三，在得到各科目的标准分后，计算各科得分的加权分：在加权赋分计算中，国家考试招生机构会根据综合科目类型下的子科目进行加权赋分，而非根据综合科目进行赋分。

在第一阶段考试TYT中，9大学科大致可分成4种类型，按照4种类型给各类科目赋分，如土耳其语科目分值为原始分乘以33%后计算（见表3-8），最终TYT成绩以占全国高校统一考试成绩的40%计入总分（见表3-9）。

表3-8　　　　　　　　　TYT各科目加权赋分①　　　　　　　　（单位：%）

土耳其语测试	社会科学测验	基础数学测试	科学测试
33	17	33	17

① ÖSYM, "2020 Yükseköğretim Kurumları Sınavı（YKS）Kılavuzu"（March 5, 2020），https：//dokuman.osym.gov.tr/pdfdokuman/2020/YKS/kilavuz19022020.pdf.

第二阶段考试 AYT 各科目分值权重根据考生的选考类型计算。如表 3-9 所示。

表 3-9　　　　　　AYT 阶段各选考科目加权赋分①　　　　　（单位:%）

选考"数学类"总分构成	TYT	数学类（SAY）			
^	^	数学测试	科学测试		
^	40	数学	物理	化学	生物
^	^	30	10	10	10
选考"文数类"总分构成	TYT	文数类（EA）			
^	^	数学测试	土耳其语与文学社会科学 I		
^	^	数学	土耳其语与文学素养	历史 I	地理 I
^	40	30	18	7	5
选考"人文类"总分构成	TYT	人文类（SÖZ）					
^	^	土耳其语与文学社会科学 I			社会科学 II		
^	^	土耳其语与文学	历史 I	地理 I	历史 II	地理 II	哲学	宗教文化与道德
^	40	18	7	5	8	8	9	5
选考"外语类"总分构成	TYT	外语类（YDT）
^	^	外语测试
^	40	60

第四，高中学业成绩计算办法：OBP 由中学阶段所有课程成绩的平均值构成（百分制）。平均成绩原始分值乘以系数 5，得到 OBP 值。如果高中阶段所得原始平均成绩未达 50 分者，则按 50 分计算，最高原始平均成绩为 100 分。因此，最终计入全国高校统一考试总分的 OBP 分值区间为 250 分至 500 分，OBP 成绩由各中学报入考试系统，最终以 12%计入全国高校统一考试总分。但往届生的 OBP 成绩将减半再计入考试总分。

---

① ÖSYM, "2020 Yükseköğretim Kurumları Sınavı（YKS）Kılavuzu"（March 5, 2020），https：//dokuman. osym. gov. tr/pdfdokuman/2020/YKS/kilavuz19022020. pdf.

考生所有科目得分相加后，最终所得总分将以 100—500 分分值范围进行换算。从国家考试招生机构公布的 2019 年考生成绩来看，外语类考生有 5 人在 AYT 阶段获得了满分，而其他类型考生仅有 1 位选考 EA 类的考生获得了满分。第一阶段考试 TYT 高于 150 分可进入第二阶段 AYT 考试的考生占报考 TYT 考生总数的 71%。第二阶段 AYT 考试中达到 180 分以上即可进入四年制大学的录取程序，其中数学类考生通过率达 39.3%，文数类考生通过率达 57.4%，人文类考生通过率达 75.5%，外语类考生通过率达到 79.5%[1]。由此可见，外语类考生通过率最高，人文类考生居第二，数学类考生通过率最低。但从 350—500 分高分区间来看，外语类考生高分段人数占 16.2%，数学类考生有 5.1% 位于高分段，仅次于外语类考生，人文类高分段人数仅有 1.5%，居于最低[2]。从这组数据来看，除外语类考生外，数学类考生总体通过率虽然并非最高，但却具有极强的大学入学竞争力。其次是外语类考生，不论是通过率还是高分率都位居第一，总体竞争力极强。

总之，自 2018 年土耳其确定了新的高校考试招生制度以来，其高校考试制度仍处于调整和适应阶段。土耳其高校考试制度从考试目的、考试形式、考试内容等均体现出自身特色，较好地起到了人才筛选、服务国家人才储备需求和调节基础教育的重要作用。

二　土耳其现行高校招生制度概览

土耳其高校招生录取有两个途径。一是国家统一招生录取；二是通过高校组织的特殊才能考试（Özel Yetenek Sınavı）招生录取。

（一）全国统一招生制度

国家统一招生录取程序由国家考试招生机构统筹管理实施。在考生完成全国高校统一考试后，根据考生的综合考试成绩（TYT+AYT/

---

[1] ÖSYM, 2019 Değerlendirme Raporu, Ankara：ÖSYM Sınav Hizmetleri Daire Başkanlığı, 2019, pp. 50-51.

[2] ÖSYM, 2019 Değerlendirme Raporu, Ankara：ÖSYM Sınav Hizmetleri Daire Başkanlığı, 2019, pp. 50-51.

YDT+OBP）及加分进行全国排名。考生在获得电子成绩单（见附录四）后可根据个人志愿填报10个平行志愿，最终根据考生的全国排名和学校招生名额进行依次录取，录取通知书（见附录五）同样以电子形式发送至考生的个人高校入学考试系统账号。先出成绩后填写志愿、先填报专业再填报大学的方式，有利于学生根据自己的专业兴趣特长选择对口专业，提前规划自身的未来发展方向，提高录取率。

在普通招生中，特定专业且符合条件的考生可以享有一定的加分优惠政策。此外，面向特定专业、特定类别的考生还有一些预留招生名额、特殊才能考生招生政策等。

1. 加分政策

在土耳其全国高校统一招生制度中还有一些特别的加分政策，如普通中学和职业中学的特定专业加分政策、竞赛加分政策以及体育专业考生获奖加分政策等。

（1）普通中学特定专业加分政策

特定类型中学的指定专业领域考生可获得基于考生OBP分数乘以0.06系数的加分。在此类加分政策中，除指定了考生的报考专业外，还指定了考生的选考科目。以安那托利亚师范类高中（Anadolu Öğretmen Lisesi）为例，安那托利亚师范类高中数学师范生有10个专业可享受加分政策，包括生物教学专业、科学教育专业、物理教育专业、小学数学教育专业、数学教育专业、学前数学教育专业、特殊教育数学专业、课堂教学专业等。除课堂教学专业要求选考"文数类"科目外，其他专业均要求选考"数学类"科目。因此，考生想要获得此类加分需同时满足三个条件：毕业于安那托利亚师范类高中、属于指定的10个数学类师范加分专业之一、满足指定的选考科目要求。可见，此类加分政策旨在满足土耳其国家相关领域的人才培养需求，加分限制性较强。

2020年国家考试招生机构公布的中学特定专业加分计划中，加分高中共计13类，加分专业共计398个。其中有3类为师范类高中，师范类高中的教师教育类加分专业占到总体加分专业数目的87.4%，具体包括数学教师教育专业、科学教师教育专业、社会科学教师教育专业、语言教师教育专业、文学教师教育专业及土耳其语与数学教师教育专业等6大类348项①。从普通高中的加分专业可知,目前所需教师的培养规格与现行高校入学考试中选考科目的设置相吻合,主要集中在数学类和人文类教师的培养。由此可见,高校入学考试制度与中等教育已经衔接,并开始影响中等教育的育人方向。

(2)职业中学特定专业加分政策

特定类型职业中学的指定专业领域考生可获得基于考生 OBP 分数乘以 0.06 系数的加分,同样指定了考生的选考科目。2020 年国家考试招生机构公布的职业中学加分政策中,可享受加分政策的职业中学共计 56 类,加分专业共计 223 个,加分专业中要求选考"数学类"及"文数类"科目的专业共有 207 个②,占加分专业总数的 92.8%,仅有 16 个专业不要求选考含数学的科目。由此可见,土耳其高校考试招生制度通过加分政策强调职业教育人才知识结构向基础科学学科倾斜,高校考试招生制度这一基础教育的"指挥棒"功能发挥得淋漓尽致。

(3)竞赛加分政策

国家考试招生机构规定,在国际和国家级别相关比赛中的获奖学生将给予加分奖励。加分类别包括:在国际科学奥林匹克竞赛中获得第一名的考生可获得 OBP 分数乘以 0.06 的加分,第二名获奖者可获得 OBP 分数乘以 0.05 的加分,第三名获奖者可获得 OBP 分数乘以 0.04 的加分;在国家科学奥林匹克竞赛和国际其他类竞赛中,获得第一名的考生可获得 OBP 分数乘以 0.035 的加分,第二名获奖者可获得 OBP 分数乘以 0.03 的加分,第三名获奖者可获得 OBP 分数乘以 0.025 的加分;在国家项目竞赛中,获得第一名的考生可获得该考生 OBP 分数乘以 0.02 的加分,第二名获奖者可获得 OBP 分数乘以 0.015 的加分,第三名获

---

① ÖSYM, "2020 Yükseköğretim Kurumları Sınavı (YKS) Kılavuzu" (March 11, 2020), https://dokuman.osym.gov.tr/pdfdokuman/2020/YKS/kilavuz19022020.pdf.

② ÖSYM, "2020 Yükseköğretim Kurumları Sınavı (YKS) Kılavuzu" (March 11, 2020), https://dokuman.osym.gov.tr/pdfdokuman/2020/YKS/kilavuz19022020.pdf.

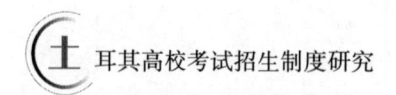

奖者可获得 OBP 分数乘以 0.01 的加分。

（4）体育专业考生的获奖加分政策

此类加分政策仅适用于报考高校体育专业的考生，且加分系数由高等教育委员会根据当年的高校招生名额、考生排名等具体情况制定。体育考生的加分类型分三档，仅限于各类比赛的前三名获奖者。第一档：奥运会、残奥会、世界特殊奥林匹克运动会、高级组的世界和欧洲锦标赛决赛，非世界级和欧洲锦标赛的高级世锦赛和欧洲杯决赛中的前三名获奖者。第二档：大学运动会、地中海运动会、黑海运动会、世界和欧洲奥林匹克青年夏季和冬季节日、青年和明星类别的世界和欧洲冠军决赛、世界和欧洲冠军决赛等 11 类比赛的前三名获奖者。第三档：东南欧国家运动会、巴尔干锦标赛、伊斯兰运动会中的前三名获奖者。

2. 保留名额政策

在土耳其高校招生制度中，除残疾考生享有特别预留名额外，还有两类考生可以享受预留招生名额政策，一类是中学第一名考生；一类是国家研究理事会组织参赛的获奖者。

（1）中学第一名保留名额政策

国家考试招生机构每年会为各个中学的第一名最优生设置招生保留名额。在各中学报送 OBP 成绩时，即可确定各中学的最优生。最优生必须达到全国高校统一考试的最低录取线后方可享受保留名额。如果第一名考生保留名额未能招满，则剩余保留名额转为普通招生名额使用。

（2）国家研究理事会组织参赛获奖者预留名额

在土耳其国家科学技术研究理事会（TÜBİTAK）组织参加的国际科学奥林匹克竞赛中获得前三等奖者、参加国际科学与工程竞赛（Uluslararası ISEF Projesi）和参加欧盟青年科学家竞赛获得前三名者可不参加全国高校统一考试直接获得国家考试招生机构的高校特别预留名额（不享受奖学金）。如该类考生想获得奖学金则不能享受预留名额政策，必须通过全国高校统一考试招生程序进入大学，但考生可获得适当加分。

3. 特定专业排名要求

土耳其高校招生制度对报考热门专业的考生制定了录取排名要求，这一要求与 2018 年改革之初相比有所变动，但大体趋势不变。如表 3-10 所示。

表 3-10　　2020 年特定专业录取排名要求及选考科目要求①

专业名称	选考科目要求	全国排名要求
法学专业	文数类（EA）	最低 125000 名
工程专业	数学类（SAY）	最低 3000000 名
建筑专业	数学类（SAY）	最低 250000 名
医学专业	数学类（SAY）	最低 50000 名
教师教育专业	（视具体教师教育类别而定）	最低 300000 名
医药专业	数学类（SAY）	最低 100000 名
牙医专业	数学类（SAY）	最低 80000 名

不论是对符合条件考生的加分政策，还是对特定专业的排名限制政策，都反映出土耳其国家人才选拔标准和对人才培养的现实需求。国家重点和亟须专业通过招生优惠政策倾斜，可以很好地起到宣传和鼓励的作用，选拔和培养更多符合国家发展需要的考生。而热门专业录取排名政策在起到限制热门专业报考作用的同时，也进一步提升了对相关专业人才的要求。

（二）特殊才能考试的招生制度

特殊才能考试主要针对报考音乐、美术、体育、设计等艺术和体育类专业的考生，专业类型多达 170 余种②。参加特殊才能考试的考生首先

---

① ÖSYM, "2020 Yükseköğretim Kurumları Sınavı（YKS）Kılavuzu"（March 11, 2020），https：//dokuman. osym. gov. tr/pdfdokuman/2020/YKS/kilavuz19022020. pdf.

② ÖSYM, "2020 Yükseköğretim Kurumları Sınavı（YKS）Kılavuzu"（March 11, 2020），https：//dokuman. osym. gov. tr/pdfdokuman/2020/YKS/kilavuz19022020. pdf.

必须参加全国高校统一考试第一阶段 TYT 考试，通过 TYT 最低录取分数线（150 分）后才有资格申请参加各高校组织的特殊才能考试。其中残疾候选人①最低分数为 100 分及以上者可以申请参加特殊才能考试（需要出具"残疾人健康委员会报告"）。高校组织专门的特殊才能考试旨在根据高校各专业的培养目的、特点、要求等，对艺体类考生进行面试，再结合考生 TYT、OBP 成绩以及特殊才能考试成绩综合选拔人才。

但在 2020 年这一政策有所改变，新的政策取消了卡通、图形、图形插图和印刷、图形设计、时装设计、时尚服装设计、时装和纺织品设计、娱乐文化、体育科学、体育管理、纺织品、纺织品开发和销售、纺织品设计、纺织品与时装设计等 14 个专业的特殊才能考试，这些不需要面试或特殊考试形式的专业重新回归到全国统一考试招生程序中，不再纳入高校特殊才能考试范畴，逐步缩小了特殊才能考试的专业范围，收紧了高校的自主招考权。②

特殊才能考试的成绩评估办法由国家考试招生机构统一规定，所有高校都需要在此框架下对学生进行评估和录取，特殊才能考试的成绩包括标准分数和排名得分两个内容：

（1）特殊才能考试分数（ÖYSP）的标准分计算办法如下：

$$ÖYSP \text{ 标准分} = 10 \times \left(\frac{ÖYSP - ÖYSP \text{ 平均分}}{ÖYSP \text{ 分数标准差}} \right) + 50$$

ÖYSP 标准分 即为特殊才能考试的最终得分，该标准分的平均值为 50，标准差为 10。

（2）考生排名得分计算办法

考生的排名得分计算方式分为两种情况：一种为考生高中专业与大

---

① 残疾候选人类型包括：身体残障、视力障碍、听力障碍、智力低下（MR）和"常见发育障碍"［自闭症谱系障碍（ASD）、艾斯伯格症候群（Asperger's Syndrome）、RETT 综合征、崩解性障碍、常见的非分类性发育障碍］，详见"2020 Yükseköğretim Kurumları Sınavı（YKS）Kılavuzu"。

② Akşam, "Özel Yetenek Sınavı ile İlgili YÖK'ten Yeni Karar! Son Dakika Yetenek Sınavı Kalktı Mı?"（October 21, 2019），https：//www.aksam.com.tr/guncel/yetenek-sinavi-son-dakika-kalkti-mi-ozel-yetenek-sinavi-ile-ilgili-yok-aciklamasi/haber-1015354.

学报考专业一致者；另一种为考生高中专业与大学报考专业不一致者。

①考生高中专业与大学报考专业一致者：

排名得分＝（1.17×特殊才能考试标准分）+（0.11×高中学业成绩得分）+（0.22×2020年TYT考试得分）+（0.03×高中学业成绩得分）。

②考生高中专业与大学报考专业不一致者：

排名得分＝（1.17×特殊才能考试标准分）+（0.11×高中学业成绩得分）+（0.22×2020年TYT考试得分）。

可见，对于特殊才能考试来说，土耳其招生制度同样鼓励高中专业与大学报考专业一致的考生报考，注重选拔具备专业素养的考生。

总之，土耳其高校考试招生制度以统一考试招生为主，高校自主考试招生为辅，是在统一基础上的自主。全国高校统一考试招生的"统一性"是土耳其高校考试招生制度的主要特征。

三 土耳其高校考试招生情况概览

土耳其高校考试招生制度的发展是一个漫长而曲折的过程，它折射出土耳其社会变迁的过程，更反映着土耳其高等教育的历史发展进程。土耳其高校考试招生的数据信息有助于我们清晰地了解高校考试招生制度与高等教育发展之间的联动关系，从而进一步理解土耳其高校考试招生制度发展至今所取得的成效。

（一）近年来土耳其高校考试招生的基本情况

从近年来土耳其高校考试报名及招生数据能够反映出土耳其高等教育的现实发展状况，也能够反映出土耳其高校考试招生制度在土耳其高等教育人才选拔中的重要地位。

1. 近年来土耳其全国高校统一考试报考及招生名额情况

首先，从近年来土耳其全国高校统一考试的申请人数量来看（见表3-11），申报土耳其全国高校统一考试的候选人数持续增长，土耳其高等教育的高需求趋势从未改变。2006年全国高校统一考试的申请人数还在200万以内，2017年这一数字就超过了200万，2018年达到230

万，2019年达到250万。与2006年相比，2017年增长了35%，2018年增长了42%，2019年增长了51%，2020年增长了45%。仅2019年就比2018年增长了6.1%，涨幅较大。

表3-11　　土耳其全国高校统一考试报考人数及招生名额情况①　　（单位：个）

年份	2006	2017	2018	2019	2020
报考人数	1678383	2265844	2381412	2528031	2436958
2年制副学士院校招生名额	202027	436904	354859	376940	380172
4年制本科招生名额	200128	473767	484463	447754	458049
招生名额数量总计	402155	910671	839490	824649	838221

其次，从不同层次高校的申请数量与招生名额来看，与2006年相比，2019年的高等教育需求（申请人数）增加了45%，而高校人才培养能力（招生名额）增加了108%。其中，通过考试分数线后的分发申请数据如下：2018年，土耳其本科申报人数为394945人，副学士学位院校申请人数为316037人，2019年本科申报人数为409587人，2019年为343874人②。可见，近两年的本科招生名额和副学士学位院校招生名额远超过了考试过线人数。也就是说考生一旦通过考试，进入高校已经不再是一个问题，考生需要面对的问题是如何进入一流高校。因此，土耳其全国高校统一考试的高竞争性并未改变。

最后，从各级各类高校的录取数量来看，2017年高校录取人数为825397人，但在2018年实施新的考试招生制度的第一年，录取人数增

---

① ÖSYM, *Yükseköğretim Kurulu 2019 Yılı Yükseköğretim Kurumları Sınavı Yerleştirme Sonuçları Raporu*, Ankara：ÖSYM Sınav Hizmetleri Daire Başkanlığı, 2019, pp.1-2；ÖSYM, "2020 YKS Yerleştirme Sonuçlarına İlişkin Sayısal Bilgiler"（August 26, 2020），https：//dokuman.osym.gov.tr/pdfdokuman/2020/YKS/sayisalbilgiler26082020.pdf.

② ÖSYM, *Yükseköğretim Kurulu 2019 Yılı Yükseköğretim Kurumları Sınavı Yerleştirme Sonuçları Raporu*, Ankara：ÖSYM Sınav Hizmetleri Daire Başkanlığı, 2019, pp.3-7.

加到857240人，2019年增加到904176人①。由此可见，不论高校考试招生制度如何改革，难度是否加大，并未影响土耳其高等教育需求的增长。

2. 近年来土耳其普通高校的招生名额及录取情况

如何提高高校的录取率一直是土耳其高校招生中的重点工作，从下表可见，近年来土耳其普通高校的招生名额及录取情况已经有所改变。

表3-12　　　　普通高校招生名额及录取情况　　　　（单位：个）②

	2018年				2019年				2020年			
	名额	录取	空缺	录取率（%）	名额	录取	空缺	录取率（%）	名额	录取	空缺	录取率（%）
公立大学	663679	583576	80103	87.97	653205	613343	39862	93.89	658466	630608	27858	95.77
基金会私立大学	156507	118568	37939	75.75	156261	131485	24776	84.14	164817	141323	23494	85.75
北塞浦路斯土耳其共和国大学	17801	8178	9623	45.94	14017	8039	5978	57.35	13848	8636	5212	62.36
国外大学	1503	660	843	43.91	1211	594	617	49.05	1090	598	492	54.86
合计	839490	710982	128508	84.69	824694	753461	71233	91.36	838211	781165	57056	93.19

从各类型普通高校的招生名额来看（表3-12），2018年本科空置招生名额共计128508个。这些空置招生名额中有80103个属于国家公立大学，37939个属于基金会私立大学，9623个属于北塞浦路斯土耳其

---

① Yükseköğretim Bilgi Yönetim Sistemi, "Yıllara Göre Başvuran Yerleşen Aday Sayıları" (March 12, 2020), https://istatistik.yok.gov.tr/.

② ÖSYM, "Yükseköğretim Kurulu 2019 Yılı Yükseköğretim Kurumları Sınavı Yerleştirme Sonuçları Raporu, Ankara: ÖSYM Sınav Hizmetleri Daire Başkanlığı, 2019, pp. 6-7; ÖSYM. 2020 YKS Yerleştirme Sonuçlarına İlişkin Sayısal Bilgiler" (August 26, 2020), https://dokuman.osym.gov.tr/pdfdokuman/2020/YKS/sayisalbilgiler26082020.pdf.

共和国大学，843个属于其他国家的大学。2019年本科招生名额空缺数量减少为71233个，较2018年减少了44.6%。这些空缺招生名额中有39862个属为国家公立大学，24776个属于基金会私立大学。可见与2018年相比，空置招生名额情况得到了较好的控制，尤其是公立大学的改善最为显著，招生名额录取率减少了65.2%。2020年空置招生名额进一步减少，各类高校招生录取率得到了显著提升，尤其是公立大学的录取率达到了95.8%，大幅减少了招生名额浪费的情况。

从各层次高校的招生名额来看，2018年高校空置招生名额共有128508个，其中38822个是副学士院校空置名额，89686个是本科空置名额。2019年，空置招生名额总数量减少到71233个，其中副学士院校空置名额减少到33066个，本科招生空置名额减少到38167个。2020年，空置招生名额总数量减少到57056个，其中副学士院校空置招生名额减少到30387个，本科空置招生名额减少到26669个。[①] 总体来看，空置招生名额数量从2018年到2020年减少了55.6%，其中本科空置招生名额降幅最大，减少了70.2%。招生名额无法招满的情况在这两年得到了有效改善。

3. 2020年土耳其高校重点发展学科的招生及录取情况

基础科学学科是土耳其国家科学研究领域和生产领域的重点发展学科，也是2018年土耳其高校考试招生制度改革后的重点考查科目，这些学科的建设直接关系到土耳其国家经济的发展，具有重要的学科地位。同时，为最大限度培养重点建设学科人才和特色学科人才，土耳其高等教育委员会不仅将这些基础科学学科的录取工作列入重点工作，还制定了一系列奖学金政策，以鼓励考生积极报考，优先满足这部分专业的招生工作。

2020年，土耳其高等教育委员会公布了近两年来重点建设学科和

[①] ÖSYM, *Yükseköğretim Kurulu 2019 Yılı Yükseköğretim Kurumları Sınavı Yerleştirme Sonuçları Raporu*, Ankara: ÖSYM Sınav Hizmetleri Daire Başkanlığı, 2019, pp. 3-7; ÖSYM, "2020 YKS Yerleştirme Sonuçlarına İlişkin Sayısal Bilgiler" (August 26, 2020), https://dokuman.osym.gov.tr/pdfdokuman/2020/YKS/sayisalbilgiler26082020.pdf.

特色学科的招生和录取情况（见表3-13）。表3-13中所列的6个专业均为土耳其高等教育委员会列出的国家重点建设专业，除前4个基础科学专业为高校考试制度中的重点考查专业外，哲学专业被认为是"批判、逻辑思维及分析能力对普通科学和社会科学都非常重要的学科"，水产养殖专业则是"国家优先重点研究领域和战略领域"①。高等教育委员会通过给予特别奖学金以增加这些专业对优秀人才的吸引力。

由这两年土耳其6个国家重点建设学科的招生及录取数据可见，在国家考试招生政策以及政府的优惠政策鼓励下，土耳其国家重点建设学科的录取率都有了明显的提升，尤其是4大基础科学专业的录取率已经基本达到100%，而原本录取率不高的水产养殖专业也在今年实现了录取率40.7%的增幅，成效显著。这与土耳其国家规划下高校考试招生政策的倾斜和政府的优惠政策支持密不可分，可见高校考试招生制度作为重要的教育制度，对人才培养的规格起到了重要的引导作用。

表3-13　2019—2020年土耳其重点建设学科招生及录取情况②

专业	年份	招生名额（个）	录取人数（个）	录取率（%）
生物学	2019	1954	1935	99.03
	2020	2079	2078	99.95
物理	2019	1278	1224	95.77
	2020	1405	1404	99.93
化学	2019	2175	2168	99.68
	2020	2254	2254	100
数学	2019	5017	5002	99.70
	2020	5298	5298	100

① YÖK, "2020 Yılı Yükseköğretim Kurumları Sınavı Yerleştirme Sonuçları Raporu" (August 26, 2020), https://www.yok.gov.tr/HaberBelgeleri/BasinAciklamasi/2020/yks-yerlestirme-sonuclari-raporu-2020.pdf.

② YÖK, "2020 Yılı Yükseköğretim Kurumları Sınavı Yerleştirme Sonuçları Raporu" (August 26, 2020), https://www.yok.gov.tr/HaberBelgeleri/BasinAciklamasi/2020/yks-yerlestirme-sonuclari-raporu-2020.pdf.

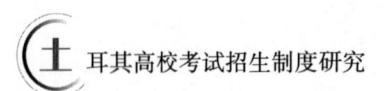

续表

专业	年份	招生名额（个）	录取人数（个）	录取率（%）
哲学	2019	2949	2248	81.78
	2020	2622	2594	98.93
水产养殖工程	2019	347	201	57.92
	2020	363	358	98.62

（二）历年来土耳其高校入学考试的报考及录取情况

通过收集1980—2020年土耳其高校报考人数及录取人数整理（如图3-5），可以看出参加土耳其全国高校统一考试的报名人数总体上呈上升趋势，尤其是自2010年土耳其高等教育步入普及化阶段后，全国高校统一考试报名人数直线上升，至2014年突破200万大关，土耳其全国高校统一考试一跃成为占土耳其人口总数2.7%的超大型考试。[①]但与迅速增长的报考人数形成鲜明对比的是缓慢而平稳增长的高校录取人数。1980年土耳其高校录取率为8.9%，1981年高校考试招生制度改革后高校录取率达到13%，2001年高校录取率达到了30%，2008年高校录取率实现了50%的突破，但自此以后高校录取率开始缓慢下降，2020年高校录取率跌至37.8%。

高校录取率一路上升说明土耳其高校在数量不断增多的情况下，高等教育迅速发展，人才培养能力提升，录取人数不断增多。但录取率的下降也并不代表着录取人数的减少，相反，2020年高校录取人数达到了92万人，只是相对于当年报考的240万考生来说，供需难以形成正比。这说明在土耳其高等教育需求不断激增的情况下，高校人才培养的能力却无法形成正向回应，从而造成了录取率的走低，高校入学考试竞争仍然激烈。

从另一个角度来说，这一现象也意味着在土耳其高等教育发展到普及化后期，人才培养已经相对饱和，高等教育的发展目标不再是高等教

---

① The World Bank, "Population, Total-Turkey" (April 20, 2020), https://data.worldbank.org/indicator/SP.POP.TOTL?locations=TR.

育规模的扩张，而是在相对稳定的高等教育规模下提升人才培养的质量，从量的发展走向质的变革，实现高等教育的新突破。

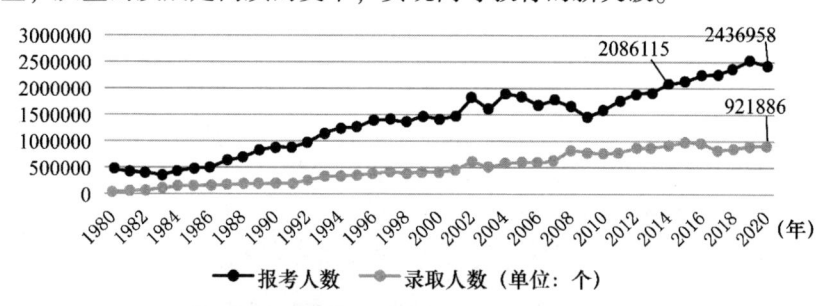

图 3-5　土耳其高校考试报考人数及录取人数情况（1980—2020 年）①

(三) 土耳其高校考试招生制度改革与高等教育的发展情况

高等教育毛入学率是指高等教育在学人数与适龄人口（18—22 岁）之比，高等教育毛入学率可以用以体现高等教育的发展阶段，了解高等教育的发展情况。图 3-6 收集了 1971 年至 2015 年土耳其高等教育的毛入学率数据（其中 1996 年和 2000 年数据缺失）。可以看出随着土耳其高等教育规模的不断扩张和高校考试招生制度的不断改革，土耳其高等教育毛入学率也在持续快速增长。土耳其高等教育的发展直接影响着土耳其高校考试招生制度的改革与发展，而高等教育在数量上的扩张和质量上的提升，也对高校考试招生制度提出了新要求。

1974 年土耳其开始在全国范围内实施高校统一考试招生制度之后，土耳其高等教育毛入学率呈现出显著上升趋势。1980 年土耳其受到国内严重的经济衰退和大规模社会动乱的影响，高等教育毛入学率一度下滑。1981—1998 年，土耳其高校招生考试制度经历了第一次改革进入稳定发展期，高等教育毛入学率稳步上升，年均增长率保持在 1.01 个百分点。

1999—2005 年，土耳其高校招生考试制度进入第二次改革阶段，

---

① Yükseköğretim Bilgi Yönetim Sistemi, "Yıllara Göre Başvuran Yerleşen Aday Sayıları" (March 12, 2020), https://istatistik.yok.gov.tr/.

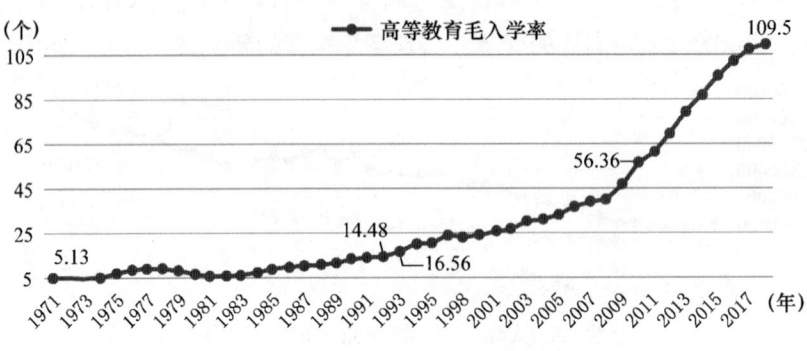

图 3-6　1971—2015 年土耳其高等教育毛入学率变化①

　　高等教育毛入学率年均增长率达到 1.49 个百分点，增长速度加快。2006 年至 2009 年是土耳其高校招生考试制度的第三次改革阶段，土耳其高等教育毛入学率年均增长速度达 2.41 个百分点，增长速度迅速提升。自 2010 年第四次高校招生考试制度改革以来，土耳其高等教育毛入学率以年均 6.51 个百分点飞速增长，达到 2015 年的峰值 95.4%。土耳其在 1992 年之前还处于高等教育精英化阶段，1993 年步入大众化阶段，2010 年跃入高等教育普及化阶段，在 17 年间实现了从高等教育大众化到普及化的跨越。2016 年，土耳其高等教育毛入学率破百，达到了 102%，并在 2018 年迎来了全国高校统一考试招生制度史上的第五次改革，且高等教育毛入学率仍呈现出稳定增长趋势。

　　由此可见，在土耳其高等教育飞速发展的同时，高校考试招生制度也在顺应着高等教育的发展同步改革。高校考试招生制度的改革并没有阻碍高等教育的发展，相反，每次改革之后，高等教育毛入学率都有了新的增长，说明历次高校考试招生制度改革满足了社会发展的需要，同时推动了高等教育的发展。

---

① OECD Data, "School Enrollment Tertiary (%Gross)" (March 30, 2018), https://data.worldbank.org/indicator/SE.TER.ENRR?locations=TR; Türkiye İstatistik Kurumu, "Cinsiyete Göre Yükseköğretimde Brüt Okullaşma Oranı, 2007–2018" (June 23, 2020), http://tuik.gov.tr/PreTablo.do?alt_id=1018.

总之，从现状来看，土耳其高等教育已经发展到了普及化后期，但高等教育入学考试仍然竞争激烈，高等教育供需矛盾仍会长期存在。因此，作为高等教育人才选拔的重要制度，土耳其全国高校统一考试招生制度同样会长期存在。在时代发展和高等教育发展的过程中，土耳其全国高校统一考试招生制度通过不断改革和发展为土耳其高等教育的发展起到了重要的人才选拔和制度支撑的作用，为社会发展提供了优质的人力资源，成为土耳其高等教育发展和社会发展中不可或缺的重要制度。

第三节　土耳其国家考试招生机构的演变路径及其特色

要深入了解土耳其全国高校统一考试招生制度，就不得不提到土耳其国家考试招生机构——"测量，选拔与分发中心"。该机构是土耳其建立全国高校统一考试招生制度的直接产物，对土耳其全国高校统一考试招生制度进行统筹管理。从机构设立至今，历经了从机构名称、性质到结构的改革历程。

1974年土耳其政府将高校考试招生权收归国家统一管理，并在全国范围内施行统一考试招生制度。为确保考试招生的专业性和科学性，土耳其政府于同年11月19日成立了专门的考试招生机构——大学生选拔与分发中心，将全国高校考试招生交由该机构管理。自此，土耳其国家考试招生机构正式诞生。1981年根据2547号《高等教育法》第十条和第四十五条规定，大学生选拔与分发中心更名为学生选拔与分发中心，并将其归入高等教育委员会的附属机构。2011年3月3日6114号《测量，选拔与分发中心服务有关法》出台，将该机构转变为具有行政和财务自主权并享有特殊预算的公共机构，更名为"测量，选拔与分发中心"。

土耳其国家考试招生机构与中国教育部考试中心具有相似性，都隶属于政府，其性质都是公共服务机构，具有公益性，同样承担着全国高校统一考试招生工作及其他政府、社会机构的考试工作，都在不断探索考试招生机构的专业化发展之路。土耳其国家考试招生机构成立四十余年，经过不断改革和发展，机构专业化发展已取得一定成效，呈现出一定的优势和特色。本节将借助组织生态学理论，对土耳其考试招生机构十年间的演变历程进行考察，以更好地理解土耳其国家考试招生机构的专业化发展路径。

一　组织机构演变的理论视角：组织生态学理论

1977年汉娜（Hannan）和费里曼（Freeman）创建了组织生态学，他们除关注外界对组织的作用、组织群体的相互作用外，也关注组织个体的成长与消亡。他们认为社会是一个生态系统，而组织则是一个复杂的生命系统，一个组织要在环境中求得生存，就必须通过组织改革达到适应环境、发展自身的目的。这个不断自我改革的过程，即是组织的演变性[①]。在这个演变的过程中，组织机构需要围绕"核心能力"寻求生存和发展，而组织机构生存和发展的最优化则有赖于组织机构演变的四个关键点——"多样性""制度约束""共栖"和"内部资源"。

1. 演变与多样性：组织生态学认为组织与生物个体一样，在成长过程中都需要面对竞争和环境变化，表现出组织改革的演变性。绝大多数组织会做出相应的选择，以保证在变化的环境中继续得以生存，并获得进一步发展，类似于自然界中的"物竞天择"[②]。组织的选择往往趋向于组织结构的多样性，多样化的组织结构有助于组织应对未来不确定的环境变化、提高组织的生存率、提升组织岗位的多样性，减少不平等因素。[③]

2. 制度约束与发展导向：组织生态学认为制度的约束对组织设立

---

　① [美]迈克尔·汉南、约翰·弗里曼：《组织生态学》，彭璧玉、李熙译，科学出版社2014年版，第14—15、5—7、34—35页。
　② Micheal Hanna, John Freeman, "The Population Ecology of Organizations", *American Journal of Sociology*, Vol. 82, No. 5, March 1977, pp. 929-946.
　③ [美]迈克尔·汉南、约翰·弗里曼：《组织生态学》，彭璧玉、李熙译，科学出版社2014年版，第14—15、5—7、34—35页。

具有重要的影响,制度决定着组织的发展方向和前景,组织的生存有赖于自身生态制度的建构,只有制度更新后,组织才可能有多样化的发展。[1] 其中组织的文化力量尤为重要,它有助于在组织演变中保持统一的核心价值观,令组织的生存具有持久性。生存时间越长的组织,越有可能不被淘汰。[2]

3. 基础生态位与"共栖"关系:生态位是指一个种群或物种在一个群落中的角色,是一个种群的"生存之道"。基础生态位关注单个组织种群,组织生态学者认为,某一种群如果对其他种群的成长产生积极或消极的影响,就认为两个或更多种群间存在交互作用。如果两者间的关系是积极正向的,那么即形成"共栖"(Commensalism)的互利关系。所有的组织都是一个生命有机体,没有一个组织个体可以长期单独存在。它们往往像生物一样,直接或间接地依赖于别的组织而存在,并形成一种有规律的组合及经济共同体。[3] 在这个组织生态系统中,合作与竞争同等重要。[4]

4. 内部资源与生存动力:组织生态学认为,任何组织的产生和发展除依赖外部环境所提供的资源条件外,同时还有赖于组织内部资源提供动力和生存能力。这一系列内部资源组成的集合,犹如组织生命体中的各种能量和元素,为组织的生长提供养分。

基于组织生态学理论,结合考试招生机构的组织属性,我们认为考试招生机构的"核心能力"是指考试招生机构的专业化能力,即是为社会组织和机构提供设计和组织各级各类考试、人才测量、评估和选拔的技术和能力的专业化体现。在考试招生机构围绕其"核心能力"的演变过程中,四个关键要素分别为:(1)多样性。考试招生机构的多

---

[1] Micheal Hanna, John Freeman, "The Population Ecology of Organizations", *American Journal of Sociology*, Vol. 82, No. 5, March 1977, pp. 929–946.

[2] [美] W. 理查德·斯科特、杰拉尔德·F. 戴维斯:《组织理论:理性、自然与开放系统的视角》,高俊山译,中国人民大学出版社2012年版,第293—294页。

[3] 梁磊、刘桦主编:《组织生态学理论与应用》,科学出版社2012年版,第46—47页。

[4] 罗珉:《组织理论的新发展:种群生态学理论的贡献》,《外国经济与管理》2001年第10期。

样化发展体现在积极适应外部环境变化，打破组织惰性，随着外界环境的需要改革组织机构，增加组织机构设置的多样性，促进机构建设的科学化、合理化。(2) 制度约束。考试招生机构作为教育文化机构，除需要建立管理制度外，更需要注重文化制度建设在组织中的重要作用。文化制度能够为考试招生机构在演变中明确奋斗目标、坚持核心价值观，确保考试招生机构的长期健康发展。(3) 共栖。考试招生机构必须明确自身"基础生态位"，准确定位，寻找互利共赢的"共栖"伙伴，建立起与社会的广泛合作，才有利于考试招生机构的生存与发展。(4) 内部资源。在考试招生机构中，处于核心地位的内部资源是考试招生机构的人力资源。考试招生机构的人力资源建设决定了考试招生机构的专业化水平、竞争力水平，是考试招生机构生存的内部核心动力。

根据组织生态学理论及考试招生机构自身特性，构建考试招生机构演变模型，如图3-7所示。考试招生机构犹如一个生命体，它在适应外部环境的同时，围绕着"考试招生机构专业化建设"这一核心能力，抓住考试招生机构设置多样化、考试招生机构文化制度建设、考试合作、人力资源建设四个关键要素进行改革，实现考试招生机构的演变，从而适应、改变和影响外部环境，最终达到考试招生机构专业化发展的目的。

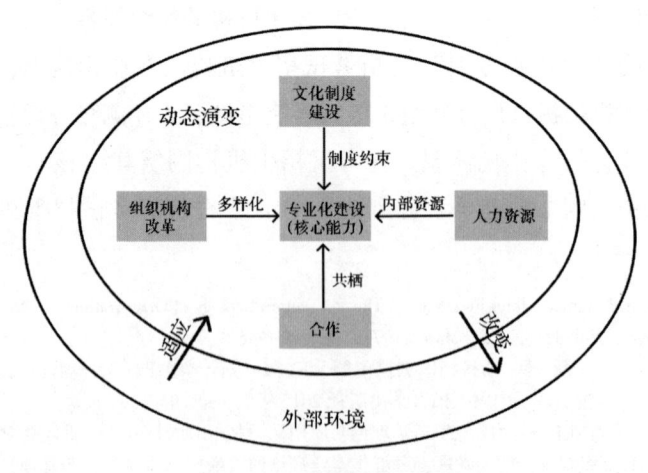

图 3-7 考试招生机构演变

二　国家考试招生机构的演变历程：基于 2008—2018 年的考察

"测量，选拔与分发中心"自 1974 年诞生至 2018 年，已历经了 47 个春秋，本节选取了"测量，选拔与分发中心"近十年来的演变历程对其进行考察。2008 年至 2018 年的十年间，"测量，选拔与分发中心"几经改革，已经从仅承担高校招生考试工作的政府考试招生机构转变为承担社会及国家级 50 余项考试的专业考试服务机构。[①] 在其改革发展过程中，抓住了考试招生机构演变的四个关键点，印证了组织机构不断自我改革实现演变，以达到最优化生存状态的组织生态学理念。

（一）多样性：以组织机构设置多样化促进考试招生机构专业化发展

组织生态学认为组织生态系统是由组织机构与社会环境相互作用而形成的系统，为适应外部环境的变化，组织机构需要不断改革机构设置以实现多样化。纵观十年间，土耳其国家考试招生机构设置的多样性并非一蹴而就，它经历了"依附期→转制期→过渡期→稳定期"四个发展阶段。

1. 依附期：行政管控（2008—2010 年）

2008—2010 年，"测量，选拔与分发中心"隶属于土耳其国家教育部，其机构特点表现为集权体制下的国家考试招生机构。机构管理主要依靠行政手段，考试的设计、组织、实施、学生选拔和录取都要服从国家教育部的指导，考试招生机构的自主权较少。导致的结果是机构组织结构单一，机构部门设置僵化，机构以服务政府为中心，脱离社会的需求。如图 3-8 所示，2008—2010 年，"测量，选拔与分发中心"以考试招生机构主席为总负责人，由国家教育部直接任命，对国家教育部负责。考试招生机构下设"研究与评价部""信息处理

[①] T. C. Milli Eğitim Bakanlığı Strateji Geliştirme Başkanlığı, "2018 Yılı Bütçe Sunuşu" (December 18, 2017), http://www.mebpersonel.com/meb/meb-in-2018-butcesi-aciklandi-h217782.html.

部""规划和财政事务部""考试事务部""战略发展部""行政事务部""法律顾问""图书馆和文件部"八个部门，三年间部门设置未曾变动。其中与考试专业化直接相关的部门仅有两个，其余均为行政部门，机构部门设置具有交叉性和重复性。这一时期考试招生机构设置呈现出强行政化、弱专业化，强依附性、弱自主性的特征，机构自我改革能力薄弱。

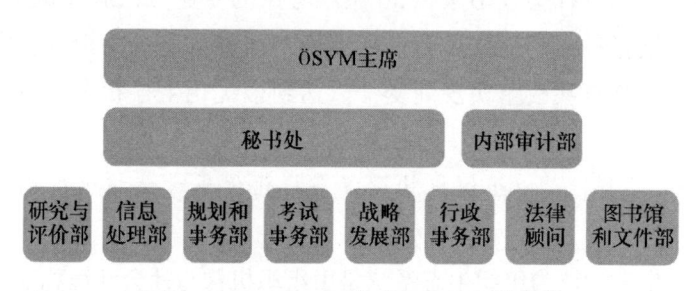

图 3-8　2008—2010 年 ÖSYM 组织结构①

2. 转制期：自主探索（2011 年）

2011 年土耳其政府颁布了 6114 号法令，规定国家考试招生机构成为拥有独立行政权和财政权的公共服务机构。这一重大改革意味着 ÖSYM 已不再是依附政府经费和依靠政府行政指令运行的行政管理机构，以往以行政管理为主的机构设置已经不能适应 ÖSYM 的发展。面对新形势，ÖSYM 必须改变旧体制，对机构设置进行改革。一方面，ÖSYM 定位了机构发展的"核心能力"，在考试专业化发展上凸显出自主性和自觉性，新增"考试服务部""信息安全与管理部""人力资源和支持部""试题准备与发展部""外语考试部"五大考试核心部门，围绕考试服务、考试安全、题库建设、人员专业化建设四大考试招生机构的专业化问题进行了部门设置。另一方面，由隶属国家教

---

① 本节图表如无特别说明，均根据土耳其"测量、选拔与分发中心（ÖSYM）"官网资料（https：//www.osym.gov.tr/）以及 ÖSYM 2008—2018 年年度报告（https：//www.osym.gov.tr/TR，8515/faaliyet-raporlari.html）整理而成。

育部的行政机构转变为相对独立的国家服务机构，ÖSYM 亟须厘清自身发展方向和机构定位，此时将"战略发展部"脱离出考试常规部门，由主席直接管理，同时辅以"新闻和公共关系部""内部审计部""法律部""考试安排及指导部"等辅助单位，共同指向考试招生机构的转型和未来发展，为考试招生机构内部机制与外部环境相适应做好了组织准备。

3. 过渡期：转型发展（2012—2015 年）

2012 年"测量，选拔与分发中心"转制后开始走上新的发展道路，为扩大考试招生机构与社会各界的联系，更好地为社会提供考试服务，ÖSYM 新增了"对外关系与业务发展部"，打破以行政事务为主导，仅为政府机构提供服务的行政机构格局，打通了与外界沟通与合作的渠道，进一步扩展了考试招生机构的服务范围与服务对象，为机构拓展业务奠定了组织基础。同年新增"考官管理部"，在国际和国内范围寻求考试专家与命题专家，建立长期合作关系，扩充题库智囊团，增加题库来源的多样性与科学性，以期在人员的专业化上做出努力。2014 年 ÖSYM 再次进行机构改制，开始实行董事会制度，以任务和目标进行部门设置，集权与分权相结合，统一指挥，分工合作。为配合此次机构体制改革，ÖSYM 特设立了"协调委员会"和"咨询委员会"，为转型后的机构稳定寻求保障。此次改革，ÖSYM 组织机构实现了权力向下层的转移，不再以主席为唯一决策者，而以董事会形式对机构权责进行重构，部门分工明确，以绩效管理方式对部门人员的工作职责范围负责，责任与信任成为组织的核心价值观，机构设置多样性初步显现。

4. 稳定期：深化改革（2016—2018 年）

为进一步提升机构的专业水平，2016 年 ÖSYM 再次进行了机构改革，此次机构改革涉及四个考试核心部门，分别为"测量和评估部""研究和开发部""机构关系部"和"残疾考生部"，四个部门的具体改革情况如表 3-14 所示。

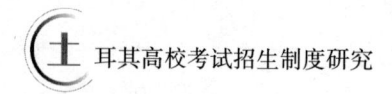

表 3-14　2016 年土耳其"测量，选拔与分发中心"机构改革情况

部门名称	部门成立/改革时间	部门职能	法律保障	新增/改革
测量和评估部	2016 年 12 月	● 监督和保障考试质量 ● 维护考试安全，加强保密工作 ● 提高考试招生制度的信度和效度	6764 号法案第 67 条	改革
研究和开发部	2016 年 12 月	● 对新的试题类型和评分方法方式进行研究 ● 为适应国情不断更新考试方法和技术		新增
机构关系部	2016 年 9 月	● 对外确定接受考试任务的条件 ● 准备与考试相关的各项协议书，制定考试日程表，准备考试说明书和手册 ● 考试协调工作 ● 开展考试印刷、分发版权税以及其他对外工作		改革
残疾考生部	2016 年 12 月	● 跟踪所有残疾人考试工作，收集信息，形成报告 ● 提供残疾考生的信息，安排助理人员，保障考试顺利进行 ● 组织国际会议，根据国情对残疾考生的情况进行调查、监测和调整，以改善残疾人考试条件		新增

此次部门改革围绕考试质量提升、考试安全性保障、考试技术和方法革新，对外关系开展以及残疾考生考试保障等方面展开。机构的再次改革体现出考试招生机构对于考试评估能力、考试创新能力、机构对外发展能力、环境适应能力及为弱势群体服务能力的重视，是对考试招生机构专业化建设的不懈追求与努力。再一次改革后的 ÖSYM 设置（见图 3-9）体现出 ÖSYM 作为一个专业化的考试招生机构，专业化发展内涵更为丰富，部门设置更为细化，针对性更强的特点。

"测量，选拔与分发中心"经过此次改革，机构部门设置中与考试专业化发展直接相关的部门已占到部门总数的 54%，行政部门大幅精减，组织机构专业化的内部调整已成型，机构设置呈现出多样化的特点。

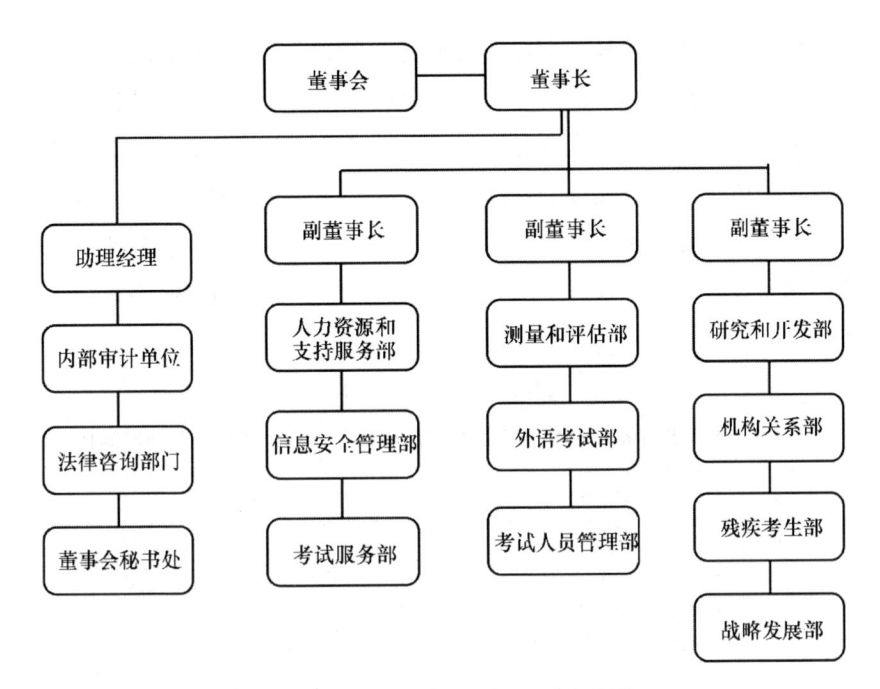

图 3-9　2016—2018 年 ÖSYM 组织结构

总之,"测量,选拔与分发中心"十年间的组织机构改革反映出国家考试招生机构在适应环境变化的过程中,以考试招生机构专业化建设为核心,为在生态环境中取得竞争优势而不断改革机构设置,从弱专业化高行政化到追求考试招生机构的专业化发展,实现了机构设置从单一到多样化的演变。

(二) 制度约束:以考试招生机构文化制度建设促进机构专业化发展

组织生态学注重社会文化力量在组织竞争中的作用。他们认为组织的生存有赖于自身生态制度的建构,其中组织文化建设尤为关键。考试招生机构文化建设是机构建设的灵魂和核心,起到树立机构理念,凝聚人心,渗透组织精神,促进组织发展的重要作用[1]。考试机构文化建设

---

[1] 来启华、郑若玲等:《考试机构文化建设概论》,高等教育出版社 2016 年版,第 11—14 页。

包括物质文化建设、精神文化建设和制度文化建设。但究其根本，一个组织机构的机构使命、愿景和核心价值观是直接反映一个考试招生机构文化建设的内核所在，它既是旗帜，也是目标，更是考试招生机构核心价值观的体现。通过比较 2008 年至 2018 年十年来 ÖSYM 的机构使命、机构愿景和核心价值观的改革情况发现，十年间 ÖSYM 的机构使命、机构愿景和核心价值观仅产生过一次改革，总体上呈现出稳定的特点（见表 3-15）。

表 3-15　土耳其国家考试招生机构愿景、使命、核心价值观改革前后对比

	2008—2010 年	2011—2018 年
机构愿景	• 衡量个人知识和技能 • 有助于个人的成长 • 为教育系统做出积极贡献 • 考试成绩为国际机构认可	• 以国际标准进行测量、选拔和录取过程
机构使命	• 为即将进入高等教育和公立机构人员提供一个公平、科学、可靠的测试途径	• 提供有效，可靠和公平的测量、选拔和录取，成为秉承公平、值得信赖的考试招生机构
核心价值观	无	• 执行有效，可靠和公平的测量和评估 • 为每个人提供适切的考试 • 为残疾人，健康问题人士提供服务 • 创新 • 负责任

首先，机构愿景代表着一个机构的长期目标和理想，是机构全员的共同意愿，它指向机构的未来发展方向。ÖSYM 的机构愿景由 2008 年的"衡量个人知识和技能""有助于个人的成长""为教育系统作出积极贡献""考试成绩为国际机构认可"转变为 2011 年的"以国际标准进行测量、选拔和录取过程。"这一转变凸显出考试招生机构由专注促进个体成长、服务教育系统、追求国际认可向追求国际标准下的机构整体专业化发展的转型。随着国际化和全球化对各国影响力的不断深化，考试招生机构已不能仅满足于仅具备本土竞争力，更需符合国际标准，

具备国际竞争力。ÖSYM 愿景的改革体现出考试招生机构追求国际化、高质量的特点，是机构随外部环境改变而作出适应性改革的体现。

其次，机构使命是实现机构愿景的手段，是回答"怎么做"的问题。在 2011 年考试机构改革后，考试招生机构"提供有效、可靠和公平的测试途径"这一核心使命未变，但加入了"成为秉承公平、值得信赖的考试招生机构"的机构使命。由强调服务对象到强调机构自身建设，体现出考试招生机构由关注外界到内塑机构自身竞争力的转变过程。

最后，机构核心价值观是一个机构的精神追求和行动指南。它既是精神动力，又可转换为实际行动。2011 年 ÖSYM 机构改革前并未提出核心价值观，改革后 ÖSYM 提出了机构的价值观，其机构价值观力求服务所有人，为大众打造适切性考试，拓宽机构的发展路径，明晰了考试招生机构的服务职能，强调对弱势群体的关注，追求考试的全纳性，强调创新和责任。这一转变是考试招生机构适应环境新需求，加强自身专业化建设的根本体现。

"测量，选拔与分发中心"文化制度内核建设的改革是考试招生机构软实力提升的体现，以其清晰的理念、明确的战略目标和组织定位，为 ÖSYM 的未来发展指明了方向，既包含了世界考试招生机构普遍认同的高质量、重责任、求创新、重科学、求公平、国际化、服务性的共性，也体现出土耳其国家考试招生机构对弱势群体关怀的特性。这样的组织机构文化内核建设，具有变革率低、适用期长的特点，有助于考试招生机构专业化发展的专业性、长期性和稳定性。

（三）共栖：扩大考试招生机构合作范围，增加经费来源渠道

组织生态学理论认为组织机构必须准确定位自身在环境中的地位，与基础生态位中的群落紧密合作以达到共同生存的目的，形成"共栖"关系，以获取更多的生存资源。

2011 年以前，ÖSYM 隶属于国家教育部，没有独立的行权和财政权，其合作对象局限于国家机构和高校，诸如：国家教育部、高等教育司、基础教育司、国家司法机构、国家医疗机构、国家科学技术研究理

事会以及高等院校等。以 2008 年为例，当年 ÖSYM 共承担各类考试 16 项，主要包括高校入学考试（本科生、研究生）和政府机构入职考试两大类。

2011 年以后 ÖSYM 实现了机构转制，由行政机构转变为服务机构，成为拥有独立财政权的公共机构。面对这一转变，ÖSYM 在完成政府考试工作的同时，开始与社会组织机构形成交流与合作。如图 3-10 所示，ÖSYM 作为沟通基础教育与高等教育的考试招生机构，已形成了与高等院校、高中、政府机构的合作关系，自 2011 年后 ÖSYM 又逐步建立了与社会组织机构的合作关系，并积极寻求与境外考试招生机构的合作与交流，这极大地扩展了 ÖSYM 的发展空间和影响范围，丰富了 ÖSYM 的外部资源。随着 ÖSYM 不断扩大合作范围的同时，组织考试的种类逐渐增多，考试组织能力也在不断增强。2011 年 ÖSYM 共承担考试 44 项，包括大学/研究生入学考试，政府机构入职考试、医疗水平资格考试、外语水平考试、社会职称考试、社会证书考试六大类。2016 年 ÖSYM 承担的考试共 59 项，在原有考试类别上新增高校文凭考试，共计七大类。参加考试的人数从 2008 年的 54 万人增长到 2016 年的峰值 1420 万人[1]，考试人数占到了土耳其总人口的 18%[2]。

经费是考试招生机构赖以生存的重要物质资源，考试合作主体的多元化意味着经费来源渠道的多元化。ÖSYM 在 2011 年以前主要依靠国家教育经费拨款维持机构运转，经费来源单一。2011 年 ÖSYM 转制后，国家投入经费比重逐渐下降，以 2016 年为例，国家拨款（高等教育委员会）仅占当年 ÖSYM 总收入的 1.2%[3]。

---

[1] ÖSYM, "Ölçme Seçme ve Yerleştirme Merkezi Başkanlığı 2016 Yılı Faaliyet Raporu" (January 12, 2017), https://dokuman.ÖSYM.gov.tr/pdfdokuman/2017/GENEL/2016Faaliyet Raporu14032017.pdf.

[2] TÜİK, "Yıllara, Yaş Grubu ve Cinsiyete Göre Nüfus, 1935–2017" (December 12, 2017), http://www.tuik.gov.tr/UstMenu.do?metod=temelist.

[3] ÖSYM, "Ölçme Seçme ve Yerleştirme Merkezi Başkanlığı 2016 Yılı Faaliyet Raporu" (January 12, 2017), https://dokuman.ÖSYM.gov.tr/pdfdokuman/2017/GENEL/2016Faaliyet Raporu14032017.pdf.

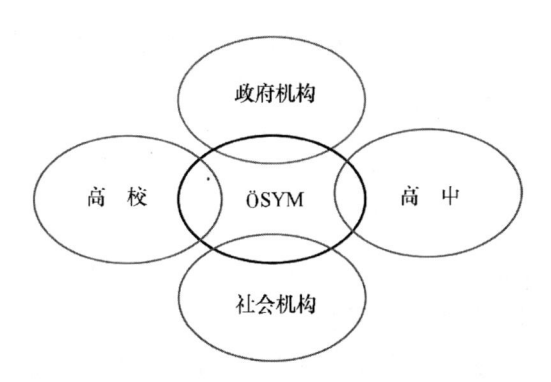

图 3-10　2011 年后 ÖSYM 基础生态位"共栖"关系

由 2007 年至 2018 年 ÖSYM 年度收入情况可见（图 3-11），ÖSYM 的年度收入整体呈上升趋势，尤其在 2011 年机构转制后，经费上升趋势明显。2011 年以后 ÖSYM 已经形成了由国家财政拨款、各级各类考试收入、机构已有存款利息收入等组成的经费来源结构。

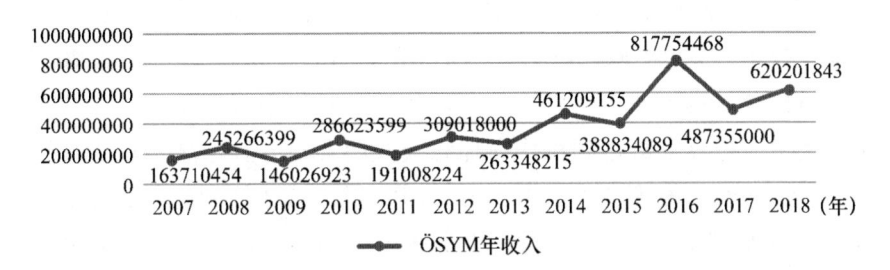

图 3-11　2007—2018 年 ÖSYM 年度收入情况（单位：土耳其里拉）

传统的依靠政府筹资的方式受到限制，促使 ÖSYM 重新定位自己在组织生态环境中的位置，转变组织观念，打破原有的合作模式，开始面向社会寻求合作，以增加社会投入的比重。随着对外合作范围的逐步扩大，合作机构的多元化也为 ÖSYM 考试招生机构发展的多元化提供了外部条件和内部动力。同时，考试招生机构组织考试的能力也得以增强，形成了以考试提升专业能力的良性循环。

总之，ÖSYM 转制以来，重新定位自身在社会环境中的基础生态位，由行政机构转化为社会服务机构，积极为社会提供考试服务，与社会组织机构形成良性"共栖"的合作关系，拓宽了合作渠道，形成了以考试养考试的经费运作模式。

（四）核心资源：加强考试招生机构人力资源建设，打造多元可持续发展的人才库

在考试招生机构中，考试招生机构的人力资源处于内部资源的核心地位。培养一批具有考试专业知识、考试测评能力、考试招生机构建设能力的考试招生机构专业人才，是考试招生机构得以保持竞争优势的重要保障。

1. 优化机构人员结构，扩充考试招生机构专业人才库

土耳其国家考试招生机构人员可分为体制内人员和体制外合作人员两大类。ÖSYM 人力资源建设的主要举措在于在体制内优化机构人员结构，在体制外扩充考试招生机构专业人才库。

（1）优化体制内人员结构

"测量，选拔与分发中心"体制内人员构成大体可分为各学科领域专家、技术人员、行政人员三大类（见图 3-12）。比较 2008 年和 2017 年 ÖSYM 体制内人员结构可知，2008 年 ÖSYM 部门设置单一，以行政职责为主，行政人员占到机构内部总人数的 44%，各领域专家数量较少，仅占 29%，技术类人员占 27%。2017 年 ÖSYM 体制内人员大幅精减，行政人员减少了 26%，技术人员减少了 48%，而各领域专家增加了 18%[①]。总人数精减了 20%，改善了机构人员的冗余情况，总体上呈现出强化机构专业人员配置、弱化行政人员配置的趋势。

"测量，选拔与分发中心"为优化机构人员学历结构，逐渐对员工学历进行提升。2017 年考试招生机构内博士数量是 2009 年的 5 倍，研究生数量是 2009 年的 3 倍，相反，本科生以下学历人员则减少了 75%（见图 3-13）。

---

① ÖSYM, T.C., "Yükseköğeretim Kurulu Öğrenci Seçme ve Yerleştirme Merkezi 2008 Yılı Faaliyet Raporu"（January 9, 2008），http：//www.osym.gov.tr/Eklenti/5330, osym2008faaliye traporupdf.pdf? 0.

第三章　土耳其现行高校考试招生制度

```
500                                              316  255
           92  109     86  44     138  102
  0
        各领域专家     技术人员     行政人员     机构总人数
                    ■ 2008  ■ 2017
```

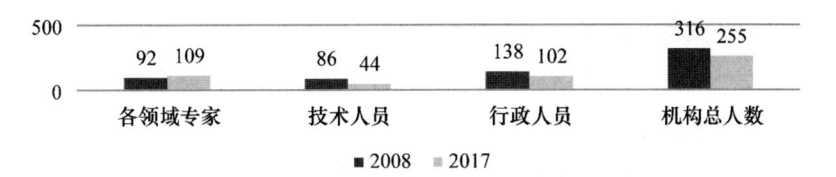

图 3-12　2008 年与 2017 年 ÖSYM 机构人员构成对比（单位：个）

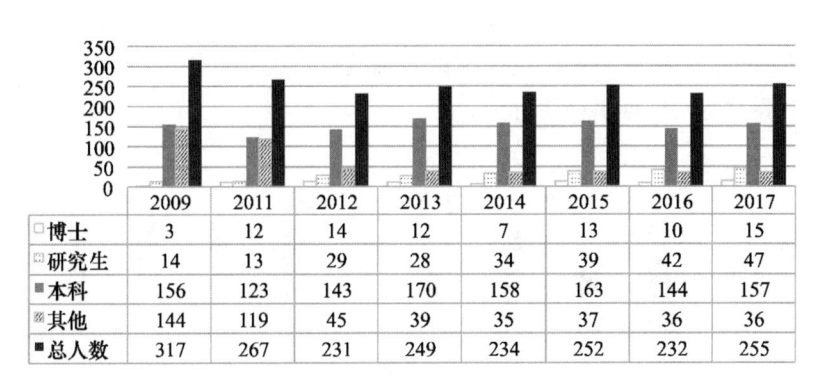

	2009	2011	2012	2013	2014	2015	2016	2017
博士	3	12	14	12	7	13	10	15
研究生	14	13	29	28	34	39	42	47
本科	156	123	143	170	158	163	144	157
其他	144	119	45	39	35	37	36	36
总人数	317	267	231	249	234	252	232	255

图 3-13　2009—2017 年 ÖSYM 机构人员学历情况（单位：个）

（2）扩充体制外人才库

"测量，选拔与分发中心"在优化机构体制内人员结构的同时，也在不断扩充机构外部专业人才库，以实现考试招生机构专业服务能力和信息获取能力的最大化。机构外部专业人才库人员构成主要包括高校考试协调员、高中合作教师、各学科领域试题编写专家等。

高校考试协调员：考试招生机构与外部人员的合作，其法律保障与安全性尤为重要。以考试协调员为例，考试协调员相当于 ÖSYM 设立在各省、各大学的分支机构，有权组织调配当地的其他考试服务者，并负有对考试进行组织、宣传、协调、监督、场地和设备保障、考试安全保证、考试建议，为考生直接服务等职责。考试协调员的选拔仅限于土耳其各大学的专家和学者①。土耳其通过了28993号法令《关于测量，选拔与分发中心的考试协调员和考试中心的工作程序和原则的规定》，以法律形式规定了考试协调员的责任、义务、权利和奖惩细则等。以2018年为例，ÖSYM共聘有考试协调员183人，分布于土耳其81个省的各所大学内，其中教授121人，占总人数的66%，副教授22人，讲师33人，博士助教7人。②从图3-14可知，考试协调员数量在十年间有所增长，但涨幅不大。由于考试协调员权力大、责任重，因此在筛选时十分谨慎，呈现出稳定性特点。

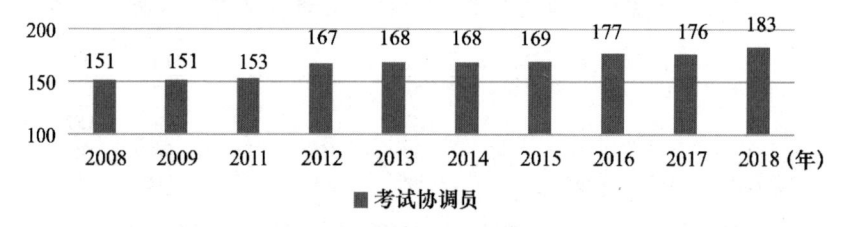

图3-14 2008—2018年ÖSYM考试协调员人数变化（单位：个）

高中合作教师：全国高校统一考试是ÖSYM承担的最重要的工作。以2017年为例，ÖSYM共承担各类考试46项，参加考试的人数共计8301465人，其中参加全国高校统一考试的学生有2265844人，占到各类考试总人数的近三分之一。③为确保全国高校统一考试的报名及组织工作得以顺利进行，高中的配合至关重要。2008年以后，ÖSYM逐渐将考试报名点转移到各个高中，设立高中报考中心，并由高中教师直接承担高中考生的报名、咨询和考试服务等工作。一方面为高中考生提供了

---

① ÖSYM, "Ölçme, Seçme ve Yerleştirme Merkezi Başkanlığının Personeli Görevde Yükselme ve Ünvan Değişikliği Yönetmeliği" (May 7, 2014), https://dokuman.osym.gov.tr/pdfdokuman/2016/GENEL/SinavKoordinatorlukYonetmelik19122016.pdf.

② ÖSYM, "2018 Yılı Mali Durum ve Beklentiler Raporu" (January 12, 2018), https://dokuman.osym.gov.tr/pdfdokuman/2018/GENEL/MaliDurumveBeklentilerRaporu17082018.pdf.

③ ÖSYM, "Ölçme Seçme ve Yerleştirme Merkezi Başkanlığı 2017 Yılı Faaliyet Raporu" (January 15, 2017), https://dokuman.osym.gov.tr/pdfdokuman/2018/GENEL/2017FaaliyetRaporu19042018.pdf.

便利，让高中教师更了解考试；另一方面减轻了 ÖSYM 的内部负担，增强了 ÖSYM 在大学入学考试和高中之间的纽带作用。如图 3-15 所示，十年间 ÖSYM 设置的高中报考中心数量稳步持续增长，增长率达到 60%，已覆盖了土耳其的所有高中。

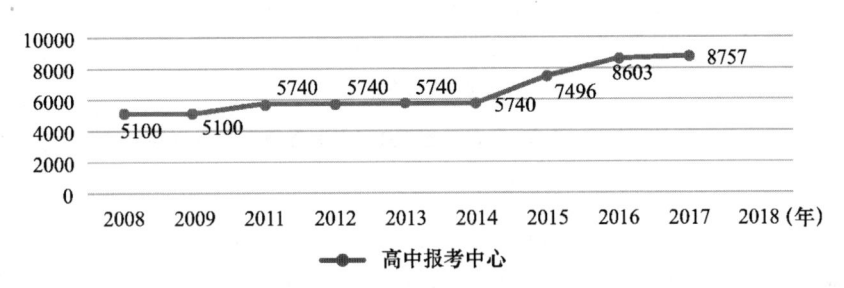

图 3-15　2008—2018 年 ÖSYM 高中报考中心数量变化（单位：个）

试题编写专家：来自大学及研究机构的各领域专家和学者组成了 ÖSYM 的题库专家团队，他们肩负起为各学科领域测评提供试题的重要职责。ÖSYM 主要以会议的形式搜集试题，以 2018 年为例，ÖSYM 共主持各类试题研讨会 46 次，试题编写专家会议 44 次。ÖSYM 将从试题编写专家处搜集的试题交由试测人员，由试测员对试题的信度、效度等进行评估后，再将合格的试题纳入试题库中，以保证考试的科学性和公平性。如图 3-16 所示，十年间 ÖSYM 的试题编写专家增长了 407%，涨幅极大。

2. 建立学习型组织，带动机构专业化建设

"测量，选拔与分发中心"坚持每年对机构员工及合作人员进行定期培训。每年的常规培训类型包括：考试规则类培训、考试安全类培训、考试学科领域知识类培训、职业道德类培训等。以 2018 年为例，ÖSYM 召开考试规则和安全培训共计 41 次，参加培训的工作人员达 11713 人次；2018 年召开试题研讨会 46 次，参与人数达到 1116015 人次。ÖSYM 尤其注重与外部专业人才库人员的定期沟通，如：定期对考试协调员进行培训，每年会议多集中在全国统一高校考试前后（1—3 月及 10—12 月），每年不少于 5 次定期会议；定期与试题编写专家和测

199

土耳其高校考试招生制度研究

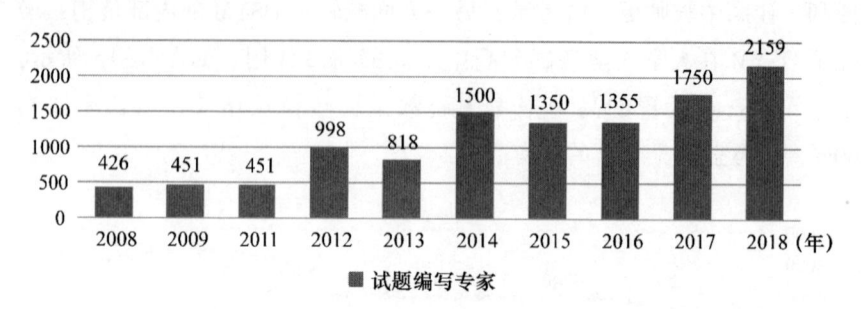

年份	试题编写专家
2008	426
2009	451
2011	451
2012	998
2013	818
2014	1500
2015	1350
2016	1355
2017	1750
2018	2159

图 3-16　2008—2018 年 ÖSYM 试题编写专家数量变化（单位：个）

评员召开研讨会，2018 年共计召开研讨会 44 次。此外，ÖSYM 为与国际接轨，每年定期与国际考试招生机构进行交流学习，以了解国际考试招生机构的专业化发展趋势①。同时，积极组织考试相关的研究课题，以提升机构人员的科研能力。

作为考试招生机构的核心动力资源，人力资源结构的优化和专业化水平直接影响着考试招生机构的专业化发展前景。ÖSYM 在人力资源的建设中体现出了内部建设与外部建设相结合、以学习和培训打造可持续发展人力资源的特点。

三　国家考试招生机构演变的特征与特色

作为土耳其重要的考试招生机构，国家考试招生机构围绕着考试招生机构专业化核心能力建设，以组织机构设置多样化、文化制度建设引领机构发展、广泛寻求"共栖"关系、培养专业化考试人力资源等作为机构演变的关键点，有效促进了考试招生机构的专业化发展。土耳其国家考试招生机构专业化演变道路呈现出一定的特色，值得借鉴。

（一）以专业化提升为目标，积极推进考试招生机构设置多样化

组织生态学对于组织研究的全新视角，揭示出组织机构如同生物一

---

① ÖSYM, "2018 Yılı Mali Durum ve Beklentiler Raporu" (January 12, 2018), https://dokuman.osym.gov.tr/pdfdokuman/2018/GENEL/MaliDurumveBeklentilerRaporu17082018.pdf.

般，在环境中同样面对危机与竞争、生存与改革。一个组织需要优化自身发展，必须抓住组织的核心能力，实现演变，培养敏锐的洞察力，了解市场需求，不畏改革。考试招生机构尤为如此，全球化、信息化已经成为当前社会发展的特征。日新月异的市场变革促使国家和社会对于人才的需求更新频繁，人才选拔规格不断提升，考试招生机构就需要不断提升自身的专业水平为人才选拔提供科学测量工具。其中实现考试招生机构设置的多样化是关键所在。根据 ÖSYM 演变的过程，其机构设置多样化为机构专业化起到了重要的保障作用：它增强了 ÖSYM 信息获取的能力，帮助考试招生机构及时了解环境变化，明确市场需求，更新考试技术和测量手段，提升机构创新能力，使考试招生机构更好地适应环境；推动了员工的多样性，职位的多样性，推动了考试招生机构多元化和专业化发展；增大了 ÖSYM 的机构权力，使得 ÖSYM 能够在各类考试中成为专家，获得考试组织和实施的权力，占据更大的考试市场份额；促使 ÖSYM 应对环境不确定性能力的增强，如果考试招生机构设置单一，惰于变革，当外部环境发生改变，单一设置下机构解决问题的能力非常有限，机构将迅速被淘汰。从 ÖSYM 演变的过程看来，正是由于 ÖSYM 不断进行机构改革，增加机构设置多样性，才使 ÖSYM 成长迅速，适应环境能力增强而得以长久生存。

（二）以考试招生机构文化建设为动力，构建考试招生机构发展蓝图

组织机构的发展离不开制度约束，而对于教育考试招生机构来说，文化制度的建设犹如考试招生机构的灵魂，具有重要的导向功能。ÖSYM 转制后首先就对文化制度内核进行了改革，通过对机构"愿景""使命""价值观"的改革及时更新了传统观念，重新定位考试招生机构职能，为 ÖSYM 的专业化发展点亮了明灯：首先，ÖSYM 在机构转制后明确了自身的服务职能，将机构的定位从政府行政机构转变为社会服务机构，正如学者所说："教育考试招生机构的服务性质，在世界考试领域里几乎已是一个共识。任何一个国家的考试招生机构，凡是服务意

识强，教育考试事业就发达，反之亦然。"① 其次，ÖSYM 以创新和提升考试质量作为机构存活的关键点，不断增强考试招生机构的竞争力。再次，ÖSYM 注重考试安全问题，以考试安全为底线，深刻认识到考试安全问题直接关系到考试公平、关系着千万考生的利益、关系着社会的稳定，更关系到考试招生机构的生死存亡。复次，ÖSYM 以国际标准作为机构发展的目标，以国际标准为准绳，打造为国际所认可的考试服务，以推进考试招生机构的国际化发展。最后，ÖSYM 以追求考试公平为机构专业化的基本精神，力求服务所有人，尤其注重弱势群体的考试公平问题，不断提高考试公平的水平。总之，ÖSYM 的考试招生机构文化内核建设体现出专业性、前瞻性、全局性、稳定性的特点，为考试招生机构的专业化发展指明了长期的努力方向。

（三）以协同合作为重点，拓展考试招生机构服务领域

2011 年以前，土耳其政府管得过严，控得过死，使得 ÖSYM 设置单一，专业化发展被动，改革惰性强，仅执行行政命令而无创新和发展可言。ÖSYM 专业化发展的重要转折点始于 2011 年机构转制，转制后的考试招生机构拥有了独立的行政权和财政权。2011 年土耳其政府放权后，ÖSYM 犹如重获新生，重新定位基础生态位，自觉以市场为导向，遵循考试招生机构的发展规律，积极开拓市场，寻求多元化"共栖"关系。ÖSYM 面对不同利益主体的需求，为社会提供不同的考试服务，形成了以考试养考试的经费运作模式，增强了考试招生机构的活力和生命力，同时也为市场提供了标准化和科学化的人才测量与选拔服务，形成双赢局面。但作为政府机构，ÖSYM 的核心任务仍是为高等院校和政府机构提供人才的测评和选拔工作。因此，政府的放权并不意味着 ÖSYM 脱离了政府，放权不等于放任，ÖSYM 仍为政府服务，政府仍通过监管的手段定期评估 ÖSYM 的业务和经费运转情况。土耳其政府从对 ÖSYM 的直接管理转化为监督和评估，从完全掌控转化为宏观调控。政府的主动放权打破了政府包办的局面，打开了考试招生机构的原有边

---

① 戴家干：《谈教育考试机构的职能与定位》，《教育与考试》2007 年第 1 期。

界，使 ÖSYM 重获新生。

（四）以人才资源保障为核心，打造可持续发展人才库

"测量，选拔与分发中心"在人力资源的培养与建设方面的特色在于既重视机构内部人力资源的建设，又重视机构外部人力资源的建设。同时，注重人力资源的持续性培训，力求保证机构人力资源的多样化、专业化和可持续性发展。

在机构内部的人力资源建设上，土耳其国家考试招生机构力求在行政人员和专业技术人员的配比上实现优化，将机构人力资源分为行政管理人员、考试信息技术人员以及各考试领域专家。重视考试招生机构核心业务人才的培养，也注重考试技术人员的培养。努力提升人员的学历结构，实现体制内人力资源构成的多样化和专业化。同时 ÖSYM 重视对机构外部人力资源的培养：一方面 ÖSYM 注重与考试相关机构形成紧密的联系与合作，通过法律确定了合作人员的权利与义务，确保机构外合作人员的多元化与有法可依。另一方面注重建立高水平专家库，从大学和研究机构选取专家和学者为机构专业化发展提供智力支持，提升考试招生机构的核心竞争力。此外，ÖSYM 注重对体制内和体制外人力资源进行继续教育，为人力资源提供持续的、长期的考试专业知识培训。

总之，ÖSYM 注重发展机构人才资源，培养了一批具备专业能力、专业知识、保密意识、责任意识、服务意识的高素质、可持续发展的人力资源，为考试招生机构专业化发展提供了强有力动力。

"测量，选拔与分发中心"的演变历程，体现出考试招生机构适应环境、积极改革、获取最优化生存资源的过程。其改革和发展紧紧围绕着考试招生机构的专业化建设，抓住考试招生机构专业化发展的四个核心要点，开辟出了一条颇有特色的考试招生机构专业化发展道路。

但从更长远来看，组织机构的存活，除了适应与改革，也无法避免竞争与淘汰。缺乏足够的行业内部竞争，同样不利于组织机构的发展。虽然 ÖSYM 转制后拥有了更大的自主权，机构性质也从行政机构转变为服务性机构，但其国家机构的根本性质并未改变，政府机构的

标签使ÖSYM成为土耳其国内唯一的大型考试招生机构。如果政府不能完全放开考试市场竞争机制，将会形成行业内的垄断。如果无法形成竞争，考试招生机构将很难在提升科研、服务、技术创新等方面形成内驱力，也无法使考试招生机构的存活更具活力。行业垄断对于考试招生机构来说，并非有益的成长环境。只有引入更多考试招生机构，形成竞争性的考试市场，才有利于组织机构更主动和更自觉地寻求专业化发展，这也是"物竞天择"式的组织生态学所强调的种群间互相竞争的重要意义。如何在面对市场化考试招生机构竞争的同时，保持本土考试招生机构的竞争力，还需要土耳其政府和考试招生机构的不断探索。

第四节　土耳其高校考试招生制度的法律保障

法律是维护社会公平与平等的强有力武器，高校考试招生制度作为各国社会和教育体系中的重要环节，对于社会安定和教育发展都具有重要的现实意义。因此，逐步实现考试招生制度法治化，使考试招生制度有法可依成为各国努力的共同目标。土耳其共和国作为大陆法系国家，体现出大陆法系强调文法典权威性、明确立法与司法分工的特点。其高校考试招生制度虽未形成专门的法律法规，但也通过考试招生机构、高等教育管理部门等的立法和相关规章制度，逐步形成了对国家考试招生机构、考试制度、招生制度等多层面多角度的法律法规及部门规章条例。它们确保了国家考试招生机构管理的规范性，维护着高校考试招生制度的公平与正义，以达到保护最广大考生权益的目的。

一　高校考试招生制度相关法律法规的类型

土耳其高校考试招生制度的相关法律、法规包括三个类型：首先是国家颁布的法律、法规，其次是规范性文件，最后是相关规章条例。

(一) 法律法规

根据土耳其国家司法部、高等教育委员会、国家考试招生机构等所颁布的法律、法规，整理出土耳其高校考试招生制度的相关法律、法规，如表 3-16 所示。

表 3-16　　土耳其高校考试招生制度主要相关法律法规一览

法律/法规编号	法律/法规名称	颁布时间
15067 号	《高校学生选拔与分发中心规定》	1974 年 11 月 19 日
2547 号	《高等教育法》	1981 年 11 月 4 日
6114 号	《测量，选拔与分发中心服务法》	2011 年 2 月 17 日
28993 号	《关于测量，选拔与分发中心的考试协调员和考试中心的工作程序和原则的规定》	2014 年 5 月 7 日
30564 号	《测量，选拔和分发中心协调员和应用中心工作程序和原则修订条例》	2018 年 10 月 13 日

除国家颁布的法律法规外，还包括规范性文件、规章条例等具有法律效力的文件及条例规定等。

(二) 规范性文件

土耳其高校考试招生制度的相关规范性文件包括：《关于测量，选拔与分发中心人员风险和变更的规定》《测量，选拔与分发中心专家和助理专家的考试、分配、培训、职责和工作程序和原则》《国内外合同制工作人员管理条例》《测量，选拔与分发中心考试购置商品和服务监管规定》《考生及考试官员考场管理条例》《关于试题的准备，题库的形成和试题的安全规定》《考试费用的发放程序与原则》等。

(三) 规章条例

土耳其高校考试招生制度相关的规范性文件包括：《测量，选拔与分发中心纪律监督员条例》《测量，选拔与分发中心律师顾问及律师入职考试及委任规例》等。

由上述法律、法规可见，土耳其高校考试招生制度的相关法律、法规、规范性文件具有多层次、多维度、细化的特点。从国家法律到政府部门所颁布的法规，直至决定、条例等，从多个层次、多个维度给予高校考试招生制度以法律保障。

二 高校考试招生制度相关法律法规的适用情况

土耳其高校考试招生制度的相关法律法规主要适用于三个范围：一是适用于国家考试招生机构的法律法规；二是适用于高校考试制度的相关法律法规；三是适用于高校招生制度的相关法律法规。

（一）适用于国家考试招生机构的相关法律法规

土耳其国家考试招生机构作为高校考试招生制度的管理者和实施者，为其制定相应的法律法规是高校考试招生制度能够依法实施的前提和保障。通过制定国家考试招生机构的相关法律法规，以确保国家考试招生机构在组织、实施高校考试招生制度和进行机构管理时有法可依。土耳其国家考试招生机构的相关法律法规主要包括两方面内容：国家考试招生机构建设的法律法规和国家考试招生机构人员管理的法律法规。

1. 国家考试招生机构建设的法律法规

1974年11月19日《高校学生选拔与分发中心规定》在《土耳其国家公报》上发布，这标志着国家考试招生机构——大学生选拔与分发中心（ÜSYM）正式成立。在当时尚未成立高等教育委员会的情况下，《规定》将大学生选拔与分发中心划拨到大学理事会（Üniversitelerarası Kurul）的管理之下。《规定》中指出，大学生选拔与分发中心的机构使命在于"组织、实施和研究高等教育入学考试、选拔、排名及录取工作。"[①] 并规定了国家考试招生机构的建设原则、组织办法、权利、义务以及运行机制等详细内容。

《高校学生选拔与分发中心规定》是国家考试招生机构的专门法规，它不仅对国家考试招生机构的工作职责、管理权限等进行了详细规

---

① T. C. Cumhurbaşkanlığı Resmî Gazete, "Üniversitelere Öğrenci Seçme ve Yerleştirme Merkezi Yönetmeliği" (November 19, 1974), https://www.resmigazete.gov.tr/arsiv/15067.pdf.

定，保障了考试招生机构的权、责有法可依，也实现了土耳其高校考试招生制度法制化建设从无到有的突破，是高校考试招生制度法制化建设的重要分水岭。

大学生选拔与分发中心的进一步改革与发展基于1981年《高等教育法》的出台，该法案将大学生选拔与分发中心更名为学生选拔与分发中心，并规定学生选拔与分发中心的主要任务为："决定高等教育院校考试、招生、录取的基本原则，并根据候选人的志愿，将候选人录取在大学和其他高等教育机构以及开展与之相关的研究。"① 《高等教育法》中明确了学生选拔与分发中心的工作任务和职责范围，并对学生选拔与分发中心的收费标准等进行了规定，指出所有参加考试的候选人均需为考试服务付费。

2011年专门的国家考试招生机构法《测量，选拔与分发中心服务法》出台。该法案将原学生选拔与分发中心更名为"测量，选拔与分发中心"，从命名的改变上意味着考试招生机构的服务范围进一步扩大。该法案重新界定了"测量，选拔与分发中心"工作职责中的核心概念，指出"候选人"是指："申请参加'测量，选拔与分发中心'所组织的考试、评价和录取的符合资格的申请人。""考试"指："按照既定的程序和原则以书面形式或口头向考生提问，并记录考生给出的答案的过程。""分发"是指"考虑到评估结果形成的分数、偏好，招生名额和条件，将候选人录取到高等教育机构或相关机构和组织的过程。"② 相关概念的界定进一步明确了ÖSYM的服务对象和工作范畴。

上述法律条文明确了国家考试招生机构负责组织实施高校考试招生制度的核心职责，并对国家考试招生机构的机构性质、建设原则、服务范围、收费标准等进行了总体规定，使国家考试招生机构在机构建设过

---

① Mevzuat Bilgi Sistemi, "Yükseköğretim Kanunu" (November 11, 1982), https://www.mevzuat.gov.tr/MevzuatMetin/1.5.2547.pdf.

② Mevzuat Bilgi Sistemi, "Ölçme, Seçme ve Yerleştirme Merkezi Hizmetleri Hakkında Kanun" (February 11, 2011), http://www.mevzuat.gov.tr/Metin1.Aspx? MevzuatKod = 1.5.6114& MevzuatIliski = 0&sourceXmlSearch = Se% C3% A7me% 20ve% 20Yerle% C5% 9Ftirme% 20Merkezi% 20Hizmetleri%20Hakk%C4%B1nda%20Kanun&Tur=1&Tertip=5&No=6114.

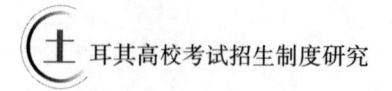

程中有法可依。

此外，相关法律法规中也对"测量、选拔与分发中心"的机构管理规范和人员管理办法等进行了详细的规定，确保了国家考试招生机构在管理过程中有法可依。

2. 国家考试招生机构人员管理及机构管理的相关法律法规

土耳其国家考试招生机构为高校考试招生制度提供考试设计、考试实施、考试安全保障、考试结果评估和招生录取等一系列服务。在服务过程中，国家考试招生机构的工作人员在机构中起着灵魂和核心作用，对其进行科学管理是机构管理工作的重中之重，直接决定着国家考试招生机构的生存能力和服务能力。加之作为国家考试招生机构的工作人员，其工作性质具有特殊性和敏感性，从法律上明确工作人员的权利、义务和职责范畴有其必要性。

（1）考试中心和考试协调员的相关法律法规

考试中心作为中央考试招生机构的重要合作部门，是土耳其国家考试招生机构（ÖSYM）设置在各区域、各大学为全国高校统一考试服务的地方单位，它与国家考试招生机构属于中央与地方的隶属关系。考试中心由国家考试招生机构聘请的考试协调员负责管理。2014年，国家考试招生机构通过了28993号法令《关于测量、选拔与分发中心的考试协调员和考试中心的工作程序和原则的规定》，以法律形式明确了考试中心和考试协调员的管理细则。

《规定》指出，考试中心的运营费用由国家考试招生机构支付，标准是该中心每年所收取的考试申请费用的30%。其他工作人员由考试协调员或中心所在学校董事会任命。考试协调员受国家考试招生机构委托运营考试中心，负责所在地区（或高校）全国高校统一考试的申报、协调、实施和监督等工作，是国家考试招生机构除中央直属代表外最重要的考试服务人员和管理人员。考试协调员须与国家考试招生机构签订正式合同，聘用期两年。《规定》中特别强调，考试协调员不能由国家考试招生机构体制内人员的亲属担任，考试协调员任命的考试助理也不能是考试协调员的亲属，规避了亲缘腐败问题。①

(2) 国家考试招生机构人员聘用的相关法律法规

在人员聘用方面，《测量，选拔与分发中心服务法》和《关于测量，选拔与分发中心人员风险和变更的规定》中对国家考试招生机构的人员聘用程序及标准等进行了详细的规定。在聘用人员的学历要求上，规定"测量，选拔与分发中心"的部门主管、法律顾问、部门经理及以上职务者均须具备学士学位。并进一步对各类人员的招聘办法、入职流程等进行了规定。

以国家考试招生机构专家团队的聘用办法为例。考试招生机构作为人才测量与评价的重要组织，专家团队处于机构人力资源的重要地位。《测量，选拔与分发中心服务法》和《关于测量，选拔与分发中心人员风险和变更的规定》中都规定了专家聘用的条件：具备相关专业博士学位并由国家考试招生机构派往海外进修过的人员。此外，国家考试招生机构出台了专门的《测量，选拔与分发中心专家和助理专家的考试、分配、培训、职责和工作程序和原则》和《国内外合同制工作人员管理条例》，对"测量，选拔与分发中心"的专家及助理专家的聘用、培训、学术能力和评估考试程序、管理办法和培训原则等均进行了翔实的规定。规定指出：首先，聘用专家和助理在外语能力、专业知识和能力、科研能力等几项专业能力上均须达到相应的专家聘用标准。其次，专家的聘用须以公开招聘的方式开展，所有应聘者必须通过国家考试招生机构所组织的笔试和面试，考试过程必须公开、透明，须在官方网站和公报上公布招考方案及考试结果。并对考试流程、监管部门、出题单位、审核部门，入选者须达到的最低笔试分数线和总体考试分数线等作出了规定。最后，规定了聘用专家入职后的培训规划，希望通过对专家入职后的专业培训不断提升考试招生机构专家团队的专业能力，更好地

---

① ÖSYM, "Ölçme, Seçme ve Yerleştirme Merkezi Başkanlığının Personeli Görevde Yükselme ve Ünvan Değişikliği Yönetmeliği" (May 7, 2014), https://dokuman.osym.gov.tr/pdfdokuman/2016/GENEL/SinavKoordinatorlukYonetmelik19122016.pdf.

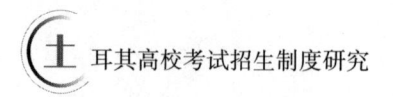

为考试机构服务。①

细化的专家聘用规定使国家考试招生机构在专家聘用时有法可依，保障了机构专家聘用的公正性和合理性。同时对专家入职后的培训进行了要求，为人力资源的可持续发展提供了法律保障。

（3）国家考试招生机构聘用人员薪酬标准的相关规定

土耳其国家考试招生机构以高校考试招生为主要职责，同时负责土耳其国家机关、教育机构和社会机构的相关考试工作，以法律形式规范国家考试招生机构聘用人员的薪酬标准是聘用人员能够依法获取劳动报酬的重要保障。2012年1月18日，《考试费用的发放程序与原则》出台，确定了国家考试招生机构的聘用人员，包括试题库专家、考试安全检查员、考试场地管理人员、考试执法人员、考试协调人员等相关人员的薪酬支付标准、程序及原则。考试相关聘用人员的薪酬标准具体到各类聘用人员的最高薪酬，各类人员年度可获取的考试类薪酬的最高额度等细化标准。② 这一文件的出台使国家考试招生机构聘用人员的收入透明化，也确保了国家考试招生机构各类聘用人员能够依法合理获取酬劳，维护了国家考试招生机构与聘用人员双方的权益。

（4）国家考试招生机构内部资产管理规定

除对人员的管理规定外，国家考试招生机构尤为重视机构内部资产管理的规范性。以国家考试招生机构资产购置为例，为保障国家考试招生机构在购买计算机和通信基础设施、印刷、包装、运输、配送、安全服务、劳务和货物采购等的规范性和安全性，国家考试招生机构出台了《测量、选拔与分发中心考试购置商品和服务监管规定》。《规定》中指出，国家考试招生机构所有涉及上述物资的采购和服务购买行为时，必须以公开招标的方式进行，并详细规定了招标的基本原则、招标经费的

---

① ÖSYM. Ölçme, "Seçme ve Yerleştirme Merkezi Uzman ve Uzman Yardımcılığı Sınav, Atama, Yetiştirilme, Görev ve Çalışma Usul ve Esasları Hakkında Yönetmelik" (December 19, 2016), https://dokuman.osym.gov.tr/pdfdokuman/2016/GENEL/UzmanveUzmanYrdGorevCalisma19122016.pdf.

② ÖSYM, "ÖSYM Mevzuatı" (March 2, 2020), https://www.memurlar.net/common/news/documents/532775/mevzuatkitaapcigihiyerarsivetarihegoresirali13052014.pdf.

使用原则、采购程序、招标人的条件、招标文件标准、公开招标程序、招标方资质要求、合同规范及签订/修改/转让办法、商品用途范围、讨价还价程序等翔实可操作的条款。① 保障了国家考试招生机构在资产购置和服务购买时的公开、公平、廉洁和高效。

国家考试招生机构人员管理及机构管理的相关法律法规体现出翔实、细化的特点，不同的法律法规对国家考试招生机构的人员聘用、在职管理、职后培训、薪酬发放、资产购置等均进行了有针对性的可操作规定，保障了国家考试招生机构在机构管理和人员管理时有法可依、有章可循。

（二）适用于高校考试制度的法律法规

土耳其高校考试招生制度的原则性法律规定主要在《高等教育法》中体现。

《高等教育法》第四十五条对高校考试招生制度的基本原则进行了规定，指出所有有意进入高等教育机构的学习者"必须通过经高等教育委员会规定的考试进入高等教育机构。同时须采取措施确保入学机会均等"②。明确了全国高校统一考试招生制度的法律地位，并强调了平等原则在高校考试招生制度中的重要性。在《测量，选拔与分发中心服务法》中进一步指出："高等教育入学考试按照高等教育委员会确定的程序和原则进行。"③ 明确了高校入学考试服务于国家和教育体系的基本原则。除原则性法律外，土耳其政府也针对考试安全、试题安全等考试组织和实施过程中的安全问题制定了翔实的法律法规。

1. 保障高校入学考试安全的相关法律规定

考试过程的法律监管具有重要意义，它直接关系考试实施的公平和

---

① ÖSYM, "Ölçme, Seçme ve Yerleştirme Merkezi Uzman ve Uzman Yardımcılığı Sınav, Atama, Yetiştirilme, Görev ve Çalışma Usul ve Esasları Hakkında Yönetmelik", (December 19, 2016), https://dokuman.osym.gov.tr/pdfdokuman/2016/GENEL/UzmanveUzmanYrdGorevCalisma19122016.pdf.

② Mevzuat Bilgi Sistemi, "Yükseköğretim Kanunu" (November 11, 1982), https://www.mevzuat.gov.tr/MevzuatMetin/1.5.2547.pdf.

③ ÖSYM, "Ölçme, Seçme ve Yerleştirme Merkezi Başkanlığının Teşkilat ve Görevleri Hakkında Kanun" (March 3, 2011), https://dokuman.osym.gov.tr/pdfdokuman/2016/GENEL/6114_19122016.pdf.

公正。其中考试的保密及安全工作更是考试工作的重中之重，它是考试组织和实施的生命线，直接决定着考试的权威性和有效性。

（1）考试工作人员的安全性规定

《测量，选拔与分发中心服务法》首先对考试管理人员安全进行了相应的规定："中心主席、副主席、董事会成员、主席顾问、部门主管、法律顾问，新闻和公共关系顾问，中心专家，分公司经理等，在任期结束后两年内不得从事考试、考试课程培训或书籍出版等工作，不得直接或间接获得或提供此类法人或附属机构的经费。他们的配偶、子女及其直系亲属不能参加考试课程培训或出版物方面的工作，不得从事可能会从这些法人或附属公司获得收入的直接或间接工作。在试题准备和监督的相关工作人员如发现与本款规定不符者，应当分配到其他单位。"[①] 涉及考试安全的主要工作人员及其家属直接影响着考试安全，相关法律的出台规避了考试人员对考试安全所产生的隐患。

（2）考试实施的安全性规定

保障高校入学考试实施过程的安全性在整个高校考试招生制度中具有重要意义，是保障高校入学考试顺利进行的基本防线。国家考试招生机构出台了专门的《考生及考试官员考场管理条例》。在考试官员方面，考试协调委员会（由 ÖSYM、国家安全总局、宪兵司令部和国家教育部代表组成的委员会）作为考试期间考场的专门负责部门，对考试的安全实施负有主要责任，其工作职责包括：提前对试卷的运输路线进行安全测试、对考场建筑周围地区及道路进行安全排查、全面协调考试场地其他责任单位的安全保障工作、对考试全程进行安全监控、在考试后将考试文件安全交回国家考试招生机构等。[②] 此外，在考试中另一重要的安全保障角色是安全协调员，这一角色包括试卷运输人员、安保人员

---

① ÖSYM, "Ölçme, Seçme ve Yerleştirme Merkezi Başkanlığının Teşkilat ve Görevleri Hakkında Kanun" (March 3, 2011), https://dokuman.osym.gov.tr/pdfdokuman/2016/GENEL/6114_19122016.pdf.

② ÖSYM, "Adayların ve Sınav Görevlilerinin Sınav Binalarına Giriş Koşullarına İlişkin Yönetmelik" (December 19, 2016), https://dokuman.osym.gov.tr/pdfdokuman/2016/GENEL/AdaylarveSinavGorevBinaGirisYonetmelik19122016.pdf.

等。这类人员的身份和资质都需经过严格审核，并需查证家属关系，在国家考试招生机构的指令下进入考场指定区域落实考试安保工作。

(3) 考生的考试纪律规定

考生作为考试的主体，对维护考试安全同样负有重要责任。考生需凭身份证和准考证进入考场，其他证件都不具备进入考场的资格。考生需提前 15 分钟进入考场，逾期视为放弃考试资格。在考试过程中，除持有医疗委员会出具的必须满足如厕需要的考生外，其他考生不得以任何理由离开考场使用厕所或有类似需求。自行离开考场的考生视为放弃考试。除安保人员外，任何人不得携带手机或其他通信设备进入考试大楼，并明确规定："各种穿孔和切割工具、枪支、袋子、钱包、手机、手表、钥匙扣、蓝牙和类似设备与无线通信、耳机、项链、耳环、手镯、戒指（结婚戒指除外）、胸针和其他珠宝、各种塑料、玻璃器皿和含金属物品、各种电子/机械设备和各种纸张、笔记本、课程笔记、书籍、词典、杂志，报纸和类似的出版物、标尺、指南针、量角器和类似工具等不得带入考试大楼。"如果"在考试所在的建筑物内或考试后发现携带此类装置的候选人考试视为无效"，但"受医疗卫生委员会报告证实患有疾病的考生的药物和食品不在此范围内"[1]。自 2010 年起，土耳其国家考试招生机构为"杜绝痛心疾首的作弊丑闻再次发生"[2] 并"保证考生所用铅笔能更好地配合光学阅卷器的需要"[3]，规定参加全国高校统一考试的考生除了携带两证以验明正身外，其他任何物品都不能带入考场。待考生落座后，考官将发给每位考生一盒装有 2B 铅笔、卷笔刀、橡皮擦、糖果和餐巾纸的透明文具用品盒（见图 3-17）以及一瓶饮用水作为考试专用物资，以减少考试过程中的安全隐患。

---

[1] ÖSYM, " Adayların ve Sınav Görevlilerinin Sınav Binalarına Giriş Koşullarına İlişkin Yönetmelik" (December 19, 2016), https://dokuman.osym.gov.tr/pdfdokuman/2016/GENEL/AdaylarveSinavGorevBinaGirisYonetmelik19122016.pdf.

[2] NTV, "ÖSYM'den Adaylara Yeni Kalem" (February 8, 2013), https://www.ntv.com.tr/egitim/osymden-adaylara-yeni-kalem,rZ_oPd79j0i7iGg0QwxbUg.

[3] On5yirmi5, "Artık ÖSYM'nin Kırtasiye Kutusu da Şeffaf" (February 8, 2013), https://www.on5yirmi5.com/haber/egitim/sinavlar/118967/artik-osymnin-kirtasiye-kutusu-da-seffaf.html.

（4）试题的安全性规定

试题准备人员的保密工作至关重要。《测量，选拔与分发中心服务法》规定，试题在考试审查之前、考试期间和考试之后都必须采取一切必要措施以确保其机密性和安全性。必须与所有相关合作机构和组织签署保密协议。在任何情况下，题库中的试题都不得提供给第三方。在考试前和考试期间的试卷准备工作所涉及的印刷、分发、维护和存放过程中，任何可用于通信的技术手段和设备都必须进行审查或禁用。

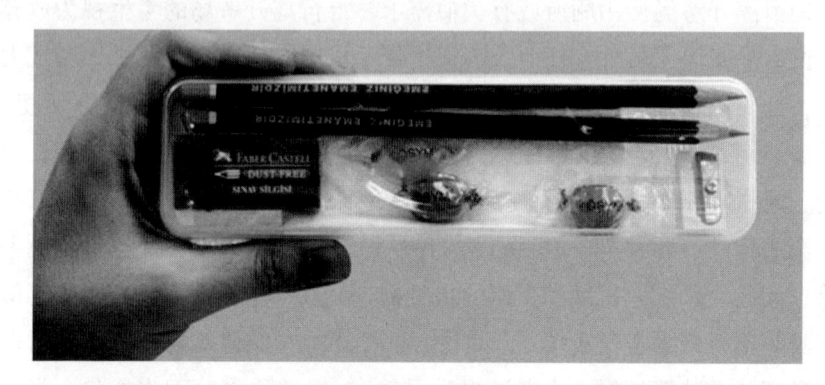

图3-17 土耳其全国高校统一考试官方发放考试物资①

2016年国家考试招生机构进一步出台了《关于试题的准备，题库的形成和试题的安全规定》，对加密试题库的建立、试卷印刷和制作过程中的安全问题进行了全面规定。《规定》指出，试题库的建立首先有赖于试题编写专家和试题评估专家库的建立，被纳入试题专家库的专家在首次参加试题编写时，需事先进行试题库安全培训。而涉及试题编写、制作、印刷、装订等阶段的工作人员，均须遵守保密协议，所有相关人员的信息同样处于保密状态。尤其值得指出的是，国家考试招生机构规定，所有的试题均须首先经过适用性、准确性、规范性、道德性、适用区域范围、信度、效度、类属等方面的试题科学性专业鉴定。此后

---

① NTV,"ÖSYM'den Adaylara Yeni Kalem"（February 8, 2013）, https://www.ntv.com.tr/egitim/osymden-adaylara-yeni-kalem, rZ_ oPd79j0i7iGg0QwxbUg.

还须经过语言科学审查，这一环节重在检查试题的表述是否具有干扰性、歧义、用词是否精准、是否具有暗示性、标点符号准确性等表述方面的科学性。通过科学性检验和语言准确性检验的试题可以根据其类属和级别分区入库。试题鉴定的每个步骤都由专门的学科领域专家完成，每个试题每轮鉴定都不得少于三名专家。未入选的试题将存入未入选题库，闲置两年后再完全销毁。为保密起见，试题库需存放在没有互联网且与外界隔绝的物理空间中，进入题库区的专家须持主席出具的书面指令。试卷的制作同样需由指定专门人员在封闭的环境中进行。① 在考试相关文件的存放方面，《测量，选拔与分发中心服务法》规定，考试类文件适宜存放于公立或私立高等教育机构、国家教育部下属的公立或私立中小学教育机构。所有公共机构和组织的考试文件存放场所，需配备考试中心或考试协调员，必要时可在考试服务费用中申请考试、清洁、取暖和照明等成本费用。②

2. 危害考试安全行为的惩处规定

《测量，选拔与分发中心服务法》中明确了危害高校入学考试安全行为的惩处条例，有效地维护了考试安全。

《测量，选拔与分发中心服务法》中规定，危害考试安全行为的主要惩处办法包括：（1）非法获得或持有考试机密信息的人员应处以1—4年监禁；（2）泄露考试机密信息者应处以2—5年有期徒刑；（3）在考试中尝试作弊或协助作弊者，考试成绩均以作废处理，情节严重者可追究刑事责任；（4）使用传输音频或视频设备的作弊行为、替考者、互助作弊/集体作弊者，在不构成其他更为严重的罪行时，应处以1—4年有期徒刑；（5）篡改考试成绩以支持参考人或对参考人不利者，判处3—8年有期徒刑；（6）考试中的作弊人员将即刻取消考试资格，并在两年内都不得参

---

① ÖSYM, "Soruların Hazırlanması, Soru Havuzunun Oluşturulması ve Soruların Güvenliğinin Sağlanmasına İlişkin Yönetmelik" (December 19, 2016), https：//www. mevzuat. gov. tr/File/GeneratePdf? mevzuatNo = 17289 & mevzuatTur = KurumVeKurulusYonetmeligi & mevzuatTertip = 5.

② ÖSYM, "Ölçme, Seçme ve Yerleştirme Merkezi Başkanlığının Teşkilat ve Görevleri Hakkında Kanun" (March 3, 2011), https：//dokuman. osym. gov. tr/pdfdokuman/2016/GENEL/6114_ 19122016. pdf.

加由"测量，选拔与分发中心"所举办的任何考试；（7）如被取消考试资格者已在公职岗位就职，则取消已有公职并禁止参加其他公职类考试；（8）如在考试中为有组织犯罪，则所有处罚都将加倍执行；（9）如提供泄题来源的作弊人员，则可以获得减轻处罚的奖励。①

以上条款不仅收录在法案中，也收入了年度高校入学考试的《报考指南》中，成为考生在考试报名时必须学习和遵守的考试安全协议，使考生明确自身维护考试安全的责任和义务。

（三）适用于高校招生制度的法律法规

在高校招生制度方面，《高等教育法》第四十五条对高校录取成绩构成作出了明确的规定："在计算录取分数时，会考虑学生的中学成绩。中学学业成绩将换算成为最少250分的分值。并以中学学业成绩总分数的12%计入中央考试的录取总分。"② 这一规定以法律形式明确了土耳其高校录取标准多元化的原则，即不以入学考试分数为唯一录取标准，而将中学学业成绩纳入最终录取成绩中，加强了高校考试招生制度与中学阶段学业的联结性，提升了学生对中学阶段学习的重视程度。

此外，土耳其政府在高中最优学生招生优惠政策及特殊才能学生招生方面也制定了相应的法律规定。2012年修订的《高等教育法》指出："对于以第一名完成中学学业的候选人，可由高等教育委员会根据现有配额情况决定单独的配额。"③ 为公立大学设置高中第一名考生预留名额提供了法律依据。《高等教育法》对艺术类、科技类的特殊才能学生招生也作出了相应规定：第一类是在某些艺术和体育专业以及土耳其国家科学技术研究理事会（TÜBİTAK）指定的国际科学竞赛中表现突出的获奖学生；第二类是参加由国家科学技术研究理事会指定的国家和国

---

① ÖSYM, "Ölçme, Seçme ve Yerleştirme Merkezi Başkanlığının Teşkilat ve Görevleri Hakkında Kanun" (March 3, 2011), https://dokuman.osym.gov.tr/pdfdokuman/2016/GENEL/6114_19122016.pdf.

② Mevzuat Bilgi Sistemi, "Yükseköğretim Kanunu" (November 11, 1982), https://www.mevzuat.gov.tr/MevzuatMetin/1.5.2547.pdf.

③ Mevzuat Bilgi Sistemi, "Yükseköğretim Kanunu" (November 11, 1982), https://www.mevzuat.gov.tr/MevzuatMetin/1.5.2547.pdf.

际科学竞赛的前三名学生。在录取时，这两类学生将取得额外加分，具体分数计算标准由高等教育委员会决定。①

土耳其高校考试招生制度的相关法律法规的建立过程体现出逐步实现考试招生制度法制化、不断追求法律保障的特色。土耳其高校考试招生制度的相关法律法规首先建立在1981年《高等教育法》的基础之上，之后进一步细化于2011年颁布的《测量，选拔与分发中心服务法》。土耳其政府通过对已有法律的不断修订和完善，同时根据高校考试招生制度发展的需求不断出台新的法律法规，以提升国家考试招生机构和高校考试招生制度的规范性，确保高校考试招生制度有法可依，保障了高校考试招生制度的权威性、公平性和法制性。

三 高校考试招生制度相关法律法规的特点

高校考试招生制度的法制建设是以法律武器来维护高校考试和招生公平的重要保障；是确定考试责任主体权利和责任划分，依法办考，依法招生的重要依据和准绳；是考生得以维护自身合法权益，履行维护考试安全义务的准则。土耳其自实行全国高校统一考试招生制度以来，其法制建设经历了曲折而漫长的发展道路，实现了从无到有、从片面到具体、从注重结果到注重过程的历史性转变。它发展至今已经形成了自身特色。

(一) 明确责任主体及其权责分配

土耳其高校考试招生制度的相关法律法规极为注重明确责任主体及其权利、义务等的划分，做到责任主体各司其职、各尽其责。以土耳其国家考试招生机构下属人员的权责划分为例，机构人员包括：董事长、董事会成员、顾问、部门主管、法律顾问，新闻和公共关系顾问、考试协调员、考试出题专家、考试安全检查员、考试建筑管理员等，国家考试招生机构通过颁布多个法律法规，界定了各类工作人员的职责范围、

---

① Mevzuat Bilgi Sistemi, "Yükseköğretim Kanunu" (November 11, 1982), https://www.mevzuat.gov.tr/MevzuatMetin/1.5.2547.pdf.

录用办法细则、在考试和招生过程中的权利和义务以及违法相关法律法规的处罚条例等。各类人员职责划分明晰，权责有法可依，避免了责任推诿。

（二）注重法律事实认定的过程化及细节化

注重法律条文的细节化和过程化是土耳其高校考试招生制度相关法律法规建设的又一特色。土耳其高校考试招生制度的相关法律法规注重在法律条文中对相关责任主体、法律事实认定等进行详细的界定和描述，极为注重法律事实的认定过程。以考试安全为例：由于高校考试招生制度具有特殊性，它影响范围广，影响力强，是关乎考生未来和社会稳定的重要教育制度，维护考试公平是相关法律法规建设的首要职责。要维护考试公平，就需要培养考试相关人员的高度保密意识和责任意识，避免出现危害考试安全的行为。为此，土耳其政府出台了《测量，选拔与分发中心服务法》，对考试过程中的作弊行为认定、考试保密原则，试卷运输和保存等考试安全事宜均进行了详细的规定，同时指出了各种违规行为的详细认定办法和处罚办法。如为规避考试组织实施过程中的亲缘腐败问题，避免土耳其人情社会中考试相关人员任用亲属危害考试安全，法律条款直接规定相关工作人员在任职期间，其"配偶，子女及其直系亲属不能参加考试课程培训或出版物方面工作，不得从事可能会从这些法人或附属公司获得收入的直接或间接工作"[①]。细化的法律条文有利于在法律事实的认定和执行过程中有法可依，避免钻法律空子，更好地维护了高校考试招生制度的公平和公正。

（三）注重法律法规调整的时代性

土耳其高校考试招生制度的相关法律法规在确立之后并非一成不变，而是随着时代的变迁不断修订和完善，以适应社会的发展需求。以《测量，选拔与分发中心服务法》为例，该法案颁布于 2011 年，随后分别于 2012 年、2015 年、2016 年、2018 年、2019 年反复修订，以保证

---

① ÖSYM, "Soruların Hazırlanması, Soru Havuzunun Oluşturulması ve Soruların Güvenliğinin Sağlanmasına İlişkin Yönetmelik" (December 19, 2016), https：//www.mevzuat.gov.tr/File/GeneratePdf? mevzuatNo=17289 & mevzuatTur=KurumVeKurulusYonetmeligi & mevzuatTertip=5.

法律条文符合时代发展的需求、与时俱进。其中在 2016 年的修订条款中为提高考试评估的公平性，新增"试题如发现歧视特征，将被排除在评分之外以保证考试结果的公平性"。这一条款旨在避免全国高校统一考试中由于试题设置不当而造成的考试公平问题，比如试题可能带有过强的区域局限性难以被其他地区的学生理解等。因此，如果出现歧视性问题，试题允许被排除在评估结果之外。又如 2016 年在原有条例"在考试期间因工作职责进入考试建筑物和考试大厅的人，有义务主动出示身份证"。上新增"不论考生或审查员，均须通过生物识别系统进行认证方可进入考试建筑物和考试大厅"。该条款的提出基于当时土耳其各考场已经广泛应用生物识别技术以保障考试安全的新形势，此新增条款具有时代适切性。再如，新增条款"为确保考试期间或考试后的安全性，考试招生机构院长会议有权使用复制音频和摄像机图像检查考试中的可疑情况，使用必要的设备对图像、音频和视频等进行分析处理、比较和检查，并可复制任何设备内容"[1]。这一新增条款为国家考试招生机构利用电子音像设备维护考试安全提供了法律依据，赋予了考试官员依法排查危害考试安全行为的权力。

总之，要保障高校考试招生制度的公平、公正、公开，唯有建立健全法律法规。土耳其政府在高校考试招生制度的法制建设中，整体上体现出"四个注重"的特点：注重界定各法律责任主体及其权、责划分；注重法律条文的细化和实施的过程化；注重法律事实的认定和处罚程序；注重更新法律条款，与时俱进。土耳其高校考试招生制度的法制建设已经取得了一定的成绩，但仍有可继续完善和修订的空间，只有不断提高法律法规的完备性，才能保障高校考试招生制度有法可依、有章可循。

---

[1] Mevzuat Bilgi Sistemi, "Ölçme, Seçme ve Yerleştirme Merkezi Hizmetleri Hakkında Kanun" (February 11, 2011), http: //www.mevzuat.gov.tr/Metin1.Aspx? MevzuatKod = 1.5.6114 & MevzuatIliski = 0 & sourceXmlSearch = Se% C3 A7me% 20ve% 20Yerle% C5% 9Ftirme% 20Merkezi% 20Hizmetleri% 20Hakk% C4% B1nda% 20Kanun & Tur = 1 & Tertip = 5 & No = 6114.

第四章

土耳其高校考试招生制度实施的个案研究

土耳其高校自主考试招生制度既与全国统一考试招生制度紧密相连，又具有一定的独立性。各高校主要通过全国统一考试招生制度选拔新生，其次在特殊才能学生和国际学生的选拔中享有一定的考试和招生自主权。除此之外，各高校有权制定除全国统一招生录取标准外的其他补充性入学注册考核标准。本章着重从土耳其高校考试招生制度实施的个案出发，深入了解土耳其各类大学考试招生的实际情况，以期从中观层面对土耳其高校考试招生制度的实施形成更为深入的理解。

截至2020年4月，土耳其共有大学209所，其中公立大学129所，基金会私立大学80所。[1] 为保障所选大学样本具有代表性，本章将从三类大学中选取样本：第一类是土耳其一流公立大学，该类大学位于土耳其发达地区，拥有最好的教育资源，在招生上占据优势；第二类是土耳其普通公立大学，此类大学通常位于土耳其的发展中地区或欠发达地区，教育资源弱于一流大学，但因免学费政策[2]对考生具有一定的吸引力；第三类大学是土耳其一流私立大学，此类大学通常位于发达地区，相较于一流公立大学来说教育教学管理更为自由，教育资源更为优渥，虽收费高昂但能够为学生提供奖学金等优惠政策，在招生中对成绩优异

---

[1] YÖK, "Türlerine Göre Mevcut Üniversite Sayısı" (November 29, 2019), https://istatistik.yok.gov.tr/.

[2] 2012年8月起土耳其公立大学开始实施免学费政策，学生仅需缴纳住宿费用，生活费用自理。

学生和家庭条件优越的学生极具吸引力。有两点需要特别说明：一是由于土耳其一流大学绝大多数都位于发达地区，因此，本章大学样本中没有欠发达地区的一流大学样本。二是在土耳其不同性质大学中公立大学占大学总数的 61.7%，因此公立大学是本章的重点研究对象，私立大学仅取样一流私立大学，不再研究普通私立大学。

综上所述，本章个案大学将采用方便抽样法（本人在中东技术大学交换留学一年，以安卡拉作为研究中心便于展开实地调研）和目的抽样法（尽可能保证样本代表性）进行样本选取。最终以土耳其首都安卡拉为轴心，依次从土耳其中部发达省份安卡拉、西部发达省份伊斯坦布尔、南部发展中省份代尼兹利、东部不发达省份卡尔斯选取 6 所样本大学。

第一节　土耳其一流公立大学的考试招生案例

土耳其自 2010 年高等教育进入普及化阶段后，开始在全国范围内着手建设世界一流大学。[①] 土耳其政府在建设世界一流大学时尤为注重优先发展与国家经济建设、科技研究相关的理工科大学和研究型大学。为鼓励大学积极向研究型大学发展，2015 年土耳其政府开始推进"区域重点大学建设项目"，并在此背景下提出评选出全国 10 所研究型示范大学，获选大学将获得由政府提供的奖励经费和人力资源支持。[②] 这一举措极大地鼓励了土耳其各类大学向研究型大学发展。其中中东技术大学和伊斯坦布尔大学连续数年入选，成功进入土耳其国家重点建设的世界一流大学队列。本节即选取这两所大学作为土耳其一流大学高校考试

[①] 杨滢、黄巨臣：《土耳其建设世界一流大学的动因、策略与特色》，《高教探索》2019 年第 1 期。

[②] Yükseköğretim Kurulu, "Bölgesel Kalkınma Odaklı Misyon Farklılaşması ve İhtisaslaşması Projesi Kapsamında Pilot Yükseköğretim Kurumları Belirlendi" (October 18, 2016), http://www.yok.gov.tr/web/guest/icerik/-/journal_content/56_INSTANCE_rEHF8BIsfYRx/10279/31670499.

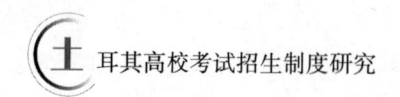

招生制度实施的个案大学。

一 中东技术大学的考试招生

中东技术大学（Orta Doğu Teknik Üniversitesi/Middle East Technical University，简称 ODTÜ/METU）于1956年11月15日在土耳其首都安卡拉建立。METU的建立初衷旨在建成一所集人才培养和科学研究为一体的高等教育机构，尤其希望在科学和技术领域为土耳其乃至中东世界的发展和崛起贡献一分力量，故而得名中东技术大学。1956年中东技术大学建筑系正式建成并投入教学，当时有40名学生和6位教员。[①] 发展至今，METU已经建成由建筑学院、文理学院、经济与行政学院、工程学院、外国语学院和教育学院等6所学院、39个系组成的土耳其著名学府。METU学生培养层次涵盖本科教育和研究生教育，研究生院共计5所，含105个硕士学位课程和70个博士学位课程。METU共有3个校区，共计在校生28000余名，教职员工（教授、副教授等）791名，学术导师225名和研究助理员1273名。METU以英语为教学语言，并以此为优势积极开展国际合作和交流，与欧美大学在本科和研究生培养上共有19个国际联合学位课程[②]，与世界45个国家400多家大学签订了交流合作协议，其中在中国与北京大学、北京航空航天大学、厦门大学等18所高校签订了交流合作协议。[③]

METU是一所理工科研究型大学，学校办学规模不大，力求"小而精"。METU在土耳其国内和中东世界都享有极高的社会地位和学术声誉，在世界范围内也具有一定的影响力，曾在2014年泰晤士高等教育世界大学排行榜（Times Higher Education World University Ranking）中排名世界第85位。在2012—2014年连续入选英国高等教育排行榜

[①] ODTÜ, *Orta Doğu Teknik Üniversitesi*, Ankara：Güzel İstanbul Matbaası, 1966, pp.1-6.
[②] METU, "General Information"（April 22, 2020），https://www.metu.edu.tr/general-information.
[③] METU, "METU's Global Partners"（May 1, 2020），http://ico.metu.edu.tr/metu-partners.

(UK-based Times Higher Education) 世界前百名高校。[1] 进入 METU 深造成为土耳其莘莘学子梦寐以求而为之奋斗的梦想，在 METU 的宣传自述中提道："METU 是土耳其最具竞争力的大学之一。每年的全国高校统一考试中，得分最高的前 1000 名候选人中有超过三分之一选择 METU。我们的大多数系部只接受参加全国高校统一考试的大约 150 万申请人中的前 1%。METU 的学生中有 40% 以上进入研究生院。"[2] 由此可见，要考入 METU 需要面对异常激烈的竞争，绝非易事。

由于 METU 没有音乐、体育等特殊才能专业，因此，METU 的招考自主权主要体现在入学英语水平要求和国际生招考上。

（一）中东技术大学国内本科生录取及注册条件

METU 是土耳其大学中的"急先锋"，一直坚持打造和传承自身教育教学理念与文化传统，与左右高等教育发展的政治力量抗争，力求坚持自身特色，不被政治力量"统一化"。在招生考试方面，METU 也曾反对实施全国高校统一考试招生制度，希望坚持自主考试招生，但受到国家政策约束不得不在 1974 年加入全国高校统一考试招生系统。然而 METU 并未就此放弃对学生的自主选拔权，自学生注册开始就对学生开启了"METU 式"审核。因此，能够通过全国高校统一考试被 METU 录取仅仅是拿到了进入 METU 的通行证，只有达到 METU 的正式注册要求才能正式成为 METU 人。

1. METU 预注册报名办法

在土耳其，学生被大学录取后完成了大学的注册程序才意味着正式入学。METU 的入学注册程序分为预注册和正式注册两个阶段。预注册是指通过全国高校统一考试被 METU 录取的学生必须在每年秋季开学之前的指定时间内（如 2019 年为 8 月 22 日至 28 日）登录 METU 官网注

---

[1] Times Higher Education the World University Rankings，"World University Rankings 2014–2015"（April 22, 2020），https：//www.timeshighereducation.com/world-university-rankings/2015/world-ranking#! /page/3/length/25/sort_ by/rank/sort_ order/asc/cols/undefined.

[2] METU，"General Information"（April 22, 2020），https：//www.metu.edu.tr/general-information.

册系统填写预注册信息。未能按时完成预注册的学生将失去录取资格，由METU除名并交由国家考试招生机构（ÖSYM）重新进行大学分配。

学生在预注册系统中需要填报的信息包括：（1）学生个人信息。如是否已服兵役①、身体健康/残疾情况、英语水平、艺术文化活动兴趣、家庭成员中是否有METU的毕业生或在读生、是否有兄弟姐妹在METU住校、学生奖学金或助学贷款历史、自我评估表等。（2）学生的父母信息。包括父母的学历、毕业院校、职业、工作地点、职称、社保信息、收入情况、家庭住宅及车辆拥有情况等。（3）学生兄弟姐妹的信息如兄弟姐妹数量、教育状况、工作状态等。这些信息将作为学生入学后学习及获取服务的参考资料，如残疾学生在入学后可获得大学残疾人援助办公室（Disability Support Office）为学生提供的学习和生活支持；家庭情况、奖学金和助学贷款史将作为评估学生获取奖学金及援助资格的依据；艺术文化活动兴趣用以在入学后为学生推荐社团和校园组织；有兄弟姐妹在METU住校的学生在紧缺的住宿资源申请时可获得额外的加分，等等。其中影响学生正式注册最为关键的预注册信息是学生的英语水平。

2. METU本科生正式注册条件：英语水平达标

METU是土耳其少数以英语为唯一教学语言的公立大学，在METU的所有院、系、专业中，英语教学的普及率为100%。英语水平测试是METU自成立以来选拔新生的重要工具之一。被录取的学生只有达到METU的英语入学水平要求，才具备正式注册的资格。

（1）新生正式注册要求

被METU录取的学生要正式注册必须达到表4-1中所列出的英语标准之一。

---

① 根据土耳其《军事法（Askerlik Kanunu）》规定，土耳其实行义务服兵役制度，凡年满20岁的男性公民都需要服兵役。2020年前规定，如取得高等教育毕业证书者，服兵役时间可以调整为6—12个月（其他公民为12个月）。2020年后这一规定取消，所有人服兵役时间一律为6个月。

第四章　土耳其高校考试招生制度实施的个案研究

表 4-1　　土耳其中东技术大学正式注册学生英语水平要求①　　（单位：分）

英语考试类型	METU 英语水平考试（IYS）	新托福（IBT）	雅思学术（IELTS）	PET 英语（PET）②	说明
分值	60	75	6	55	入读本科课程；免修基础英语（预科）课程
	65	79	6.5	62	入读纽约州立大学联合学位课程；免修基础英语（预科）课程
	70	86	6	65	外语教育系：免修基础英语（预科）课程
	75	92	7	67-71	—
	80	102	7.5	72-78	—
	85	106	8	79-82	入读本科课程；免修本科英语课程
	90	110	8.5	83-86	入读纽约州立大学联合学位课程；免修本科英语课程
	95-100	119-120	9	87-90	—

由表 4-1 可以看出，新生正式注册需要达到 METU 所认可的最低外语水平，即：IYS 60 分，IBT 75 分，IELTS 6 分或 PET 55 分。普通专业学生如达到 METU 要求的最低英语水平分数线（IYS 60 分及其他考试同级别英语分数），则可以免除 1 年的英语预科学习直接注册，外语教育系和修读纽约州立大学联合学位的学生正式注册所要达到的英语水平要求更高。此外，在过去三年中在母语为英语的国家完成高中学业且通

---

① ODTÜ, "ODTÜ Tarafından Kabul Edilen İngilizce Yeterlik Sınavları Eş Değerlik Tablosu", (March 17, 2020), http://oidb.metu.edu.tr/tr/odtu-tarafindan-kabul-edilen-ingilizce-yeterlilik-sinavlari-es-degerlik-tablosu.

② PET 考试（即 Cambridge English：Preliminary English Test 或 Preliminary English Test）是剑桥大学外语考试部（Cambridge English Language Assessment）设计的"剑桥通用五级考试"中的一种。

过了 METU 外语水平评估的考生也可以享受免除英语预科学习的政策。

不满足上述条件者，需要在入学时参加 METU 英语水平考试，如果能够一次性通过 METU 英语水平考试，考生就可以正式注册开始四年的本科学业。如未能通过考试者，需进入 1—2 年的英语预科课程学习阶段。

（2）METU 英语水平考试

METU 英语水平考试是大多数在入校时无法提供英语水平证明的学生在入校后获取英语水平证明的重要途径。

METU 英语水平考试由中东技术大学外国语学院承担，考试面向本校所有学生，每年有两次考试机会：春季学期（4月）和秋季学期（9月）各一次。考试通过网络报名，报名费用为 150 土耳其里拉（TL）。每次考试分为上午场和下午场，考生需提前半小时入场，两场考试总分 100 分，考试内容见表 4-2。

表 4-2　　　　中东技术大学英语水平考试科目信息①

考试场次	考试科目	试题数量（个）	分值（分）	考试时长（分钟）
上午场	听力理解（Listening）	30	30	50
	阅读理解（Careful Reading）	24	24	60
	词汇（Vocabulary）	20	10	10
下午场	实景听力（Performance）	1	20	50
	写作（Writing）	1	10	25
	阅读（Search Reading）	6	6	20

METU 英语水平考试是一项高标准、高强度的外语考试，不仅对考生的英语水平要求极高，并且是对考生的专注力和持久力的挑战。上午场考试持续时间为 120 分钟，下午场考试持续时间近 100 分钟，考试时间长，题量多、难度大。在考试题型方面，相对于全国高校统一考试仅

---

① ODTÜ, METU-SFL English Proficiency Examination a Guide for Test-takers, Ankara：ODTÜ Basım İşliği, 2018, p.1.

有选择题一种题型来说，METU 的英语水平考试的题型更为多样化。上午场为客观题，以选择题、填空题、匹配题型等为主；下午场为主观题，重在考查考生的英语写作能力、归纳总结能力等，以论文写作题型为主。如："实景听力"通过播放一段真实对话场景要求考生归纳出关键信息撰写一篇小文章。"阅读"要求考生通过阅读完整文章迅速找出答案并用自己的方式复述，是对考生英语听力、阅读能力、理解能力、归纳能力和写作能力的综合考查。

（3）METU 英语预科课程

未能通过 METU 英语水平考试的学生将进入英语预科课程的学习阶段。METU 根据学生在入学时的英语水平考试成绩将其分入不同层次的班级，班级人数限额为 20 人。同时区分不同层次英语预科班的课时数（每周 20—30 小时课程）和课程内容，力求做到因材施教，有针对性地快速提升学生的英语水平。在预科班的学生如能在规定时间内通过英语水平考试，即可正式注册开始本科阶段的学习。

英语预科课程不能无限期修读，最长修读年限为两年，如果学生英语预科课程修读两年后仍无法通过 METU 英语水平考试，将作退学处理。

总之，METU 自成立以来从未放弃建设世界一流大学的奋斗目标，以英语水平要求作为学生正式注册的评估标准之一，力求以语言为工具实现与国际高等教育和学术研究的无缝衔接。METU 的英语水平考试成为 METU 实现人才自主选拔的重要工具，但在保障了这所大学成为土耳其一流人才聚集地的同时，也在一定意义上"劝退"了大批优秀人才：首先，英语并不是土耳其全国高校统一考试的必考科目，对于非外语专业的考生来说，METU 的英语要求极高，即使考生有能力在全国高校统一考试中战胜成千上万的对手脱颖而出，也难以保证跨过 METU 英语水平要求这道门槛，令许多英语学习能力不强的考生"望而却步"。其次，METU 英语预科课程的修读时间并不计入大学的四年学制内，额外延长的大学学习时间有可能长达两年，甚至还可能面临退学的风险，这使得 METU 学生的学习压力和学习强度都高于别的大学，学习过程异常艰辛。最后，学生即使在正式注册后依然不能放松英语学习，因为METU规定英语水平考试成绩的有效期仅为两年，学生到了大三需要重新向学校提供新的英语水平证明。因此，所有制度都有它的一体两面性，METU在以英语为工具严格选拔优质生源，力求向世界一流大学靠拢的同时，也放弃了许多英语学习能力欠佳或不具备英语学习条件的优秀学生。

（二）中东技术大学国际本科生招生及录取办法

METU在1981年实施全国统一外国学生考试招生制度依始就是激进的反对者，METU曾向高等教育委员会提交报告希望维持高校的国际生自主招考权，但并未成功。直至2010年国际生统一考试招生制度废除后，METU才重获对国际生的自主招考权。METU对国际生的招考标准较为严格，已形成了自身特色。

1. 招生对象

根据土耳其高等教育委员会的规定，各高校对外国学生的招生对象要求基本一致。METU国际本科生的招生对象要求如下：（1）外国人；（2）出生时为土耳其公民，获得土耳其内政部许可脱离土耳其国籍者；（3）持双重国籍，其中一个国籍为土耳其籍（非第一国籍）；（4）自2013年1月2日之后在北塞浦路斯以外的国家完成了中学教育的学生；（5）居住并完成了北塞浦路斯高中学业，获得普通教育高级证书（General Certificate of Education Advanced Level，简称GCEAL）的北塞浦路斯公民，且在2005—2010年在其他国家的大学和高中注册学习并获得GCEAL考试成绩的学生。除满足上述条件之一外，考生必须是已经完成高中学业或高中最后一年即将毕业的学生。

2. 报名办法及招考标准

国际生统一通过METU官网申报系统报名，申请时间一般为6月至7月，在美国高考SAT（Scholastic Assessment Test）成绩公布以后。

METU国际生招生采取资格审核制，考生的报名材料通过审核后，METU将根据考生的成绩和各专业的招生名额对考生进行依次录取。考生的报名材料包括照片、护照信息页、高中文凭（土耳其语或英语翻译、公证件)、高中阶段每年的成绩单(土耳其语或英语翻译件)、有效考试成绩(见表4-3)证明文件、其他证书文件(英语水平证书、奖励证书、财务证明)等。其中 METU 对国际本科生的英语水平要求与国内本科生要求一致。

表4-3 中东技术大学国际生有效考试成绩及标准（2020年）[1]

考试类型 \ 校区	安卡拉校区	北塞浦路斯校区
美国大学入学考试（American College Testing, ACT）	至少获得27分（满分36）	至少获得25分（满分36）
美国高考（SAT）	申报工程、建筑、文理学院："数学"和"阅读与写作"考试中，SAT1的最低总分为1200（满分1600分）；"数学"最低680分（满分800分）或与申请专业相关的SAT测试学科（SAT2）中的3个科目平均分数不低于700分（报考工程、建筑、文理学院的科学课程，必须选考"数学2"科目）	申请工程、经济学院中的"数学"专业：在"数学"和"阅读与写作"考试中，SAT1的最低总分为1000（满分为1600分）；"数学"最低600分（满分800分）或与所申请专业相关的SAT考试（SAT2）的3个科目的平均分数至少为600分
剑桥国际考试AL考试[2]	至少拥有三门A级课程的AAB成绩，其中两门与所申请的专业相关 注意：即使您修读了三门以上的课程，也只有三门课程会参与评估； 英语以外的语言课程不能用于申请	拥有三门A级课程的A*和C级之间的成绩等级，其中两门与所申请的专业相关；可以考虑使用两个AS级（高级子级）科目代替与专业相关度不大的A级科目 注意：AS级科目必须与A级课程不同

---

[1] ODTÜ, "ODTÜ Application Criteria for International Students"（January 14, 2020），http://iso.metu.edu.tr/en/system/files/odtu_iso_requirements.pdf.

[2] 剑桥A水准考试（Cambridge General Certificate of Education Advanced Level，简称GCE AL）。它是英国普通中等教育高级水平考试，也是英国的大学入学考试。

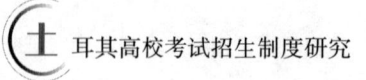

续表

考试类型 \ 校区	安卡拉校区	北塞浦路斯校区
国际文凭课程（IB）考试①	获得国际学士学位文凭至少33分，包括至少一个高级（HL）水平	获得国际学士学位文凭，总分至少28分
国际科学奥林匹克	在国际科学奥林匹克竞赛中获得金牌、银牌或铜牌，且获得土耳其国家科学技术研究理事会（TÜBİTAK）认可。 （IOI）国际信息学奥林匹克 （IBO）国际生物学奥林匹克 （IPhO）国际物理奥林匹克 （IChO）国际化学奥林匹克 （IMO）国际数学奥林匹克 （JBMO）初中巴尔干数学奥林匹克 （BMO）巴尔干数学奥林匹克 （BOI）巴尔干奥林匹克信息学	在国际科学奥林匹克竞赛中获得金牌、银牌或铜牌，且获得土耳其国家科学技术研究理事会（TÜBİTAK）认可。 （IOI）国际信息学奥林匹克 （IBO）国际生物学奥林匹克 （IPhO）国际物理奥林匹克 （IChO）国际化学奥林匹克 （IMO）国际数学奥林匹克 （JBMO）初中巴尔干数学奥林匹克 （BMO）巴尔干数学奥林匹克 （BOI）巴尔干奥林匹克信息学
BTEC-QCF 文凭②	与报考专业相关的科目，最低为 DDD 等级	BTEC 扩展文凭的最低 DMM 等级或 BTEC 文凭的 D*D* 等级（与所申请专业相关）
高级分班考试（AP）③	三个高级进修科目最低成绩为14分（5、5、4），其中两分与申请专业相关	三个高级进修科目的最低分数为12分（4、4、4），其中两个与所申请专业相关

---

① IB课程即国际文凭组织 IBO（International Baccalaureate Organization）为全球学生开设从幼儿园到大学预科的课程，为3—19岁的学生提供智力、情感、个人发展，社会技能等方面的教育，使其获得学习，工作以及生存于世的各项能力。

② BTEC-QCF文凭：商业和技术教育委员会（Business and Technology Education Council，简称 BTEC）-资格学分框架（Qualification Credit Framework，简称 QCF）。

③ 高级分班考试（Advanced Placement Exams，简称 AP）：高级分班考试是美国大学理事会在美国提供的考试，每年5月举办。

由表4-3可见，METU在国际生招生中倾向于选拔能够提供欧美发达国家国际考试成绩证明的学生。与此同时，METU也并不排斥来自其他国家和地区且难以获得上述考试成绩的学生。为此，METU专门为64个国家和地区的学生量身定制了有效考试成绩申请标准，以扩大国际招生的国别多样性。这些国家学生的有效考试成绩一般分为两种情况：第一种是实施全国高校统一考试的国家，如：阿富汗学生如在阿富汗高考（Kankor）中获得大于考试总分90%的成绩（北塞浦路斯校区为80%），即可报名；中国学生需在高考中获得至少550分（北塞浦路斯校区为500分），同时高考选考科目要与申报专业相关。第二种是没有实施全国高校统一考试的国家，如：突尼斯的学生需要提供高中阶段与报考专业相关的各学科成绩，各科成绩不得低于总分的70%；也门的学生需要提供与申请专业相关的普通中等教育证书成绩，最低分数须达到总分的95%。[①] 2020年METU安卡拉校区的6个学院36个专业都设置了国际生招生名额，其中工程学院有13个专业招收国际生，占整体国际生招生专业的36%。北塞浦路斯校区有14个专业招收国际生，其中有11个专业为理工专业。[②]

由此可见，METU在国际生的招生标准中，既有总体标准，也有针对各个国家制定的细化标准，体现出人性化的特点。这些"量体裁衣"式的录取标准，为METU国际生招生的国别多样化创造了条件。但从METU的国际生招生标准来看，各类考试的成绩要求都较高，要在世界高等教育竞争中脱颖而出具有一定的挑战性。

（三）中东技术大学招生及录取情况

2019年METU安卡拉校区共计38个专业招生（联合培养除外），招生及录取情况如表4-4所示。

[①] ODTÜ, "ODTÜ Application Criteria for International Students"（January 14, 2020）, http：//iso.metu.edu.tr/en/system/files/odtu_iso_requirements.pdf.

[②] ODTÜ, "Uluslararası Öğrenci Kontenjanı Olan Lisans Programları"（April 26, 2020）, https：//iso.metu.edu.tr/tr/uluslararasi-ogrenci-kontenjani-olan-lisans-programlari.

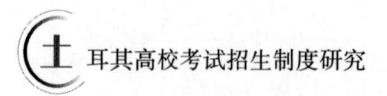

表4-4　2019年中东技术大学安卡拉校区招生及录取情况一览①

专业	选考科目要求	招生名额（个）	首次录取率（%）	录取学生性别分布（个）女	录取学生性别分布（个）男	录取最低分 分数	录取最低分 全国排名	录取最高分 分数	录取最高分 全国排名	招生名额中含高中第一名预留名额（个）
经济学	EA	93	100	34	59	440.146	4966	479.697	1086	3
工商管理	EA	93	100	35	58	452.872	3090	524.929	95	3
政治学与公共管理	EA	82	100	37	45	412.219	16467	460.606	2320	2
国际关系	EA	82	100	41	41	429.625	7927	463.757	2070	2
工业产品设计	SAY	72	100	53	19	432.594	41188	485.536	12030	2
架构	SAY	103	100	62	41	459.335	24807	501.375	6593	3
城市与区域规划	SAY	72	100	49	23	387.232	75066	442.440	34851	2
工业工程	SAY	98	100	49	49	504.156	5825	531.707	955	3
计算机工程	SAY	108	100	15	93	526.626	1488	549.941	39	3
地质工程	SAY	62	100	27	35	378.003	83098	416.239	52520	2
化学工程	SAY	103	100	50	53	453.899	27917	497.098	7836	3
冶金与材料工程	SAY	82	100	32	50	466.116	21045	515.112	3308	2
食品工程	SAY	88	100	73	15	422.384	48209	453.052	28412	3
航空航天工程	SAY	93	100	23	70	502.067	6418	536.523	572	3
石油天然气工程	SAY	62	100	6	56	407.248	59201	449.272	30672	2
采矿工程	SAY	62	100	19	43	373.279	87319	409.321	57659	2
土木工程	SAY	185	100	36	149	433.482	40603	490.752	10011	5

---

① ODTÜ, "Puan ve Sıralamalar" (April 27, 2020), https://adayogrenci.metu.edu.tr/ankara/puan-ve-kontenjanlar; YÖK, "YÖK Lisans Atlası" (April 28, 2020), https://yokatlas.yok.gov.tr/lisans-anasayfa.php.

续表

专业	选考科目要求	招生名额（个）	首次录取率（%）	录取学生性别分布（个） 女	录取学生性别分布（个） 男	录取最低分 分数	录取最低分 全国排名	录取最高分 分数	录取最高分 全国排名	招生名额中含高中第一名预留名额（个）
机械工程学	SAY	195	100	28	167	505.673	5435	531.731	948	5
环境工程学	SAY	67	100	48	19	409.351	57635	449.317	30640	2
电气电子工程	SAY	200	100	33	167	521.446	2214	<u>551.461</u>	21	5
生物学	SAY	62	100	42	20	415.144	53305	453.461	28182	2
哲学	EA	62	100	30	32	377.378	51159	456.037	2742	2
化学	SAY	82	100	53	29	399.817	64844	470.254	18872	2
数学	SAY	82	100	25	57	431.793	41755	525.708	1613	2
物理学	SAY	93	100	32	61	419.425	50184	519.178	2584	3
统计学	SAY	62	100	26	36	404.786	61020	440.072	36335	2
分子生物学与遗传学	SAY	62	100	42	20	458.674	25175	494.867	8577	2
心理学	EA	103	100	83	20	455.755	2772	521.498	122	3
社会学	EA	62	100	46	16	399.207	26487	498.906	449	2
历史	SÖZ	62	100	14	48	446.683	1885	474.889	572	2
化学教学	SAY	21	100	17	4	362.441	97999	399.448	65113	1
数学教学	SAY	21	100	17	4	442.860	34593	498.792	7321	1
学龄前教育	SÖZ	52	100	38	14	436.574	3033	467.053	797	2
英语教学	YDT	103	100	59	44	457.400	4394	508.337	984	3
科学教育	SAY	41	100	35	6	<u>354.534</u>	106406	373.234	87365	1
物理教学	SAY	21	100	7	14	362.274	98176	387.122	75171	1
计算机与教学技术教师教育	SAY	41	100	23	18	359.702	100851	409.262	57694	1
小学数学教育	SAY	52	100	31	21	422.697	47987	506.847	5145	2

注：标下划线的分数为中东技术大学当年录取的最高分和最低分。

2019年，METU安卡拉校区的招生录取情况如上表所示。从招生的专业布局上来看，METU各学院除国际联合培养课程外，共计38个专业面向全国公开招生，其中建筑学院有3个专业招生、文理学院有10个专业招生、经济与行政学院有4个专业招生、教育学院有8个专业招生，招生专业最多的是工程学院，有13个专业招生，可见METU的理工科专业发展更为强势。从招生情况来看，38个专业共计划招生3086人，其中高中第一名学生预留招生名额共计91个。所有专业均在首次录取时完成了招生任务，初次录取率达100%。从录取学生的性别分布来看，共录取女性1370人（占比44.4%），男性1716人（占比55.6%），录取的男性要多于女性。从各专业录取时对考生在全国高校统一考试的选考科目要求上来看，英语教学专业要求考生选考外语类（YDT）科目，学前教育和历史等两个专业要求选考人文类（SÖZ）科目，经济学等7个专业要求选考文数类（EA）科目，其余28个专业均要求选考数学类（SAY）科目。要求选考数学类（SAY）科目的专业占招生专业总数的73.7%。由此可见，METU更倾向于选拔具备理科知识结构的学生。

从土耳其全国范围来看，2019年共有2515012人参加全国高校统一考试，其中2162300人成功进入第二阶段考试（AYT），各类选考科目考生达到高校最低录取分数线（180分）的情况如下：数学类（SAY）科目共484820人上线，人文类（SÖZ）科目上线862628人，文数类（EA）科目上线824492人，外语类（YDT）科目上线75951人[①]。被METU录取的学生中，在全国高校统一考试排名中的最好成绩为21名（SAY），最末位排名为106406名（SAY），也就是说被METU录取的学生在全国高校统一考试排名中位居前4%。从各专业的录取生源来看，计算机工程专业生源最佳，录取的108个学生中最末排名为全国1488名，最好排名为全国第39名，汇集了全国高校统一考试中最为拔尖的

---

① ÖSYM, "2019 Yükseköğretim Kurumları Sınavı YKS Sayısal Bilgiler" (July 18, 2019), https://dokuman.osym.gov.tr/pdfdokuman/2019/YKS/sayisalbilgiler18072019.pdf.

考生。专业生源在METU整体水平中较弱的是教育学院的科学教育专业，考生排名基本在METU录取学生的末尾。这正印证了马太效应，METU的生源质量与METU重点建设的专业一致，越好的专业越能够吸引全国排名靠前的考生，反之招收的生源质量越一般。

从METU国际生的招生情况来看（不含短期交流国际生），2019年有4500名国际生报考METU，但被METU录取的学生并不多，虽具体数据缺失，但2019年METU的在校国际生数量可以反映出一定的问题。2019年METU共有在校国际生1615人，覆盖89个国家，其中男性1187人，女性428人，女性人数远低于男性。从国际生的生源国分布情况来看，伊朗学生最多，有265人，其次是来自巴基斯坦的学生，有201人，最后是来自阿塞拜疆的学生，有168人。[①] METU生源国种类较多，但从数量上来看大部分国际生仍主要来自土耳其的邻近国家。

综上所述，METU作为土耳其一流公立大学，自主考试招生制度具有一定的特色：对学生英语水平要求较高，创建了自身的英语水平考试制度；重视国际生招生，在录取过程中严格把控学生的生源质量，在土耳其一流公立大学的招生录取中具有一定的代表性。

二 伊斯坦布尔大学的考试招生

伊斯坦布尔大学（İstanbul Üniversitesi）的建校史就是土耳其大学的建设史，这所土耳其历史最为悠久的大学历经了奥斯曼帝国和新兴的土耳其共和国，发展至今横跨了174年。它是土耳其大学建设的里程碑，也是土耳其大学建设的引领者。今天的伊斯坦布尔大学已建成由医学院、法学院、文学院、理学院、经济学院等17所学院、12个研究所、两所职业学校组成的大型综合大学。2019年伊斯坦布尔大学共有在校生约392077人，教职员工共9531人，其中学术人员共计3761人

---

① YÖK,"Uyruğa Göre Öğrenci Sayıları Raporu"（April 30, 2020），https：//istatistik.yok.gov.tr/.

（包括教授 898 人、副教授 419 人、讲师 585 人）。① 伊斯坦布尔大学共建有 9 个校区，自 2006 年后长期是世界 500 强大学之一，也是亚洲地区最好的 100 所大学之一②，是土耳其政府着力打造的 10 所世界一流大学之一。

伊斯坦布尔大学是土耳其历史最为悠久的学府、坐落于横跨欧亚大陆的"世界之都"伊斯坦布尔、在招生录取时没有对学生设置英语入学水平要求，这些优势无疑都为伊斯坦布尔大学的招生增加了吸引力，使伊斯坦布尔大学成为土耳其高校中入学竞争异常激烈的一流公立大学之一。

伊斯坦布尔大学在两类学生的选拔上享有自主招考权：一类是艺术和体育类的特殊才能学生；一类是国际生。

（一）伊斯坦布尔大学特殊才能考试

土耳其特殊才能考试主要面向艺术类和体育类考生，这部分考生首先需要通过全国高校统一考试第一阶段考试（TYT）的指定分数线，之后再参加由高校组织的特殊才能考试。在伊斯坦布尔大学组织特殊才能考试的学院中，国家音乐学院较有代表性。

1. 招生对象资格要求

2019 年伊斯坦布尔大学国家音乐学院的招生对象分为三类：（1）在全国高校统一考试第一阶段考试（TYT）中获得 150 分及以上者；（2）毕业于国家音乐学院高中部的学生可以直接申请学院的校友特殊才能招生名额，没有 TYT 成绩要求；（3）残疾候选人③凡在 2019 年达到或超过 2018 年 TYT 成绩者，即可报名（必须持有残疾人健康委员会

---

① İstanbul Üniversitesi, "2019 Yılı İdare Faaliyet Raporu" (April 28, 2020), https://cdn.istanbul.edu.tr/FileHandler2.ashx? f = 2019 - yili-idare-faaliyet-raporu - (24.03.2020) —— son-revize-_ 637206632769268345.pdf.

② İstanbul Üniversitesi, "Üniversitemiz" (April 28, 2020), https://www.istanbul.edu.tr/tr/content/universitemiz/tarihce.

③ 残疾候选人包括：身体残障、视力障碍、听力障碍、MR（智力低下）和"常见发育障碍"者［自闭症谱系障碍（ASD）、Asperger 综合征、RETT 综合征、崩解性疾病、不可分类人群中的常见发育障碍］。

报告)。

此外，伊斯坦布尔大学国家音乐学院的部分专业对考生的年龄也做出了要求：报考歌剧和音乐剧专业的考生必须年满 24 岁，报考戏剧（表演）和芭蕾舞专业者必须年满 21 岁（仅参考出生年份）。[①]

2. 报名及参加考试办法

凡符合报考要求的考生须通过伊斯坦布尔大学官网进行报名，报名时间在全国高校统一考试后的一个月，考试时间一般在每年 8 月。所有考生须持以下材料参加考试：高中文凭的复印件（最后一年的学生身份证明文件）、身份证复印件、在线申请表打印件。此外，残疾考生还需持残疾人健康委员会提供的残疾人报告副本或残疾人公证证书副本。

3. 考试时间及内容安排

由于特殊才能考试多以面试的形式进行，因此各专业的考试内容和考试时间安排都不同。表 4-5 为 2019 年伊斯坦布尔大学国家音乐学院特殊才能考试的安排表。

表 4-5　2019 年伊斯坦布尔大学国家音乐学院特殊才能考试安排[②]

专业名称	考试内容	考试时间
乐曲	●音乐情感考试 ●练习/表演考试 ●一般理论考试	2019 年 8 月 21 日，上午 10：30 2019 年 8 月 22 日，上午 10：30 2019 年 8 月 23 日，上午 12：00
打击乐器	●音乐情感考试 ●练习/表演考试 ●一般理论考试	2019 年 8 月 21 日，上午 10：30 2019 年 8 月 22 日，上午 10：30 2019 年 8 月 23 日，上午 12：00

---

① İstanbul Üniversitesi, "İstanbul Üniversitesi Devlet Konservatuvarının Özel Yetenek Giriş Sınavlarına Katılabilmek" (April 30, 2020), http://cdn.istanbul.edu.tr/FileHandler2.ashx? f= 2019-2020-lisans-giris-ozel-yetenek-sinav-basvurulari-deteylari-icin-tiklayiniz.pdf.

② İstanbul Üniversitesi, "İstanbul Üniversitesi Devlet Konservatuvarının Özel Yetenek Giriş Sınavlarına Katılabilmek" (April 30, 2020), http://cdn.istanbul.edu.tr/FileHandler2.ashx? f= 2019-2020-lisans-giris-ozel-yetenek-sinav-basvurulari-deteylari-icin-tiklayiniz.pdf.

续表

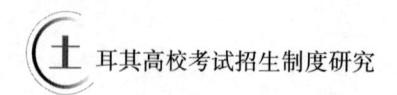

专业名称	考试内容	考试时间
弦乐器	• 音乐情感考试 • 练习/表演考试 • 一般理论考试	2019年8月21日，上午10：30 2019年8月22日，上午10：30 2019年8月23日，上午12：00
钢琴/吉他/竖琴	• 音乐情感考试 • 练习/表演考试 • 一般理论考试	2019年8月21日，上午10：30 2019年8月22日，上午10：30 2019年8月23日，上午12：00
爵士	• 乐感测试 • 表演测试	2019年8月19—20日，上午10：30 2019年8月22—23日，上午10：30
土耳其音乐	• 乐感测试 • 练习/表演考试	2019年8月23日，上午10：00 2019年8月24日，上午10：00
舞台艺术	• 初试 • 复试	2019年8月21—25日，上午10：00 2019年8月27日，上午10：00
歌剧	• 初试 • 复试 • 最终面试	2019年8月21日，下午13：00 2019年8月22日，上午10：30 2019年8月24日，上午10：30
芭蕾	• 一般理论考试 • 复试	2019年8月26日，上午10：00 2019年8月28日，上午10：00
音乐剧	• 情感考试 • 复试	2019年8月26日，上午10：30 2019年8月27日，上午10：30
奥斯曼时期比较音乐	• 乐感、表演考试 • 音乐文化笔试	2019年8月21日，上午10：00 2019年8月22日，上午10：00
民俗音乐学与民俗学	• 乐感考试 • 乐理知识笔试 • 复试	2019年8月19日，上午10：00 2019年8月20日，上午10：00 2019年8月20日，下午14：00

如表4-5所示，2019年伊斯坦布尔大学国家音乐学院各专业的考试内容、考试时间安排都各不相同。由于音乐及表演类专业具有特殊性，更注重考查考生在音乐和舞蹈方面的表现能力，因此，基于各专业人才选拔的需求，考试内容设置更注重凸显专业特色，并且有的专业不仅要求考生进行专业表演，还需要进行笔试或数次面试，对考生的考核

过程极为严格。

(二) 伊斯坦布尔大学国际本科生考试及招生政策

2010 年土耳其国家考试招生机构 (ÖSYM) 宣布停止统一组织国际生考试招生 (Yabancı Uyruklu Öğrenci Sınavı, YÖS)[①] 后，国际生的招考权重新回到各个高校。伊斯坦布尔大学与中东技术大学不同，它延续了以考试为工具对外国学生进行招生的传统，并建立了自己的外国学生考试制度——伊斯坦布尔大学外国学生考试 (İstanbul Üniversitesi Yabancı Uyruklu Öğrenci Sınavı, 下文简称 İÜYÖS)。[②]

1. 考试一般信息

İÜYÖS 旨在为伊斯坦布尔大学选拔国际生，其考试制度内容如下：

(1) 报考资格要求

İÜYÖS 的申请者需符合的首要条件为高中毕业生或高中最后一年准毕业生，其余条件包括：(1) 外国国籍；(2) 出生时为土耳其公民后经土耳其内政部许可脱离土耳其国籍者；(3) 曾拥有外国国籍后又获得土耳其国籍的双重国籍身份者；(4) 拥有土耳其国籍并在国外（北塞浦路斯土耳其共和国除外）完成高中学业者（2013 年 2 月 1 日以前）；(5) 国籍为北塞浦路斯土耳其共和国国籍，居住在北塞浦路斯土耳其共和国，已经在北塞浦路斯土耳其共和国完成高中学业并获得剑桥 A 水准考试 (Cambridge General Certificate of Education Advanced Level, 简称 GCE AL) 证书者，且在 2005—2010 年在其他国家大学或高中修读学业。

(2) 报考办法

凡符合报考条件者可通过伊斯坦布尔大学官网进行报名并支付考试费用。考试费用根据不同国籍和不同考点标准不同，以 2020 年的考试

[①] 土耳其外国学生考试 (YÖS) 自 1981 年开始由国家考试招生制度统一实施，但由于该考试招生制度长期以来人才选拔的效率低、成本高、考试语言仅限土耳其语和英语、考试内容陈旧却怠于改革等问题，最终于 2010 年宣告结束。外国学生的考试招生权重新交还给各个高校，由高校对外国学生自主考试招生。

[②] T. C. İstanbul Üniversitesi, "Yurt dışından veya Yabancı Uyruklu Öğrenci Sınavı" (April 30, 2020), https://cdn.istanbul.edu.tr/FileHandler2.ashx? f=booklet_a.pdf.

费用为例，如考生来自阿富汗、埃及、索马里、叙利亚等12个国家且在土耳其国内考点参加考试者，考试费用为25土耳其里拉（TL）（或5美金/5欧元）；在印尼、哈萨克斯坦、吉尔吉斯斯坦、巴基斯坦、约旦参加考试的考生，考试费用为80土耳其里拉（TL）（或15美金/15欧元）；在阿塞拜疆、沙特阿拉伯、北塞浦路斯土耳其共和国、伊朗和土耳其参加考试的考生，考试费用为400土耳其里拉（TL）（或70美金/65欧元）；最高一档是在德国参加考试的考生，报考费用为500土耳其里拉（TL）（或95美金/85欧元）。这一考试费用的分级主要根据考生所在国家的经济发展水平和考生参加考试的地理位置来决定，体现出人性化的特点。

（3）报考时间安排

İÜYÖS一般安排在每年4月的周六下午举行，表4-6为2020年İÜYÖS的考试日程安排。

表4-6　　　　　　2020年İÜYÖS考试日程安排[①]

考试进程安排	具体时间
İÜYÖS-2020考试申请期限	2020年1月6日—2020年4月17日17：00（土耳其当地时间）
İÜYÖS-2020考试日期和时间	2020年6月7日15：00—17：15（土耳其当地时间）
公布考试答题	2020年6月8日
对试题的质疑期限	2020年6月8日—2020年6月14日
反馈质疑结果	2020年6月18日
公布考试成绩	2020年6月22日

① T. C. İstanbul Üniversitesi, "Yurt dışından veya Yabancı Uyruklu Öğrenci Sınavı" (April 30, 2020), https: //cdn. istanbul. edu. tr/FileHandler2. ashx? f=booklet_ a. pdf.

续表

考试进程安排	具体时间
对考试成绩质疑的复议申请期限	2020年6月23日—2020年6月25日
通知申诉结果	2020年6月30日
志愿填报	2020年7月1日—2020年7月10日 17：00（土耳其当地时间）
公布录取结果	2020年7月20日
通过互联网获取大学录取接收函	2020年8月10日

从İÜYÖS的考试日程安排来看，从考试申请到获得大学录取通知书的整个过程需要整整8个月的时间。考生除享有报名和参加考试的权利外，在İÜYÖS考试中还享有对试题提出疑问、对考试结果进行申诉的权利，维护了考生在考试中的复议权。

（4）考试场地

相较原来YÖS考试在国内仅有安卡拉一处考点、在国外有25个考点的做法，伊斯坦布尔大学非常重视在国内扩大考点。2020年伊斯坦布尔大学公布的İÜYÖS考点共有35个，其中14个分布在土耳其国内各省，其余21个分布在其他国家。但从其他国家的考点公布上来看，依然主要集中在土耳其邻近国家和伊斯兰国家。

（5）考试内容

İÜYÖS在原YÖS的基础上对考试内容进行了更改，原YÖS有两大考试内容：基本学习能力测验和土耳其语水平测试。伊斯坦布尔大学的外国学生考试仅保留了基本学习能力测试（Test of Basic Learning Skills），删除了土耳其语水平测试，并为基本学习能力测试提供了土耳其语、英语、阿拉伯语、法语、德语和俄罗斯语六种语言的试题陈述（见图4-1左一），为考生减少了考试的语言阻碍，增加了考生的考试便利度和考试优势。

土耳其高校考试招生制度研究

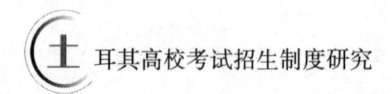

8.

A sayısının % 40'ı ile B sayısının % 30'unun toplamı 6'dır. A sayısının % 25'i ile B sayısının % 15'inin toplamı 5'tir. Buna göre A kaçtır?

The sum of 40 % of number A and 30 % of number B is 6. The sum of 25 % of number A and 15 % of number B is 5. Accordingly, what is the value of A?

Сумма 40 % от числа A и 30 % от числа B равна 6. Сумма 25 % от числа A и 15 % от числа B равна 5. Исходя из этого найдите значение A.

40% der Zahl A plus 30% der Zahl B macht 6, und 25% der Zahl A plus 15% der Zahl B macht 5. Was ist demnach der Wert von A?

حاصل جمع 40 ٪ من الرقم A مع 30 ٪ من الرقم B هو 6. ومجموع 25 ٪ من الرقم A مع 15٪ من الرقم B يساوي 5. بناء على ذلك كم قيمة الرقم A ؟

La somme de 40 % du nombre A et 30 % du nombre de B est 6. La somme de 25% du nombre A et 15 % du nombre de B est 5. Par conséquent, calculez A.

A) 20　　　B) 30　　　C) 40

D) 45　　　E) 50

40.

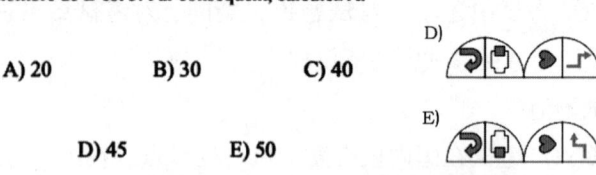

图4-1　2019年İÜYÖS考试真题①

　　从试题的设置上来看，基本学习能力测试由数学题和抽象思维能力题组成，其中数学题35道，抽象思维能力测试题45道，均为选择题型。图4-1为2019年伊斯坦布尔大学İÜYÖS的真题题样，其中第8题为数学题，分别用六国语言对试题进行了陈述。第40题为抽象思维能力测试题，一般为图形或数字推理题，不需要作出文字说明，用于考查学生的抽象思维能力和逻辑推理能力。

（6）计分办法

　　相较于原外国学生考试的计算办法来说，İÜYÖS不再采用标准分计

---

① T. C. İstanbul Üniversitesi, "Yurt dışından veya Yabancı Uyruklu Öğrenci Sınavı"（April 30, 2020）, https：//cdn. istanbul. edu. tr/FileHandler2. ashx? f=booklet_ a. pdf.

242

算，而直接采用了考生的原始分。İÜYÖS 的分值计算方式是从正确答案的数量中减去错误答案数量的四分之一得出原始分数，再将原始分数转换为百分制。

2. 招生相关信息

İÜYÖS 的招生政策主要如下：

（1）招生专业及名额

2020 年伊斯坦布尔大学共有 118 个本科专业和 20 个副学士专业面向国际生招生，本科专业招生名额共计 1448 个，副学士专业招生名额共计 233 个。在各专业的招生名额中，对特定国籍的学生设置了保留名额，如非洲和印尼籍的学生在每个专业的招生名额中都享有一定数量的保留名额。此外，各专业对考生还提出了报考要求和限制，举例如下。年龄限制：歌剧和音乐学院的专业要求考生自申请之日计算已经年满 24 周岁，表演和芭蕾舞蹈专业要求考生年满 21 周岁；语言要求：神学专业、阿拉伯语专业要求考生在入校后必须修读一年的阿拉伯语预科课程，通过语言考试后才能正式开始本科阶段专业学习。英语专业要求学生修读一年的英语预科课程。德语语言文学、意大利语言文学、中国语言文学、西班牙语、法语、希腊语、波斯语、俄罗斯语等语言类专业都对考生录取后的相关语言水平作出了要求。

（2）录取最低分数线

除公开和远程教育学院的专业外，申请人必须从基本学习能力测试中获得至少 40 分，公开和远程教育学院的专业必须获得至少 30 分及以上成绩。但对于非洲国家和印度尼西亚籍的学生没有设置最低分数线要求。

伊斯坦布尔大学组织的外国学生考试已经被土耳其大多数高校所认可，多达 95 所土耳其高校将 İÜYÖS 的考试成绩作为国际生的录取标准之一，它在土耳其高校国际生招生中已经占据了重要地位。

（三）伊斯坦布尔大学的招生及录取情况

2019 年伊斯坦布尔大学共有 93 个专业面向社会公开招生，其中有

12个专业为开放教育专业，4个专业为远程教育专业。① 远程和开放学院是伊斯坦布尔大学招生规模最大的学院，该学院的学生培养层次包括本科和副学士教育。其中，副学士专业招生标准以土耳其全国高校统一考试中的第一阶段考试（TYT）成绩和中学学业成绩（OBP）作为标准。2019年副学士专业招生名额为19230个，有485个为中学第一名预留名额。本科专业招生以土耳其全国高校统一考试的两阶段考试（TYT+AYT/YDT）成绩和中学学业成绩（OBP）为标准。2019年本科专业招生名额8106个，其中206个为中学第一名预留名额。除此之外，伊斯坦布尔大学其他16个学院招生名额共计7009个，其中202个为中学第一名预留名额。② 伊斯坦布尔大学作为土耳其一流公立大学，同样在初次录取时就完成了所有专业的招生任务，各专业的初次录取率均达到100%。③

从各专业招生时对考生第二阶段选考科目的要求上来看，要求考生选考文数类（EA）科目的共有34个专业，要求考生选考外语类（YDT）科目的共有23个专业，要求考生选考人文类（SÖZ）科目的共有16个专业，其余20个专业要求考生选考数学类（SAY）科目。④ 可见，伊斯坦布尔大学在生源选拔上对学生的知识结构要求较为均衡，并不偏向文科或理科，这与伊斯坦布尔大学均衡发展的专业建设特征相吻合，体现出综合性大学的招生特色。

从国际生的招生情况来看（不含短期交流国际生），2019年伊斯坦布尔大学共有在校国际生6648人，覆盖世界145个国家，国际生中有男生3675人（占比55.3%），女生2973人（占比44.7%）。同年土耳

---

① YÖK, "YÖK Lisans Atlası" (April 28, 2020), https://yokatlas.yok.gov.tr/lisans-anasayfa.php.
② ÖSYM, "Yükseköğretim Kurumları Sınavı Tablo‐4" (April 28, 2020), https://www.osym.gov.tr/TR,16858/2019-yuksekogretim-programlari-ve-kontenjanlari-kilavuzu.html.
③ YÖK, "YÖK Lisans Atlası" (April 28, 2020), https://yokatlas.yok.gov.tr/lisans-anasayfa.php.
④ ÖSYM, "Yükseköğretim Kurumları Sınavı Tablo‐4" (April 28, 2020), https://www.osym.gov.tr/TR,16858/2019-yuksekogretim-programlari-ve-kontenjanlari-kilavuzu.html.

其所有的公立大学及私立大学共有国际在校生 154505 人，伊斯坦布尔大学的在校国际生数量占到了全国在校国际生总数的 4.3%。[①]

总之，伊斯坦布尔大学作为土耳其的老牌一流大学，一直在土耳其高校中占据着领头羊的地位。在伊斯坦布尔大学的专业人才培养上，重视各类专业百花齐放、百家争鸣式的发展，并没有对特定专业的特别发展偏好。在人才选拔的知识结构要求上，注重吸纳各类知识结构的优秀人才，均衡培养、共同发展。在自主考试招生方面，伊斯坦布尔大学注重严格把控生源质量，形成自身特色，打造权威考试，是土耳其一流公立大学中一所全面发展的综合性大学。

综上所述，从中东技术大学和伊斯坦布尔大学的考试招生制度的实施情况可以看出，土耳其一流公立大学在考试招生制度的实施中各具特色：(1) 从人才选拔的学科知识结构要求上来看，中东技术大学重视理工类学科的发展，注重选拔具备理科知识结构的生源；伊斯坦布尔大学注重各类学科的均衡发展，在人才选拔中强调各类知识结构人才的均衡选拔。两所大学考试招生制度直接为大学的发展目标服务，与大学的发展方向保持一致。(2) 从人才选拔的标准来看，中东技术大学显得更为"严苛"，除对考生的大学入学考试分数提出了高要求外，对考生的英语水平也提出了高标准，无形中将大学学制从四年延长到了五年甚至更长的时间。相比之下伊斯坦布尔大学的招生标准更为人性化，仅以全国高校统一考试得分及中学学业成绩作为录取标准，并无其他附加条件。(3) 从自主招生政策来看，两所大学在自主招生中都体现出了自身特色。中东技术大学以资格审核制招录国际生，以总体标准加各国细化标准为国际学生量身定制录取要求。伊斯坦布尔大学则延续了以考试作为工具在世界范围内招收学生的传统，同时考试制度惠及国内所有大学，起到了良好的宣传和示范作用。除两所大学各具特色外，土耳其一流公立大学在考试招生制度的实施过程中也体现出了一些共性：它们都

[①] YÖK, "Uyruğa Göre Öğrenci Sayıları Raporu" (April 30, 2020), https：//istatistik. yok. gov. tr/.

在土耳其享有极高的社会声誉和学术地位，受到政府的高度重视，享受一流的教育资源，加之自身在学术和教育上的不懈努力，在国内的生源选拔中一直处于"掐尖"状态，良好的生源保证了大学的办学质量，形成了良性循环。

总之，本节通过对土耳其两所公立一流大学考试招生制度的实施个案的研究，以期达到"见微知著"的作用。土耳其一流公立大学除通过全国高校统一考试招生制度录取新生外，还通过设置入学门槛以及制定高标准的自主招生制度行使自主招考权，以选拔优质生源，保障教育质量。

第二节　土耳其普通公立大学的考试招生案例

虽然截至 2020 年土耳其已经建成公立大学 129 所，但可以称为国内一流大学的高校并不多，除土耳其政府重点建设的近 20 所公立大学外，其他大学都可以划入普通公立大学之列。本节选取了地处土耳其南部和东部经济发展水平弱于发达省份的两所大学，以期通过这两所个案大学了解土耳其普通公立大学考试招生制度的实施情况。

一　帕幕卡莱大学的考试招生

帕幕卡莱大学（Pamukkale Üniversitesi）位于土耳其代尼兹利省（Denizli），该省有人口 1037208 人（2019 年）[①]，以工业、旅游业、商业、服务业为主，在土耳其 81 个省份中位列第二经济梯队。帕幕卡莱大学正式成立于 1992 年 7 月 11 日，前身是一所建于 1957 年的女子师范学院。帕幕卡莱大学发展至今已经成为拥有 19 所学院、17 个职业学校、6 个研究所、39 个研究中心的综合性大学。目前帕幕卡莱大学共开

[①] Merkezi Dağıtım Sistemi, "Adrese Dayalı Nüfus Kayıt Sistemi Sonuçları" (May 5, 2020), https://biruni.tuik.gov.tr/medas/? kn=95 & locale=tr.

设有174个副学士专业、137个本科专业、135个研究生专业以及48个博士专业，共计494个专业。帕幕卡莱大学现有在校生51472人，其中女生24259人，男生27213人，男女比例相对均衡。帕幕卡莱大学人才培养层次以本科为主，在校生中有本科生35768人，副学士学生12913人，硕士研究生2056人，博士研究生735人。在师资队伍方面，帕幕卡莱大学现有学术人员2290人，其中教授332人、副教授237人、讲师431人，其他学术人员1290人。[①]

帕幕卡莱大学作为代尼兹利省唯一的一所大学，不仅承担着高等教育人才培养职能，也发挥着重要的社会服务职能。帕幕卡莱大学先后在当地建成文化中心、科学艺术中心、体育中心等公共文体设施，并积极推进相关文化娱乐活动在区域内的开展。在帕幕卡莱大学社会服务项目中最为成功的是于1994年建成的帕幕卡莱大学医院。这所大学医院集教育教学、科学研究和社会服务于一身，不仅成为全省医疗方面最为先进的区域性医院，也成为帕幕卡莱大学牙科学院、卫生科学学院、医学院、物理治疗与康复学院四所学院的人才培养、教学实践和人才输送基地，是土耳其高等教育服务区域发展的成功典范，提升了帕幕卡莱大学的区域影响力，为帕幕卡莱大学吸引优质生源起到了重要的宣传作用。

帕幕卡莱大学与土耳其其他大学一样，主要通过全国高校统一考试招生制度招收本科生，其次在特殊才能学生和外国学生的招生上享有自主招考权。

(一) 帕幕卡莱大学特殊才能考试

帕幕卡莱大学的特殊才能考试主要适用于音乐与表演艺术学院对本科生的选拔。

1. 帕幕卡莱大学《特殊才能考试规则》

帕幕卡莱大学制定了《特殊才能考试规则》，并规定相关院系特殊才能考试需要在此框架下组织和实施。以规章制度对特殊才能考试进行

---

① Pamukkale Üniversitesi, "Kurumsal Bilgiler" (May 5, 2020), http://www.pau.edu.tr/pau/tr/sayilarlaPAU#.

了规范。

考试目的：《规则》规定，特殊才能考试的目的是根据公平、科学、艺术原则选拔在音乐和表演艺术领域的优秀人才。

特殊才能考试的内容和形式：特殊才能考试的内容可以包括表演、发声、展示和理论考查等。考试形式可以包括面试和笔试。

特殊才能考试程序：特殊才能考试总体上包括以下5个步骤：考试、划定分数线、计分、排名和录取。

特殊才能考试由三个阶段组成：第一阶段为表演测试，考生需要进行表演和才艺展示，可以以即兴创作、模仿、诗歌、文字创作或阅读等各种形式进行；第二阶段主要是各专业对考生在音乐感知觉、节奏、身体协调能力等方面的测试；第三阶段考官将结合考生的档案对考生进行面试审查。

考试评审团的组成：帕幕卡莱大学要求相关学院在特殊才能考试之前应组建特殊才能考试评审团，成员由相关专业的教授和艺术专业的专职教师构成。

考试评估办法：在第一阶段考试中获得60分（总分100分）者方可进入第二阶段考试。其中，第一阶段成绩以40%计入总分，第二阶段考试成绩以40%计入总分，第三阶段考试成绩以20%计入总分。标准分及排名分计算方法按照国家考试招生机构的规则进行，最后根据考生的考试成绩和排名择优录取。

考试复议和考试安全：鉴于考试安全和公平的考量，所有考生的面试过程都将进行视频录制，以备后期审查和复议。考生在考试成绩公布的两个工作日内可以对考试成绩提出复议申请。①

2. 帕幕卡莱大学特殊才能考试的实施

以2019年帕幕卡莱大学特殊才能考试为例。2019年帕幕卡莱大学音乐与表演艺术学院组织了特殊才能学生的招生，包括音乐系、音乐与

---

① Pamukkale Üniversitesi, "Pamukkale Üniversitesi Müzik ve Sahne Sanatları Fakültesi Özel Yetenek Sınavları Yönergesi" (May 5, 2020), http://www.pau.edu.tr/mssf/tr/sayfa/ozel-yetenek-sinavi-2.

表演艺术系、音乐表演系、钢琴艺术系、古典吉他艺术系和小提琴艺术系等 6 个系共计招生 20 人，其中有两个残疾人预留招生名额。

（1）申报资格要求

普通考生在 2018 年全国高校统一考试第一阶段考试（TYT）中获得 200 分及以上者，或在 2019 年第一阶段考试（TYT）中获得 150 分及以上者（残疾考生为 100 分及以上），有资格申请参加帕幕卡莱大学的特殊才能考试。

考试安排和报名办法：有意报考帕幕卡莱大学特殊才能考试的考生，必须在规定时间内完成网上预报名。预报名的目的是摸底考生数量和考生资质，以便提前淘汰一部分不合格的考生，并根据考生规模安排考试。通过预注册审核的考生需要提交的书面材料除身份证件与照片等常规材料外，还包括考试报名表、个人作品清单、个人艺术简历（个人参与或承办的音乐会、独奏音乐会、比赛、颁奖会，管弦乐队和室内音乐活动的相关海报、节目单，新闻报道等相关文件）、2019 年 YKS 考试申请文件①或 2018 年 YKS 考试成绩单（TYT 200 分以上）、高中毕业证书等。通过帕幕卡莱大学特殊才能考试第一阶段考试的考生才有资格继续参加第二和第三阶段考试。帕幕卡莱大学 2019 年特殊才能考试安排如表 4-7 所示。

表 4-7　　　　　2019 年帕幕卡莱大学特殊才能考试安排②

时间安排	考试进程
2019 年 6 月 17 日至 7 月 1 日	考生通过网上报名系统预注册
2019 年 7 月 3 日	公布第一阶段考试候选人名单和考试计划

---

①　帕幕卡莱大学特殊才能考试在全国高校统一考试后进行，考生可以在出成绩（TYT 成绩）之前报名参加考试，在出成绩后提供成绩证明即可。

②　Pamukkale Üniversitesi, "Pamukkale Üniversitesi Müzik ve Sahne Sanatları Fakültesi Özel Yetenek Sınavları Yönergesi"（May 5, 2020），http：//www.pau.edu.tr/mssf/tr/sayfa/ozel-yetenek-sinavi-2.

续表

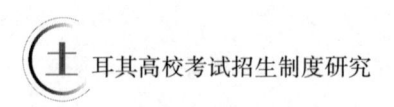

时间安排	考试进程
2019年7月8日	通过预注册审核的考生提交书面材料
2019年7月9日	第一阶段考试：表演
2019年7月9日至10日	公布通过第一阶段考试学生名单
2019年7月10日至11日	第二阶段考试：乐感与协调
2019年7月10日至11日	第三阶段考试：面试和材料审查
2019年7月12日	公布考试成绩

由表4-7可见，帕幕卡莱大学特殊才能考试的进程非常紧凑，从开始报名到公布考试成绩仅用了一个月不到的时间。这有利于高校尽快完成特殊才能学生的招生和录取工作，减少与其他高校的人才竞争，避免人才流失。

（2）考试内容

根据帕幕卡莱大学《特殊才能考试规则》，2019年考试分为三个部分：第一部分为表演，考生需要演奏古典吉他、钢琴或小提琴等乐器，共计演奏三个曲目，由自选曲目和指定曲目组成，指定曲目必须出自《帕幕卡莱大学特殊才能考试指南》中的演奏清单。第二部分为乐感与协调考试，所有考生将集体参考。考生要根据钢琴演奏写出听到的两个不同的音调和音乐结构，以测试考生的乐感和记忆力。第三部分为面试和材料审查，考官将根据考生的个人艺术简历对考生进行随机提问。此外，根据《帕幕卡莱大学残疾学生教学和考试申请原则》规定，特殊才能考试的内容和形式可以根据残疾考生的具体情况加以调整，以尽量减少残疾考生在考试中的不利因素，保障残疾考生能够获得平等的受教育机会。①

---

① Pamukkale Üniversitesi, "Engelli Öğrenci Eğitim-Öğretim ve Sınav Uygulama Esasları"（May 5, 2020）, http：//www.pau.edu.tr/engelliogrencibirimi/tr/sayfa/uygulama-esaslari-4.

总之，帕幕卡莱大学在特殊才能考试的组织和实施中，体现出以下特点：第一，注重考试的规范性，帕幕卡莱大学制定了专门的特殊才能考试规范性文件并严格执行，以保证艺术类考试的公平性和规范性。第二，注重考试安全，以考试录像的方式用以考生备查和学校监督部门审查。第三，为弱势群体提供更多入学机会。帕幕卡莱大学在特殊才能学生招生中为残疾考生预留了专门名额，在报名资格中为残疾考生提供了高达50%的降分政策，在考试过程中也为残疾考生提供了考试便利。从多方面为残疾考生高等教育入学机会公平制定了政策补偿。第四，在考试内容的设置上，帕幕卡莱大学既注重考查考生的专业素养，又看重考查考生的个人能力，通过表演、乐感测试和个人艺术经历面试等方式选拔优秀考生。从帕幕卡莱大学特殊才能考试的组织和实施上看，整体兼具科学性和公平性。

（二）帕幕卡莱大学外国学生综合选拔办法

帕幕卡莱大学结合了考试和资格审核两种办法选拔外国学生。

1. 帕幕卡莱大学外国学生考试

帕幕卡莱大学外国学生考试（Pamukkale Üniversitesi Yabancı Uyruklu Öğrenci Sınavı，简称PAUYÖS）是由帕幕卡莱大学自行组织的对外国学生进行选拔的考试制度，主要信息如下。

报名资格要求：帕幕卡莱大学外国学生考试的报考资格要求与伊斯坦布尔大学一致，故不再赘述。

报名办法：通过网络报名并提交高中文凭（土耳其语翻译的公证件）、高中在读证明、护照等身份证明。在土耳其国内参加考试的考生需交纳300土耳其里拉的考试费用，在土耳其国外参加考试的考生需交纳15美元或15欧元的考试费用。

考点分布：帕幕卡莱大学外国学生考试在土耳其国内、国外共设有29个考点，其中一个考点位于土耳其代尼兹利省，一个考点在土耳其籍人口较多的德国，6个考点分别设置在格鲁吉亚、伊拉克、波黑等土耳其邻近国家，一个考点在亚洲国家巴基斯坦，其余21个考点在非洲国家。① 从考点分布上可以看出，帕幕卡莱大学意向招收的生源一般为土耳其邻近国家和经济发展水平低于土耳其的不发达国家的学生，其中非洲国家是重点招生目标国。

考试内容：帕幕卡莱大学外国学生考试的内容为基本学习能力测试，共有 80 题，其中 45 题为知识技能测试、30 道数学题、5 道几何题。考试时间共计 120 分钟。

最低分数线及志愿填报：考试总分为 100 分，40 分为最低录取分数线。考生可以填报 5 个专业作为平行志愿。

目前帕幕卡莱大学的外国学生考试成绩已经被土耳其国内 54 所公立大学认可，作为选拔外国学生的有效成绩之一。

2. 外国学生资格审核制

帕幕卡莱大学除通过考试对外国学生进行选拔外，也通过资格审核的方式对外国学生进行选拔。资格审核制的主要认定材料为有效考试成绩，标准见表 4-8。

表 4-8　　　　帕幕卡莱大学外国学生报名有效成绩标准②

考试类型	最低分数要求
ADIM 大学联盟③外国学生选拔考试	40 分
德国学士学位考试	4 分
美国大学入学考试（ACT）	21 分（数学和科学推理领域）
叙利亚学士学位考试	总分的 70%

---

① Pamukkale Üniversitesi, "Pamukkale 2020 PAUYÖS Başvuru İşlemleri" (May 6, 2020), http://www.pau.edu.tr/yurtdisi/tr/haber/2020-pauyos-basvuru-islemleri.

② Pamukkale Üniversitesi, "Yurt Dışından Öğrenci Kabulüne İlişkin Ulusal ve Uluslararsı Sınavların Minimum Puanları" (May 6, 2020), http://www.pau.edu.tr/yurtdisi/tr/sayfa/kabul-edilen-sinavlar.

③ ADIM 大学联盟（ADIM Üniversiteleri）：由土耳其西部和南部地区大学组成的大学联盟，包括帕幕卡莱大学在内共计 18 所大学（http://www.adim.org.tr/Default.aspx. 2020-10-13）。

续表

考试类型	最低分数要求
黎巴嫩学士学位考试	13 分
印尼 UAN 考试①	40 分
法国学士学位考试	12 分
中国高考	480 分
国际文凭课程（IB）考试	28 分
英国普通教育证书考试（GCE）	两个 A 等级（1 个与所选专业相关）
意大利 MATURA 考试②	40 分
美国 SAT 考试	在"数学"和"阅读写作"中至少获得 1000 分（满分 1600 分）； 在"数学"中至少获得 500 分（满分 800 分）

从帕幕卡莱大学对外国学生的考试成绩审核标准可以看出，其认可的考试有效成绩与中东技术大学的基本一致，一般为国际权威性考试成绩、各国全国高校统一考试成绩和高中毕业考试成绩等。从帕幕卡莱大学的成绩标准来看，远远低于中东技术大学的要求。这说明土耳其普通公立大学在国际生招生时有意与一流大学拉开距离，减少与一流公立大学的竞争，以吸引中等资质生源为目标。

3. 外国学生招生专业及要求

2020 年帕幕卡莱大学有 15 个学院 64 个专业招收外国学生，其中帕幕卡莱大学外国学生考试的招生名额有 411 个，资格审核制招生名额 386 个，共计招生 797 人。在众多专业中，100%以英语或法语进行教学的专业有：法语语言文学、英语语言文学、英语经济学和英语商务。其他含外语教学课程的有：神学（30%阿拉伯语课程）、纺织工程（30%英语课程）、国际贸易与金融（30%英语课程），其余 58 个专业的教学

---

① UAN：Ujian Akhir Nasional，印度尼西亚本科入学考试。
② MATURA 考试：意大利高中阶段学业成就考试（成熟文凭），一般作为大学录取依据。

语言均为土耳其语。被外语教学专业录取的考生需要达到相应的外语水平要求，如不能达到要求者需要接受为期 1—2 年的外语预科课程学习。①

（三）帕幕卡莱大学招生及录取情况

以 2019 年为例，帕幕卡莱大学共有文理学院、工程学院、教育学院、技术学院、牙科学院、应用科学学院等 14 所学院 66 个本科专业（不含夜间教育专业、副学士专业）面向全国公开招生。从各专业对考生选考科目的要求上来看，英语、法语等专业要求考生选考外语类（YDT）科目；国际贸易与金融、课堂艺术、管理学等 21 个专业要求选考文数类（EA）科目；公共关系与宣传、艺术史、神学等 13 个专业要求考生选考人文类（SÖZ）科目；其余 29 个专业均要求考生选考数学类（SAY）科目。要求选考数学类（SAY）科目的专业占专业总数的43.9%，要求选考文数类（EA）科目的专业占专业总数的 31.8%。由此可见，帕幕卡莱大学倾向于选拔具备理科知识结构学生的专业较多，但选拔文、理科知识结构兼备的学生的专业也并不少。总体来看，帕幕卡莱大学对学生的知识结构要求上重理但不轻文，文、理科专业结构相对平衡。

从招生数量上来看，2019 年帕幕卡莱大学共设置本科招生名额 4450 个，其中高中第一名预留名额 135 个。95 个副学士专业计划招生 4790 人，其中高中第一名预留名额 145 人。帕幕卡莱大学实际招收本科生 4368 人，总体上较好地完成了招生任务。但 66 个本科专业的录取情况略有差别，有 9 个专业未能完成招生任务，其中个别专业的录取率仅有 4.8%，其余 57 个专业初次录取率均达到了 100%。

从录取学生的性别比例上来看，2019 年帕幕卡莱大学录取本科生中有 2264 名女性（占比 51.9%），2104 名男性，录取的女性人数超过了男性。

---

① Pamukkale Üniversitesi, "2020-2021 Eğitim Öğretim Yılı Yurt dışı Öğrenci Kontenjanları" (May 7, 2020), https://www.pau.edu.tr/yurtdisi/tr/haber/2020 - 2021 - egitim-ogretim-yili-yurtdisi-ogrenci-kontenjanlari.

第四章　土耳其高校考试招生制度实施的个案研究

从 2019 年帕幕卡莱大学各专业录取的最高分来看，各专业最高分考生的最好全国排名是 793 名（SAY），被药学专业录取。各专业最高分考生中排名最末的是 418977 名（EA），被管理贸易与物流专业录取。各专业最高分考生的平均全国排名为 117930 名。在各专业录取的最低分中，分数最低者全国排名为 812259 名（EA），在当年全国同类选考科目（EA）上线人数 824492 人中排名末位。各专业中录取的最低分在全国平均排名为 274258 名①。总体看来，帕幕卡莱大学所录取的考生处于土耳其全国高校统一考试的中上游水平，生源质量较好，尤其是医学类专业能够在全国高校同类专业竞争中占据优势，吸引到优质生源，这归功于帕幕卡莱大学区域性优质医院的建设。

从国际生的招生情况来看（不含短期交流国际生），2019 年帕幕卡莱大学共有在校国际生 665 人，覆盖了 80 个国家，其中男性 484 人，女性 181 人，女性人数远低于男性。从国际生的国别分布情况看，来自阿富汗的国际生最多，共有 97 人，其次是保加利亚共和国的学生，共计 91 人，再次为阿塞拜疆和叙利亚的学生，分别为 68 人和 67 人。此外人数较多的生源国分别为德国、伊朗、吉尔吉斯共和国、土库曼斯坦等国。② 帕幕卡莱大学的国际生生源具有明显的地缘特色，一般为土耳其邻近国家学生，且生源国多为较土耳其不发达国家。

总之，帕幕卡莱大学位于土耳其占地面积最大的省份，在土耳其南部地区具有一定的影响力。作为一所综合性大学，帕幕卡莱大学的专业和学科建设较为均衡，招生定位准确，这些优势都为帕幕卡莱大学吸引当地和邻近区域生源创造了良好的条件。但在特殊才能学生和国际生的招生上，帕幕卡莱大学仍无法与国内一流大学竞争，生源质量有待改善。

---

① YÖK, "Uyruğa Göre Öğrenci Sayıları Raporu"（April 30, 2020），https：//istatistik.yok.gov.tr/.
② YÖK, "Uyruğa Göre Öğrenci Sayıları Raporu"（April 30, 2020），https：//istatistik.yok.gov.tr/.

二 卡夫卡斯大学的考试招生

卡夫卡斯大学（Kafkas Üniversitesi）位于土耳其卡尔斯省（Kars），该省地处土耳其安塔利亚东部区，位于边境线之上，毗邻亚美尼亚（Armenia）。卡尔斯省总人口为285410人（2019年）[①]，冬季漫长而寒冷，人民收入主要依靠农业和畜牧业，社会经济发展水平位列土耳其各省末位。卡夫卡斯大学成立于1992年7月11日，是土耳其政府推动高校区域均衡分布、以高等教育带动区域发展蓝图下的产物。卡夫卡斯大学建校之初仅设有一个专业，有245名学生和40名教职工。卡夫卡斯大学发展至今已经成为一所区域性大学，建有12所学院、9所职业学校、3个研究所和18个研究中心。目前卡夫卡斯大学共有在校生约2万人和1872名教职员工。[②] 卡夫卡斯大学的建立对卡尔斯省的发展起到了重要的推动作用。这所大学的学生和教职人员占到了卡尔斯省总人口的7.7%，改变了卡尔斯省农业人口省的人口布局，为当地人民提供了接受高等教育的机会，也对当地经济、文化发展起到了重要的助力作用。

卡夫卡斯大学的自主招考主要体现在特殊才能学生招考和外国学生招考上。

（一）卡夫卡斯大学特殊才能考试

卡夫卡斯大学的特殊才能考试主要适用于美术学院、音乐学院和体育系本科生的选拔。本节主要介绍卡夫卡斯大学音乐学院特殊才能考试的实施办法。

2019年卡夫卡斯大学国家音乐学院有两个系、6个专业面向特殊才能学生招生。6个专业均采用考试办法招生，考试制度如下。

考试委员会：卡夫卡斯大学规定，各学院在实施特殊才能考试之

---

① Merkezi Dağıtım Sistemi, "Adrese Dayalı Nüfus Kayıt Sistemi Sonuçları" (May 5, 2020), https://biruni.tuik.gov.tr/medas/?kn=95&locale=tr.
② Kafkas Üniversitesi, "Bir Bakışta Kafkas Üniversitesi" (May 7, 2020), https://www.kafkas.edu.tr/dosyalar/bilgiRehberi/file/brosur2/index.html#p=1.

前必须按专业分别设立考试委员会。考试委员会由学院院长指定的各领域专家组成，各专业的考试委员会成员不得少于3人，考试委员会名单须上报学校教务管理委员会审核后方可生效。从考生申请考试到最终注册的所有程序均应由考试委员会监督审核，并通过摄像机记录考试过程。

报考资格：（1）土耳其共和国公民或塞浦路斯共和国公民。（2）毕业于土耳其国内和国际高中以及同等学力的中等教育机构。（3）必须在土耳其全国高校统一考试（2019-TYT）中获得150分及以上。（4）残疾人申请资格和申请分数参照国家考试招生机构的规定。

预注册：卡夫卡斯大学的特殊才能考试同样需要考生预注册。在考生预注册时，除身份证件和全国高校统一考试成绩单外还有一些特殊要求，如男性考生需要提交服兵役证明文件、报考土耳其民俗舞蹈专业学生如果不能在面试时进行舞蹈展示就需要出具健康委员会的相关报告等。卡夫卡斯大学的预注册程序以邮寄形式完成，考生需要在指定时间内将相关材料通过邮寄方式送达卡夫卡斯大学。

考试日程安排：

申请阶段：2019年8月19日至29日。初试：2019年9月5日上午9点。复试：2019年9月6日上午9点。考试成绩公布：考试成绩公布：2019年9月7日。考试成绩申诉期：2019年9月9日；最终注册日期：2019年9月10日至11日。候补候选人注册日期：2019年9月13日至17日。

卡夫卡斯大学特殊才能考试从初试到录取仅用了一周的时间，可见生源越紧张的大学，在考试和录取时的工作效率反而越高。以高效率尽早完成招生工作，避免生源流失。

考试内容与录取要求：在2019年卡夫卡斯大学的特殊才能考试中，音乐系的下属3个专业考试内容一致，土耳其传统音乐系的3个专业考试内容略有区别，主要考试内容及录取标准如表4-9所示。

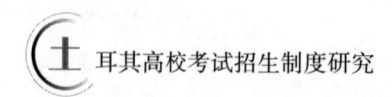

表4-9 2019年卡夫卡斯大学音乐学院特殊才能考试内容及录取标准①

音乐系：钢琴/吉他/竖琴专业、打击乐专业、弦乐专业		最低录取分数线
初试	乐感（听钢琴演奏回答问题。包括辨音、旋律感、节奏感测试）	
复试	乐曲演奏，考试委员会随机提问	
土耳其传统音乐系：土耳其民间音乐专业、土耳其艺术音乐专业		初试：60分（满分100分）；复试：70分（满分100分）
初试	乐感（听播放音乐回答问题。包括钢琴旋律测试、节奏感测试）	
复试	钢琴中的感知以及音乐记忆力测试	
土耳其传统音乐系：土耳其民间舞蹈专业		
初试	乐感（听钢琴演奏回答问题。包括钢琴旋律测试、节奏感测试、舞蹈动作测试）	
复试	舞蹈表演与提问	

考试分数及录取办法：在评估考生的考试成绩时，严格遵守国家考试招生机构在《2019年学生选拔和分发系统指南》中制定的规则和计算方法进行核算。

在特殊才能考试中获得70分及以上者（满分100分），有权根据招生名额和考试分数排名进行注册。②

2019年卡夫卡斯大学国家音乐学院共有两个系、6个专业面向国内和国际招收特殊才能学生。国内招生名额共计60个，国际招生名额15

---

① Kafkas Üniversitesi, "Devlet Konservatuvarı Müdürlüğü 2019-2020 Eğitim Öğretim Yılı Özel Yetenek 2. Aşama (Kesin Kabul) Sınav Sonuçları" (September 7, 2019), https://www.kafkas.edu.tr/kons/TR/duyuru/DEVLET-KONSERVATUVARi-2019-2020-EgiTiM-ogRETiM-YiLi-oZEL-YETENEK-2-AsAMA-KESiN-KABUL-SiNAV-SONUcLARi.

② Kafkas Üniversitesi, "T. C. Kafkas Üniversitesi Devlet Konservatuvarı Müdürlüğü 2019-2020 Eğitim-Öğretim Yılı Özel Yetenek Sınav Giriş Kılavuzu" (May 10, 2020), https://www.kafkas.edu.tr/belgeler/ab541ceb-8027-4b51-9987-591871d075c9.pdf.

个，最终国内录取 41 人，国际生录取 15 人。[①]

（二）卡夫卡斯大学国际生考试招生政策

卡夫卡斯大学虽地处土耳其东北一隅，对于土耳其国内学生来说相对偏远，但卡尔斯省作为土耳其边境线上的省份之一，位于高加索区域范围内，与亚美尼亚、格鲁吉亚接壤，与伊朗、阿塞拜疆等国家邻近，在国际生招生上占据了地理优势。

卡夫卡斯大学在国际生招生上凭借地缘优势面向高加索地区招生，认可的录取标准为高加索大学协会（Kafkasya Üniversiteler Birliği, KÜNİB）所组织实施的高加索大学协会国际学生考试（Kafkasya Üniversiteler Birliği Yabancı Uyruklu Öğrenci Sınavı，KÜNİB-YÖS）成绩。

高加索大学协会成立于 2009 年 11 月 11 日，由土耳其牵头汇集了三个国家的 7 所大学共同创立，卡夫卡斯大学即是 7 所创始大学之一。高加索大学协会旨在联合高加索地区利益相关国家在语言、文化、艺术、历史、经济、教育等各个方面进行联合科学研究。

2010 年后，土耳其国家考试招生机构不再统一组织外国学生高校入学考试。2014 年，高加索大学协会决定创办国际学生考试，并率先在土耳其（安卡拉、伊斯坦布尔）和阿塞拜疆（巴库）开设了考试中心。发展至今，KÜNİB-YÖS 已经在德国、阿塞拜疆、伊朗、乌兹别克斯坦和土耳其 5 个国家建立了考试中心。KÜNİB-YÖS 的考试成绩已经被 71 所高加索地区的大学所认可，但 KÜNİB-YÖS 考试仍然主要为土耳其和阿塞拜疆高校招收国际生服务，考试语言除附有英语外，也以这两国语言为主。

以 2019 年 KÜNİB-YÖS 考试情况为例，考试安排如表 4-10 如示。

[①] Kafkas Üniversitesi, "Devlet Konservatuvarı Müdürlüğü 2019–2020 Eğitim Öğretim Yılı Özel Yetenek 2. Aşama（Kesin Kabul）Sınav Sonuçları"（September 7, 2019），https：//www.kafkas. edu.tr/kons/TR/duyuru/DEVLET-KONSERVATUVARi–2019–2020–EgiTiM-ogRETiM-YiLi-oZEL-YETENEK–2-AsAMA——KESiN-KABUL——SiNAV-SONUcLARi.

耳其高校考试招生制度研究

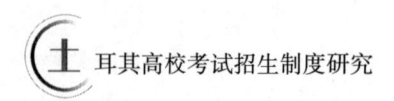

表 4-10　　　　　　　2019 年 KÜNİB-YÖS 考试时间安排①

考试事项	时间安排
考试申请和缴费日期	2019 年 4 月 1 日—2019 年 5 月 6 日（土耳其，德国，阿塞拜疆） 2019 年 4 月 1 日—2019 年 5 月 15 日（乌兹别克斯坦） 2019 年 4 月 1 日—2019 年 6 月 10 日（伊朗）
公布考试安排	2019 年 5 月 7 日（土耳其，德国，阿塞拜疆） 2019 年 5 月 16 日（乌兹别克斯坦） 2019 年 6 月 12 日（伊朗）
考试日期	2019 年 5 月 11 日（土耳其，德国，阿塞拜疆） 2019 年 5 月 20 日（乌兹别克斯坦） 2019 年 6 月 16 日（伊朗）
公布考试成绩	2019 年 6 月 26 日
公布各高校招生名额，考生填报志愿	2019 年 7 月 5 日—2019 年 7 月 14 日
公布录取结果	2019 年 7 月 5 日—2019 年 7 月 14 日
补录：公布剩余招生名额，考生填报志愿	2019 年 8 月 1 日—2019 年 8 月 8 日
公布补录结果	2019 年 8 月 15 日

由表 4-10 可知，KÜNİB-YÖS 考试虽然由高加索大学协会统一管理，但各个国家的考试中心对考试的组织和实施在时间上相对独立，可以自行确定报名时间和考试时间，但在成绩公布时间和录取过程中，各个国家考试中心步伐一致。可见这一考试系统具有灵活性，一方面考虑了各个国家考试组织和安排的便利性，最大限度地方便各国考生参加考试；另一方面在录取时保持统一性，以提高协会成员高校的录取率。

考试费用：在土耳其考点参加 KÜNİB-YÖS 考试的费用为 250 土耳其里拉/65 欧元/70 美元、在阿塞拜疆考点参加考试的费用为 80 美元、

---

① KÜNİB YÖS, "KÜNİB YÖS 2019 Sınavı Takvimi" (May 11, 2020), http：//www.kunibeyos.com/？id＝16 & bAslık＝etkinlik_ takvimi#arubAslık.

在德国考点参加考试的费用为 80 欧元。

考试内容：KÜNİB-YÖS 考试由两部分内容组成，第一部分：数学（33 题）、几何（7 题），考试时长共计 60 分钟；第二部分：逻辑（40 题），考试时长 60 分钟。

表 4-11　　　2019 年 KÜNİB-YÖS 考试科目及考试范围①

数学	几何	逻辑
√有理数和小数	√三角形角度	√单词数字加密
√积分	√特殊三角形	√通过数字进行单词加密
√简单不等式	√三角形的等分线和边缘中心	√行数
√绝对值	√棱柱和棱锥	√形状合并
√指数数	√三角形区域	√完成组合形状
√根数	√圆形	√寻找不同的形状
√方程式分析		√形状旋转
√函数		√完成形状图案
√多项式		√在图中应用方程
√抛物线		√比例方程
√三角		√与形状相关
√分数		√数字模式
√乘法符号		√加法和乘法表
√对数		√寻找数字之间的关系
√复数		√寻找丢失的那一块
√极限		√计数立方体
√矩阵		√立方体中的涂漆表面
√行列式		√点数

从考试内容来看，KÜNİB-YÖS 考试的内容基本与土耳其国内大学所组织的外国学生高校入学考试保持一致，以数学题和逻辑推理题

---

① KÜNİB YÖS, "Yabancı Uyruklu Öğrenci Sınavı" (May 11, 2020), http://www.kunibeyos.com/.

为主。

志愿填报：参加 KÜNİB-YÖS 考试的考生可以填报 8 所大学的 8 个专业作为平行志愿。①

作为一个小型大学，卡夫卡斯大学能够扬长避短，在国际生招生中找准自身优势，寻求国际合作，扩大自身影响力，是卡夫卡斯大学在国际生招生中的亮点。

（三）卡夫卡斯大学招生及录取情况

以 2019 年卡夫卡斯大学的招生及录取情况为例。2019 年卡夫卡斯大学共有包括文理学院、工程学院、科学学院、教育学院、医学院等 9 所学院 30 个本科专业（不含夜间教育专业）、45 个副学士专业（招生名额 2166 个）面向全国招生。从各本科专业对考生的选考科目要求上来看，阿拉伯语、俄罗斯语文学、笔译和口译 3 个专业要求考生选考外语类（YDT）科目；经济学、管理信息系统、指导与心理咨询等 9 个专业要求选考文数类（EA）科目；学龄前教师、历史、社会学教育等 8 个专业要求选考人文类（SÖZ）科目；其余如科学教育、食品工程、数学、药学等 10 个专业要求选考数学类（SAY）科目。所有专业中要求选考数学类（SAY）科目的专业较多，占专业总数的 33.3%，要求选考文数类（EA）科目的专业占专业总数的 30%。由此可见，卡夫卡斯大学在学生知识结构的选拔要求上并无特别的文、理科倾向。卡夫卡斯大学除语言类专业开设较少外，文科专业、文理混合专业、理科专业的分布比较均匀。

从招生数量上来看，2019 年卡夫卡斯大学共设置本科招生名额 1612 个（其中高中第一名预留名额 51 个），实际招生 1378 人。30 个本科专业中有 12 个未能完成招生任务，其中个别专业的录取率仅有 14.9%，其余 18 个专业的初次录取率达到了 100%。可见对于土耳其中等发展水平且地理位置欠佳的高校来说，招生难度更大。

---

① KÜNİB YÖS, "KÜNİB YÖS Sınavı İçerikleri" (May 11, 2020), http://www.kunibeyos.com/? id = 15 & bAslık = sinav_ icerikleri#arubAslık.

从录取学生的性别比例上来看，此次录取的学生中有 803 位女性，575 位男性，女性占总录取人数的 58.3%，超过了男性。

从 2019 年卡夫卡斯大学各本科专业录取的考生成绩来看，各专业最高分考生的全国排名为 1540 名（SÖZ），被学龄前教育专业录取，该生为女性，家庭居住地为凡省（VAN），为卡尔斯省的邻近省份，同处土耳其东部区。最高分考生中排名最末的是 604858 名（EA），被操作专业录取，该专业计划招生 21 人，实际仅招收到学生 5 人。各专业最高分考生的平均全国排名为 174813 名。各专业录取成绩最低的考生中，分数最低者的全国排名为 818897 名（SÖZ），在当年全国同类选考科目（SÖZ）上线人数 862628 人中排名末位，卡夫卡斯大学各专业录取的最低分考生的平均全国排名为 254669 名。[1] 总体来看，卡夫卡斯大学所录取的考生处于全国高校统一考试的中下游水平，生源质量参差不齐，招生较中等水平普通高校更为艰难。

从国际生的招生情况来看（不含短期交流国际生），2019 年卡夫卡斯大学共有国际在校生 1788 人，来自 16 个国家，其中男性 1247 人，女性 541 人，女性人数远低于男性。从国际生的国籍分布情况看，来自土库曼斯坦的国际生最多，共有 1350 人，其次是阿塞拜疆的学生，共计 356 人，再次为格鲁吉亚和乌兹别克斯坦的学生，为 10 人。[2] 卡夫卡斯大学的国际生生源有明显的地缘特色，主要是土耳其邻近国家学生。较其他大学来说，卡夫卡斯大学的生源国国别种类较少，国别单一性强，但从另一个角度来说，卡夫卡斯大学国际生招生定位较为准确，对特定国家生源具有较强吸引力。

总之，卡夫卡斯大学地处土耳其最不发达省份，作为一个在气候、地理位置、教育资源上都不占优势的小型大学，卡夫卡斯大学的专业和学科建设较为均衡，招生定位准确，并积极借助高加索地理优势寻求国

---

[1] YÖK, "Uyruğa Göre Öğrenci Sayıları Raporu"（April 30, 2020），https://istatistik.yok.gov.tr/.

[2] YÖK, "Uyruğa Göre Öğrenci Sayıları Raporu"（April 30, 2020），https://istatistik.yok.gov.tr/.

际合作，加强国际生的招生。从卡夫卡斯大学的招生情况上可以明显看出，在土耳其落后区域的高校想要寻求更好的发展，就需要找到一条特色发展道路，发挥自身优势。

总体而言，帕幕卡莱大学和卡夫卡斯大学都处于土耳其中等发展水平高校队列，其建立时期相同，建设目标相同，都是在土耳其政府为平衡区域发展，在各个省份建设高校以促进区域发展的产物。但由于两所高校所处地理位置和区域经济发展情况不同，经过近三十年的发展，两所高校的发展也呈现出了不同的景况。

帕幕卡莱大学依托于土耳其第二经济发展梯队的省份，发展速度要远远快于卡夫卡斯大学。首先，在推动区域发展上，帕幕卡莱大学通过推进区域与高校合作项目，在促进区域建设的同时，也为自身的发展带来了机遇，增强了自身社会服务、科学研究、教育教学的水平，在区域范围内不断提升影响力，招生优势明显。其次，帕幕卡莱大学在努力发展成为综合性大学的同时，也在重点打造医学类学科的建设和发展，注重将专业建设的全面发展和特色发展相结合。帕幕卡莱大学通过准确定位办学目标，结合区域助力，已经在土耳其国内高校中处于中上游水平，在全国129所高校中位列第39位[1]，发展成就喜人。卡夫卡斯大学位于土耳其东部区经济发展水平最末位的省份，也在努力带动区域发展，通过文化建设、旅游推广等，将寒冷的区域劣势转变为区域优势，打造冬季旅游胜地；在高等教育科研成果、促进区域经济项目建设等方面都做出了自身努力。但受到区域整体经济水平的限制，卡夫卡斯大学的发展较为缓慢，长期处于土耳其公立大学的中游偏下水平。

两所大学都形成了较有特色的自主考试招生制度，并建立了规范性考试规章制度以维护考试公平。从两所大学的招生情况来看，帕幕卡莱大学依靠区域优势和较强的区域影响力，在招生方面具有明显优势，虽然不能像土耳其国内一流大学一样吸引国内最优质生源，但也可以吸引

---

[1] University Ranking by Academic Performance, "2019－2020 Türkiye Genel Sıralamaları" (April 21, 2020), http：//tr.urapcenter.org/2019/.

中上游水平的生源，且重点发展专业可以吸引全国最优质生源。卡夫卡斯大学一是招生规模小，二是各专业发展水平一般，因此许多专业难以完成招生任务。但在国际生招生方面，卡夫卡斯大学因地处土耳其边境，占据地理优势。卡夫卡斯大学充分利用地理优势，积极寻求国际合作，在国际生招生的数量上反而高于帕幕卡莱大学。在录取学生的性别比例上来看，两所普通公立大学录取的女性学生都超过了男性，这与一流大学的录取情况截然不同。这说明虽然土耳其女性考生在一流大学的竞争中仍无法超越男性，但在普通大学的竞争中已经超过了男性，占据了优势。

总之，土耳其国内普通公立大学的发展往往受制于区域发展水平，在招生方面也受到地理因素的影响。普通大学如果想在招生上获得一定的优势，就必须积极寻求区域合作，找到一条特色发展道路，才能在与一流大学的生源竞争中觅得一线生机。

第三节　土耳其一流基金会私立大学的考试招生案例

土耳其基金会私立大学一般由企业或家族向慈善基金会注资，再由基金会创办，为非营利性机构。基金会私立大学有着拥有财富的家族和企业回馈社会和承担社会责任的色彩。土耳其基金会私立大学和公立大学一样，需要在课程设置、人员聘用、办学条件等各方面接受高等教育委员会的监管。但相比公立大学来说，政府还是给予基金会私立大学相对宽松的办学环境和较多的办学优惠政策，这使得基金会私立大学在充足的企业资金支持下更具办学优势，教学与科研环境更为宽松。在良好的经济条件和政府优惠政策的支持下，土耳其基金会私立大学中不乏大学建设的佼佼者，它们致力于高等教育与科学研究，吸引和培养着土耳其最优质的生源，为土耳其大学跻身世界一流大学做出了突出的贡献。

科钦大学（Koç Üniversitesi）和比尔肯特大学（İhsan Doğramacı

Bilkent Üniversitesi）是土耳其私立大学中的名校，也是土耳其国内顶尖一流大学的代表。它们代表着土耳其私立大学中办学条件优沃，极力回馈社会的最优质大学。一流基金会私立大学在与一流公立大学的生源竞争中，凭借自身办学优势和丰富的奖学金政策吸引人才，不仅能够在生源的竞争中与一流公立大学平分秋色，甚至有时还能稍胜一筹。这两所大学考试招生制度实施情况，能够反映出土耳其一流基金会私立大学的考试和招生现状。

一 科钦大学的考试招生

科钦大学始建于1992年，由土耳其实业家韦比·科钦（Vehbi Koç）创办的韦比·科钦基金会（Vehbi Koç Vakfı）投资建立。科钦大学的办学经费主要由韦比·科钦基金会的年度投入、政府资助、社会捐赠、科技园收入和学费收入等构成。韦比·科钦基金会对大学的年均投入为3500万美元，占科钦大学年度办学经费预算的18%。[①]

科钦大学目前共有7所学院，18个研究中心，3个校区分别位于安卡拉和伊斯坦布尔。各学院共有本科专业23个，硕士研究生专业32个，博士研究生专业26个，在校生共计6900人，教学人员513人。[②] 科钦大学以小班教学为主，在科钦大学的所有课程中，有60%的班级人数不超过25人，有35%的班级人数在25—60人[③]。科钦大学注重国际化发展，已经和60个国家290所高校签订了交流合作协议。[④] 总体而言，科钦大学是一所规模小，力求精致办学的研究型大学。

[①] YÖK, "2018 Yılı Üniversite İzleme ve Değerlendirme Raporu Koç Üniversitesi"（May 13, 2020），https://www.yok.gov.tr/Documents/Universiteler/izleme-ve-degerlendirme-kriteri/koc_universitesi.pdf.

[②] Koç Üniversitesi, "Lisans Kataloğu 2019-2020"（May 13, 2020），https://adaylar.ku.edu.tr/wp-content/uploads/2019/07/KU-LISANS-19-20_WEB.pdf.

[③] Koç Üniversitesi, "Kayıt-Kabul ile İlgili Sorular"（May 13, 2020），https://adaylar.ku.edu.tr/sikca-sorulan-sorular/kayit-kabul-ile-ilgili-sorular/#tab_html_1ff508383bbc6bda16bd051a30d3b20f.

[④] Koç Üniversitesi, "Lisans Kataloğu 2019-2020"（May 13, 2020），https://adaylar.ku.edu.tr/wp-content/uploads/2019/07/KU-LISANS-19-20_WEB.pdf.

在自主考试招生方面，科钦大学没有艺术、体育专业，所以不组织特殊才能考试招生，其自主考试招生制度主要体现入学英语水平要求和外国学生招生上。

（一）科钦大学英语入学水平要求

科钦大学作为一所全英文授课的高校，在入学时同样对学生设置了英语水平要求。科钦大学规定学生如能在入学时提供三年内获得的相关英语水平考试成绩，即可直接注册进入本科学习阶段。如未能按要求提供相关英语水平证明者，就需要进入英语预科班学习1—2年。

1. 英语入学水平要求

通过全国高校统一考试被科钦大学录取的学生要正式注册需要提供英语水平证明。科钦大学认可的英语水平要求如表4-12所示。

表4-12　　科钦大学申请免修英语预科课程英语水平要求①

英语水平考试类型	最低成绩要求
土耳其国家考试招生机构组织的外语水平考试（YDS/KPDS/ÜDS）	80分
新托福（IBT）	80分
机构托福考试（Kurumsal TOEFL）②	550分
PET学术英语（PET）	60分
剑桥英语高级（CAE）	C等级

从表4-12来看，科钦大学对学生的入学英语水平要求要高于中东技术大学。对于非英语专业的学生而言，要在大学入学时就达到上述英语水平非常困难。

2. 英语水平分班考试

科钦大学规定在入学注册时未能按要求提供英语水平证明的学生首

---

① Koç Üniversitesi, "İngilizce Dil Hazırlık Okulu"（May 13, 2020）, https：//adaylar.ku.edu.tr/akademik/ingilizce-dil-hazirlik-okulu/.
② 机构托福考试：每年8月在科钦大学举行一次，通过分班考试指定分数线的学生有资格报名参加。

先需要参加科钦大学组织的英语预科课程分班考试。分班考试由100道英语试题组成，考试时长1小时，是对学生英语综合水平的高强度测试。在分班考试中达到指定分数线者才可以参加科钦大学的英语水平考试，英语水平考试决定着学生将进入英语预科学习阶段还是大学本科学习阶段。

3. 英科预科班

科钦大学英语预科课程设置了高标准的英语水平考试准考"门槛"、配备了多样化的课余学习辅导、对学生进行严格的纪律管理，通过多种措施敦促学生高度重视英语预科课程学习。

科钦大学英语预科班分为基础班、次中级班、中级班和高级班4个层次。每个班级都设置了听力、口语、阅读和写作技能等课程，不同层次班级的教学要求不同。学生在英语预科班的分班结果并不固定，学校会根据学生的期末考试成绩安排学生在不同层次的班级间流动，以确保学生能在最适合自身英语水平的班级中学习。在英语预科班一年的学习中，平均学分绩点达到2.0（总分4.0）的学生才有资格参加科钦大学的英语水平考试。如果学生的平均学分绩点未达到2.0，就需要再参加1年英语预科课程学习①。从英语预科学习阶段开始，科钦大学对学生的高标准、严要求便可见一斑。

4. 科钦大学英语水平考试

科钦大学英语水平考试（Koç University English Proficiency Exam，简称KUEPE）根据科钦大学英语语言中心（English Language Center，简称ELC）所实施的英语课程目标设计而成，该英语水平考试重在测试学生能否达到学术英语的学习水平。科钦大学英语水平考试每学期举办一次，考试内容主要如表4-13所示。

---

① Koç Üniversitesi English Language Center, "For Prospective ELC Students" (May 13, 2020), https://elc.ku.edu.tr/.

表 4-13　　　　　科钦大学英语水平考试题型及考试内容①

考试题型	考试内容与要求（题量/要求）	分值	考试时长
阅读理解	• 1 篇长文章：900-1000 字（10 题） • 2 篇短文章：每篇 500-600 字（10 题）	20 分	60 分钟
完形填空	• 句子结构（10 题） • 词汇（10 题）	20 分	
听力理解	• 听力面试：听录音口头回答问题（5 题） • 听力与笔记：听讲座录音，记录要点（10 题）	15 分	30 分钟
写作	• 撰写学术或时事主题的议论文	25 分	65 分钟
口语	• 自我介绍（不计分） • 个人经历 • 对时事问题的观点（不间断陈述） • 观点的论据支持	20 分	10 分钟

科钦大学英语水平考试是对学生学术英语阅读、听力、语法、口语、写作等综合能力的考查。考试分为两场，共计 165 分钟，考试题量不大，但是内容丰富，对考生来说具有一定难度。在科钦大学英语水平考试中获得 60 分以上（满分 100 分）者即可从英语预科班毕业正式进入本科学习阶段。

（二）高额的学费与奖学金招生政策

土耳其基金会私立大学的学生无法像公立大学的学生一样享受免学费政策，相反，基金会私立大学在为学生提供一流的教育资源和学习环境的同时，相应地要收取高昂的学费。为招收到家庭经济条件一般的优质生源，私立大学设置了丰富的奖学金，在科钦大学就读的学生中有 73%的学生能够享受奖学金政策②，2018 年科钦大学的年度预算中有

---

① Koç Üniversitesi English Language Center, "Koç University English Proficiency Exam", (May 13, 2020), https://elc.ku.edu.tr/kuepe/.

② Koç Üniversitesi, "Lisans Kataloğu 2019-2020"（May 13, 2020）, https://adaylar.ku.edu.tr/wp-content/uploads/2019/07/KU-LISANS-19-20_WEB.pdf.

39%用于学生的奖学金发放①,对学生的资助力度极大。这些奖学金政策中最为重要的就是奖学金招生名额政策,这一政策为贫寒子弟进入一流私立大学提供了机会。

1. 高额的学费

科钦大学作为土耳其一流基金会私立大学,收费标准较高。2019年科钦大学普通专业的学费为每学年96500土耳其里拉,医学院每学年学费为133000土耳其里拉,外语预科课程学费为每学年96500土耳其里拉。

科钦大学为学生提供了优质的公寓式住宿条件,宿舍规格从单人间到4人间不等,宿舍费用每生每学年11400—31000土耳其里拉不等。②学费和住宿费不包含学生的食品、书籍和交通费用等。所以学生除去个人生活费用,每年至少需要交纳给学校的费用就在107900—164000土耳其里拉之间。

根据土耳其国家统计研究所(Türkiye İstatistik Kurumu,简称TÜİK)统计数据表明,2018年土耳其人均年收入为49000土耳其里拉。③加之在土耳其中小城市和农村家庭中还延续着男性主外工作、女性主内持家的传统家庭分工。因此,对于土耳其普通家庭而言,要负担起科钦大学这类一流私立大学的费用极为艰难。

2. 奖学金招生名额

为避免高昂的学费将优秀寒门子弟拒之门外,科钦大学本着回馈社会、吸引一流生源的目的,在各专业中都设置了不同等级的奖学金招生名额,奖学金名额直接在招生信息中公布。

科钦大学设置的奖学金招生名额分为三档:第一档为全额奖学金名

---

① YÖK, "2018 Yılı Üniversite İzleme ve Değerlendirme Raporu Koç Üniversitesi"(May 13, 2020), https://www.yok.gov.tr/Documents/Universiteler/izleme-ve-degerlendirme-kriteri/koc_universitesi.pdf.

② Koç Üniversitesi, "Burslar ve Eğitim Ücretleri"(May 13, 2020), https://adaylar.ku.edu.tr/aday-ogrencilerimiz/burslar-ve-egitim-ucretleri/.

③ TÜİK, "Kazanç Yapısı Araştırması, 2018"(December 24, 2019), http://www.tuik.gov.tr/PreHaberBultenleri.do?id=30580.

额，获得该奖学金名额的学生可以免除学费，但需要支付住宿费等其他费用。第二档为50%学费减免奖学金名额。第三档为25%学费减免奖学金名额。以2019年科钦大学计算机工程专业的招生计划为例，计算机工程专业共计划招生86人，其中7个招生名额为25%学费减免奖学金名额，9个名额为50%学费减免奖学金名额，9个名额为学费全免奖学金名额，61个名额为全自费名额。考生可在志愿填报时直接填报奖学金名额或全自费名额，最后根据考生排名择优录取。

一般情况下，学生在科钦大学正常攻读课业可一直享有所获得的奖学金，但个别情况除外：（1）如果被哲学、历史、考古学、艺术史、英语和比较文学、数学、物理、化学和护理等专业录取的全额奖学金学生转到其他系，则会失去全额奖学金。这些专业以外的学生转系，需要经过所在系的评估和批准才能确定是否还能享受全额奖学金；（2）延期毕业超过4年者；（3）严重违纪者；（4）在考试中作弊或有严重的学术不端行为者；（5）退学者等。

科钦大学的入学奖学金政策直接以招生名额的方式向考生公布，以鼓励优秀考生积极报考，为寒门子弟提供了进入私立一流大学学习的机会，也为科钦大学留住寒门优质生源创造了条件。

（三）国际本科生考试招生政策

科钦大学国际本科生招生采用资格审核制，凡符合招生条件的外国学生均可报名。根据土耳其高等教育委员会的规定，科钦大学外国学生报名资格标准与其他高校基本一致，故不再赘述。2019年科钦大学共有7个学院的22个本科专业招收国际生，计划招生651人。

1. 国际本科生申报材料

有意申报科钦大学的国际生需要通过科钦大学在线申请系统进入入学资格审核程序。在线申请所需材料包括相关考试成绩证书、高中毕业文凭证书公证件、个人规划书（写明申请科钦大学和相关专业的原因及个人未来规划）、两封推荐信、土耳其语言水平证明公证文件（适用于法律专业）、英语水平证书（与土耳其国内本科生入学要求一致）。

其中，科钦大学所认可的国际本科生考试类型及成绩要求如表4-14

所示。由表4-14可知，科钦大学在国际本科生审核时不同学院对国际生的考试成绩要求不同，总体而言医学院和法学院对国际生的成绩要求较高，其他学院略低。科钦大学的国际生审核标准总体以欧美发达国家的权威性考试成绩为主，对其他国家或地区的考试成绩认可度不高。

表4-14　科钦大学国际本科生考试成绩类型及成绩要求①

考试类型	成绩要求（工程学院、理学院、社会科学与人文学院、行政科学与经济学院、护理学院）	成绩要求（医学院、法学院）	说明
学术能力测试（SAT Ⅰ）在2016年3月以前考试	总得分：1600分（满分2400分）数学：600分；阅读：500分写作：500分	总得分：2000分（满分2400分）	考试日期后2年内有效
学术能力测试（SAT Ⅰ）在2016年3月以后考试	总得分：1180分（满分1600分）数学：620分阅读和写作：560分	总得分：1410分（满分1600分）	考试日期后2年内有效
学术能力测试（SAT Ⅱ）	两个主题测试，其中1个应为数学1级或2级	医学：两个主题测试，其中1个应该是数学1级或2级，而另1个应该是生物或化学法学：两个科目考试，其中1个应为数学1级或2级，而另一个应与专业课程相关（例如世界历史）	考试日期后2年内有效
美国大学入学考试（ACT）	23分（满分36分）	医学：综合得分31分；法学：综合总分31分	考试日期后2年内有效
医学院入学考试（MCAT）	不适用	医学：总分505（在4个相关考试科目上的最低得分为126）法学：不适用	

---

① Koç Üniversitesi, "Acceptable International Standardized Exams and International Diplomas International Undergraduate Admissions 2019—2020"（May 13, 2020），https://registrar.ku.edu.tr/wp-content/uploads/2019/06/AcceptableInternationalExamsandDiplomas2019-20v4-1-converted.pdf.

续表

考试类型	成绩要求（工程学院、理学院、社会科学与人文学院、行政科学与经济学院、护理学院）	成绩要求（医学院、法学院）	说明
国际文凭课程（IB）考试	28分（满分45分）	40分（满分45分）	
法国学士学位考试	12分（满分20分）	17分（满分20分）	科学学院不适用
剑桥A水准考试（GCE AL）	2个与专业相关的A-Level成绩	医学：专业相关科目（物理，化学，生物学，数学）的3个A-Level 法学：课程相关的3个A-Level	
剑桥IGCSE	不适用	医学：专业相关的3个A级成绩（物理，化学，生物学，数学） 法学：专业相关3个A-Level成绩	
德国BITUR	文凭等级：1–4	医学：文凭等级1.2 法学：文凭等级1.5	
澳大利亚MATURA	文凭等级：1或2	医学：文凭等级1.2 法学：文凭等级1.5	
新西兰MATURA	文凭等级：4.50–6.00	医学：文凭等级5.50 法学：文凭等级5.00	
国际科学奥林匹克竞赛	金奖、银奖、铜奖	金奖、银奖	须得到土耳其国家科学技术研究理事会（TÜBİTAK）的认证

2. 国际生学费与奖学金政策

科钦大学国际本科生的缴费标准同样很高，2019年普通专业国际生每学年学费为19500美元，医学院学生每学年学费为26500美元。①国际生的住宿条件和费用标准与土耳其国内学生相同。

一般来说，科钦大学的国际生奖学金主要面向学习成绩优异且家庭经济条件困难的外国学生。因此，在评定时申请者需要提交表4-14中所列出的相关考试成绩证明、家庭收入证明（父母所在单位开具的年净收入证明、房地产创收租赁合同、其他收入证明等）和家庭支出证明（贷款和分期付款表、兄弟姐妹的大学入学通知书及年度支出费用、房屋租赁合同、医疗报告和医疗保险费用收据等）②。根据上述材料评估学生是否有资格享受国际生奖学金，以及享受奖学金的等级。

国际本科生奖学金分为四档，分别是学费全免奖学金、25%学费减免奖学金、50%学费减免奖学金和75%学费减免奖学金。其中叙利亚学生优先享有学费全免奖学金名额，其次是哈萨克斯坦的学生有3个学费全免奖学金名额，其余学生根据评估排名决定奖学金获取资格③。

（四）科钦大学的招生及录取情况

科钦大学作为一所规模小，办学精的研究型大学，招生规模并不大。2019年科钦大学共有23个本科专业招生，计划招生1224人。23个招生专业中，所有的专业都设置了奖学金招生名额，共计设置奖学生招生名额520个，自费生名额704个。其中22个专业设置了全额奖学金名额，共计207个，占招生名额总数的16.9%；20个专业设置了50%学费减免奖学金名额，共计205个，占招生名额总数的16.7%；12个专业设置了25%学费减免奖学金名额，共计108个，占招生名额总数

---

① Koç Üniversitesi, "2019-2020 Academic Year Fall Semester Enrolment Announcement-Finance" (May 13, 2020), https://registrar.ku.edu.tr/wp-content/uploads/2019/08/Fall-2019-Tuition-and-Payment-Information-Comptrollers-Office.pdf.

② Koç Üniversitesi, "Need-Based Scholarship Supporting Documents" (May 13, 2020), https://international.ku.edu.tr/wp-content/uploads/2019/10/Ko%C3%A7-University-International-Undergraduate-Admissions-Need-based-scholarship-supporting-documents.pdf.

③ Koç Üniversitesi, "Tuition and Scholarships" (May 13, 2020), https://international.ku.edu.tr/undergraduate-programs/tuition-and-scholarships/.

的8.8%。在总体招生名额中，有42.5%的学生能够享受奖学金招生优惠政策。

23个本科专业都很好地完成了招生任务，初次录取率均达到100%。与公立大学不同，私立大学不需要设置高中第一名预留名额，完全以考生的全国高校统一考试成绩和高中学业成绩的综合排名作为唯一的录取标准，不考虑照顾各区域各高中优质生源的问题。

从录取学生的性别分布来看，2019年科钦大学共录取女性581人（占比47.5%），男性643人（占比52.5%），男性略多于女性，录取学生性别比例差距较小。

从科钦大学各专业录取时对考生在全国高校统一考试的选考科目要求来看，23个本科专业中有经济学、哲学、法学等8个专业要求考生选考文数类（EA）科目，占专业总数的34.8%。考古与艺术史、英语与比较文学、历史以及媒体和视觉艺术4个专业要求考生选考人文类（SÖZ）科目。其余计算机工程、电气与电子工程、工业工程、物理、护理学、化学生物工程、化学、机械工程、数学、分子生物与遗传以及医药11个专业要求考生选考数学类（SAY）科目，占专业总数的47.8%，由此可见，科钦大学在专业建设中着重建设理科专业，其次是社会科学类专业，纯人文类专业较少。科钦大学对学生的选拔要求与专业培养目标一致，更倾向于选拔具备理科知识或文、理知识兼备的学生，对于纯文科知识结构的学生选拔力度不大。

从2019年科钦大学各专业录取的考生成绩来看，各专业最高分考生中的最好排名为全国第9名（EA），被法学专业全额奖学金录取。各专业最高分考生横向比较，排名最末的是全国第52343名（SAY），被分子生物与遗传专业25%学费减免奖学金名额录取。各专业最高分考生的平均全国排名为7335名。各专业录取成绩最低的考生在全国排名39万2940（EA）位，被国际关系专业自费生名额录取，科钦大学各专业录取最低分数考生的平均全国排名为52931名。也就是说能够进入科钦大学的学生即便是全自费入学，也必须在土耳其全国高校统一考试排名中进入前18.1%，可见竞争异常激烈。此外，被奖学金名额录取的学生中最低排名为128423名（EA）①，被国际关系专业的25%学费减免奖学金名额录取。因此，如果考生要赢得科钦大学的奖学金名额，就必须在全国高校统一考试排名中进入全国前5.9%。总体而言，科钦大学录取的考生分为两种情况，一种是在全国高校统一考试中的表现优异者；另一种是在全国高校统一考试中表现居中上等且家庭经济条件优渥者。由此可见，作为一所一流基金会私立大学，科钦大学在招生时并没有放宽对学生的录取要求，仅经济条件优越的学生不可能被科钦大学录取，优异的学习成绩仍是进入科钦大学的唯一敲门砖。

从科钦大学的国际生招生情况来看（不含短期交流国际生），2019年科钦大学共有国际在校生436人，分别来自59个国家，其中男性257人，女性179人，女性数量少于男性。从国际生的国籍分布情况看，来自伊朗的学生最多，共有100人，其次是巴基斯坦的学生，共计52人，再次为阿塞拜疆和叙利亚的学生，分别为36人和39人。② 科钦大学的国际生生源与土耳其其他大学一样，主要来自土耳其邻近国家，且生源国多为较土耳其不发达国家。

总体而言，科钦大学作为土耳其顶尖基金会私立大学，凭借一流师资、小班全英语教学、优质的科学研究水平等优势屹立于土耳其一流大学之林。科钦大学在2013—2017年一直保持在泰晤士高等教育世界大学排名榜（Times Higher Education World University Rankings）300名之内，在2020年QS世界大学排行榜中位于第451名，居土耳其国内大学之首。③

科钦大学深谙一所大学的成功离不开优质的生源，并积极推出了各种吸引优质生源的活动和项目。一方面，科钦大学设置了各类针对高中

---

① YÖK, "YÖK Lisans Atlası" (April 28, 2020), https：//yokatlas.yok.gov.tr/lisans-ana-sayfa.php.
② YÖK, "Uyruğa Göre Öğrenci Sayıları Raporu" (May 14, 2020), https：//istatistik.yok.gov.tr/.
③ Top Univesities, "QS World University Rankings 2020" (May 31, 2020), https：//www.topuniversities.com/university-rankings/world-university-rankings/2020.

学生的宣传活动，如"校园推广开放日""24 小时大学生体验"①"高中暑期研究计划""高中英语营"等丰富多彩的活动②，让更多高中学生提前认识和了解科钦大学，预先在高校生源竞争中做好宣传准备。另一方面，在招生过程中，科钦大学通过设置各级各类奖学金名额吸引优秀考生报考，为成绩优异的寒门子弟通过全国高校统一考试跃入一流私立学校创造了条件。

科钦大学通过前期宣传和招生优惠等政策，吸引了土耳其最为优秀的顶尖生源，在土耳其全国高校的生源竞赛中保持着不败战绩，也为科钦大学保持高水准办学提供了生源保障。

二 比尔肯特大学的考试招生

比尔肯特大学（İhsan Doğramacı Bilkent Üniversitesi）始建于1984年10月20日，是土耳其第一所基金会私立大学。比尔肯特大学由土耳其教育家、企业家伊赫桑·多拉马奇（İhsan Doğramacı）创办的基金会注资建立。比尔肯特大学目前有9所学院、3所职业学校和16个研究中心。9所学院共设置了34个本科专业、4个副学士专业和58个研究生专业，目前共有13000名在校生和来自34个国家的专职教师294人。③比尔肯特大学是一所研究型大学，致力于高等教育教学与科学研究，它在世界大学排行榜中的最好成绩是在2011年世界大学排名（The World University Rankings）中位列112位。④在土耳其国内大学排行榜中长期

---

① Koç Üniversitesi, "Koç Üniversitesi'nde 24 Saat"（May 13, 2020），https://adaylar. ku. edu. tr/aday-ogrencilerimiz/koc-universitesinde-24-saat/.

② Koç Üniversitesi, "Koç Üniversitesi'nde Yaz"（May 15, 2020），https://www. ku. edu. tr/kesfet/koc-universitesinde-yaz/lise-ogrencileri-icin-kocta-yaz/.

③ Bilkent Üniversitesi, "Bilkent Hakkında"（May 15, 2020），https://w3. bilkent. edu. tr/www/bilkent-hakkinda/.

④ The World University Rankings, "World University Ranking 2010 - 2011"，（May 15, 2020），https://www.timeshighereducation.com/world-university-rankings/2011/world-ranking#!/page/4/length/25/sort_by/rank/sort_order/asc/cols/undefined.

处于前两位。① 在国际合作方面，比尔肯特大学已与44个国家和地区的307所大学签订了校际交流合作协议。② 其自主考试招生主要体现在英语入学水平要求、奖学金招生政策和特殊才能学生报考方面。

（一）英语入学水平要求

比尔肯特大学作为全英文教学的大学，对学生的入学英语水平要求相较其他大学更为严格。比尔肯特大学仅认可两类英语水平考试成绩：一类是托福考试（TOEFL IBT），须达到总分87分；另一类是雅思考试（IELTS），各科必须达到5.5分，总分达到6.5分。两类考试必须在安卡拉考试中心参加考试并取得成绩，且考试成绩必须通过考试中心直接向比尔肯特大学学籍注册中心提交方视为有效成绩（在入学注册前的21天内），能够提供上述成绩的学生可免修英语预科课程。③

比尔肯特大学为入学后的学生设置了分班考试和英语水平考试。就土耳其公立大学和私立大学中实行全英文教学的大学而言，比尔肯特大学的英语水平考试制度最为严格且较为系统。

根据比尔肯特大学《英语预科课程教育和考试规定》④，比尔肯特大学的英语水平考试为两阶段考试，达到第一阶段考试指定分数线的学生才能继续参加第二阶段考试，在第二阶段达到指定分数线的学生才可获得英语水平证书。

比尔肯特大学根据英语水平考试的结果将学生分置于英语预科课程的基础班、中级班、中高级班和高级班等不同水平的班级。比尔肯特大学的英语预科班同样设定了1—2年的修读期限，未能在两年后达到英

---

① University Ranking by Academic Performance，"2019-2020 Türkiye Genel Sıralamaları"（April 21, 2020），http：//tr. urapcenter. org/2019/.

② Bilkent Üniversitesi,"Bilkent Hakkında"（May 15, 2020），https：//w3. bilkent. edu. tr/www/bilkent-hakkinda/.

③ Bilkent Üniversitesi,"Dış Sınav Yoluyla İngilizce Yeterlik Esasları"（August 27, 2015），https：//w3. bilkent. edu. tr/www/dis-sinav-yoluyla-ingilizce-yeterlik-esaslari-27-08-2015/.

④ Bilkent Üniversitesi,"İngilizce Hazırlık Programı Eğitim-Öğretim ve Sınav Yönetmeliği"（June 17, 2013），https：//w3. bilkent. edu. tr/www/ingilizce-hazirlik-programi-egitim-ogretim-ve-sinav-yonetmeligi/.

语水平要求的学生，将作退学处理。

(二) 英语水平考试

比尔肯特大学的英语水平考试分为两个阶段。第一阶段考试为英语综合知识和技能考试，包括 200 道选择题（5 选 1）。比尔肯特大学第一阶段英语水平考试当天考，当天出结果，以确定考生是否有资格继续参加翌日的第二阶段考试。第二阶段考试为英语水平测试，包括 A 部分测试（阅读、语法和听力）以及 B 部分测试（写作和口语）。除口语考试外，所有考试在评卷方式上与土耳其全国高校统一考试的办法一致，采用机读卡答题，光标阅读机评卷。考生每答错 4 题扣除 1 分，以防止考生猜题。以 2020 年比尔肯特大学英语水平考试安排为例（表 4-15）。

表 4-15   2020 年比尔肯特大学英语水平考试日程安排[①]

考试日程	时间安排	考试时长	说明
公布第一阶段考试安排	2020 年 1 月 15 日，下午 18：00	—	网络公布
第一阶段考试	2020 年 1 月 16 日，上午 10：10-11：55	1 小时 45 分	东校区 N 楼
公布第一阶段考试成绩	2020 年 1 月 16 日，下午 18：00	—	网络公布
公布第二阶段 A 部分考试安排	2020 年 1 月 16 日，下午 18：00	—	网络公布
第二阶段 A 部分考试	2020 年 1 月 17 日，上午 09：30-12：25	2 小时 55 分	东校区 N 楼
公布第二阶段 A 部分考试成绩	2020 年 1 月 17 日，下午 19：00	—	网络公布
公布第二阶段 B 部分考试安排	2020 年 1 月 17 日，下午 19：00	—	网络公布
第二阶段 B 部分写作考试	2020 年 1 月 18 日，上午 09：30-11：10	1 小时 40 分	东校区 N 楼

---

① Bilkent Üniversitesi, "Bilkent Üniversitesi İngilizce Hazırlık Programı" (May 18, 2020), http://prep.bilkent.edu.tr/data/pae_data/PAE.kilavuz.pdf.

续表

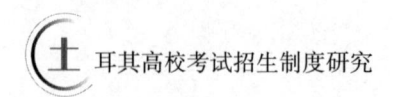

考试日程	时间安排	考试时长	说明
第二阶段 B 部分口语考试	2020 年 1 月 18 日—20 日	约 7 分钟	东校区 D 楼
公布第二阶段 B 部分考试成绩	2020 年 1 月 22 日	—	网络公布

由 2020 年比尔肯特大学的英语水平考试日程安排（表 4-15）可以看出，考试日程共计 4 天，考试安排环环相扣，节奏紧凑。考生参加完第一阶段考试后能否参加第二阶段考试由当天的成绩决定，这在很大程度上加大了考生的心理负担。两个阶段各科考试持续时间都很长，并且第二阶段考试还分为 A、B 两部分，考试强度高、难度大、题量多，极具挑战性。比尔肯特大学的外语水平考试以紧凑而紧张的节奏让考生连续参加 3—4 天的英语考试，对考生而言不仅是英语水平的测试，也是心理抗压能力和体能的综合考验。

（三）多元的奖学金政策

比尔肯特大学作为非营利性私立大学，同样为学生设置了丰富的奖学金。在比尔肯特大学学习的 13000 名学生中，有 64%可以获得奖学金，其中本科生全额奖学金的获得率为 43%。

1. 奖学金招生名额设置

比尔肯特大学同样设置了奖学金招生名额。奖学金招生名额分为两档，分别是全额奖和 50%学费减免奖学金。与科钦大学不同，比尔肯特大学的入学奖学金除根据学生在全国高校统一考试中的成绩排名和高中学业成绩综合评估外，还有一些特殊的条件，全额奖学金和 50%学费减免奖学金获得者必须满足：（1）在此次入学前从未被比尔肯特大学录取，也未曾在其他大学获得过学士学位。（2）参加英语预科课程的学生必须 100%参加课程并完成课业要求，缺勤（疾病和其他不可抗因素除外）的学生将被冻结全额奖学金。（3）获得全额奖学金的学生必须修读所在系所要求的全部必修学分课程、辅修课程、非学分课程等，否则将冻结奖学金。① 此外，奖学金还有使用时效：在英语预科课程中，全额奖学金和50%学费减免奖学金的期限最长为两年，本科教育超过6年的学生不能继续享受全额和50%学费减免奖学金。

2019年比尔肯特大学共有28个本科专业招生，计划招生2215人。其中25个专业设置了988个50%学费减免奖学金招生名额，占招生名额总数的44.6%。26个专业设置了405个全额奖学金招生名额，占招生名额总数的18.3%。能够在入学时享受奖学金政策的学生占计划招生名额的62.9%。②

比尔肯特大学奖学金招生名额的覆盖率要高于科钦大学，但比尔肯特大学对入学奖学金获得者的要求也比科钦大学更为严格，除对学生入学时的考试成绩和排名有较高要求外，还要求奖学金获得者在过去未曾占用比尔肯特大学或其他大学的教育资源，旨在鼓励未被录取过的考生积极报考，削弱反复占用教育资源的应试者的复读优势。此外，比尔肯特大学还对入学奖学金获得者在入学后的学业成绩作出了要求。这些规定对优秀新生获取奖学金设置了门槛，也对入学奖学金获得者入学后的学习形成了约束条约，构建了奖学金获得者权利和义务的对等契约。

2. 入学后奖学金政策

比尔肯特大学不仅在入学时设置了覆盖率较高的奖学金招生名额，而且在学生入学后也推出了丰富多元的奖学金政策，如面向艺术类学生的"人才奖学金"、面向未获得全额奖学金学生的"杰出奖学金"、面向全额奖学金获得者中优秀者的"综合奖学金"等，其中较有特色是"女性奖学金"。

为鼓励在全国高校统一考试中表现出色的女性积极报考，比尔肯特大学专门设置了女性奖学金。2019年比尔肯特大学规定女性奖学金申请者须满足以下条件：（1）高中毕业于指定的50个发展中或不发达省

---

① Bilkent Üniversitesi, "Tam Burslu Öğrenciler İçin Önemli Bilgiler" (May 18, 2020), https://w3.bilkent.edu.tr/www/tam-burslu-ogrenciler-icin-onemli-bilgiler/.
② YÖK, "YÖK Lisans Atlası" (April 28, 2020), https://yokatlas.yok.gov.tr/lisans-ana-sayfa.php.

份，如卡尔斯省（Kars）、凡省（Van）等。(2) 毕业于2018—2019学年度。(3) 报考专业范围包括：计算机工程、电气电子、工业工程、机械工程、建筑、工商管理、经济学、心理学、国际关系和法学等专业。(4) 在全国高校统一考试选考科目排名中位于全国前10万名。女性奖学金的内容包括：免除学费、免除双人间宿舍费用、每月奖励1080土耳其里拉生活费用（每年奖励8个月）。①

女性奖学金的设立具有维护高等教育公平、为弱势群体提供政策补偿的意义。一方面，女性奖学金为女性提供了高等教育机会。虽然土耳其在建国之初已经通过法律规定了男女享有平等的受教育机会，并通过各种政策积极提升女性各阶段教育的入学率，但女性高等教育受教育比例仍低于男性，并且在高等教育实现了普及化的国家中，土耳其是少数女性受高等教育率低于男性的国家。比尔肯特大学设置的女性奖学金政策无疑为女性接受一流私立大学教育提供了很好的机会。另一方面，女性奖学金为不发达区域考生提供了高等教育机会。比尔肯特大学为女性奖学金受益者划定了区域范围，且受益区域为土耳其不发达区域，为土耳其教育资源分配不均衡下欠发达区域的女性提供了高等教育入学机会。此外，这一奖学金政策还限定了考生的报考专业，为比尔肯特大学重点建设专业的人才选拔提供了激励政策。

（四）特殊才能考试

2020年比尔肯特大学共有美术设计与建筑学院、音乐与表演学院的艺术专业，音乐和戏剧系的下属7个专业举办特殊才能考试，共计划招收特殊才能学生46人②。

1. 艺术专业特殊才能考试

以美术设计与建筑学院的艺术专业特殊才能考试为例。2019年美术设计与建筑学院下设6个专业，仅艺术专业通过特殊才能考试进行自

---

① Bilkent Üniversitesi, "Kızlara Burs Programı"（May 18, 2020），http：//adaybilgi. bilkent. edu. tr/index. php/kizlara-burs-programi/.

② Bilkent Üniversitesi, "2020 Kontenjanlar"（May 19, 2020），https：//w3. bilkent. edu. tr/web/adaybilgi/2020_ kontenjan. html.

主招生。

有意参加艺术专业特殊才能考试的学生首先需要通过尔肯特大学网上报名系统完成预注册，预注册有两个要求：一是在全国高校统一考试中，TYT 成绩达到 180 分及以上，这一成绩要求高于其他同类大学。二是"未因纪律原因而离开任何大学、被大学录取时不受有关法律限制"①。可见美术设计与建筑学院在特殊才能学生的选拔时除看重考生的成绩外，还格外看重考生的道德品质。预注册成功的考生，需要支付 280 土耳其里拉的注册及考试费。

考试内容主要是现场创作和面试。考生需在一个小时内完成作品创作，并在第二天接受学院专职教师的面试。

2. 音乐与戏剧系特殊才能考试

音乐与戏剧系特殊才能考试的预注册要求为考生在全国高校统一考试中 TYT 成绩达到 150 分及以上。注册及考试费用为 300 土耳其里拉。

音乐与戏剧系包括钢琴、古典吉他、乐曲、弦乐器、管乐器、打击乐器和舞台艺术 7 个专业通过特殊才能考试自主招生。具体考试内容及安排如表 4-16。

表 4-16　　音乐与戏剧系各专业特殊才能考试安排表②

专业	考试日期	考试时间	考试内容
钢琴	2020 年 6 月 29 日	10：00	基本理论和音乐感知
		13：00	乐器考试
古典吉他	2020 年 6 月 29 日	10：00	基本理论和音乐感知
		13：00	乐器考试

---

① Bilkent Üniversitesi, "Güzel Sanatlar, Tasarım ve Mimarlık Fakültesi Ön Kayıt ve Yetenek Sınav Bilgileri" (May 19, 2020), http://adaybilgi.bilkent.edu.tr/index.php/guzel-sanatlar-tasarim-ve-mimarlik-fakultesi-on-kayit-ve-yetenek-sinav-bilgileri/.

② Bilkent Üniversitesi, "Müzik ve Sahne Sanatları Fakültesi Sanat Dalı Yetenek ve Seviye Sınavları Bilgileri" (May 19, 2020), http://adaybilgi.bilkent.edu.tr/index.php/muzik-ve-sahne-sanatlari-fakultesi-sanat-dali-yetenek-ve-seviye-sinavlari-bilgileri/.

续表

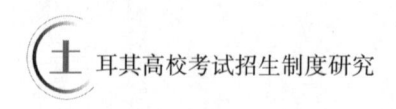

专业	考试日期	考试时间	考试内容
乐曲	2020年6月29日	9：00	基本理论和音乐感知
		11：00	乐曲作品分析
		13：00	面试
弦乐器	2020年6月30日	10：00	基本理论和音乐感知
		13：00	乐器考试
管乐器	2020年6月30日	10：00	基本理论和音乐感知
		13：00	乐器考试
打击乐器	2020年6月30日	10：00	基本理论和音乐感知
		13：00	乐器考试
舞台艺术	2020年7月7—10日	9：30	舞台艺术表演

从音乐与戏剧系特殊才能考试的内容安排来看，各专业的要求基本一致，主要是对于考生专业理论知识和专业技能实践能力的考查，通过理论和实践挑选在艺术方面具有才华的考生。

(五) 比尔肯特大学招生及录取情况

比尔肯特大学同样属于规模小，办学精的研究型大学。比尔肯特大学的招生规模不大，2019年共有28个本科专业招生，计划招生2215人，实际招生2181人。28个招生专业中，有26个专业设置有奖学金招生名额，共设置奖学生招生名额1393个，自费生名额822个。28个专业中有两个专业未能完成招生任务，分别为考古学专业50%学费减免奖学金名额和旅游与酒店管理的50%学费减免奖学金名额，初次录取率为23.5%和41.7%，除此以外其他专业的初次录取率均达到了100%。作为基金会私立大学，比尔肯特大学同样不需要设置高中第一名预留名额，完全以全国高校统一成绩和高中学业成绩作为学生录取的唯一依据。

从录取学生的性别分布上来看，比尔肯特大学2019年共录取女性1044人（占比47.9%），男性1137人（占比52.1%），录取学生在性别上的差距较小。

从比尔肯特大学各专业在招生时对考生在全国高校统一考试的选考科目要求上来看，28个专业中有美国文化和文学、英语语言文学和翻译和口译等3个专业要求考生选考外语类（DİL）科目。交流与设计、传播与设计等2个专业要求考生选考人文类（SÖZ）科目。哲学、平面设计、法学等12个专业要求考生选考文数类（EA）科目，占专业总数的42.9%。其余专业如：计算机工程、电气与电子工程、工业工程等11个专业要求考生选考数学类（SAY）科目，占专业总数的39.3%，由此可见，比尔肯特大学在人才选拔时，更倾向于选拔文、理知识兼备或具备理科知识结构的学生，对于纯文科知识结构的学生兴趣不大。

从2019年比尔肯特大学各专业录取的考生成绩来看，各专业最高分的最好排名为全国第三名（EA），被法学专业全额奖学金名额录取。各专业录取最高分考生横向比较，最末排名是全国431345名（EA），被考古学专业50%奖学金名额录取。各专业录取最高分的全国平均排名为35955名。各专业最低录取成绩中，分数最低者在全国排名为809623名（EA），被室内建筑与环境专业自费名额录取，比尔肯特大学各专业的录取最低分的平均全国排名为90526名。由此可见，如果能在土耳其全国高校统一考试排名中进入前37.4%，就有机会被比尔肯特大学全自费名额录取。在各类奖学金录取学生中，最低排名为263224名（EA）[1]，被平面设计专业的50%奖学金招生名额录取。因此，如果要在比尔肯特大学取得奖学金名额，必须在全国高校统一考试排名中进入前12.1%。总体看来，比尔肯特大学与科钦大学在大学排名中的差距极小，但所录取的学生分数要明显低于科钦大学，虽然从全国范围来看这些学生仍然是"掐尖"生，但仍无法与排名第一的基金会私立大学科钦大学相提并论。

比尔肯特大学的国际生招生同样采取资格审核制，资格审核标准与

---

[1] YÖK, "YÖK Lisans Atlası" (April 28, 2020), https://yokatlas.yok.gov.tr/lisans-ana-sayfa.php.

中东技术大学基本相似，注重细化各类国家学生的录取成绩认定标准。[1] 2019 年比尔肯特大学共有国际在校生 895 人，分别来自 65 个国家，其中男性 650 人，女性 245 人，女性人数远低于男性人数。从国际生的国籍分布情况看，来自巴基斯坦的学生最多，共有 272 人，其次是阿塞拜疆的学生，共计 195 人，再次为伊朗的学生，为 108 人[2]。比尔肯特大学的国际生主要来自土耳其邻近国家，且生源国多为较土耳其不发达国家。

比尔肯特大学作为土耳其一流基金会私立大学，通过英语入学水平要求对生源质量进行把控，重在选拔具备学术英语学习能力的专业人才。在招生中，比尔肯特大学通过设置奖学金招生名额吸引优秀考生报考，从而保障基金会私立大学的优质生源。在学生入学后，比尔肯特大学也为学生提供了丰富而多元的奖学金项目，并为弱势群体提供了专门的奖学金政策，为弱势群体进入一流基金会私立大学创造了机会。

总之，土耳其基金会私立大学与公立大学一样，在特殊才能考试招生、国际生考试招生中享有自主招考权，并通过设置适合学校发展需要的考试和招生制度，吸引和选拔优质生源。土耳其基金会私立大学尤其注重通过办学回馈社会，在招生中通过设置专门的奖学金招生名额，为寒门弟子进入一流私立大学创造了机会。

第四节　土耳其公、私立大学考试招生制度实践的特点与局限性

本章选取了土耳其 4 个省份的 6 所大学作为研究个案，4 个省份分

---

[1] Bilkent Üniversitesi, "Ulusal ve Uluslararası Sınavlarda Aranan Asgari Puanlar ve Lise Diploma Not Ortalamaları" (May 18, 2020), https://w3.bilkent.edu.tr/form/Ulusal_ ve_ Uluslararasi _ Sinavlarda_ Aranan_ Asgari_ Puanlar.pdf.

[2] YÖK, "Uyruğa Göre Öğrenci Sayıları Raporu" (April 30, 2020), https://istatistik.yok.gov.tr/.

别属于土耳其的发达省份、发展中省份和较不发达省份，6 所大学覆盖了土耳其公立大学和基金会私立大学，其中包括一流公立大学、普通公立大学和一流私立大学。从 6 所大学考试招生制度的实施情况可以看出，土耳其大学主要通过全国高校统一考试招生制度招收本科生，大学享有的考试招生自主权体现在正式注册时的英语水平要求、特殊才能学生的选拔以及国际生的选拔等三个方面。

一 公、私立大学考试招生制度实施的特点

土耳其各类大学在考试招生制度的实施过程中，主要体现出以下特点。

第一，土耳其大学主要通过全国高校统一考试招生制度完成本科生的招生工作。国家考试招生机构根据全国高校统一考试的成绩和高中学业成绩将所有考生统一排名、统一录取到各个大学。各高校在此过程中并没有真正的招生自主权，仅根据自身情况向国家考试招生机构提供招生名额、各专业招生的选考科目要求、最低录取分数线等基本招生信息和招生方案。全国高校统一考试和招生工作完全由国家考试招生机构完成，在一定程度上维护了全国高校统一考试公平，避免了高校对考试招生工作的干扰，是土耳其"不患寡而患不均"的社会大环境下的必然选择。

第二，土耳其一流大学格外注重考核学生的入学英语水平。自土耳其高等教育体系建立以来，深受欧洲国家的高等教育体制影响，将英语作为教学语言成为土耳其一流大学与国际一流大学在语言上接轨、在国际教育研究中占有一席之地的重要工具，这也对非英语专业的学生提出了更高的要求。一般来说，土耳其一流大学会将英语水平作为学生正式注册的门槛，如不能达到要求的学生就需要接受 1—2 年的英语预科教育，预科课程学习后英语水平仍不能达标者将面临被开除的风险。在英语水平认定标准上，各一流大学根据自身教育教学情况对学生设置了不同的认定标准。如中东技术大学认可 4 类国际权威英语考试成绩，科钦大学认可 5 类国际权威英语考试成绩，比尔肯特大学仅认可两类国际权威英语考试成绩且指定了成绩获取的考点和提交的方式。此外，各一流大学纷纷开创了自身的英语水平考试，这些英语水平考试标准高、要求严，是一流大学在全国高校统一考试后对被录取考生的再次筛选，是保障高校生源质量和教育质量的重要工具。

第三，土耳其大学在国际生自主招生方面享有完全的自主招考权，各高校在招考中体现出多样性和差异性的特点。有的高校对国际生招生采取资格审核制，如中东技术大学、比尔肯特大学和科钦大学。有的大学通过自行组织考试对国际生进行选拔，如伊斯坦布尔大学和帕幕卡莱大学。还有的大学依托国际组织结成联盟共同对外国学生进行选拔，如卡夫卡斯大学。此外，各大学的自主考试招生不仅出台了相应的规章制度，而且制定了规范化的考试和录取程序，体现出注重程序性、公平性、规范性和科学性的特点。在国际生招生中，各高校还注重发扬国际人道主义精神，为叙利亚等国家的难民提供了优惠入学政策，为他们创造了接受高等教育的机会。

第四，土耳其大学的自主招生标准深受欧美国家的影响。从土耳其一流大学和普通大学的自主招生标准来看，各大学招生录取标准都深受欧美国家影响，如一流大学的入学英语水平考试仅认可欧美国家的英语水平考试成绩。各大学的国际生资格审核招生办法，也多以欧美国家的权威考试成绩作为录取标准。这首先源于土耳其高等教育的历史基因，土耳其是高等教育后发外生型国家，高等教育体系的建立以欧美国家的高等教育体系为范本，最初是以法国高等教育体系为蓝本，后又借鉴了英国、德国等国家。其次源于土耳其的地理位置，土耳其作为横跨欧亚大陆的国家，长期以欧洲国家自居，并唯欧美世界高等教育马首是瞻。因此，在土耳其高校自主考试招生过程中，欧美国家的标准自然也就成为土耳其各大学自主招生的标准。

第五，各高校自主招生标准较为多元化。相较于全国高校统一招生以统考成绩和高中学业考试成绩为录取标准而言，各高校在自主招生的过程中，体现出录取标准多元化的特点。各高校在自主招生过程中，采用了笔试、面试、资格审核制等多样化的招生办法，不以考生的高校统考成绩为唯一录取标准,也将考生的面试表现、申请资料、国际考试成绩、学位成绩等作为考生的录取依据。可见各高校注重过程评价,以"统考+综合素质评价"的多元评价录取体系来选拔艺体生和国际生,是对多元化入学标准的践行,一定意义上起到了与统一考试取长补短的作用。

第六,政府和高校大力资助学生接受高等教育。土耳其政府为大力推动高等教育事业的发展,于2012年8月宣布所有公立大学免收学费,同时要求基金会私立大学必须为学生提供至少15%的全额奖学金,通过这些政策鼓励学生接受高等教育。各高校也积极推出了奖学金和助学金政策以鼓励更多的学生进入大学。公立大学如中东技术大学,为成绩优异的学生提供了入学奖学金,免除了学生的住宿费并提供了生活费用和电脑等奖励物资,以鼓励学生积极向学。[①] 土耳其基金会私立大学通过设置奖学金招生名额和丰富的入学后奖学金政策为学生创造了就读一流私立大学的机会。在政府和高校的支持下,土耳其公、私立大学为各阶层学生接受高等教育提供了可能性,保障了高等教育入学机会公平。

第七,从各高校在全国高校统一考试中各专业的选考科目要求上来看,土耳其自2018年高考改革后,强化了含有"数学"科目的选考科目的加权赋分,注重引导高校培养基础科学学科人才。从各高校在统考中各专业指定的选考科目要求上来看,除理工类大学中东技术大学的选考科目严重向数学类(SAY)科目倾斜外,其他大学的选考科目都主要限定在数学类(SAY)和文数类(EA)科目,相对平衡。可以看出,理工类大学已经完全以数学类(SAY)选考科目作为选拔考生的主要依据,综合类大学除加强了数学类(SAY)选考科目的比重外,也倾向于选拔文、理知识兼具的文数类(EA)人才。总体上呈现出与高校考试招生制度"指挥棒"指向相吻合的人才培养目标。

第八,注重为弱势群体提供补偿政策,保障高等教育入学机会均

---

① ODTÜ, "Akademik Bilgiler" (April 26, 2020), https://adayogrenci.metu.edu.tr/ankara/burs-olanaklari.

等。要维护社会公平，就需要为弱势群体提供政策补偿，以保障弱势群体能够享有公平的高等教育入学机会。在土耳其高等教育起点公平的政策补偿中，最被重视的弱势群体首先是残疾人，其次是女性。各高校对弱势群体都提供了相应的入学补偿政策，如中东技术大学为残疾学生提供了专门的考试便利服务，比尔肯尔大学设置了专门的女性奖学金等。各高校为弱势群体进入高校提供的补偿措施，是高校推进高等教育入学公平的重要举措。

二 公、私立大学考试招生制度实施的局限性

土耳其各类高校在考试招生制度的实施过程中除体现出优势和特点外，也存在一定的局限性。

第一，从各大学的自主考试招生制度来看，不论是考试内容还是资格审核标准均体现出生源的局限性。不论是从土耳其国内一流大学对学生的入学英语水平要求，还是各高校特殊才能学生的选拔标准来看，都更有利于城市的学生，对于农村学生、贫困地区的学生而言，能够达到此类自主招生标准的可能性较小。土耳其农村地区教育资源匮乏，尚且无法与城市学生在全国高校统一考试中处于同等的竞争水平，加之英语考试和特殊才能考试并不在全国高校统一考试的必考科目之内，要获取英语和特殊才能考试的学习资源，就需要考生付出更多的财力和精力，这对于农村考生和贫困地区考生来说无疑是难上加难。因此，一方面，高校自主考试招生减少了农村学生、贫困地区生源进入大学的机会；另一方面，此类生源通过英语水平考试被一流大学录取的机会也低于城市考生，极大地限制了优秀寒门子弟进入一流大学。

第二，高校特殊才能考试招生自主权行使难、同质性高，进一步发展困难重重。首先，特殊才能学生的考试招生在国家考试招生机构设定的框架下进行：要求考生必须通过全国高校统一考试第一阶段考试（TYT），并达到150分及以上，同时规定了此类考试的分数计算办法等。各高校在此大框架下执行特殊才能考试和招生工作，虽然统一了各高校特殊才能考试的招生标准，避免了不公平现象，然而也限制了一部分真正有特殊才能但文化成绩不好的学生进入高校。其次，各高校特殊才能招考规模小，是全国统一考试招生的补充，单独为几十个甚至几个学生举办特殊才能招考不仅成本高而且效率低，这使得许多高校纷纷关闭了特殊才能专业，不利于此类专业的长远发展。最后，在各高校的特殊才能招考中，许多高校虽然都出台了特殊才能招考的规章制度，力求将其规范化、科学化和公平化。但由于特殊才能考试多以面试形式进行，主观因素在考试评价中的影响较大，在土耳其社会诚信机制尚不健全的情况下，民众对高校特殊才能考试的质疑之声不绝于耳，这使得许多原本实行特殊才能招考的专业也逐渐转变为通过全国高校统一考试进行招生，自主招考呈现出不断弱化的趋势。总之，目前土耳其各高校特殊才能考试招生制度呈现出同质性强、成本高、效率低、争议大等问题，如何形成具有高校特色的特殊才能考试，使其既有利于高校和专业的发展又能够为各专业选拔所需人才，是土耳其国家考试招生机构和各高校需要进一步思考的问题。

第三，土耳其大学招生情况两极分化严重。从各类大学的招生情况上来看，一流大学生源充足，各专业能够保证初次录取即招满，所招收的生源处于"掐尖"状态。相反，除十余所一流大学外，其他大学往往难以保证初次录取率，甚至有的专业在多次补录后仍无法完成招生任务。土耳其如今激烈的大学入学竞争，已然成为进入一流大学的竞争、是争夺最优质教育资源的竞争，普通大学的入学竞争仅限于热门专业和优势专业的竞争。可见，在土耳其早已经实现高等教育普及化的今天，能够进入为数不多的一流大学，对于近 250 万考生来说，仍是稀缺资源。在这种严重的两极分化式招生现状中，普通大学要在优质生源的竞争中分得一杯羹，就不得不打造重点建设专业和特色专业，如帕幕卡莱大学一般，充分利用区域优势，吸引生源。

第四，土耳其大学教育资源分配不均衡问题突出。总体来看，一方面，地处发达省份的大学可以获取充沛的教育资源，自然能够保证充足的生源。另一方面，地处不发达省份的大学教育资源匮乏，以致这些大学仍难以完成招生任务，形成了两极分化、一边倒的态势。土耳其大学在招生时，严重受到地理因素的影响，在土耳其，伊斯坦布尔和安卡拉是核心省份，经济最为发达，人口最为密集，老牌大学和优质大学都聚集在这两个省份，也吸引着新兴大学来此办学。基本上，这两地已经成为土耳其准大学生的择校首选（见第五章第四节），在这两地办学能够保障充足的生源。土耳其地理因素对大学的发展影响极大，大学的地理位置决定着大学的命运。位于发达城市且自然环境优越的大学，往往对学生更具吸引力，反之则难以生存，这本质上也是土耳其高等教育资源分配不均衡的体现。土耳其政府在未来的高等教育建设中，仍需要通过政策补偿助力落后区域大学的发展，同时落后区域的大学也需要找到一条特色发展之路，逐渐实现大学格局的均衡化发展。

第五，各类高校在国际生的招生录取中体现出了同样的特点，即生源国绝大部分是土耳其周边邻近国家，且绝大多数是经济发展水平低于土耳其的国家。正如土耳其某一流公立大学的招生工作人员U1所说，来土的留学生主要分为两类，"一类是短期交换生，他们主要来土耳其进行文化交流和学术交流，这些学生一般来自邻近欧洲国家和中东国家。另一类是学历留学生，他们一般来自较土耳其不发达国家，比如说巴基斯坦、伊朗、埃及、叙利亚。他们主要来学习工程学，因为这里的学费比欧洲更为低廉，这也成为他们选择我们学校的主要原因"。相同文化和宗教的认同、低廉的学费、地域上的邻近是土耳其高校得以吸引国际生的三大有利因素。在国际生的招生中，土耳其各高校在世界范围内的竞争力还较为有限，生源国一般受地缘因素影响，未来还需要拓展国际生生源国的多样性。虽然国际留学的大趋势普遍是从不发达国家向发达国家流动，但专业特色化发展、充分的宣传工作、优质的办学条件和优惠的招生政策有助于扭转这一局面。在世界范围内扩大土耳其高校的影响力，吸引更多国家的学生，促进国际生源的多元化和优质化发展是土耳其政府和高校的又一努力方向。

总之，目前土耳其大学在考试招生制度的实施过程中，将全国统一招考和高校自主招考相结合，建立起了"统考+综合素质评价"的多元评价体系。各高校首先依托全国高校统一考试完成了主体招生工作，既维护了高等教育入学机会公平，又提升了人才选拔的效率和信度。其次，各高校根据自身条件、学科发展需要和人才培养目标确定了自主招生目标，并纷纷出台和制定了相应的考试招生制度，以规范化、科学化的考试招生制度，维护招生公平，顺应了土耳其社会对高校自主招生公平的要求。同时，各高校为最大限度提升人才选拔的效率，也制定了多样化的招生办法，以多元化的招生标准全面考查人才。在此过程中，各高校的考试招生制度均体现出了一定的特点，展现出各高校在考试招生制度实施中追求公平与科学的态度。尽管如此，土耳其公、私立大学的考试招生自主权实际上还非常有限，一方面受到政府的严格管控，另一方面在土耳其社会诚信机制尚不健全的情况下，各高校的自主考试招生权有逐渐削弱的趋势。土耳其各高校未来在自主招生考试权力的增强上、增加人才选拔标准的多样化上、自主考试招生制度的制定上都还有很大的发展空间。

第五章

土耳其高校考试招生制度的公平性及社会影响因素

高校考试招生制度作为土耳其教育体系中重要的人才选拔制度，其建立与发展一直以公平为指导思想，公平原则伴随着土耳其高校考试招生制度数十载的变迁，成为其不断改革道路上从未改变的核心价值观。本章从土耳其高校考试招生制度的公平问题入手，探讨土耳其全国高校统一考试招生制度的公平及社会影响因素，以期了解土耳其高校考试招生制度公平与社会公平的关系。

第一节 土耳其高校考试招生制度的程序公平

教育公平主要包括教育权利平等和机会均两个方面。[1] 被普遍认可的高等教育公平的内涵，主要是高等教育机会均等，它包括：教育起点公平（即教育权利公平和教育机会公平）、教育过程公平（包括教育资源分配公平）和教育结果公平（指学业成就和未来发展平台公平等）。高校考试招生制度的公平水平直接反映整个国家的高等教育起点公平的水平。高校考试招生制度作为土耳其教育体系中最为重要的制度之一，在数十载的改革历程中，"公平"始终是其改革和发展中从未改变过的核心价值观。

---

[1] 刘海峰：《高考改革：公平为首还是效率优先》，《高等教育研究》2011年第5期。

第五章 土耳其高校考试招生制度的公平性及社会影响因素

本章对高校考试招生制度公平的讨论，其一，将从程序公平层面对土耳其高校考试招生制度的制度公平进行分析；其二，将从实质公平层面对影响土耳其高校考试招生制度公平的社会因素进行探讨。其中，本节将从土耳其社会的文化背景、政府的相关政策、高校考试招生制度的公平举措等维度着手，探析土耳其高校考试招生制度的程序公平。

一 公平观与政策保障

公平首先是一种价值观的体现，其次才是制度层面的实践。土耳其社会是一个极为崇尚公平的社会，就教育公平而言，有其深厚的文化背景。

（一）文化背景：公平至上的教育观

奥斯曼帝国时期最为发达的公共教育层次是初等教育，这一时期的教育主要在清真寺完成，以宗教教育为唯一教育内容。所有学生不论性别、贫富、种族都可以接受宗教教育，为土耳其教育平等观念根植了重要的历史基因。

土耳其教育公平观的真正树立还是在土耳其共和国成立以后。穆斯塔法·凯末尔·阿塔图克（Mustafa Kemal Atatürk）被誉为土耳其国父[①]，在一战中他带领土耳其人民以少胜多反败为胜建立了土耳其共和国。在阿塔图克的领导下，土耳其这个传统宗教国家走上了世俗化道路，实现了在中东世界的迅速崛起。同时，阿塔图克为国家政治、经济、文化等各方面建设都设定了框架，指明了发展道路。在教育建设中，阿塔图克提出了十大准则，其中之一即是"教育机会平等原则"。

阿塔图克在其教育思想、命令和实践中都强调了教育机会平等的原则。他认为教育机会均等意味着不论种族、性别、语言、宗教和社会阶级，在每个教育阶段和教育领域为所有社会成员提供平等的受教育机会[②]。阿塔图克认为教育机会均等的体现应该是全方位的：第一，阿塔

[①] 阿塔图克（Atatürk）意为"土耳其之父"，共和国成立后土耳其国民议会授予凯末尔这一特殊姓氏。

[②] Öztürk. H, *Eğitim Sosyolojisi*, Ankara：Utku Yayınevi, 1983, p. 143.

图克虽然在教育十大准则中强调教育应该是民族的，但他对民族主义的理解不基于种族歧视，他认为在教育上没有种族的区分。第二，他认为教育亦没有语言和宗教的差异。第三，他特别关注女性教育，并希望所有女性都能与男性一样平等地接受教育。第四，他希望不仅上层阶级能接受教育，而是希望国家中每个人都能从教育中受益。第五，他尤其希望教育能够使无知的土耳其农民阶级获得启发①。因此，在土耳其建国之初，教育机会均等原则就已经由阿塔图克写入了土耳其的基本教育准则中，成为教育建设必须遵循的重要原则之一。

作为土耳其的国家精神领袖，阿塔图克不仅是名义上的开国之父，更是民众心目中神一般的崇拜对象。阿塔图克为土耳其共和国发展所打造的世界观、国家框架、教育准则等，至今仍被土耳其人民高度推崇。这是土耳其社会公平至上的文化传统的重要来源，也是土耳其共和国教育公平观的源头。

（二）政府：以政策保障高校考试招生制度公平

政府作为维护公平与正义的公共权力机关，在实现社会公平与正义上起着举足轻重的作用，维护高校考试招生制度公平是政府的基本职责。高校考试招生制度作为一项重要的教育制度和社会制度，要维护其公平，必须依靠政府出台相关的法律、法规和政策予以支持和保障。

1. 以法律保障高校考试招生制度公平

从法制建设上来看，自土耳其建国后，奥斯曼帝国时期被统治阶级和宗教组织掌控的教育系统以及被统治阶级垄断的高等教育特权首次回归人民手中。在世俗化的教育制度和社会制度下，教育公平被写入土耳其《宪法》，规定"任何人受教育和学习的权利不容剥夺"②。打破了奥斯曼帝国历史长河中统治阶级的教育特权，将获取公平的教育机会纳入了土耳其公民最为基本的权利中。在土耳其《高等教育法》中重申了

---

① Ruhi Sarpkaya, "Atatürk'ün Eğitim Politikasının Kaynakları ve Temel İlkeleri", *Eğitim ve Bilim*, Vol. 126, No. 27, January 2002, pp. 3-9.
② Mevzuat Bilgi Sistemi, "Türkiye Cumhuriyeti Anayasası" (November 9, 1982), http://www.mevzuat.gov.tr/MevzuatMetin/1.5.2709.pdf.

公民受教育权利平等的原则，并进一步强调："采取措施以确保高等教育机会均等。"① 教育机会均等已经成为土耳其高等教育的基本原则和底线，高等教育机会均等为高校考试招生制度的公平性奠定了法律基础。此后，土耳其政府相继出台了《测量，选拔与分发中心服务相关法》《考生及考试官员考场管理条例》《关于试题的准备，试题库的形成和试题的安全规定》等法律、法规从更为细化的角度为维护高校考试招生制度公平提供了法律保障（详见第三章第二节）。

2. 以政府发展规划维护高校考试招生制度公平

从土耳其政府规划上可以看出，1973年后保障高校考试招生制度"机会均等"（Fırsat Eşitliği）一直是土耳其国家发展规划的重点建设项目。表5-1中收集了土耳其自1973年至2019年"5年政府发展规划"中涉及高校考试招生制度公平的相关内容，整理如表5-1。

表5-1　土耳其政府发展规划与高校考试招生制度相关内容②

政府发展规划名称	高校考试招生制度公平的相关内容
第三个五年发展规划（1973—1977年）（Üçüncü Beş Yıllık Kalkınma Planları）	提供社会正义，并为有才华的低收入者提供平等的受教育机会，使其受益于教育
第五个五年发展规划（1985—1989年）（Beşinci Beş Yıllık Kalkınma Planları）	在向高等教育过渡的体系中，机会均等原则将作为其始终坚守的基本原则
第八个五年发展规划（2001—2006年）（Sekizinci Beş Yıllık Kalkınma Planları）	高等教育的入学体系将进行重新安排，使学生能够进入适合于学生的兴趣和能力的高校课程，而不会危害机会均等原则
第九个五年发展规划（2007—2013年）（Dokuzuncu Beş Yıllık Kalkınma Planları）	高等教育入学制度应该与中等教育更加兼容，同时基于充分考虑学生兴趣的基础上考查学生的能力，并坚持平等原则

---

① Mevzuat Bilgi Sistemi, "Yükseköğretim Kanunu"（November 11, 1982），https://www.mevzuat.gov.tr/MevzuatMetin/1.5.2547.pdf.
② Türkiye Cumhuriyeti Cumhurbaşkanlığı Strateji ve Bütçe Başkanlığı "Kalkınma Planları"（June 8, 2020），http://www.sbb.gov.tr/kalkinma-planlari/.

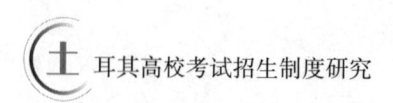

续表

政府发展规划名称	高校考试招生制度公平的相关内容
第十个五年发展规划（2014—2018年）（Onuncu Kalkınma Planları）	向中学和高等教育系统的过渡将提供一个以过程为导向的公平评估结构，并在考虑学生兴趣和能力的有效指导和服务的支持下进行
第十一个五年发展规划（2019—2023年）（On Birinci Kalkınma Planları）	在机会均等的基础上提供各级各类教育机构平等的受教育机会

除1973年的"5年政府发展规划"中"受教育机会均等"是以总体性原则维度提出外，在接下来土耳其政府的5个"5年政府发展规划"中，高校考试招生制度的"机会均等原则"都作为政府规划的重点建设项目明确加以指出（见表5-1）。可见从土耳其政府层面，50年间始终将恪守公平视为高校考试招生制度的基本准则和底线，从未动摇。

土耳其政府在不同时期的国家规划中，都将维护高校考试招生制度"机会均等"纳入了国家的重点建设项目，以平等原则引领土耳其高校考试招生制度的改革与发展。

二 高校考试招生制度"公平优先"

自土耳其全国高校统一考试招生制度建立以来，公平一直作为高校考试招生制度建设的首要原则和价值目标，引领着高校考试招生制度的不断改革与发展，维护着高校考试招生制度的权威性和公信力。在高校考试招生制度维护公平的举措中，在以"统一"维护高校考试招生制度公平和维持长久生命力的同时，也体现出了对残疾人等弱势群体的政策补偿。

（一）以制度的"统一"维护高校入学机会公平

1. 考试招生制度管理的统一

土耳其自开始实施全国高校统一考试招生制度以来，"统一"二字始终被贯彻和执行，成为保障高校考试招生制度公平的关键点。从地理和行政区域划分上来看，土耳其占地面积共 783562 平方公里①，根据自然、人文和经济特征划分为七大地理区域（Bölgeler），地理区域下设置 81 个省（İl），省下设置 922 个区（İlçe）。土耳其行政管理实行统一管理制度，地方行政治部门没有实权，所有地方政府机构均由中央设置、中央任命官员、中央统一管理。政府管理的统一性决定了土耳其高校考试招生制度在管理和实施上同样采取统一管理模式。

土耳其高校考试招生制度由国家考试招生机构统一管理和实施，国家考试招生机构在各省虽设有分支机构（考试中心），但分支机构并无实权，仅作为中央考试招生机构上传下达的服务部门。土耳其高校考试招生制度在全国范围内统一管理、统一实施，形成全国统一的格局，保障了高校考试招生制度在管理和实施上全国范围内的一致性和公平性。

2. 报考对象要求的统一

土耳其全国高校统一考试对报考者的要求极为统一，所有考生的报考条件仅有一个，即"已经或即将完成中等教育机构学业，已经或即将取得中等教育机构学业证书"。除对报考对象的学历要求外，并无其他附加条件和要求。这一规定使得所有满足条件的土耳其公民，不论性别、年龄、种族、阶层、贫富、宗教、健康与否都享有平等参加全国高校统一考试的权利，为社会人士、残障人士、贫困人群等提供了接受高等教育的机会，极好地诠释了入学机会均等原则。

从图 5-1 可以看出，从 2015 年至 2020 年，每年参加土耳其全国高校统一考试的非应届生人数占总体考生人数的 25.2% 至 32.1% 不等，近三分之一的考生为社会考生。由于土耳其全国高校统一考试并无年龄限制，加之公立大学实行免学费政策，极大地鼓舞了社会人士参与全国高校招考的积极性。在土耳其全国高校统一考试的考场中，不乏父女同场竞争的场面，也有 60 岁重返考场的白发考生。② 在 2020 年土耳其举行

---

① Statistics Division, "Demographic Yearbook-2008" (June 9, 2020), https：//unstats.un.org/unsd/demographic-social/products/dyb/documents/DYB2018/table03.pdf.

② Hürriyet, "YKS'nin İkinci Gününden Portreler ve Olaylar" (June 28, 2020), https：//www.hurriyet.com.tr/galeri-yksnin-ikinci-gununden-portreler-ve-olaylar-41552197.

全国高校统一考试的两天中，笔者曾前往考场外随机访问考生家长，并在访谈中发现，看似家长的中老年人，可能并不是等候子女考试的家长，而是即将参加考试的考生；在考场外等候的家长可能等的也不是参加考试的子女，而是40余岁的妻子；也有在考场外等待女儿考试的间隙积极备考准备参加明年考试的老翁。正如考生家长所说："人总是需要不断学习的，如果有这么好的受教育机会，即使考试再难也值得去争取。"土耳其全国高校统一考试报考条件的包容性，无疑为土耳其人民提供了相对公平的高等教育机会。

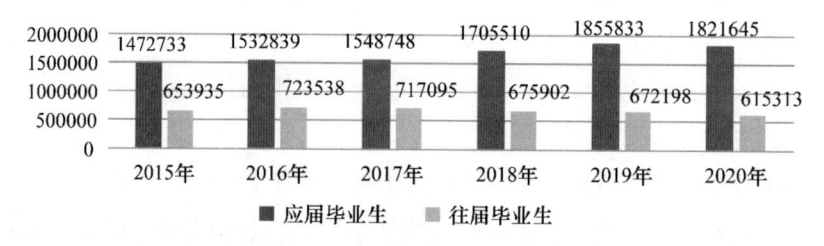

图5-1 2015—2020年参加全国高校统一考试考生情况（单位：个）①

3. 考试内容的统一

土耳其全国高校统一考试在考试内容上也保持了统一性。首先是考试大纲的统一，国家考试招生机构在全国范围内下发《考试大纲》和《考试指南》，通过《大纲》和《指南》划定全国高中课程的考试范围，保障了所有的考生都在同样的考试范围内备考、在同样的考试内容下参考，对全国考生提出了无差别的备考要求。其次是土耳其全国高中课程标准的统一，在基础教育"指挥棒"——高校考试制度的影响下，土耳其国家教育部对全国各类高中采取了统一课程标准的举措，以保障不同地区、不同类型的高中生能够获得同样范围、同样标准的高中课程（详见第一章第二节）。相同的考试大纲、相同的高中课程标准，为考生参加全国高校统一考试提供了公平的起跑线。最后

---

① Yükseköğretim Bilgi Yönetim Sistemi, "Öğrenim Durumlarına Aday Sayıları"（June 29, 2020），https：//istatistik.yok.gov.tr/.

是考试试卷内容的统一，土耳其全国高校统一考试在全国范围内均采用同一套试题，由国家考试招生机构组织命题专家统一命题、统一制卷，消除了地区差异和个体差异。考试内容的统一，保障了各区域、各阶层、各类型的考生在考试中无差别享有平等的全国高校入学考试机会，实现公平竞争。

4. 考试形式和评价标准的统一

土耳其全国高校统一考试自实施全国统一考试以来，一直采用标准化考试，仅使用选择题作为考试的唯一题型，并以电脑对试卷进行统一评估。这一考试形式的优点在于：第一，以选择题作为考试题型可以最大限度保证考试的公平性。它不像以往考试系统中所采用的论文写作题型。论文写作的优劣难以形成统一的评判标准，考官个人的主观因素对评估结果影响较大。这会造成考生虽然处于同样的考试体系中却面对着不同的评估标准，极大地损害了考试公平。因此，选择题是公正而不掺杂个人主观意见的考试形式，避免了主观因素对考试结果的干扰，防止了考试腐败现象在考试评估环节的滋生，具有客观性和准确性。第二，从土耳其的社会和文化背景来看，口试和面试都被认为是可以"操作"的测试办法，人民的信任度极低。如果测试结果不理想，考生和家长的第一反应不是怀疑考生自身能力不足，却更愿意相信偏爱和裙带关系动摇了考试结果。如果以主观试题来测试学生，极易造成巨大的社会动荡。第三，全国高校统一考试的试题组织在题库的支持下进行，保障了试题水平的稳定性、随机性和客观性。最后，全国高校统一的评分标准将原始分转换成标准分，使得不同选考科目的测试结果具有可比性。

土耳其全国高校统一考试在考试形式和评价标准上保持了统一性，保障了考试和评价的客观性和公平性，使得所有参加考试的考生都能够在统一的考试形式和评价标准下公平考试，维护了考试公平。

5. 统一招生录取

土耳其高校采取了统一招生和统一录取的办法。各高校除特殊才能学生和国际生招生外，国内普通考生统一由国家考试招生机构进行招生录取。在招生环节,各高校的招生名额、招生条件和标准全部由大学向国家考试招生机构提供,经国家考试招生机构和高等教育委员会审核后向社会公布。在录取环节,考生在完成统一考试、统一评价之后,由国家考试招生机构统一将成绩录入考试排名系统,排名系统根据考生的综合成绩(全国高校统一考试成绩和高中学业成绩)、报考志愿、各大学的招生名额、招生条件等对考生进行录取。最终考生的排名和录取结果也通过国家考试招生机构的录取查询平台向公众公布。① 所有考生在"分数面前人人平等"的标准和程序下统一录取,减少了人为因素对考生录取结果的干预,实现了选拔标准和选拔结果的客观性和公正性,保障了考生录取机会均等。

可见,高校的招生录取阶段由国家考试招生机构统一管理和实施,避免了高校的干预,减少了不公平因素的产生,同时招生录取程序实现了信息的公开化和透明化,保证了招生录取的公平性。

总之,土耳其高校考试招生制度在全国范围内以一把尺子衡量人才,以"统一"维护着考试招生制度的公平和公正。

(二)弱势群体政策补偿:维护残疾人高等教育入学机会公平

高校考试招生制度的统一性,容易掩盖参加考试招生个体的差异性,从而造成事实上的不公平。约翰·罗尔斯认为:"社会和经济的不平等,只要其结果能给每一个人,尤其是那些最少受惠的社会成员带来利益补偿,它们就是正义的。"② 罗尔斯所说的"公平的正义",即认为公平的社会应当消除社会中已有差别并追求公平,提出对弱势群体进行补偿以促进公平,体现了对整个社会公平的理想构建。土耳其的高校考试招生制度在"统一"之外,也体现出"政策补偿",通过为对弱势群体提供补偿政策以维护高校考试招生制度公平,其弱势群体补偿政策主要体现在对残疾考生的补偿性措施上。

---

① ÖSYM, "2019 YKS Yerleştirme Sonuçları"(August 6, 2019), https://sonuc.osym.gov.tr/Sorgu.aspx? SonucID=5788.

② [美]约翰·罗尔斯:《正义论》,何怀宏等译,中国社会科学出版社1988年版,第14—73页。

第五章　土耳其高校考试招生制度的公平性及社会影响因素

2011年土耳其残疾人口数量占全国总人口数的6.6%，其中25岁以下人口占残疾人口总数的50.7%，45岁以下人口占残疾人口总数的73.2%。[1] 由此可见，土耳其残疾人口的年龄结构较为年轻化。这些年轻残疾人口的教育问题、未来发展和生存问题已经成为土耳其社会的显著问题。如何为残疾人提供公平的受教育机会，尤其是公平的高等教育受教育机会，已经纳入土耳其的国家战略规划。残疾人要实现高等教育起点公平，就需要对其进行政策补偿。在维护土耳其残疾人高等教育起点公平方面，均有政府、大学和社会力量参与其中：政府作为顶层设计者，构建"残疾人高等教育公平"的总体目标，在立法保障和政策补偿上为残疾人高等教育公平提供战略统筹保障；高校作为高等教育的直接承担者，在残疾考生招考时提供相应的优惠政策；社会机构为残疾人提供入学扶持等。在此过程中，多个主体以残疾人高等教育入学机会公平为目标导向，既各司其职又相互协作，共同致力于推进残疾人高等教育起点公平的实现。

1. 立法保障

残疾人高等教育起点公平，首先有赖于立法保障。土耳其《宪法》中规定："任何人受教育和学习的权利不容剥夺。"[2] 从根本上奠定了残疾人教育公平的法律基础。《残疾人法》中规定："无论出于何种原因，都不能阻止残疾人接受教育，残疾人可以不受歧视地享受终身教育。"[3] 并在《国家教育部组织和职责法》《国民教育基本法》《私立教育机构法》《职业教育法》等法律中重申了残疾人教育机会公平原则。除原则性立法外，在《特殊教育法》中指出，高校要能够"采取相应措施，保障残疾学生能够从符合其兴趣、意愿、能力的高

---

[1] Türkiye İstatistik Kurumu, "Dünya Nüfus Günü 2015" (May 6, 2015), http://www.tuik.gov.tr/PreHaberBultenleri.do; jsessionid = 9QjChL1f2g2M8PMhZNR1C2GRfvJg02lw8mDK11y7yG2mrhVWMsRY! 825638774? id=18517.

[2] Mevzuat Bilgi Sistemi, "Türkiye Cumhuriyeti Anayasası" (November 9, 1982), http://www.mevzuat.gov.tr/MevzuatMetin/1.5.2709.pdf.

[3] YÖK, "Engelliler Hakkında Kanun" (June 11, 2020), http://www.yok.gov.tr/web/engelsizyok/mevzuat.

等教育机会中受益"①。专门指出了高校在维护残疾人高等教育机会公平中的职责。政府还出台了针对高校的法规《高等教育残疾人咨询和协调规定》，进一步细化了高校在残疾人高等教育公平中的职责与义务。②这些法律法规为促进残疾人高等教育机会公平奠定了坚实的法律基础。此外，在立法过程中，土耳其政府强调残疾人协会、各大学残疾人研究专家需共同参与，提供多元而专业的立法建议。

2. 多渠道的经济支持

经济支持是保障残疾人高等教育起点公平的物质基础。土耳其残疾人高等教育的经费支持来源包括：（1）政府拨款：以2018年为例，土耳其教育总体拨款1340亿里拉，高等教育机构拨款270亿里拉（占20%）。③高等教育"无障碍教室"专项拨款5000万里拉，以促进各高校建设无障碍环境。④此外，政府为残疾人教育及培训提供了专项预算支持，每人每月的个人培训费为545里拉，集体培训费为154里拉。⑤（2）高校支持：土耳其公立大学的残疾学生与其他学生一样享受免学费政策，并单独享有减免住宿费、交通费等优惠政策⑥，同时优先享有大学提供的奖学金。如伊斯坦布尔大学和中东技术大学都为残疾学生提供了奖学金优先获取权。（3）社会机构资助：社会机构为残疾学生提供了种类丰富的奖学金和助学金，如骨科残疾联合会（EOEEKDD）奖

---

① Mevzuat, "Özel Eğitim Hakkında Kanun Hükmünde Kararname" (June 11, 2020), http://www.mevzuat.gov.tr/MevzuatMetin/4.5.573.pdf.

② Engelli ve Yaşlı Hizmetleri Genel Müdürlüğü, "Ulusal Mevzuat" (November 3, 2018), https://www.aile.gov.tr/eyhgm/mevzuat/ulusal-mevzuat/.

③ Evrensel, "MEB'in Eğitim Bütçesinin Aslan Payı 'Din Öğretimi' ne Ayrıldı" (November 7, 2017), https://www.evrensel.net/haber/337343/mebin-egitim-butcesinin-aslan-payi-din-ogretimine-ayrildi.

④ MEB, "Engelli Bireylerin Destek Eğitim Giderleri" (February 9, 2018), http://www.meb.gov.tr/engelli-bireylerin-destek-egitim-giderleri/haber/15607/tr.

⑤ T. C. Milli Eğitim Bakanlığı, "Engellilerin Eğitimine 50 Milyon Lira Bütçe Ayrıldı" (May 20, 2016), http://katar.meb.k12.tr/icerikler/engellilerin-egitimine-50-milyon-lira-butce-ayrildi_2599059.html.

⑥ DSD, "Engelliler İçin Sağlanan Maddi ve Sosyal Yardımlar" (July 1, 2018), https://www.downturkiye.org/engelliler-icin-saglanan-maddi-ve-sosyal-yardımlar.

学金、残疾人基金会（TESYEV）奖学金、社区志愿者基金会（TOG）奖学金，萨班哲基金会（Sabancı Vakfı）①残疾人奖学金等残疾学生专项奖学金。土耳其在残疾学生高等教育的经费支持上已形成了政府拨款、大学支持、社会资助等多形式、多渠道的经费来源，为残疾人享有平等的高等教育机会提供了经济基础。

3. 政府、高校、社会共同推进土耳其残疾人高等教育起点公平

除立法保障和经费支持外，土耳其残疾人高等教育起点公平还有赖于各社会治理主体在残疾人高等教育起点公平阶段各尽其责、上下协同，共同为残疾人高等教育提供补偿。主要补偿政策包括：政府在国家考试招生机构中设置了专门的残疾考生部、考试政策倾斜、录取政策倾斜；大学为残疾考生提供招考优惠政策；社会机构为残疾考生提供入学扶持措施等。

土耳其政府部门对残疾人在高等教育起点公平上的补偿措施主要体现在：在国家考试招生机构中专门设置了"残疾考生部"，对残疾人考试实行专项管理，进一步完善考试便利措施、加大残疾考生录取政策倾斜力度等（详见第三章第三节）。

大学为残疾人预留了专项招生名额，并在特殊才能考试中为残疾考生组织专门的招生考试。具体措施包括：(1) 出台残疾考生考试指南与考试章程。考试指南面向残疾学生，对招生名额、报考程序、考试办法、评价办法，取录条件等作出了详尽的介绍。考试章程面向组织考试的部门和教师，规定了各部门职责、应提供的便利措施、考试流程等。(2) 建立残疾人考试专家委员会，该委员会一般由学院负责人、校董事会成员、教师、残疾人研究专家等构成。考试方案由委员会的成员共同商定，以确保方案的合理性。(3) 设置残疾考生顾问部，为残疾考生提供该大学残疾人专项招生计划的备考建议。(4) 设置残疾考生服务部，该部门负责与考生提前取得联系，预先了解残疾考生残障情况，并将信息反馈

---

① 萨班哲基金会（Sabancı Vakfı）是土耳其最大的慈善基金会之一，由土耳其最大的工业和金融集团萨班哲控股集团（Hacı Ömer Sabancı Holding A.Ş）于1974年创建，旨在资助国家教育、文化、艺术等事业和公共服务项目。

给残疾人考试专家委员会，以调整残疾考生的考试方式和考试内容。

土耳其社会机构根据自身特色为残疾人高等教育起点公平制定了补充性的扶持措施。以爱心大使社区中心（Gönül Elçileri）为例，该机构是由社会爱心人士组成的非营利性公益组织，以社区为单位，旨在"提高社会弱势群体的生活质量"[①]。该机构的主要特色是为残疾人提供一对一的家庭服务，其中包括为备考高校的残疾考生提供学业辅导、跟踪各高校的招考信息、联络高校残疾考生服务部、协助办理入学登记、提供学习用品支持、图书馆/互联网支持、心理咨询等综合性服务，同时还为报考特殊才能考试的残疾考生提供联络艺术培训机构、免费考前辅导等服务。

随着土耳其残疾人考试公平事业的推进，参加土耳其全国高校统一考试的残疾考生数量和录取数量也在逐年攀升（见图5-2）。2017年残疾考生录取率达到84.8%，较2014年增长了20%。

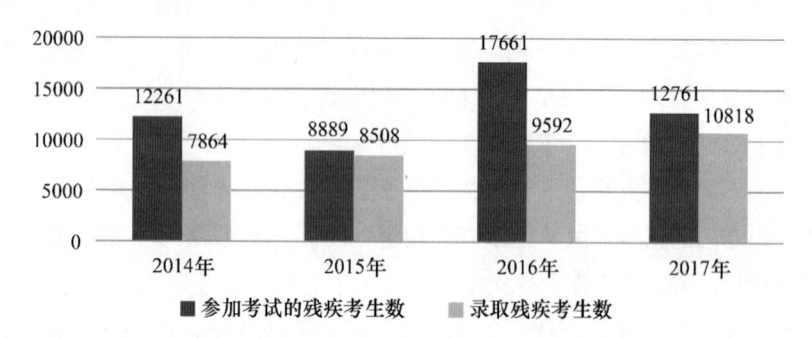

图5-2 2014—2017年全国高校统一考试残疾考生数及录取人数（单位：个）[②]

[①] Engelli ve Yaşlı Hizmetleri Genel Müdürlüğü, "Ulusal Mevzuat"（November 3, 2018），https：//www.aile.gov.tr/eyhgm/mevzuat/ulusal-mevzuat/.

[②] ÖSYM, "Engelli/Sağlık Sorunu veya Özel Durumu Olan Adaylara Yapılan Sınav Uygulamaları"（March 2, 2018），https：//dokuman.osym.gov.tr/pdfdokuman/2018/GENEL/Engelliadayraporu09042018.pdf；AA, "ÖSYM'nin Sınavlarına 100 Binin Üzerinde Engelli Aday Katıldı"（December 3, 2018），https：//www.aa.com.tr/tr/egitim/osymnin-sinavlarina-100-binin-uzerinde-engelli-aday-katildi/1328585.；ÖSYM, "YKS'ye Toplam 2 Milyon 528 Bin 110 Aday Katılacak"（June 13, 2019），https：//www.osym.gov.tr/TR,19231/osymnin-gecen-yilki-sinavlarina-8-milyonun-uzerinde-aday-katildi-31012020.html.

第五章 土耳其高校考试招生制度的公平性及社会影响因素

5年来土耳其高校残疾在校生人数也在持续上升（见图5-3）。2018年高校残疾在校生人数较2014年增长了2.61倍，其中公立大学承担起了残疾人高等教育的主要责任。

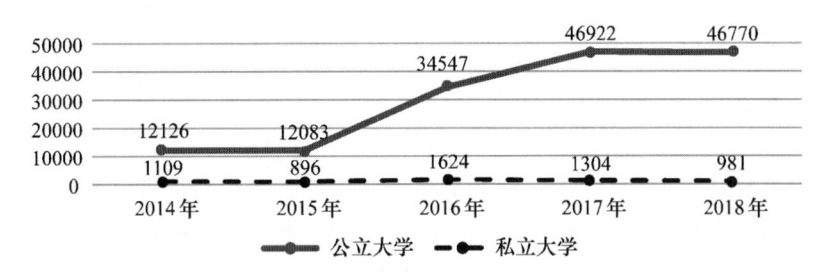

图5-3 2014—2018年土耳其高校在校残疾学生人数（单位：个）①

在残疾人高等教育起点公平上，土耳其政府通过考试招生机构改革和政策补偿，为残疾考生入学机会公平提供了保障；大学通过组建残疾考试部门及专家团队，为残疾人入学提供了公平的竞争平台；社会机构积极参与，主动为残疾学生提供考试帮辅。政府、大学和社会机构，基于不同的职责，共同协作，形成新的合力，推进了土耳其残疾人高等教育的起点公平。

除上述在法律保障、政策支持、统一制度和弱势群体补偿政策上维护全国高校统一考试招生制度公平的举措外，在土耳其高校考试招生制度中，还通过对不同选考科目实行不同的加权赋分、区分应届生和往届生中学学业成绩的计分办法、为各区域高中设置第一名学生的保留名额等措施，全力维护高校考试招生制度公平。

三 高校考试招生制度"兼顾效率"

"公平"不仅是写在土耳其政府政策文件之上的指导思想，更是深入土耳其人心的道德标尺。"公平"在土耳其人民心目中超越了一切，

---

① Yükseköğretim Bilgi Yönetim Sistemi, "Engelli Öğrenci Sayıları Raporu" (February 4, 2020), https://istatistik.yok.gov.tr/.

成为大众衡量高校考试招生制度是否具有存在意义的首要标准。但在高校考试招生制度中，不能摒弃效率谈公平。正如刘海峰所说，有效地选拔人才和配置资源，最大限度地发挥考试的测验选拔功能，也是考试的重要职能。维护公平竞争，归根到底都是为了提高选拔人才的效率。[①]就土耳其高校考试招生制度而言，始终将公平放在首位，同时兼顾效率，保障在公平的考试招生制度下实现高校人才选拔的高效率。

虽然土耳其高等教育在建国后迅速发展，至2015年高等教育毛入学率已经达到了95.4%[②]，但要获取最优质的高等教育资源依然需要面对激烈的竞争，土耳其高等教育机构的录取率曾在2008年达到峰值50%，此后一路走低，至2019年录取率跌至35.8%[③]，广大考生要进入名牌高校的竞争依然惨烈。面对高等教育供需矛盾长期存在的现实，土耳其高校考试招生制度为保持其权威性和公正性，始终将公平原则摆在首位，但同时也在不断提升考试的效率，以解决高等教育的供需矛盾。虽然土耳其高校考试招生制度在某些方面自建立之初就受到了来自专家学者和公众舆论的质疑[④]，但土耳其国家考试招生机构仍然坚持走自己的道路不动摇，并在《高校学生选拔分发的原则》[⑤]中就高校考试招生制度存在的争议问题进行了解释和辩护，体现出土耳其高校考试招生制度"兼顾效率"的特点。

（一）坚持以"大题量、多学科"考试内容提升人才选拔效率

土耳其高校考试招生制度自建立以来，一直保持着"大题量、多学科"的特点，这一特点令广大考生叫苦不迭，被考生认为是"在各种科目的题海里游泳，并且几乎无人完美上岸"（E3）。然而面对有限的

[①] 刘海峰：《高考改革中的公平与效率问题》，《教育研究》2002年第12期。
[②] OECD Data, "School Enrollment Tertiary (% Gross)" (March 30, 2018), https://data.worldbank.org/indicator/SE.TER.ENRR? locations=TR.
[③] Yükseköğretim Bilgi Yönetim Sistemi, "Yıllara Göre Başvuran Yerleşen Aday Sayıları" (March 12, 2020), https://istatistik.yok.gov.tr/.
[④] Türk Eğitim Derneği Yayınları, *Yüksek Öğretime Giriş Sorunları Eğitim Toplantısı 25–26 Ekim 1977*, Şafak Matbaası, 1978.
[⑤] T. C. Yükseköğretim Kurulu ÖSYM, *Yükseköğretim Kurumlarına Öğrenci Seçme ve Yerleştirme Sisteminin Esasları*, Ankara: ÖSYM Yayınları, 1993.

第五章 土耳其高校考试招生制度的公平性及社会影响因素

高等教育资源，高校考试招生制度在维护考试公平的前提下，要提升考试招生效率，达到人才选拔的目的，就必须最大限度地考查和评估考生的知识与能力，"将具有更好学习能力的候选人纳入他们想要的高等教育专业中"[①]。基于这一考虑，土耳其全国高校统一考试始终坚持"大题量、多学科"的考试内容。因此，土耳其国家考试招生机构即使面对考生的长年抱怨和责难，非但没有减少试题量和缩小试题覆盖范围，反而随着高校考试制度的一次次改革将考试的学科范围持续扩大，同时加强了考试科目的融合性，以越来越高的标准为高校选拔优质人才。这一举措充分体现出土耳其高校考试招生制度通过提高试题数量和质量来提升考试招生效率的目的。

（二）坚持两阶段考试逐步淘汰考生

土耳其全国高校统一考试招生制度建立以来的四十余年中，两阶段考试一直是高校统一考试的主要考试形式。第一阶段考试为高中阶段九大学科测试，考试内容覆盖面广、科目多、题量大，用于选拔副学士院校学生。第二阶段考试为选考科目测试、专业性强、综合性强，用于选拔普通高校本科生。报考本科的考生也需要应试第一阶段考试，且第一阶段考试成绩占录取总分的40%。对于考生来说要备考两个阶段考试的繁多科目，令考生们备感"压力大""难以应对""疲惫"。并且看似简单的第一阶段考试，由于科目覆盖面大、题量大，对于许多想要进入本科高校的学生而言反而难度更大，考生 K6 在考试之后回忆道：

> 记得在参加第一阶段考试时，考试时间太短了，我看表的时候我觉得我的人生都完蛋了。要在135分钟内完成在120道题，你想要拿到比别人更高的分，你就得完成尽可能多的题目，这些题目五花八门：数学、历史、哲学、化学……这对我来说并不容易，我想对于任何一位考生来说都不容易。第一阶段考试的成绩反而决定了

---

① T. C. Yükseköğretim Kurulu ÖSYM, *Yükseköğretim Kurumlarına Öğrenci Seçme ve Yerleştirme Sisteminin Esasları*, Ankara: ÖSYM Yayınları, 1993, pp. 1-2.

我们的整体成绩，然而我不认为学这么多科目有什么实际作用，有的科目和我的专业完全不相关，每个人都有自己的才能和兴趣，非要全能，什么都得学，那不是硬让鱼去爬树么？

土耳其国家考试招生机构对这一情况非常了解，但是为了最大限度提升考试对人才的筛选效率，第一阶段考试不仅用于副学士院校学生选拔，同时也为本科高校淘汰了一批知识面窄、心理素质不强的考生，它已经成为一个"基于效率的决策性考试程序"①。

土耳其高校考试招生制度利用第一阶段考试淘汰一批"庸才"，之后利用第二阶段考试选拔"专才"，旨在提高人才选拔效率。

（三）坚持单一题型

土耳其在建立全国高校统一考试制度以前，各高校入学考试也有写作等主观题型，但在土耳其建立全国高校统一考试制度以后，就一直保持着仅有选择题一种题型的传统。早在全国高校统一考试制度确立之初，学者们就已经对单一考试题型的优劣问题展开了讨论。支持以选择题为考试唯一题型的学者认为：首先，采用选择题可以覆盖众多考试科目，如全国高校统一考试的第一阶段考试（TYT）就覆盖了多达九门考试科目，可以在短时间内测试多个学科领域知识；同时可以囊括大量的试题，第一阶段考试题量达120题，第二阶段考试（AYT）题量达到160题，考试题量大，能够提高测试效率。其次，就选择题的批阅办法来看，有利于提升考试评估的效率。目前申请进入大学的考生逐年增多，仅在1977年就达到了357454人，这一数字非常惊人，如果要以主观题作为考试题型，将在试卷评判过程中耗费巨大的人力和财力。最后，以选择题为考试题型，使用计算机评判，不仅评价结果精准，且效率极高，大大节省了人力、财力、物力，是目前最为理想的考试题型。持反对意见的学者认为：仅以选择题作为唯一考试题型，一方面会导致

---

① T. C. Yükseköğretim Kurulu ÖSYM, *Yükseköğretim Kurumlarına Öğrenci Seçme ve Yerleştirme Sisteminin Esasları*, Ankara：ÖSYM Yayınları, 1993, pp. 1-2.

第五章　土耳其高校考试招生制度的公平性及社会影响因素

考生出现猜题现象，这不利于有效发挥考试的评估作用；另一方面，选择题已经给出了答案，考生是否具备分析能力、解题能力、文字表达能力等都无从考查，局限性太强。[1]

从考生视角来看，单一题型的缺点和优点同样明显："所有考试科目的题型都一样，举个例子来说，土耳其语的考试给你一段非常冗长的阅读段落，问你这段话的主要内容是什么，让你在'A、B、C、D、E'中选择其中之一。但是有的时候，5个答案看起来都不怎么聪明。我希望考试的时候可以写一些自己的想法，体现一些个性的、创造性的东西。"（K2）

选择题受到题型的限制，不能充分反映学生对知识的认识和理解，缺乏对学生语言表达能力、文字撰写能力、思维能力等的考查，学生的创造力与才华极易被忽视，压抑了学生的个性，也让高校考试制度失去对人才全面考量的机会。但是一方面基于考试公平的考量，另一方面为了"能够提出大量问题、采用现代技术手段更高效、更客观的评估"[2]，保障考试的信度和效度，土耳其全国高校统一考试仅有选择题一种题型的传统延续并保留至今。

总之，土耳其从政府、国家考试招生机构到社会民众，都高度重视维护高校考试招生制度的公平性。首先，土耳其高校考试招生制度以其"统一性"使得所有考生在考试面前人人平等：平等参加考试，公平竞争，享有同等机会进入高等教育机构。其次，土耳其高校考试招生制度通过政策倾斜，给予弱势群体以政策补偿，使其能够与普通考生站在同一起跑线上参加全国高校选拔，保障这部分弱势群体入学机会公平。最后，在机会均等的大框架下，土耳其高校考试招生制度也兼顾了考试招生的效率问题。由此可见，从土耳其高校考试招生制度本身充分体现出了绝对统一、减少差异、在公平前提下兼顾效率的制度特色，是以制度

---

[1]　Türk Eğitim Derneği Yayınları, *Yüksek Öğretime Giriş Sorunları Eğitim Toplantısı 25－26 Ekim 1977*, Şafak Matbaası, 1978.
[2]　Türk Eğitim Derneği Yayınları, *Yüksek Öğretime Giriş Sorunları Eğitim Toplantısı 25－26 Ekim 1977*, Şafak Matbaası, 1978.

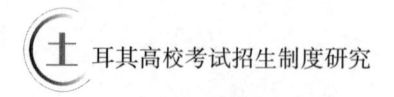

公平促进教育公平的体现。

然而高校考试招生制度作为社会制度的一环,要维护公平不仅受到制度本身的影响,也会受到社会因素的影响。社会中存在的不公平因素往往会反过来影响高校考试招生制度的公平水平,成为高校考试招生制度在维护制度公平时无法回避的现实因素。

第二节 性别因素对高校考试招生制度公平的影响

为深入土耳其社会理解土耳其高校考试招生制度的公平现状,发掘影响土耳其高校考试招生制度公平背后的深层次社会因素,本章主要采用质性研究方法,通过对土耳其高校考试招生制度的利益相关者进行深度访谈以获取一手研究资料,从微观个体视角探讨土耳其高校考试招生制度公平与社会关系的宏观问题。本章访谈内容基于半结构式访谈表展开,访谈样本的获取基于目的抽样法和滚雪球抽样法,所访谈的土耳其高校考试招生制度的利益相关者包括:土耳其国家考试招生机构管理人员(1人,土耳其国家考试招生机构管理人员,大学教授);土耳其高校招生部门管理者(2人,样本覆盖普通公立大学和私立大学);高中教师(3人,样本覆盖农村高中/城市高中,重点高中/普通高中);考生(33人,样本覆盖男/女、应届/往届、农村/城市、私立大学/公立大学、一流大学/普通大学[①]);考生家长(11人,样本覆盖农村/城市,男/女,不同经济条件家庭,不同学历家长),访谈对象共计50人。每位访谈对象访谈时长从20分钟至1小时不等,形成访谈录音共计22小时52分钟18秒,文字转录共计8万余字。

在所有访谈对象中,考生作为主要访谈对象具体情况如表5-2如示。

---

① 根据土耳其政府重点资助大学进行划分,参见表1-4。

第五章　土耳其高校考试招生制度的公平性及社会影响因素

表 5-2　　　　　　　　　访谈考生信息一览　　　　　　　（单位：个）

访谈对象类型	男	女	待参加考试	已被高校录取（28人）				城市	农村	家庭收入水平居中上等①	独生子女	参加过私人补习班
				公立大学	私立大学	一流高校	普通高校						
考生	13	20	5	24	4	22	6	25	8	20	1	26

为保护访谈对象的隐私，本章中所出现的访谈对象姓名均以编号形式呈现。受访女性考生（Kadın）采用编号 K1-K20 代表、受访男性考生（Erkek）采用编号 E1-13 代表；受访女性家长（Mother）采用编号 M1-M5 代表、受访男性家长（Father）采用编号 F1-F6 代表；受访高中教师（Teacher）采用编号 T1-3 代表；受访土耳其国家考试招生机构管理人员（ÖSYM Professor）采用编号 P1 代表；高校招生部门管理者（University Administrator）采用编号 U1-U2 代表。访谈对象的工作单位、就读大学、高中、家乡名称等均隐去真实名称，以随机英文字母代替。

高校考试招生制度公平不仅取决于制度本身的公平性，也会受到社会公平因素的影响。笔者通过对 50 位土耳其高校考试招生制度的利益相关者进行深度访谈后发现，受访者普遍对高校考试招生制度的公平性认可度较高，但也存在几个备受质疑的公平问题：首先，作为一个传统宗教国家，土耳其女性在高校考试招生中的公平问题是一个备受关注的问题；其次，高中教育资源分配不公平对高校考试招生制度公平的影响；最后，区域发展不均衡对高校考试招生制度公平的影响。

虽然就本质而言，这些备受质疑的公平问题并非高校考试招生制度本身存在的问题，而是源于社会不公平对高校考试招生制度公平的影响，它们是影响土耳其高校考试招生制度公平的社会因素，是高校

---

① 根据土耳其政府 2018 年所公布的人均年收入 49000 里拉进行划分，高于此标准视为家庭收入中上等水平（参见第四章第三节）。

考试招生制度在实现实质公平道路上无法回避的社会公平问题。本章将对上述备受争议的土耳其高校考试招生制度公平的社会影响因素进行探讨。

2019年，土耳其全国总人口为8133万人，其中女性人口占总人口的49.8%①，与男性人口基本持平。女性作为土耳其国家建设和社会发展的重要力量，与男性享有平等的受教育权利具有重要的意义。然而土耳其作为一个传统宗教国家，受传统文化和宗教观念的影响，女性社会地位较低。但土耳其同时作为一个世俗化国家，女性的觉醒和社会地位的提升也取得了有目共睹的成绩。

性别平等因素是深刻影响着土耳其高校考试招生制度实质公平的重要社会因素之一。此次受访的高校考试招生制度的利益相关者中有25位女性，这些女性受访者中既有考生家长也有考生，两代女性追求高等教育机会公平的历程，折射出土耳其女性不屈不挠的平权意识和抗争精神。

一　艰难的历史：土耳其女子高等教育的产生

马克思曾说过："女性解放的程度是衡量普遍解放的天然标准。"② 女性主义认为，女性与男性是平等的，两性差异来自男权社会的后天定义，而非女性自身所有。土耳其受宗教、社会固有男权思想观念影响，其女性高等教育的产生及发展历史颇为缓慢。

奥斯曼帝国时期，女性的社会地位决定了受教育范围，正如土耳其学者特兹奥（Tezel）所说："奥斯曼帝国的社会结构由基于性别分离的两个独立世界组成，男人的世界是公共的，女人的世界是私人和家庭的。"③ 在这一社会背景下，女性的受教育内容非常有限，仅桎梏在宗

---

① Türkiye İstatistik Kurumu, "İstatistiklerle Kadın, 2019"（March 6, 2020）, http://tuik.gov.tr/PreHaberBultenleri.do?id=33732.
② ［德］马克思、恩格斯：《神圣家族，或对批判的批判所做的批判》，人民出版社1998年版，第249—250页。
③ Sevinç Karol, Sıdıka Tezel, Atatürk ve Kadın Hakları, Ankara: Türk Ticaret Bankası, 1983, p.3.

第五章　土耳其高校考试招生制度的公平性及社会影响因素

教教育和家庭教育的范围内。奥斯曼帝国时期的小学教育体系（Sıbyan Mektebi）一直是奥斯曼帝国600余年公共教育体系的主要内容。这一教育系统中3—6岁的孩童都有机会接受教育，并未将女性排除在教育体系之外。[①] 作为宗教教育的小学，熟知《古兰经》是女性的必备功课，但仅限于对经书的死记硬背，于女性的成长和知识的获取并无裨益。土耳其女子学校始建于1839年，属于中等教育范畴。女子学校的学习科目较为简单，主要教授持家、缝纫和刺绣等家庭实用课程。[②] 女性学习和受教育的过程只是为了家庭生活和宗教信仰做准备，女性并未成为真正走出家门的社会人，只是社会中的"家庭人"。这使得在奥斯曼帝国时期就造就了土耳其女性的传统社会地位——"私人的""家庭的"而非"公共的""社会的"。

坦齐马特改革时期（Tanzimat）奥斯曼帝国的教育体系出现了新气象，1869年《教育法》颁布，规定所有的儿童都将接受义务教育，全国范围的女童教育得以普及。在此期间，妇女被允许享有小学、中学和高等教育的权利，女性自此逐步脱离宗教、家庭和生活的准备式教育，开始接受新式的西化教育。在此之后，奥斯曼帝国女性教育权利有了一定的提升，它由各个时期的重要标志性事件组成：1885年，土耳其签署了《消除对妇女一切形式歧视公约》；1889年，土耳其第一个妇女研究和教育中心在伊斯坦布尔大学建立；1911年，第一所为女生建立的4年制高中开放；1913年，女性开始接受高等教育，虽然仅限于师范学校，但也实现了女性接受正规高等教育的突破；1914年起，伊斯坦布尔帝国大学的一些课程开始允许女性听课。可见，奥斯曼帝国时期女性受教育的权利在逐渐提升。然而奥斯曼帝国时期虽然已经允许女性接受高等教育，但受到传统社会观念的影响，受益的女性并不多。

土耳其女性在奥斯曼帝国时期社会地位极低，女性的社会地位决

[①] Bozkurt Güvenç, *History of Turkish Education*, Ankara：Turkish Education Association, 1998, pp. 16-18.

[②] 周国黎：《伊斯兰教育与科学》，中国社会科学出版社1994年版，第15页。

定了她们的受教育程度和成长命运。虽然在土耳其女性获得高等教育权利以前,也有少数拥有财富和特权的家庭通过聘请家庭教师的方式为家族中的女性提供优质的教育,然而这无法改变奥斯曼帝国时期女性高等教育严重缺失的事实。总之,土耳其女性高等教育产生的时间较晚,直至土耳其共和国成立后女性才得到解放,女性高等教育才得以发展。

二 发展：土耳其女子高等教育的现状

1923年土耳其共和国成立伊始,土耳其国父凯末尔发起了一系列世俗化改革。伴随着土耳其社会世俗化程度的加深,女性地位逐步提升。同年,土耳其政府在首都安卡拉建立了第一所女子艺术学院以培养中等教育师资,这所学院成为土耳其建国后首个为女性建立的高等教育机构。1926年2月17日,大国民议会颁布了《民法》,新的《民法》强调法律面前人人平等,从法律上赋予了女性与男性同等的权力,女性地位得以在法律上受到保护。1946年,政府颁布了《大学法》,并规定男女均享有平等进入大学学习的权利。[1] 自此,土耳其女性受高等教育权有了法律保障。

土耳其非常重视高等教育的建设,2010年进入了高等教育普及化阶段,2019年土耳其高等教育在学人数已达到7740502人,在学规模年均增长率达到9%[2]。但是这样一个极为重视高等教育发展的国家,受到宗教、历史、政治及经济等社会因素的影响,女性高等教育发展速度却相对缓慢,自土耳其加入经济合作与发展组织（OECD）后,土耳其女性受高等教育的比例一直处于OECD成员国的末端。在OECD的30个成员国中,1995年就有16个国家在高等教育中的女性人数超过了男性,到2005年这个数字增加到24个。有学者认为,2009年各国高等教

---

[1] Mevzuat Bilgi Sistemi, "Milli Eğitim Temel Kanunu" (June 24, 1973), http://www.mevzuat.gov.tr/MevzuatMetin/1.5.1739.pdf.

[2] Yükseköğretim Bilgi Yönetim Sistemi, "Öğrenci Sayıları Raporu" (June 22, 2020), https://istatistik.yok.gov.tr/.

第五章 土耳其高校考试招生制度的公平性及社会影响因素

育"女多于男"的现象已经非常普遍，而土耳其是少数伴随着 GDP 的增长（人均 GDP 达到 9000 美元），女性高等教育毛入学率达到 40%，"女多于男"现象却仍未出现的国家。① 更有学者预测，到 2025 年这 30 个国家中将只有瑞士、韩国、土耳其和日本的大学仍会是男生占多数，受过高等教育的女性比例增长不够明显。② 在土耳其高等教育快速发展的今天，事实果真如此吗？

自土耳其共和国成立后，一直将提升女性高等教育率作为重点工作来抓，通过多样化措施吸引更多女性接受高等教育。如 2006 年，土耳其政府大力推进"省省有高校"计划，以扫清父母不希望女性到离家太远地方就读大学的障碍；2012 年起，土耳其政府为公立大学提供教育经费，支持学生免费就读，减少了家庭因经济原因选择支持男性而不是女性进入大学的顾虑；2013 年 10 月，土耳其政府出台法律确保女性可以在大学里佩戴头巾，为保守的宗教家庭女性接受高等教育提供了可能性。③ 通过政府的努力、高校的无差别对待以及社会经济发展对人才提出的高要求，近十余年来土耳其女性高等教育的发展速度有了显著提升。我们可以从下列几组数据进行分析。

图 5-4 收集了自 1971 年至 2017 年土耳其高等教育的毛入学率数据④，总体而言，男、女高等教育毛入学率的发展趋势与总体趋势保持

---

① 马宇航、杨东平：《高等教育女性化的国际比较研究》，《江苏高教》2016 年第 9 期。

② Berk Yılmaz：Türkiye Üniversite Reformunun Yüksek Öğrenim'deki Cinsiyet Ayrımı Üzerine Etkileri, Master dissertation, Ekonomi Bölümü, İhsan Doğramacı Bilkent University, 2014.

③ 土耳其作为伊斯兰国家，头巾佩戴问题成为女性能否接受高等教育的重要影响因素。1925 年 11 月 3 日，土耳其大国民议会通过一项法令，废除妇女戴面纱和头巾的旧习，这无疑是一次女性的解放。但对保守的信仰宗教的女性来说，却成为妨碍她们进入大学的重要原因。许多保守的持宗教信仰的女性不得不放弃了进入大学的机会，而选择遵守宗教礼仪。50 年代，土耳其曾经不再限制女性在公共场所佩戴头巾与否，一度给予女性自由选择的权利。但是在 20 世纪 80 年代再次以法律形式禁止大学生在校园里佩戴头巾，许多佩戴头巾的女生不得不在大学入口处取下头巾，或戴假发读书，这给女学生接受教育带来诸多不便。2008 年 2 月，土耳其议会废除了禁止伊斯兰女性在大学里戴头巾的法令。为彻底贯彻实施该法案，土耳其政府于 2013 年 10 月出台了另一项法律"确保女生可以在大学里佩戴头巾。"并在宪法中增添了新的内容：任何人都有权在国家学术机构享有平等的待遇。这项修正案的通过对推进女性高等教育事业发展起到了积极的促进作用。

④ 1996 年和 2000 年数据缺失。

一致，其中男性高等教育毛入学率的发展速度明显高于女性，一直处于全国高等教育毛入学率发展水平之上，而女性高等教育毛入率一直低于全国水平。从2006年至2015年十年间，土耳其男性高等教育的毛入学率在十年间增长了59.17个百分点，女性高等教育毛入学率在十年间增长了57.04个百分点。从增长速度上来看，女性高等教育毛入学率的增长速度虽然一直低于男性，但两者的差距在逐渐缩小。尤其是2015年以后，女性高等教育毛入学率逐渐与男性靠拢，呈现出与男性持平的趋势。2018年，男性高等教育毛入学率仅比女性高出4个百分点，土耳其女性高等教育毛入学率赶超男性指日可待。

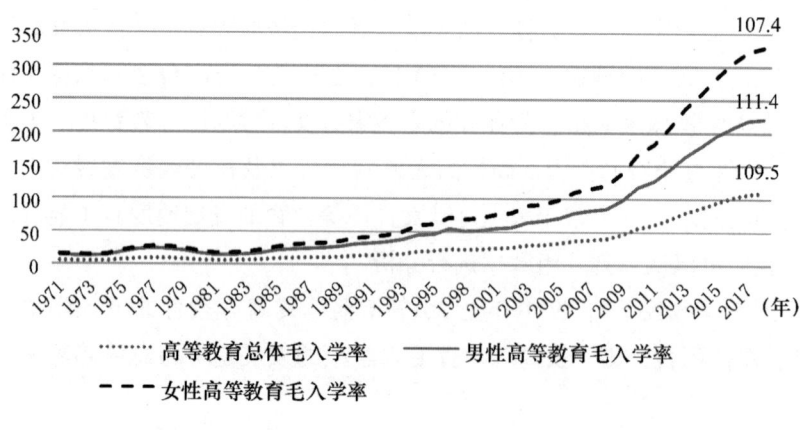

图 5-4　1971—2017年土耳其高等教育毛入学率[①]

除此之外，从不同性别学生在高校中的分布情况也可以反映出女性接受高等教育的情况。从土耳其高等教育委员会公布的数据中抽取2014年和2019年不同性别学生在土耳其高校中的分布情况整理如表5-3所示。

[①] OECD Data, "School Enrollment Tertiary (%Gross)" (March 30, 2018), https://data.worldbank.org/indicator/SE.TER.ENRR?locations=TR; Türkiye İstatistik Kurumu, "Cinsiyete Göre Yükseköğretimde Brüt Okullaşma Oranı, 2007-2018" (June 23, 2020), http://tuik.gov.tr/PreTablo.do?alt_id=1018.

第五章 土耳其高校考试招生制度的公平性及社会影响因素

表 5-3　　　　2019 年（2014 年）普通高校在校学生统计　　（单位：个）①

	公立大学				私立大学			
	最新录取		在校生总数		最新录取		在校生总数	
	男	女	男	女	男	女	男	女
副学士	296912 (271106)	306623 (259306)	1400228 (1015369)	1445073 (899335)	25025 (19785)	29244 (21647)	71311 (41654)	74791 (44241)
本科生	289606 (337972)	329557 (295757)	2225269 (1830534)	1920159 (1522148)	40817 (35643)	45429 (37850)	194047 (137169)	199451 (138949)
硕士研究生	56999 (36942)	45754 (26991)	129317 (160689)	109755 (116366)	12387 (13277)	12987 (8215)	28796 (39908)	29133 (25138)
博士研究生	9314 (6155)	9178 (4560)	48561 (40932)	42087 (29920)	1186 (916)	1216 (569)	5738 (4603)	4856 (2768)

注：括号中为 2014 年数据。

根据土耳其高等教育委员会公布的大学在校生数量表（表 5-3），高校在校学生中公立大学占 92.3%，私立大学占 7.7%，由政府提供经费供学生免费就读的公立大学仍然是土耳其高等教育人才培养的主力军。从男、女在校生的比例来看，男性在校生占学生总数的 51.8%，女性在校生占 48.2%，男性在校生多于女性，处于优势地位。其中公立大学女性在校生占 48.0%，私立大学女性在校生占 50.7%，公立大学中女性在校生比例明显低于私立大学，这说明家庭经济条件优越的女性进入大学的概率更高。从高等教育的培养层次上来看，呈现出教育层次越高女性越少的现象，博士研究生阶段女性占比为 46.4%。但是相较于 2014 年，女性在校生人数比例（45.9%）、公立大学中女性在校生比例（45.7%）、私立大学中女性在校生比例（48.6%）、博士研究生女性在校生比例（41.8%）等数据随着时间的推移，至 2019 年均呈现出明显

---

① Yükseköğretim Bilgi Yönetim Sistemi, "2019-2020 Öğretim Yılı Yükseköğretim İstatistikleri"（June 25, 2020）, https://istatistik.yok.gov.tr/; Yükseköğretim Bilgi Yönetim Sistemi, "2014-2015 Öğretim Yılı Yükseköğretim İstatistikleri"（June 25, 2020）, https://istatistik.yok.gov.tr/.

上升趋势，尤其是私立大学女性在校生比例和博士研究生女性在校生比例两项数据上升趋势明显。从新录取学生数量上更可以看出女性的大学入学优势，2019年新录取的女性学生数量已经超过了男性占到了新录取学生总数的51.6%，尤其是本科阶段新录取女性人数较2014年增长了11.4%，增长显著，打破了"女少于男"的固有印象。

除了大学在校生数量和新录取学生数量可以反映女性高等教育现状外，女性在高等教育阶段所选择的学科领域也可以反映出女性高等教育的实际情况。女性主义学者认为，在各种学科领域中，并无男、女区别，这种区别是男权社会赋予的。虽然它带有性别偏见，但由此偏见所形成的男、女性学科领域仍然客观存在。

表5-4　2019年（2013年）土耳其本科在校生主要专业分布　（单位：个）①

专业分类	新录取 男	新录取 女	女性占比	在校生 男	在校生 女	女性占比
信息与通信技术	13916（/）	6024（/）	30.2%	45123（/）	17079（/）	27.5%
自然科学、数学与统计	12293（12087）	14321（12702）	53.8%（51.2%）	71245（80469）	72197（82553）	50.3%（50.6%）
教育学	20780（20800）	34091（36905）	62.1%（64%）	105481（108982）	159532（170347）	60.2%（61%）
服务类专业	12687（13698）	9797（5510）	43.6%（28.7%）	72779（44886）	43648（19638）	37.5%（30.4%）
金融、管理、法律	79795（205086）	69494（152017）	46.5%（42.6%）	1011325（1114233）	690074（843239）	40.6%（42.4%）
工程制造、建筑业	62086（53221）	27730（23483）	30.9%（30.6%）	349594（239650）	138950（98153）	28.4%（29.1%）

---

① Yükseköğretim Bilgi Yönetim Sistemi, "Eğitim ve Öğretim Alanları Sınıflamasına Göre Lisans Düzeyindeki Öğrenci Sayıları, 2019-2020"（June 26, 2020）, https：//istatistik.yok.gov.tr/.；Yükseköğretim Bilgi Yönetim Sistemi, "Eğitim ve Öğretim Alanları Sınıflamasına Göre Lisans Düzeyindeki Öğrenci Sayıları, 2013-2014"（June 26, 2020）, https：//istatistik.yok.gov.tr/.

续表

专业分类	新录取			在校生		
	男	女	女性占比	男	女	女性占比
医疗卫生与社会福利	25290 (14824)	93535 (29402)	78.7% (66.5%)	113131 (62224)	287828 (104245)	71.8% (62.6%)
艺术与人文	55699 (34306)	68761 (46550)	55.2% (57.6%)	264905 (151059)	338609 (214327)	56.1% (58.7%)
社会科学与传媒信息	41544 (/)	47863 (/)	53.5%	353241 (/)	356064 (/)	50.2%
农林牧渔业	6333 (4701)	3370 (2599)	34.7% (35.6%)	32492 (29077)	15629 (13938)	32.5% (32.4%)

注：括号中为2013年数据，其中信息与通信技术、社会科学与传媒信息专业数据缺失。

由表5-4可见，从2013年和2019年的女性在校生比例上来看，除医疗卫生与社会福利专业和服务类专业中女性在校生比例增长较快外，其他专业女性占比变化不大。从2019年的数据可以看出，男权社会观念中典型的男性学科领域如：信息技术类、工程制造、建筑业、金融、管理、法律、农林牧渔业等专业，女性仍不具备竞争优势。尤其在信息与通信技术专业中女性在校生仅占27.5%，工程制度与建筑业专业的女性在校生仅占28.4%，农林牧渔业专业中女性在校生仅占32.5%。而在男权社会观念中的女性领域，如教育学、艺术与人文、传媒类等学科女性在校生普遍超过了男性。尤其是教育类专业女性在校生比例达到了60.2%，医疗卫生与社会福利专业中女性在校生占到了71.8%。有趣的是自然科学、数学与统计学这几个传统男性学科领域，女性在校生数量却超过了男性显现出微弱优势。尤其是在新录取的学生中，除艺术与人文、教育学专业外，女性学生比例在各个学科领域中较2013年都有所增长，其中10大类学科领域中有5类学科领域的女性新录取人数均超过了男性，显现出强大的竞争力。这说明随着土耳其高等教育的发展，女性开始向传统的男性专业领域渗透，女性高等教育入学竞争优势愈发凸显。

从土耳其高等教育的各方面数据可见，土耳其女性在高等教育各方面的数据随着时代的变迁已经有所改观，逐渐呈现出赶超男性的趋势。但要整体上实现超越男性，达到与男性完全平等的状态还有一定的差距。

三 阻力与希望并存：土耳其女性高等教育入学机会公平的影响因素

土耳其自建国以后一直坚持走世俗化道路，但受到传统文化和宗教信仰等因素的影响，女性高等教育入学机会公平仍面对着现实的阻碍。

（一）阻力：社会文化传统对女性高等教育入学公平的影响

在受访的考生和家长中，几乎所有受访者都认为目前的高校考试招生制度并无性别歧视，但受访者也认为存在其他社会因素影响着女性高等教育入学公平，主要包括以下几方面因素：

1. 土耳其传统性别角色观念对女性高等教育专业选择的影响

土耳其传统性别角色观念对女性职业所形成的刻板印象会造成女性高等教育入学机会不公平，这一现象不仅直接反映在高校个别专业的招生要求中[①]，更多集中体现在最小的社会单位——家庭中。土耳其父母会对子女的未来职业规划进行最直接的影响和干预，"医生""律师""工程师"几乎是土耳其所有家长最为推崇的三大黄金职业，对除此以外的其他职业认可度不高。对女性而言，职业局限性更强，女性仅被寄希望于前两个最热门职业，却被排除在最后一个职业之外，这直接影响着女性考生对大学专业的选择。考生 E4 提道："很多家庭会对女孩的专业选择有想法，比如说你是女孩，你就不能成为工程师。"表 5-4 中的数据也印证了这一现象。在传统观念与现代观念的冲击下，在家长的牵制与女儿的反抗中，家庭内部对女性专业选择的博弈在高等教育还未开始之前就爆发了。考生 K6 提到她在选择专业时与父母的"战斗"：

---

① 如2020年卫生科学大学（Sağlık Bilimleri Üniversitesi）的牙科、药学等6个专业均只招收男性。ÖSYM. 2020 Yükseköğretim Kurumları Sınavı（May 18, 2020），https：//dokuman. osym. gov. tr/pdfdokuman/2020/YKS/tkilavuz13082020. pdf. 2020-12-02.

第五章　土耳其高校考试招生制度的公平性及社会影响因素

"因为我的数学类（SAY）分数非常好，我几乎可以选择所有的热门专业。但我在 11 年级时决定选择文数类（EA）科目，因为我想报考金融专业①。我的父母知道后非常生气，他们告诉我，'你应该成为一名律师，女人做金融并不现实'。他们对我的选择完全不理解，我妈妈甚至偷偷跑到学校改了我的选考科目，她说如果你选择文数类，我就不会去你的大学，也不会去参加你的毕业典礼。我几乎每天跟我妈战斗，我不能和她吵架，我只能哭，我哭了太多了，整天晚上都哭，我说，'妈妈，拜托，我不想学法律，我做不到'……最后他们妥协了。"家长们受到传统观念的影响，已经形成了对女性职业的刻板印象，并试图将自身观念凌驾于女儿的选择之上。当两代人的观念出现冲突时，家庭内部"战争"的爆发在所难免。这位以哭为"武器"战胜了父母的女孩，以全国第 66 名的成绩考进了自己的理想专业。可见，传统性别角色观念对女性职业所形成的刻板印象在家庭观念中仍根深蒂固，成为抑制女性获取高等教育权利的障碍，需要女性不断的抗争和努力去改变。

K10 也是一位非常优秀的考生，她同样没有选择热门专业而是选择了自己感兴趣的国际贸易专业："我在考试前三个月告诉父母我要选择文数类（EA）的相关专业时，他们非常震惊。他们一开始说你不应该这样做，这不会适合你，你应该选择更为稳定的职业。后来我解释了我非常想去这所大学和我对所选专业的想法后，他们接受了。"在考前选择什么样的选考科目基本决定了大学的专业和未来的职业发展方向。数学类（SAY）科目对应的专业无疑是最为热门的专业，其次为文数类（EA），最不济的才是人文类（SÖZ）。上一辈人更容易受到固化的职业观念的影响，认为女性的职业选择应该是基于"稳定"的考量，家长要改变观念仍需要一个沟通和理解的过程。

女性考生家长受到传统性别角色观念的影响，在女性报考专业时会向女性传递刻板的职业观念，并迫使女性遵从这些观念。因此，土耳其女性在高校专业选择时，很多都需要面对来自家庭对女性职业期待的压

---

① 土耳其高中从高三开始确定学生大学入学考试中的选考科目和大学报考专业。

力。但是随着社会的进步，越来越多的年轻女性认识到职业领域中并无男、女的区别，她们勇于反抗传统职业观念，充分发挥主观能动性，制定人生目标，并为之奋斗和抗争。同时，随着家长们文化素养的提升，越来越多的家长开始愿意支持女孩们的个人意愿。这些转变是缓慢而充满希望的，需要如 K6 一样不断地抗争和 K10 一样的积极沟通来实现。

2. 土耳其传统家庭结构对女性入学机会公平的影响

受土耳其传统男权观念的影响，女性回归家庭的思想根深蒂固，社会对于女性的期待更多倾向于私人领域而非公共领域。在土耳其的传统社会观念中，女性被认为是属于家庭的而非社会的，女性擅长的领域应该是烹饪、打扫、缝纫等家庭事务。女性在婚前依靠父亲，在婚后依赖丈夫，没有创造家庭经济收入的责任和义务，更没有必要拥有过高的学历。这和土耳其的历史与宗教直接相关，传统宗教认为："妇女教育的首要目标是自身素质的提高，其次才是服务于社会。"[1] 这里的素质是指相夫教子的素质，而非服务于社会和个人社会地位提升的素质。在《圣训》中曾说过："将领导权交给妇女的民族是不会成功的。"[2] 因此，土耳其女性长久以来都被限定在生育角色和母亲角色之中成为家庭主妇，而鲜有社会服务的角色和领导者的角色。从女性主义视角来看，土耳其女性被排除在社会角色之外，不被赋予社会薪酬权利，以致女性不得不完全依附于男性，地位低下。传统男权社会观念的根深蒂固是土耳其女性高等教育发展速度缓慢的重要原因之一。

根据土耳其国家统计局 2011 年的调查数据显示，63.8%的女性在 18—24 岁步入第一次婚姻。2012 年土耳其人口普查数据中显示，80.1%的女性在 34 岁之前已经成为母亲。[3] 2013 年土耳其的一项企业调查中显示，58.7%的女性因为成为家庭主妇而放弃了接受高等教育

---

[1] 秦惠彬主编：《伊斯兰文明》，中国社会科学出版社 1999 年版，第 262 页。
[2] 秦惠彬主编：《伊斯兰文明》，中国社会科学出版社 1999 年版，第 260—261 页。
[3] Türkiye İstatistik Kurumu, *Toplumsal Cinsiyet İstatistikleri*, Ankara: Türkiye İstatistik Kurumu Matbaası, 2014, p.29.

第五章　土耳其高校考试招生制度的公平性及社会影响因素

和就业的机会。[1] 在 2016 年的数据中显示，土耳其 18 岁以下的女性结婚的比例占到了 28.2%，18—24 岁的初婚女性比率为 57.1%[2]。2019 年土耳其国家统计局数据显示，15 岁以上主动未参与就业的人口数量占总人口的 34.8%，其中 39.6% 的主动未就业者是家庭妇女[3]，女性成为主动未就业人口中的主力军。这持续近十年的数据都表明，长久以来土耳其女性都保持着早婚早育的传统，这直接造成她们获得高等教育的机会大幅降低。许多女性在本该接受高等教育的时间里步入了婚姻生活，以家庭为事业，完全放弃了接受高等教育的机会，也放弃了成为社会劳动者的机会。尤其对于农村地区来说，婚育更是成为女性的首要社会职责。即使没有结婚生育，照顾家庭、承担家务、服务家庭中的男性也成为女性的天然职责，是为未来婚育生活的准备。"女孩子在家总是需要帮忙做家务的，男孩子在家就不需要动手。女人又要读书又得照顾家里，我不认为这对于女性参加高考竞争是公平的。"（K14）

受土耳其传统家庭结构观念的影响，女性过早步入婚姻、回归家庭，严重影响着土耳其女性高等教育入学机会公平。

3. 高等教育结果不公平对女性高等教育入学机会公平的影响

数据表明，土耳其女性在高等教育入学机会上与男性不断趋于平衡，但在受高等教育的结果上却显现出了极度的不公平，很大程度上反过来阻碍了土耳其女性高等教育入学机会公平。

同土耳其女性与男性高等教育入学率差距不断缩小形成鲜明对比的是女性就业率的相关数据与男性形成的巨大落差。2015 年，土耳其女性就业率在 OECD 成员国中处于最末位，仅有 34%，而 OECD 成员国女

---

[1] Türkiye İstatistik Kurumu, *Toplumsal Cinsiyet İstatistikleri*, Ankara：Türkiye İstatistik Kurumu Matbaası, 2014, p. 74.

[2] Merkezi Dağıtım Sistemi, "İlk Evlenme Yaşı（%）"（June 30, 2020），https：//biruni.tuik.gov.tr/medas/? kn=109 & locale=tr.

[3] TÜİK, "İşgücüne Dahil Olmayanların Yıllara Göre İşgücüne Dahil Olmama Nedenleri"（August 29, 2020），http：//www.tuik.gov.tr/UstMenu.do? metod=temelist.

性的平均就业率为63.3%。① 根据2016年土耳其高等教育委员会的调查数据显示，虽然当年男、女高等教育入学率差距不大，但毕业生中仅有11.7%为女性，而女性毕业生的劳动力参与率仅占30.3%。② 究其土耳其女性就业率低的原因除受土耳其传统家庭结构的影响外，另一个重要的原因就是女性高等教育结果的不公平，主要体现在女性在职业领域的不公平待遇：其一是职位歧视，女性往往难以进入管理高层；其二是薪酬歧视，女性难以与男性同工同酬。

首先从官僚机构高级管理人员的比例来看，2017年土耳其女性在官僚机构高级管理人员中仅占9.8%，男性占90.2%。③ 2017年土耳其高等教育委员会公布的科研人员数据中，男性为85134人（占比56%），女性为67019人（占比44%）。在大学教师的职称构成中，女性讲师占43.7%，女性助理教授占41.7%，女性副教授占37.2%，女性教授占30.8%。④ 职称层次越高，女性越少，呈现递减趋势。通过土耳其高等教育科研机构人员性别比例、大学教师职称性别比例及官僚机构管理人员的性别比例可以看出，土耳其社会是男性话语权社会，尤其是在行政权力方面，两性差距悬殊。虽然女性主义认为，女性与男性具有同等的能力，所有的领域都应该向女性开放，但是土耳其距这一目标的实现尚有很大的距离。

其次从女性的薪酬情况来看，在工作岗位中同等教育水平的男性和女性，女性获得的酬劳更少。根据土耳其国家统计局的统计数据显示，2018年土耳其人均年收入为49001土耳其里拉，其中男性年均收入为

---

① McKingsey & Company, "Women Mater Turkey 2016" (March 1, 2017), https://tusiad.org/tr/yayinlar/raporlar/item/9643-women-matter-turkey-2016-report-turkey-s-potential-for-the-future-women-in-business.

② İstanbul Ticaret Üniversitesi, "Kadınların Mesleki Eğitimi ve Kadın İstihdamı Sempozyumu" (December 13, 2017), https://ww4.ticaret.edu.tr/kadinveaile/2017/12/13/kadinlarin-meslekiegitimi-ve-kadin-istihdami-sempozyumu/.

③ M. A. Yekta Saraç, "Women in Academia. Council Of Hiher Education" (April 8, 2017), http://www.yok.gov.tr/en/web/cohe/detail.

④ Yükseköğretim Bilgi Yönetim Sistemi, "Table 10 Number of Teaching Staff by Academic Title" (August 29, 2020), https://istatistik.yok.gov.tr.

50297土耳其里拉，女性年均收入为46208土耳其里拉，女性收入低于男性。此外，土耳其受过高等教育的劳动力年均收入为66786土耳其里拉，其中男性的年均总收入为73095土耳其里拉，女性为58754土耳其里拉，两者差距悬殊。[①] 高学历意味着高收入，这是女性接受高等教育的直接影响因素，然而女性即使接受过高等教育收入却低于男性，这严重打击了女性接受高等教育的积极性，也反映出土耳其社会女性地位低于男性的现实。

最后从土耳其女性高等教育的结果来看，既存在着职位发展上的机会不均等，也存在着严重的同工不同酬现象，高等教育结果的不公平反过来影响了高等教育的起点公平。只有当女性实现高等教育结果公平之时，才可能鼓励更多女性接受高等教育，实现女性高等教育的起点公平。

(二) 希望：女性的觉醒与抗争

有阻力就有希望，土耳其女性在面对传统社会观念与宗教思想阻碍女性高等教育入学机会公平的同时，一代又一代女性思想的进步和社会地位的提升，也为女性获取公平的高等教育机会带来了希望。

相对于土耳其农村女性而言，城市女性相对幸运，尤其经过了几代人的努力，越来越多的女性家长力图改变自己曾经历过的传统人生，给女儿争取接受高等教育的机会。受访农村家长M2将四个女儿都培养成了名牌大学的大学生："在我们那个时代，情况有所不同，女孩读书的不多。我已经完成了中学教育，但我没有机会参加大学入学考试，如果可以的话，我很想参加。我家有五个兄弟，我的兄弟们都考进了伊斯坦布尔大学、中东技术大学等名牌大学。但我的父亲不希望我上大学，他希望我照顾家里。家人完全不认为女性应该接受高等教育，也不相信女性可以得到很好的工作。我是家里唯一被剩下的人。因此，我很高兴我的孩子们可以去读书，我经常告诉她们'请尽全力去学习'，而且我希

---

① TÜİK, "Kazanç Yapısı Araştırması, 2018" (December 24, 2019), http://www.tuik.gov.tr/PreHaberBultenleri.do? id=30580.

望她们读到最后（更高的学历）。我的四个孩子准备考大学的时间都不同，所以我坚持了很多年支持她们备考。为了帮助她们进入更好的高中，我们甚至从家乡搬到了首都，在'考试年'我们也不再接受亲朋好友上门拜访，我们尽力帮助了孩子们，一切都不容易。好在她们非常努力……我的大女儿结婚很早，现在她一边照顾宝宝一边继续读大学，如果女婿连这个也没有办法支持，那我会一早反对他们在一起。"M2受到传统家庭观念的影响，过早承担起家庭主妇的职责，成为家庭同辈中唯一失去接受高等教育机会的人。为了弥补自己的遗憾，不让女儿们重蹈覆辙，M2倾尽全力创造条件支持女儿们接受高等教育：为了帮助女儿们获取优质的教育资源，M2不仅从农村搬到城市，也在每个女儿的备考期间切断了亲友往来，这在土耳其的人情社会里是极大的牺牲。经过努力，M2最终将女儿们都送进了大学，完成了她们与自己的梦想。M2的经历充分反映出土耳其两代女性社会地位的变迁和观念的改变。曾无力抗争男权社会的上一代女性失去了接受高等教育的机会，当她成长为家长时，不再将传统观念灌输给下一代，而是创造机会和条件支持下一代女性可以接受高等教育。

年轻一代即将接受和正在接受高等教育的女性对传统社会观念的抗争就更为明显。在受访的20位女性考生中，有9人计划在完成大学学业后继续深造获取更高学历，7人表示会在大学毕业后找一份理想工作，4人尚不确定未来计划。但20位受访女性中没有一人将婚姻放在首位作为未来生活的唯一选择，绝大多数受访女性都表示："是否结婚取决于个人的选择，我觉得我可能不会很早结婚。"（K2）"在我实现了我的梦想后，也许我才会开始考虑结婚的问题。"（K6）"我目前并不想结婚。我想大学毕业找到工作后再学习一个专业（硕士），我结婚的前提是我们互相支持。"（K7）当问到对"土耳其传统社会观念中女性都不工作，在家做家庭主妇"的看法时，受访考生几乎持同样的观点："我觉得上一代人是这样的观念，我们这一代人，即使男性也不会这么想。女性需要工作，也需要自立。"（K4）"我们现在的女孩得和男孩一样去工作，我想没有人不希望去上大学的，家庭生活已经不再是女性的重心了。"（K13）"我的母亲以及更早的土耳其女性，她们的职业就是家庭妇女，这是被社会认定的。但我们这一代不再这样了，尤其是城市的女性，工作是首选，最不好的选择才是结婚生孩子。"（K11）

新一代土耳其女性大多数将未来的人生规划定位于继续接受高等教育和步入职场，不再将婚姻和家庭摆在人生的首位，仅将其视为可选择的人生道路之一。随着时代的变迁和高等教育的普及，土耳其女性的观念产生了巨大的转变，以往以家庭为唯一事业的传统观念被实现自我价值的人生目标所替代。

T1作为一名从教十余年的高中教师，对女性接受高等教育的现状持乐观态度："从教育者的角度来看，我真的认为土耳其家庭正在为女孩的教育而努力。与过去相比，女性受教育的程度更高，她们的职业生活也更为丰富。在我们学校，女孩比男孩更认真地对待考试和上学，我的班里考上大学的孩子们，女孩并不比男孩差。"大学教授P1也有同样的感受："我印象最深的是2014年我去工程学院上课，我走进教室的瞬间还以后自己走错了，我退出来对照了门口的课表，但确实没错。当时教室里有50个人，其中有20多个女孩。我这才意识到我固有的观念应该改变了，这已经不是过去，越来越多的女孩可以成为工程师。"教师们都不约而同地提到了"过去"，对照了"现在"，从他们的视角看来，越来越多的女性已经挣脱了传统社会角色的桎梏，积极追求着高等教育和职业生活，而这样的情景在土耳其越来越普遍和乐观，充满希望。

在现代化社会的冲击下，土耳其女性以家庭为中心的传统经过几代人的努力已经有所改变，那些阻碍着女性接受高等教育的社会因素也在慢慢被女性的奋斗和觉醒削弱。但在农村地区和不发达地区，传统女性观仍然顽固存在，"这个国家的农村家庭，并不是非常支持他们的女孩子，他们更在乎男孩。那里有许多女孩不能去大学读书。感谢上帝，这不是一个普遍的现象，只是在非常偏远的农村"（K5）。要扭转落后农村地区、偏远地区对女性接受高等教育的思想桎梏，逐渐改变根深蒂固的传统观念还需要土耳其几代人的不懈努力以及社会环境的持续改善。

总之，作为社会现代化发展的寒暑表，女性高等教育的发展情况极大地反映出社会进步的程度。[①] 高等教育入学公平不仅受到高校考试招生制度本身的影响，也受到社会、经济、文化等综合社会因素的影响。土耳其是一个穆斯林人口占全国总人口绝大多数的国家，虽然自建国以来一直坚持走世俗化道路，女性地位不断提升，女性高等教育的入学机会公平水平也在不断提高，但是传统的社会观念依然存在，并深刻影响着土耳其女性高等教育的入学机会公平。在土耳其女性高等教育入学数据逐渐与男性趋于平衡的今天，要实现高等教育"女多于男"仍有需要努力的空间。但可喜的是，从土耳其逐年增长的女性高等教育数据来看，土耳其女性对高等教育的追求是积极而乐观的，前景充满希望。

第三节　中等教育因素对高校考试招生制度公平的影响

土耳其国家考试招生机构管理人员 P1 认为："全国高校统一考试招生制度本身并不存在不公平的问题，这些看似是考试制度存在的不公平问题大多源于社会，比如教育系统、社会经济和政治制度等。在教育系统中，最为明显的不公平问题存在于中等教育，它直接导致全国高校统一考试结果的不公平。"土耳其高校考试招生制度在提供给所有考生公平的高校入学机会的同时，却受到来自土耳其教育制度的多重影响，其中最为直接的影响因素是中等教育。中等教育与全国高校统一考试招生制度之间的联系最为紧密，它在深刻影响着高校入学考试结果公平的同时也受到高校考试招生制度的影响和牵制。本节以土耳其教育制度中的中等教育为切入点，以期考察土耳其教育制度对高校考试招生制度公平的影响。

土耳其的高校入学竞争可以说从高中过渡考试（Liselere Geçiş Sis-

[①] 潘懋元：《女子高等教育——文化变迁的寒暑表》，《集美大学学报》2001 年第 9 期。

temi，LGS）就已经开始了，不同类型高中的培养目标定位不同、开设的课程体系不同，占有的教育资源也颇有差距，这些因素决定了不同类型高中的毕业生未来发展的道路也必将不同，这迫使学生们在参加高中选拔考试时就需要明确自己短至全国高校统一考试、长至一生的发展方向。

一 高中过渡考试招生制度（LGS）概要

土耳其高中过渡考试同样是全国统一考试。在过去的十年间，高中过渡考试制度曾经历过五次改革，分别是：高中入学考试（Liselere Giriş Sınavı，LGS）、中学教育机构选拔和入学考试（Ortaöğretim Kurumları Seçme ve Yerleştirme Sınavı，OKS）、三阶段入学考试（Seviye Belirleme Sınavları，SBS）、单阶段入学考试（Seviye Belirleme Sınavları）以及基础教育向中等教育过渡考试（Temel Eğitimden Ortaöğretime Geçiş Sistemi，TEOG）。目前的高中过渡考试制度（LGS）自2017年开始实施，其前身是2013年开始实施的基础教育向中等教育过渡制度。限于篇幅，本节仅介绍最新的高中过渡考试招生制度。

土耳其高中过渡考试由土耳其国家教育部下属的"计量，评估和考试服务总局"负责实施，招生和录取工作则由土耳其国家教育部以及省、区教育局协同负责。

（一）报考要求

由于土耳其高中教育属于义务教育阶段，因此不存在通过考试淘汰考生的问题，中学过渡考试的目的在于将优秀的学生选拔到更好的高中。目前的高中过渡考试制度采取自愿报名原则，考生可以自愿选择参加考试或不参加考试。由于考生尚未成年，因此考试申请由家长负责提出。不论是否申请考试，考生报考高中首先遵循就近原则，如果考生申请报考的学校位于居住省以外的其他省份，则需要说明原因（转学、住所变更、季节性工作、外国人、基于工作任命而产生的住所变更等），由地方考试委员会评估后决定是否允许参加全国统一考试。

（二）考试内容

土耳其高中过渡考试在 8 年级（初中第 4 年）结束时举行。考试内容一般根据 8 年级第一学期的课程范围制定。考试分为上午场和下午场。考试科目包括 6 门基础课程，分别为：土耳其语、数学、科学、土耳其革命史和凯尔姆主义、外语（英语）、宗教文化和道德知识。如果考生来自伊玛目宗教高中则可免考宗教文化和道德知识，考试时长也调整为 65 分钟。如果考生来自含 1 年外语预科课程的 5 年制普通高中（一般为社会科学高中）则免考外语，考试时长同样调整为 65 分钟。

表 5-5　　　　　　　　2020 年土耳其高中过渡考试安排①

考试场次	考试时间	考试科目	考试题量	考试时长
第一场	2020 年 6 月 20 日 上午 9：30—10：45	土耳其语、土耳其革命史和凯尔姆主义、宗教文化和道德知识、外语（英语）	50 题	75 分钟
第二场	2020 年 6 月 20 日 上午 11：30—11：50	数学、科学	40 题	80 分钟

（二）计分办法

土耳其高中过渡考试的题型仍是选择题，考生分数的计算步骤如下：

1. 单科考试科目的原始分：从该考试的正确答案数量中减去错误答案数量的三分之一后计算。

2. 单科考试科目的平均值：该科目原始分的总分除以参加考试的学生数。

3. 单科考试科目的标准差：使用原始分、平均值和参加考试的学生人数计算。

---

① T. C. Milli Eğitim Bakanlığı, "Sınavla Öğrenci Alacak Ortaöğretim Kurumlarına İlişkin Merkez Sınav Başvuru ve Uygulama Kılavuzu" (July 6, 2020), http://www.meb.gov.tr/meb_iys_dosyalar/2020_04/03154129_basvuru_ve_uygulama_kilavuzu_2020.pdf.

第五章 土耳其高校考试招生制度的公平性及社会影响因素

4. 单科考试科目的标准分（SP）：通过该科目的平均值和标准差获得。然后进行转换：将所有学生的原始分数平均值提高到 50，将标准差提高到 10。

5. 单科考试科目的加权标准分：单科考试科目标准分乘以表 5-6 中的权重系数。

6. 总加权标准分（TASP）：各项单科考试科目的加权标准分相加。

表 5-6　　　　　　　高中过渡考试科目加权赋分[①]

科目	权重
土耳其语	4
数学	4
科学	4
土耳其革命史和凯尔姆主义	1
宗教文化和道德知识	1
外语（英语）	1

（三）招生及录取办法

由于是自愿参加考试，因此在招生录取中分为参加考试和不参加考试两种情况。

1. 不参加全国统一考试学生的录取办法

不参加全国统考的学生可以直接填报两类高中：一类是"接受本地就读的高中"；一类是"带宿舍的高中"。学生在填报志愿时可以从指定的 5 所本地高中里选报 3 所。录取时将根据三个标准统一录取：（1）家庭住址（就近原则）；（2）初中学业成绩及出勤情况（从高向低排名）；（3）所填报高中类型、招生名额等情况（根据名额依次录取）。

---

① T. C. Milli Eğitim Bakanlığı, "Sınavla Öğrenci Alacak Ortaöğretim Kurumlarına İlişkin Merkez Sınav Başvuru ve Uygulama Kılavuzu"（July 6, 2020）, http：//www.meb.gov.tr/meb_iys_dosyalar/2020_04/03154129_basvuru_ve_uygulama_kilavuzu_2020.pdf.

如出现学生排名相同且高中招生名额有限的情况时,将根据学生 6—8 年级的年终考试成绩和出勤情况进行再排名,胜出者可优先录取。也就是说,未参加考试的学生将根据就近原则及初中阶段的考试成绩作为录取依据。

2. 参加全国统一考试学生的录取办法

参加统考的学生比不参加统考的学生可以多填报一类高中:"接受参加中央考试考生的高中"。占有较好的教育资源,在区域内名列前茅的高中往往都在此类高中之列,学生需要通过全国统考竞争入学,放弃参加统考的学生也就意味着放弃了进入名校的机会。考生一共可填报 15 所志愿高中,包括 5 所"接受参加中央考试考生的高中"、5 所"带宿舍的高中"以及 5 所"接受本地就读的高中"。

参加统考的考生将根据统考成绩及初中学业成绩综合排名,之后根据高中的招生名额从高往低依次录取。如出现名次相同且名额有限的情况,则根据考生 6—8 年级的年终考试成绩和出勤情况进行再排名,胜出者可被录取。如还有同分者,年龄较小者享有优先录取权。

带宿舍的高中一般是家庭住址位于偏远地区和农村地区学生的首选。如不能获得住宿权,这部分学生就需要在外租房或每天奔波于学校和家庭之间,极为不便。因此,名校中带宿舍的学校往往竞争更为激烈。

此外,土耳其高中过渡考试的成绩不仅用于公立高中的学生选拔,同样适用于私立高中的学生选拔。相较公立高中而言,私立高中在招生程序上更具优势,私立高中可以先于公立高中一个月划定录取分数线,对学生进行提前录取,优先吸引一批优质生源。已被私立高中录取的学生不得再参加公立高中的录取程序。

虽然高中过渡考试强调就近入学,但有一定经济条件的家庭都会为了孩子获得更好的高中教育资源而迁移至报考高中地区。因此,土耳其学生自高中起就开始面对竞争性考试,为了争取最佳高中教育资源与同区域甚至是全国的学生激烈竞争。

二 不同类型高中的大学入学竞争力差异

2000 年以前,土耳其高中类型繁杂,多达 79 种。2000 年以后,政府对高中类别进行了重新归类和清理。① 总体上土耳其中等教育机构分为普通高中、职业高中和宗教高中三大类（详见第一章第一节）。学生参加高中过渡考试最重要的不仅仅是选择好的高中，还在于选择能够为全国高校统一考试选考科目提供教学优势的高中。因为各类高中设置的课程不同，教学目标不同，这就决定了学生所选择的高中在教学内容上要与全国高校统一考试及大学报考的专业正相关。从表 5-1 可以看出，4 类学术高中在课程设置、升学能力和人才培养目标上均有所差异：安那托利亚高中文、理课程分布均衡，可以满足各类学生的升学需求；科学高中和社会科学高中可以满足少数文科或理科学习目标明确且更为优秀的学生的求学需求；伊玛目高中以宗教类求职和升学为人才培养目标；职业高中作为非学术类高中更倾向于满足学生的就业需求。

总体看来，土耳其全国高校统一考试中对不同科目的加权赋分办法，深刻影响着土耳其各类高中的发展。2020 年土耳其共有 1856 所"接受中央考试考生的高中"，共设置招生名额 213123 个，相较 2019 年的 139120 个招生名额增加了 53%。其中各类高中的招生名额分别是：安那托利亚高中 71494 个，科学高中 46710 个，社会科学高中 12846 个，安那托利亚伊玛目高中 42008 个，安那托利亚职业技术高中 40070 个。② 从各类高中的招生规模可以看出：文、理科课程开设较为均衡的安那托利亚高中发展最为蓬勃，其次是在全国高校统一考试中占据选考科目加权赋分优势的科学高中，以文科科目教学为主的社会科学高中相对处于劣势。

---

① Zafer Çelik, "Ortaöğretime ve Yükseköğretime Geçiş Sınavlarının Kıskacında Ortaöğretim Sistemi", in Gümüş and Arife, eds. Tükiye, de Eğitim Politikaları, Ankara: Nobel Yayınları, 2015, p. 273-298.

② Başarı sıralamaları, "MEB, 2020 LGS ile Öğrenci Alacak Lise ve Kontenjanları Açıkladı" (April 11, 2020), https://www.basarisiralamalari.com/meb-2020-lgs-ile-ogrenci-alacak-lise-ve-kontenjanlari-aciklad/.; Pervin Kaplan, "Yarım Milyon Öğrenci İmam Hatip Lisesinde Okuyor" (November 8, 2018), http://www.pervinkaplan.com/detay/yarim-milyon-ogrenci-imam-hatip-lisesinde-okuyor/5893.

表 5-7　　　　　　　2018 年土耳其各类高中数据信息　　　　（单位：个）①

高中类型	高中数量	开设课程数量	教师数量	学生数量	宿舍数量	宿舍可容纳学生数量
安那托利亚高中	2577	52441	91265	1533640	614	108173
科学高中	310	5338	7805	125431	288	63560
社会科学高中	89	1654	2437	40425	75	15883
安那托利亚伊玛目高中	1607	/	44952	504327	/	/
安那托利亚职业技术高中	3792	/	134870	1405890	/	/

注："/"表示数据缺失。

从表 5-7 可以更为直观地看出各类高中在土耳其的发展现状，安那托利亚高中、科学高中、社会科学高中和伊玛目高中作为学术类高中以升学为主要目标，在 5 大类型的高中中占比 54.7%。职业类高中旨在为学生提供职业技能培训教育，占比 45.3%。在学生培养的数量上，前 4 类高中培养的学生人数占到高中生总体人数的 61.1%。由此可见，以升学为目标的高中仍是土耳其高中建设的重点。并且在职业高中中也不乏以继续升学为目标的学生（见图 5-7），因此，继续升学是土耳其大多数高中生的选择。

图 5-7 囊括了 2015 年至 2019 年土耳其各类公立高中全国高校统一考试申请人数的变化情况②。总体看来，所有类型公立高中的全国高校统一考试申请人数都呈现出逐年递增的趋势，其中社会科学高中的增长速度最为迅速，5 年间全国高校统一考试的申请人数增长了 2.46 倍；其次是科学高中，5 年间增长了 1.53 倍；再次是安那托利亚高中，5 年

---

① MEB, "Okul Tanıtım Bilgileri"（December 12, 2018）, http://ogm.meb.gov.tr/www/icerik_goruntule.php?KNO=657.
② 其中 2015—2017 年职业高中数据缺失。

第五章　土耳其高校考试招生制度的公平性及社会影响因素

间增长了 1.17 倍。而在所有类型的高中里，职业高中申请全国高校统一考试的人数最多，2018 年占申请总人数的 51.3%，2019 年占申请总人数的 48.7%。其次是安那托利亚高中，2018 年占申请总人数的 32.4%，2019 年占申请总人数的 35.2%。可见随着时间的推移，各类高中学生的高等教育需求都有增无减，大学入学竞争愈发激烈。

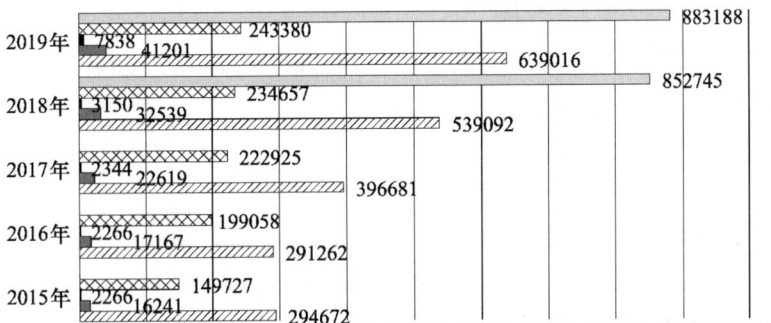

图 5-5　2015—2019 年公立高中全国高校统一考试申请人数（单位：个）①

从 2015 年至 2019 年学术类公立高中的高校录取人数情况来看（见图 5-6），安那托利亚高中一直居于各类高中的高校录取人数之首，其次是安那托利亚伊玛目高中，社会科学高中居于末位。但由于各类高中学生基数的差异，录取人数并不能完全反映各类高中的升学能力，还需要进一步考察各类高中的升学率。

从各类高中本科高校的录取率来看（见图 5-7），基本上所有的公立高中本科高校的录取率均呈现出逐年下降的趋势，仅职业高中呈现出上升趋势。在所有类型的公立高中中，社会科学高中虽然录取人数居于末位，但录取率却是最高的，一直保持在 50% 以上，在 2015 年更是达到了 67.7% 的高录取率，可见虽然社会科学高中规模小，升学率却非常

---

① Pervin Kaplan, "Liselerde Ne Oluyor? Başarı Oranları Her Yıl Düşüyor" (August 7, 2019), http://www.pervinkaplan.com/detay/liselerde-ne-oluyor-basari-oranlari-her-yil-dusuyor/8271.

高；其次是科学高中，虽然在2019年本科生录取率降到了50%以下，但是录取率仍仅次于社会科学高中成为全国最高；职业高中虽然呈现出录取率上升的趋势，但在全国所有类型的公立高中中仍是本科录取率最低的，排在末位，这与职业高中的人才培养定位直接相关。

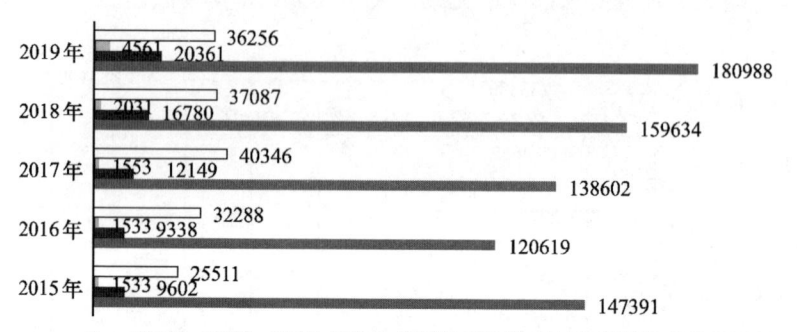

图5-6 2015—2019年各类公立高中高校录取人数（单位：个）①

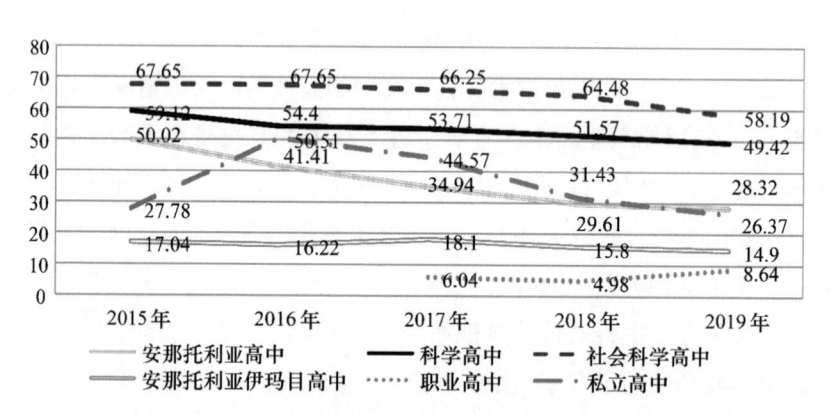

图5-7 2015—2019年各类高中本科高校录取率（单位:%）②

---

① Pervin Kaplan, "Liselerde Ne Oluyor? Başarı Oranları Her Yıl Düşüyor" (August 7, 2019), http://www.pervinkaplan.com/detay/liselerde-ne-oluyor-basari-oranlari-her-yil-dusuyor/8271.

② Pervin Kaplan, "Liselerde Ne Oluyor? Başarı Oranları Her Yıl Düşüyor" (August 7, 2019), http://www.pervinkaplan.com/detay/liselerde-ne-oluyor-basari-oranlari-her-yil-dusuyor/8271.

第五章 土耳其高校考试招生制度的公平性及社会影响因素

除土耳其公立高中外，私立高中近5年的数据如图5-8所示。近5年，土耳其私立高中与公立高中一样，申请参加全国高校统一考试的人数呈现出逐年递增的趋势，但录取人数却在逐年递减。私立高中的本科录取率曾在2016年达到峰值50.51%，此后逐渐下降，至2019年其录取率仅排到伊玛目宗教高中和职业高中之前，为26.37%。但就各类高中的大学总体录取率而言，私立高中的录取率对学生仍具有很大的吸引力，但私立高中高昂的学费也将很多家庭经济条件一般的学子拒之门外。

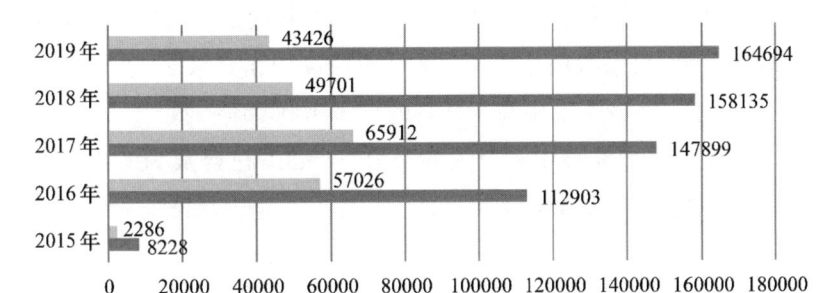

图 5-8 2015—2019 年私立高中全国高校统一考试申请人数与录取人数①

总体而言，从近五年来土耳其各类高中的全国高校统一考试的报考情况及录取情况来看，由于人才培养目标、课程设置、教学资源分配等的差异性，各类高中的高校入学竞争力也存在差距。社会科学高中和科学高中在升学率上显现出最为显著的竞争优势，其次是学科综合性较强的安那托利亚高中和专注全国高校统一考试的私立高中。可见学术类高中是本科高校人才输送的主力军。

---

① Pervin Kaplan, "Liselerde Ne Oluyor? Başarı Oranları Her Yıl Düşüyor"（August 7, 2019），http://www.pervinkaplan.com/detay/liselerde-ne-oluyor-basari-oranlari-her-yil-dusuyor/8271.; Kamudan Haber, "Lise Türlerine Göre Öğrencilerin Üniversiteye Yerleşme İstatistikleri"（August 12, 2019），https://www.kamudanhaber.net/guncel/lise-turlerine-gore-ogrencilerin-universiteye-yerlesme-istatistikleri-h405824.html.

不同类型的高中决定了教育资源在不同高中的分配差异，高中教育资源分配的不均衡决定了学生高等教育入学机会的不均等。面对不同类型、层次的高中，土耳其的学生在初中阶段就需要为未来做好打算，尽早考虑选择怎样的高中、选择怎样的人生。

三 失衡的中等教育

从学生的高中择校观和高中的教育现状可以一定程度反映出土耳其中等教育不均衡发展的情况。本研究访谈的33位考生中，有4人曾就读于科学高中、1人来自社会科学高中、2人来自私立高中、1人来自安那托利亚伊玛目宗教高中、3人来自职业高中，其余22人均来自安那托利亚高中，与各类高中在土耳其的总体比例基本一致。

"考上大学主要靠高中和个人的努力"（K3）已经成为考生们的共识，高中的教育教学质量直接决定着学生能否在全国高校统一考试中具备竞争优势。

（一）择校的原因与"无可选择"

在土耳其，选择什么样的高中基本决定了学生的大学专业选择和未来的职业发展方向。因此，选择一所"好的"且"适合"的高中可以说是土耳其人一生中的第一场重要抉择。受访者在回应高中择校的原因时，主要可分为以下几类：个人兴趣和擅长学科领域、高中教育资源、奖学金政策、就近原则等。其中"就近原则"成为家庭经济资本限制下大多数学生的择校原因。

1. 个人兴趣爱好和擅长学科领域

考生K1所持观点与许多受访考生一致，兴趣爱好和擅长的学科领域成为考生们在高中择校时的重要原因之一："我的成绩不错，在高中择校时我有很多选择。但是我喜欢社会科学学科，我想到了大学也读社会科学的相关专业，未来也想从事相关的工作，所以我选择了社会科学高中。我相信这类高中与我的人生规划是契合的。"由于人文类科目在土耳其大学入学考试中并不占优势，因此社会科学高中的数量也在逐年减少，但这并不影响对社会科学学科感兴趣且已经明确了未来发展方向的学生选择此类偏向文科教育但升学率较高的高中。

学生 E5 在高中学习了 3 年才明确了自身的学科兴趣和未来的发展方向，之后毅然从科学高中转入了安那托利亚高中："我在高中第三年从科学高中转到了安那托利亚高中。因为我发现我不喜欢科学科目，我更喜欢社会科学学科。我觉得初中时候的选择还不够清醒，当我明白了我喜欢什么学科领域的时候，立刻转了学。"在初中时期就能够明确自身未来发展方向的学生是幸运的，但能够在高中及时发现自己的学习兴趣和擅长学科领域同样幸运，转学为学生们对高中进行再选择提供了机会。

个人的学习兴趣、对未来大学专业以及职业发展方向的规划，成为学生们选择高中时的首要原因。能够进入一所专业对口的高中，接受系统的学科知识学习，为全国高校统一考试做好准备，是学生高中择校的主要动因。

2. 优质的教育资源

此外，学校的教育资源占有情况也成为学生们在高中择校时的重要考虑因素。在学生和家长眼中，高中教育资源的占有情况可以从三个方面直观评判：升学率、师资和师生比。

在土耳其也有"抓得住耗子就是好猫"的说法，不论高中类型如何、教育方法如何，高中的升学率决定了一切。"升学率"成为高中教育资源是否充沛的最直观体现，是考生们在高中择校时的重要影响因素。考生 K10 是少数从私立高中转到公立高中的学生："我到这所高中之前一直在一所私立高中读书，我是转学过来的。我现在的高中升学率更高，老师的教育方法更适合我，我的考试能力也提升了，这就是成功。"考生和家长眼中评判高中优劣的标准就是高中的升学率，升学率是高中的金字招牌。升学率高的高中自然占有更优质的教育资源，能给学生带来更好的学习方法，提升学生的自信心，为学生考入大学保驾护航。能进入高升学率的高中，无疑是择校时的最优选择。

考生 K2 基于教育资源考虑，从一所较好的科学高中转到了私立高中："我最初考进了科学高中，在高四的时候转到了私立高中，因为科学高中没有足够的教育资源。私立高中可以提供专业对口的一对一辅导和更好的师资，教育资源更充沛。"更好的师资和小班化的教育服务，使得私立高中虽学费高昂却极受欢迎。

但也不是所有的考生都可以不考虑学校性质，以教育资源占有情况为优先择校因素的。由于私立高中学费高昂，这使得免费的公立高中仍是大多数土耳其家庭的选择，考入好的公立高中同样可以享有最好的教育资源，只是需要面对激烈的竞争，其竞争激烈程度丝毫不亚于全国高校统一考试。考生 K5 分享了她考入重点高中的心得："我从初中起就明白了考试和竞争的重要性。如果你想要去非常好的高中，你就需要从初中开始坚持每天学习，而不是等到最后一年才学习。"为了争取进入优质高中，如 K5 一样自初中起就有了竞争意识的学生不在少数，通过学习和考试可以占有最优质的高中教育资源成为大多数土耳其学生自初中起就明白的道理。

3. 丰厚的奖学金

在土耳其，相较于免除学费的公立高中，私立高中的收费十分高昂，年均学费普遍在 6 万土耳其里拉左右，远远超过了土耳其普通家庭的年收入水平。① 为了提升私立高中的升学率，利用丰厚的奖学金吸引优质生源是私立高中的普遍做法。是否可以获得奖学金成为优秀的考生们在高中择校时的又一重要影响因素。

K4 的中考成绩完全可以选择当地最好的公立高中，但是她毅然选择了一所私立高中："我当时可以选择的学校很多，但是我去了一所私立科学高中。我不需要交学费，因为我入学时的分数非常高，所以拿到了全额奖学金。这相较于去公立高中，感觉是胜出了。"

能够进入好的私立高中且持有全额奖学金，等于为家庭节省了一大笔不菲的开销，无疑比考入公立高中更像人生赢家。

4. 家庭经济资本限制下的"无可选择"

---

① Yeşim Kirman, "2020–2021 Özel Okulların Ücretleri" (February 20, 2020), https://yesimkirman.com/2020/02/20/2020-2021-ozel-okullarin-ucretleri/.

第五章 土耳其高校考试招生制度的公平性及社会影响因素

考生在择校时,除自身成绩、兴趣、能力等内在因素外,也受到来自家庭、学校、社会等多重外在因素的影响,而家庭资本在考生获取教育资源的众多因素中发挥着最为主要的作用。根据布迪厄的理论,家庭资本可以再细分为三个层次:经济资本、文化资本和社会资本[①]。其中,经济资本无疑是影响考生获取教育资源最为直接且重要的因素。

在土耳其,学生要实现高中择校自由,一般需要在三个条件中满足其一:一是居住在大城市或中等城市,才可能有足够多的高中可供选择;二是具备良好的家庭经济基础,即使家庭地处农村或偏远地区也可以支持学生在择校时举家搬迁;三是学生自身学习成绩优异,才有可能享有自由择校权,甚至享受全额奖学金。然而大多数学生并不具备这些优势,他们受到地理因素和家庭经济资本的限制——家庭所在地既没有可供选择的众多高中,家庭经济条件也不允许离开本地就学。因此,"就近入学"成为他们唯一的择校原因。

来自农村的 E10 很清楚城乡学校、公私立学校的差距,但家庭的经济情况决定了他的选择只能是"就近入学",进入高中后的大学备考基本靠自身的努力而不是高中的教育。"大城市的高中肯定比小城市好,城市的肯定比农村的好,私立的肯定比公立的好。好的高中尤其是私立高中,他们有钱请最好的老师,农村的高中只有政府指派过来的老师,好的老师怎么愿意来呢?所以你看一看各个高中的大学录取率就知道了。我表妹住在城市,我在农村,一上高中差距就拉开了。高一他们学校就带他们去最好的大学参观,高二开始给他们发学校出的备考参考书。我每天拼命自学的时候,他们在老师的指导下没日没夜地复习和考试,这些在农村的学校是绝对不可能的。"城市和农村的高中教育资源差距显著,优质的高中只集中在大城市里,没有太多择校权的农村学生只能选择最近的高中,之后靠自己的努力准备升学考试。

E13 与 E10 有着相同的经历:"我们要进入高中也需要统一考试,

---

① [法]皮埃尔·布迪厄:《文化资本与社会炼金术——布尔迪厄访谈录》,包亚明译,上海人民出版社 1997 年版,第 192 页。

通过竞争的方式进入高中。首先高中分为公立和私立。私立高中确实非常好，但也非常贵。相比之下，能进入免费的公立高中对普通家庭来说是件非常不错的事。尤其是农村的孩子，因为家庭原因，主要是钱的原因，我们往往不能去最好的地方上高中。为了方便，我们一般选择离家近的高中。我们无可选择。"农村孩子的家庭地理位置和家庭经济条件基本决定了他们没有过多的高中择校权，就近入学保证不失学就是最好的结果。高中的教育质量如何、教育资源占有情况如何等基本不在考虑范围内。

F5是三个孩子的父亲，三个孩子最终都考上了大学，这个过程持续了10余年，他觉得孩子们在高等教育求学道路上最大的阻碍还是农村教育资源匮乏的现实："农村的教育系统逐渐凋敝，村里的人越来越少，教育机构也越来越少[①]。因为我们在农村，就得面对着上下学的诸多困难，在某些村子你得走出30—40公里才能送孩子到高中去，到了冬天就更为艰难。我希望未来看到农村有更多的学校，更为完善的教育设备。"F5身处农村，因为村里没有高中，不得不送孩子到30公里外的城市去上学，加之土耳其农村的公共交通系统极不发达，这无疑使得农村孩子的求学之路雪上加霜。农村中等教育资源的严重匮乏成为农村孩子参与高校入学竞争的最大阻力。

如果生在农村，想要获取更多的教育资源就需要依靠家庭经济资本改变命运，拥有充裕家庭经济资本的家庭有多种方式扭转子女无法占有优质中等教育资源的现状：要么将孩子送到私立高中寄宿，要么举家搬迁到大城市去。但是土耳其的普通家庭，尤其是农村家庭的收入较低，加之在土耳其基本都是多子女家庭[②]，更无力承担起多份教育投入，要凭借家庭经济资本扭转教育资源匮乏现状的可能性微乎其微。

---

① 土耳其各类学校的数量根据当地人口数量比例决定，人口越少，学校越少。
② Türkiye İstatistik Kurumu, "Dünya Nüfus Günü, 2018" (July 6, 2018), http://www.tuik.gov.tr/PreHaberBultenleri.do?id=27589&utm_source=feedburner&utm_medium=feed&utm_campaign=Feed%3A+tuikbulten+%28T%C3%9C%C4%B0K-Haber+B%C3%BCltenleri+%28Son+1+Ay%29%29.

家庭经济资本的有限性增强了来自这些家庭的子女在面对中等教育资源分配不均时的无力感，T3 举了一个例子："来自土耳其不同地区的学生参加同一个考试。比如，伊斯坦布尔重点高中的学生和在凡县（Van）居住在 50—100 人的村庄里的学生面对同样的考试。来自乡村的学生回家后要么帮助父亲做农活，要么放牧。但是重点高中的学生放学后会去参加补习班或上芭蕾舞课。这两个学生在参加同一个考试时能有多大的概率站在同一个水平线上呢？更不用说入学机会均等的问题了。"T3 认为，城乡学生从考试动机、考试资讯获取、家庭资本、教育资源占有等各个方面都存在着巨大的差距，这导致城乡学生高等教育入学机会不均等。

土耳其中等教育资源分配不均衡的现状严重阻碍了寒门子弟获取优质教育资源，使得他们无法与来自城市和高收入家庭的学生站在同一起跑线上公平竞争。在进入中等教育之初就已经"无可选择"，自然也会在高校入学竞争时处于劣势，造成高等教育入学机会的不公平。

（二）中等教育的失职与私人补习班的盛行

土耳其中等教育失衡的问题除了教育资源分配不均衡外，还存在中等教育失职、对全国高校统一考试和私人补习班的妥协和让步等问题。这些都成为土耳其中等教育饱受垢弊的原因。

1. 全国高校统一考试"指挥棒"下的高中教育

在土耳其，初中教育是为了进入高中做准备，而高中教育就是为了进入大学做准备。全国高校统一考试成为所有高中、高中生、高中生家长的生活轴心，它是目标、是内容，也是方法，甚至有土耳其学者认为："高校考试招生制度的变化直接影响了中学教育制度、学生的需求以及整体教育制度的结构。更明确地说，中学教育制度介于中等教育过渡制度（中考）和高等教育过渡制度（高考）之间。"[①] 高中教师 T1 极好的描述了土耳其高中教育与全国高校统一考试之间的关系："在高

---

① Zafer Çelik, "Ortaöğretime ve Yükseköğretime Geçiş Sınavlarının Kıskacında Ortaöğretim Sistemi", in Gümüş and Arife, eds. *Türkiye de Eğitim Politikaları*, Ankara: Nobel Yayınları, 2015, pp. 273-298.

中的最后1—2年，高中教育的内容几乎只围绕着高考，这时候所有的高中、学生、家长、教师都在为高考服务。高考对于土耳其高中教育来说至关重要。"

土耳其全国高校统一考试成为高中教育的指挥棒，它决定着高中教育的内容、目标与方向。K6回忆了最后两年的高中生活："我们有一个专门的称呼叫'备考生'。高中生活变得异常紧张、高压，无比艰难。我们如此年轻，我们高中所有的时光却只关于高考。"E4认为："土耳其的整个教育系统都是基于考试的，所以高中自然会迎合高考的需求。但这对我们学生来说并不是好事，它直接忽略了社交生活，甚至在最后的一两年内我们不再有阅读和教育，只是围绕着考试进行学习。我并不认为这样的教育系统是对的。""这个系统改革频繁，也因为考试的改变，他们也在不断改变高中的教学内容。"（K5）"高中的教学对我参加高考非常有利，但是对我的社会活动并没有什么帮助。我放弃了阅读、放弃了小提琴，放弃很多我爱的东西。整整两年的时间，我什么都不做，只是学习怎么考试。"（K9）在高校考试招生制度"指挥棒"的影响下，高中教学随着大学入学考试的改革而改变，教学内容紧紧围绕着考试展开。"备考生"们的生活变得单一却目标明确，课堂不再有阅读和丰富多彩的教育活动，只剩下应试教育。而相较于公立高中最后一两年的"唯考试"式教育，私立高中的"唯考试"更为突出，它甚至是私立高中四年的唯一教育内容，贯穿始终："如果你想要得到更好的'考试教育'，你得付更多的钱去上私立高中。因为对安那托利亚高中来说，准备高考的内容只是最后两年，但是对于私立高中来说，他们以高考为四年唯一的教育内容。"（E2）以考试为唯一教育活动的私立高中为了提高升学率，不惜将四年的教育全部变成了"应试教育"，牺牲了正常的理应丰富多彩的高中教育活动。

除了学生以外，甚至高中的职业规划导师也已经练就了考试辅导的能力，成为考试辅导教师："人生规划导师吗，每个学校都有，他们理论上会帮助你在选择大学、专业、城市、职业的时候给予建议，但实际上他们没有很有帮助，我觉得这对于公立高中来说是非常大的缺失。"

(K5)"我们有这种导师,但是他们只是告诉你应该怎么去解题,去解多少题,怎么去备考的。"(E4)在土耳其的高中,尤其是最后的一两年,高中的教育活动与全国高校统一考试紧密关联,学生们不再有除考试以外的学习和生活,甚至职业规划导师也已经偏离了自己的职业初衷。

对于高中教师而言,大学入学考试直接影响着高中的教学内容与教学方式:"如果你想让学生学好历史、地理和哲学,最好的办法就是在大学入学考试里加重这些学科的比重,反之亦然。所以我们的教学完全跟着大学入学考试走,考什么、什么科目是加权赋分高的科目,那么我们就教什么,并随之调整课时。甚至有时候我们不用教学生'为什么',只需要告诉学生这些问题在大学入学考试中占了多少权重,怎么去解决。我希望教给学生更多东西,但是为了他们的将来,只能更务实。"(T2)高校考试招生制度对高中教育的"指挥棒"功能充分发挥,它完全牵制了高中教育的走向,限制着高中教师的教学计划、教学内容与教学方法,教师们为了"务实"的考量,放弃了"应然"的教育,而选择了"应试"的教育,从"教育者"变成了"教考者"。而对于学生,就造成了"知其然而不知其所以然"的结果:"高中时期老师们并不解释规则和原因,他们只告诉我们事实,让我们记住怎么去解题,我们常常觉得很迷惑。"(E4)大学入学考试已然成为学校、教师和学生们的唯一关注点。

总之,在社会的期待和生源竞争的压力下,土耳其高中之间的竞争已然变成了升学率的竞争,将更多学生送入大学已经成为各个高中提升竞争力的关键。"高中教育正被'考试需求'所掩盖,而高中教育真正的意图和目的往往无法实现。"[1] 高中教育只能围绕着全国高校统一考试展开,"应试教育"已经近乎成为土耳其高中教育的全部内容,培养能够在大学入学考试中取得好成绩的学生,培养懂得如何应对考试、如

---

[1] Fatma Gök, "Marketing Hope: Private Institutions Preparing Students for the University Entrance Examination in Turkey", *International Perspectives on Education and Society*, Vol. 12, No. 10, September 2010, pp. 123-134-134.

何解题的"考手",成为高中教育的目标。高中教育对考试的片面追求已然背离了教育的初衷。

在考入大学之后,学生们开始反思高中教育的缺失,在最美好的年华里却只有基于应试的教育系统,显然无法满足学生个体发展的需求和社会发展的需求。高中教育变成了应试教育、高中教育职能的扭曲、"唯考试""唯分数"下的恶性竞争和功利教育,催生了土耳其的另一考试产业——私人补习班。它已经成长为土耳其最为繁荣的产业之一,甚至取代高中变成了"备考生"们在备战大学入学考试前两年的选择。

2. 高中"考试辅导班"与私人补习班并行

在抱怨着压力和枯燥的备考学习生活之余,许多学生也非常感激高中围绕全国高校统一考试开展的各类应试教育活动,尤其是"考试辅导班"的开设成为学生们在高竞争的环境下,高中能够为学生提供的最切实的考试帮助:"我的高中对我的高考非常有帮助,在正式课程之外还开设了专门的考试辅导课,让学校最好的课任老师来辅导。这不是所有的高中都有的,没有这种辅导课的学生只能花非常多的钱去上私人补习班。所以我觉得我的高中非常棒。"(K4)

"我高中的老师们都非常棒,他们的辅导帮助我进入了 Z 大。我没有参加过任何私人补习班,我仅是在上完课后参加了老师的免费辅导课程。政府给我们的老师付了钱,让他们给我们开设辅导课,这为我们减轻了太多的家庭负担。"(K6)

K4 和 K6 来自同一所高中,这所高中是整个 A 区最好的高中。K4 和 K6 在当年都是全国高校统一考试中全国排名前 100 的优秀考生。能够培养出这样的优秀毕业生,高中倾注了大量的心血:集中全校最好的师资在课后为学生开设考试辅导班,为学生提供全国高校统一考试辅导。辅导班的开设无疑是互利的,学生既免费获得了最好的应试辅导,学校也为提高升学率增添了砝码。

不仅是公立高中会为学生免费开设考试辅导班,私立高中更是如此,这使得私立高中的学生非常有优越感:"我知道的是私立高中会有课后辅导课程,但是普通的公立高中是没有的,他们只有 7 小时的普通

第五章　土耳其高校考试招生制度的公平性及社会影响因素

课程，所以他们需要去参加私人补习班。一般我们从周一到周五每天有7小时的正规课程，周六有5—6小时的辅导课程。这对考试非常有帮助，让人觉得充实和安心。"（K2）

能够为学生提供课后辅导班的高中毕竟是少数，没有免费辅导班的高中生自然就流入了私人补习班。在全国高校统一考试之前参加至少1—2年甚至更长时间的私人补习班已经成为土耳其所有高中"备考生"的"必修课"，甚至成为学生能否进入大学的决定性因素。土耳其私人补习班一般有两种：一对一的私人补习课（Özel Ders）和一对多的私人补习班（Dershane）。受访的33位考生中有26人参加过私人补习班。考生坚信："如果你没有进入一个非常好的高中，也没有参加一个非常好的私人补习班，那这个考试过程（高考）就完全靠你个人的努力了，胜率必然很低。"（K5）

不能开设考试辅导班的公立高中，甚至为这些需要参加私人补习班的学生开了"绿灯"：允许学生在高中最后1年不用到学校上课而去参加私人补习班，集中精力备考。"学校管理层和家长对此都心知肚明，但都会睁只眼闭只眼，毕竟一切是为了学生好。"（T3）

考生K10和K11都谈到了去私人补习班的必要性，它不仅成为考生们最重要的备考辅助，也是考生自信的来源："我的高中允许毕业班的学生不用去学校，可以自主学习。所以我在高中的最后两年都选择去了私人补习班，每天都去。我在那里可以学到很多考题、学到考试的构成，我觉得私人补习班对于高考来说比高中教育更有用。而且在我的高中，所有的学生基本处于同一个水平。但是补习班不同，这里的学生有的比我水平高，有的比我水平低，所以每次模拟考试我都努力超越比我好的学生，我想'她做得到，我也做得到'。这是我在补习班所学到的。"（K10）

"到了最后一年，高中告诉我们不需要再来学校了，所以事情就变得很容易了。我每天白天在补习班上课，晚上回家自学。一般是从早上8点学到晚上11点左右，每天如此。"（K11）

"最后一年我也没有去学校，我找医生开了个病假证明，其实我没有生病，我只是不想去学校，因为学校对考试没有什么帮助，私人补习班要有用得多。我不想浪费时间，参加私人补习班让我觉得更有安全感，更有信心。"（K13）

有如 K10、K11、K13 这样主动选择在高中最后一两年去私人补习班的学生，也有因为群体效应不得不去补习班的学生，如 K12："我在安那托利亚高中的最后一年，学校完全没有开设任何课程，我们只是去学校然后自学。我觉得这很糟糕。因为这个原因，许多人去了私人补习班，补习班非常非常贵，并且现在更贵了，一年大概要 2 万土耳其里拉。因为在学校已经没有课程了，但是私人补习班开设了非常好的考试辅导课，所以我不得不去，我所有的知识都来自那里，尤其是 12 年级。"在高中最后一年，为迎合大学入学考试，高中课程几乎完全空置。学生们主动或被动地脱离了高中教育，转而参加私人补习班规划考试与学习生活，这已经成为土耳其绝大多数高中准毕业生的现状。在私人补习班学习全国高校统一考试的构成、做大量的试题、学习如何应试、学会考试竞争成为所有有经济实力上私人补习班的"备考生"的必修课。

当私人补习班逐渐从可选项变成了必需品时，家庭经济资本的占有情况直接决定了学生可以参加多长时间的私人补习班，以及参加什么档次的私人补习班。"我觉得全国高校统一考试不会对每个人都公平，比如我可以去补习班或者是一对一教师补习课，但是其他的人可能无力负担。所以如果你没有经济能力负担这些，你想要实现高考目标就会难上加难，经济资本占有情况很重要。"考生 K8 将家庭经济资本的占有情况与考试公平直接挂钩，能否占有经济资本、获取优质教育资源，成为是否能够成功考进大学的关键因素。

家庭经济资本的创造者——家长，也将支持孩子参加私人补习班作为表达对孩子们关爱的方式。F6 是一位农村地方政府公务员，家庭年均收入水平处于全国中上水平，目前有一个参加全国高校统一考试屡试不中的儿子。为了让儿子考入理想的专业，F6 不仅在市区租房子让儿子参加私人补习班，更是让妻子和女儿到市区照顾儿子的生

第五章　土耳其高校考试招生制度的公平性及社会影响因素

活起居："我儿子已经是第四年参加高考了，他的目标一直是考进法学专业，但是这太难了。以前我们只是让他在家复习，但是分数一直上不去，从去年开始我狠下心在市区给他租了房子、报了私人补习班，还请了一对一私人教师，也让妻子、女儿过去照顾他的生活。今年看来，他的分数提升非常多，虽然仍不可能考进公立大学的法学专业，但是我决定让他去私立大学的法学专业"。F6是一家四口唯一的经济来源，为了实现儿子的梦想，F6倾尽所有支持儿子备考，为儿子准备了最为齐全的备考"标配"：私人补习班和私教课程。如果今年儿子不能考入公立大学，F6就打算卖掉车子支付儿子上私立大学的学费。所幸F6属于土耳其中产阶级，尚有能力为儿子提供最好的备考资源，提高进入高校的概率。

家庭经济资本成为自学能力不强的学生能够进入私人补习班从而提升高校录取率的"救命稻草"，也成为施加在考生家长身上的巨大压力。F4是全国高校统一考试候场区家长中较为特殊的一位，因为他在考场外等候的不仅有女儿，还有妻子。F4的妻子已经49岁，为了实现梦想参加全国高校统一考试，问及是否为两位参加考试的亲人都报了私人补习班时，F4笑道："女儿是上了补习班的，让女儿上补习班能够缩小与其他考生的差距，让她在她的能力范围内增加获胜的概率。老婆没去私人补习班，这是钱的问题，每个月上万的补习费不是一般家庭能承担得起的。为女儿我们动用了积蓄，月收入上万的家庭毕竟是极少数。"收费高昂的私人补习班为广大考生在全国高校统一考试的"竞赛"中增加了获胜的砝码，也是家长们倾尽所能可以为孩子们提供的切实帮助。有一定经济能力的家长几乎都不会去吝啬这一笔开销，而没有经济能力的家长，只能心存愧疚让孩子自己努力。高中完全为私人补习班让路的行为，进一步加剧了私人补习班的盛行，并凸显出家庭经济资本在备考中的重要性，使得中等教育的职能完全处于缺失状态。

让备考生又爱又恨的私人补习班早已经成长为土耳其的重要产业，它遍布土耳其的各个城市，占据城市最繁华地段的写字楼，在城市最为醒目的位置布满了广告牌和标语。这些私人补习班虽然收费高昂，但仍成为考生和家长们比拼教育资源和寄予厚望的考前"练兵场"。土耳其政府也曾对私人补习班进行过数次整顿，2014年私人补习班甚至曾在政府压力下转制为私立高中或关闭[①]，但显然无法阻止私人补习班的重新涌现，如T2所说："私人补习班是考试的准备课程，它无法给人以远见卓识、无法教育给学生无所不包的生活观，也无法为这个年龄段的学生开阔眼界，它只能帮助孩子解决考试问题。是考试制度催生了私人教学机构，有考试制度的存在就有私人教学机构的存在。"私人补习班是土耳其实行竞争性高校考试制度下合理且必然的存在。

总之，土耳其中等教育资源分配极不均衡，加之家庭经济因素的影响、高中教育的失职、私人补习班的盛行，这些因素都深刻影响着高校考试招生制度公平，成为高校考试招生制度实现实质公平道路上难以逾越的障碍。

土耳其中等教育"唯考试""唯分数"的怪象与土耳其教育部提出的"使考试与高中教育相融合"的目标南辕北辙。面对全国高校统一考试的激烈竞争，高中、考生以及家长们都义无反顾地选择了考试而非教育，考试成为高中、高中生和考生家长唯一关注的生活目标。高中为了吸引优质生源、保持长盛不衰的生命力、满足考生和家长的需求，更是早已顺应了全国高校统一考试，成为全国高校统一考试长达1—2年的"备考教育"，同时催生出生命力旺盛的产业——私人补习班。中等教育的失职使得高校教育招生制度背负起导致中等教育缺失和"唯分数"的骂名。然而事实上，不同类型高中发展的不平衡、城乡高中发展的不平衡就已经决定了中等教育资源分配的严重不均衡，加之中等教育自身向大学入学考试的"臣服"，使得私人补习班已经超越了高中成为考生为进入大学的首选教育机构。这并非全国高校统一考试招生制度之罪，而是中等教育资源分配不均衡之过，是考

[①] Tedmen, "Anayasa Mahkemesi'nin Dershanelerin Kapatılmasına Yönelik Gerekçeli Kararına İlişkin Değerlendirmeler" (August 4, 2015), https://tedmem.org/mem-notlari/gorus/anayasa-mahkemesinin-dershanelerin-kapatilmasina-yonelik-gerekceli-kararina-iliskin-degerlendirmeler.

第五章　土耳其高校考试招生制度的公平性及社会影响因素

生和家长对考试结果高度期待下的必然结果。土耳其政府针对这一问题，已经采取了相应的措施，比如说设立公私混合制高中，由政府出资，私立教育机构进行管理，使得高中的设置更为合理；将土耳其国家教育部（MEB）纳入全国高校统一考试的管理机构，与国家考试招生机构共同合作制定考试大纲等。但这些措施仍处于试行阶段，成效尚不显著。

总之，土耳其中等教育资源分配失衡问题是现实存在的，它失衡的表现是多样化的，体现为：不同类型的高中教育资源分配不均衡、不同区域的高中教育资源分配不均衡、城乡高中的教育资源分配不均衡等等。而导致中等教育资源分配不均衡背后的原因也是复杂的，它受到政府政策的影响、人口分布不均衡的影响（土耳其根据当地人口数量设置高中）、区域发展不均衡的影响、经济发展不均衡的影响，也受到家庭资本的影响，更受到教育系统自身的影响。其最直接的影响因素是社会经济发展不均衡所导致的教育资源分配不均衡。

土耳其中等教育资源分配失衡已经造成了全国高校统一考试在结果上的不公平，同时还带来了"唯分数""唯考试"等一系列问题。但可以明确的是，这些都并非高校考试招生制度本身的问题，而是社会发展不充分、不均衡下对考试招生制度所带来的负面影响。如何使来自不同家庭背景的学生能够在中等教育阶段站在同一起跑线上、如何平衡中等教育与全国高校统一考试的关系，避免全国高校统一考试这根"指挥棒"的能量过大，是土耳其政府和高校考试招生制度需要不断反思和探索的问题。

第四节　区域因素对高校考试招生制度公平的影响

高校考试招生制度的区域公平问题是土耳其建立全国高校统一考试招生制度以来一直备受关注和最具争议的问题之一。早在1976年土耳

土耳其高校考试招生制度研究

其高校考试招生制度建立之初，就有学者对土耳其高校考试招生制度的区域不公平问题进行了讨论，并认为这是社会不公平问题所导致的考试招生制度的不公平现象。① 但在当时的土耳其，尚无法采取政策补偿措施来消除区域不公平对全国高校统一考试结果公平的影响。虽然区域不公平问题是社会问题，但高校考试招生制度作为社会制度的一环，有责任承担起维护社会公平的职责，在区域发展不公平的大背景下提供补偿政策以维护弱势区域群体高等教育入学机会公平。在土耳其高校考试招生制度实施四十余年后，再来考察土耳其区域发展不均衡问题与高校考试招生制度公平这对现实矛盾有其现实必要性。

一 各区域人口分布与经济发展概况

土耳其政府将自然、人文和经济等特征具有相似之处的省份划入同一区域。全国共划分为七大区域，分别是：马尔马拉区（Marmara Bölgesi）、黑海区（Karadeniz Bölgesi）、安那托利亚东部区（Doğu Anadolu Bölgesi）、中安那托利亚区（İç Anadolu Bölgesi）、爱琴海区（Ege Bölgesi）、地中海区（Akdeniz Bölgesi）和安那托利亚东南部区（Güneydoğu Anadolu Bölgesi）②。从地理位置分布来看，七大区域中，中安那托利亚区位于土耳其中部、黑海区位于土耳其北部、地中海区位于土耳其南部、马尔马拉区和爱琴海区位于土耳其西部、其他两区分别位于土耳其东部及东南部。七个区域中安那托利亚东部区占地面积最大，有16456平方千米，其次是中安那托利亚区，占地面积16231平方千米，占地面积最小的是安那托利亚东南部区，占地面积6124平方千米。③

（一）各区域人口分布与迁移概况

图5-9根据土耳其国家内政部数据，收集整理了土耳其自1970—

---

① ÜSYM, *Yüksek Öğrenime Geçişte Fırsat Eşitliği*, Ankara: ÜSYM Yayınları, 1979, p. 8.
② Nokta Mavi, "Türkiye'nin Bölgeleri: Çeşitliliği Sergileyen Yedi Coğrafi Bölge" (September 7, 2020), https://www.spotblue.com/tr/news/regions-of-turkey-seven-geographical-areas/.
③ Ankara Üniversitesi, "Türkiye'nin Coğrafi Bölgeleri" (November 1, 2016), http://geography.humanity.ankara.edu.tr/wp-content/uploads/sites/277/2016/11/TCB-I_Genel_1.pdf.

2019年各区域的人口数据信息。从 2019 年各区域的人口数据横向比较来看，土耳其 7 个区域中占地面积倒数第二的马尔马拉区聚集了最多人口，占土耳其总人口的 30%；其次是中安那托利亚区，人口数量占总人口的 16%。占地面积最大的安那托利亚东部区人口数量却最少，全国仅有 8% 的人口定居于此。从各区域人口数据纵向比较来看，近五十年间土耳其人口增长速度较快，2019 年较 1970 年人口总量增长了 5.32 倍。2000 年以后人口增长最为迅速的是马尔马拉区，下降趋势较为显著的是安那托利亚东部区。

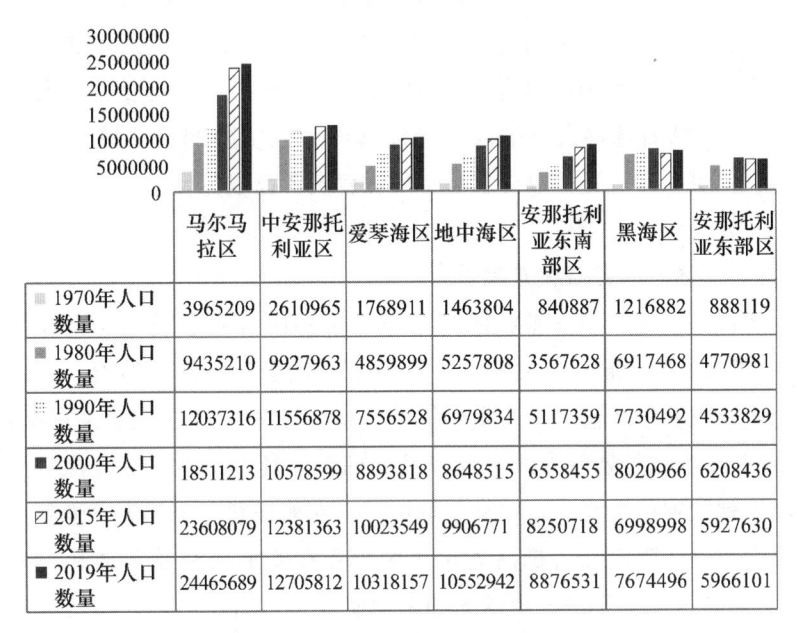

	马尔马拉区	中安那托利亚区	爱琴海区	地中海区	安那托利亚东南部区	黑海区	安那托利亚东部区
1970年人口数量	3965209	2610965	1768911	1463804	840887	1216882	888119
1980年人口数量	9435210	9927963	4859899	5257808	3567628	6917468	4770981
1990年人口数量	12037316	11556878	7556528	6979834	5117359	7730492	4533829
2000年人口数量	18511213	10578599	8893818	8648515	6558455	8020966	6208436
2015年人口数量	23608079	12381463	10023549	9906771	8250718	6998998	5927630
2019年人口数量	24465689	12705812	10318157	10552942	8876531	7674496	5966101

图 5-9　1970—2019 年土耳其各区域人口分布情况（单位：个）[1]

---

[1]　Türkiye Cumhuriyeti İçişleri Bakanlığı, "Türkiye'nin Nüfus Haritası"（July 11, 2019）, https：//www.icisleri.gov.tr/turkiyenin-nufus-haritasi. Sosyal Planlama Genel Müdürlüğü Planlama Dairesi, "Türkiye Şehir ve Köy Nüfusunun Yaş ve Cinsiyet Yapısı（1980-1985）"（November 1, 2018）, http：//ekutup.dpt.gov.tr/nufus/cetiks/sehirkoy.pdf.；Sosyal Sektörler ve Koordinasyon Genel Müdürlüğü, "Türkiye'de İç Göçler ve Göç Edenlerin Nitelikleri（1965-2000）"（November 1, 2018）, http：//ekutup.dpt.gov.tr/nufus/kocamant/icgoc.pdf.

在土耳其，人口迁移是各区域人口变化的最直接影响因素。土耳其没有像中国一样严格管控的户籍制度，每个公民都可以在各个区域内自由迁移，仅需要在确定稳定定居点后10天内到当地人口与公民事务总局（Nüfus ve Vatandaşlık İşleri Genel Müdürlüğü）进行地址登记即视作完成了迁移手续，该人口管理系统称为"基于地址的人口登记系统"。由于人口流动的自由度较大，因此土耳其人口流动量也非常大。

土耳其国家社会协调总局（Sosyal Sektörler ve Koordinasyon Genel Müdürlüğü）曾于2008年对1965年至2000年国内人口迁移情况进行了数据统计。数据表明，土耳其人口迁移主要有两类：一类是从乡村向城市迁移；一类是在城市间迁移。两类迁移中15—29岁的人口是迁移的主力军，分别占城市间迁移人口的51.3%，占乡村向城市迁移人口的50.1%。在所有迁移人口中，教育迁移成为最主要的迁移原因之一。[①]可见，向更好区域迁移以寻求更优质教育资源已成为促使土耳其人口迁移的主要动因。

（二）各区域经济发展概况

2017年，土耳其工业技术部公布了《2017年各省社会经济发展状况调查报告》[②]。报告中根据土耳其各省的社会经济发展情况，如：人口密度、农业生产值、工业生产值、劳动参与率等24个经济发展指标，将全国81个省份划分为6个经济发展梯队。其中，第一经济梯队和第二经济梯队省份主要分布在马尔马拉区、安那托利亚中部区，爱琴海区和地中海区。第六经济梯队省份集中分布在安那托利亚东部和东南部区[③]。从各区域的经济发展情况和人口密度上来看，区域人口的分布情况可以间接反映出各区域的经济发达程度。越发达的区域越能够吸引人

---

① Sosyal Sektörler ve Koordinasyon Genel Müdürlüğü, "Türkiye'de İç Göçler ve Göç Edenlerin Nitelikleri（1965-2000）"（November 1, 2018）, http：//ekutup.dpt.gov.tr/nufus/kocamant/icgoc.pdf.

② T. C. Sanayi ve Teknoloji Bakanlığı, *İllerin ve Bölgelerin Sosyo-Ekonomik Gelişmişlik Sıralaması Araştırması Sege-2017*, Ankara: Kalkınma Ajansları Genel Müdürlüğü, 2019, pp.35-36.

③ T. C. Sanayi ve Teknoloji Bakanlığı, *İllerin ve Bölgelerin Sosyo-Ekonomik Gelişmişlik Sıralaması Araştırması Sege-2017*, Ankara: Kalkınma Ajansları Genel Müdürlüğü, 2019, p.37.

第五章　土耳其高校考试招生制度的公平性及社会影响因素

口向内流动，反之则是人口流出区域，各区域的经济发展程度与人口流动情况呈正相关。

由此可见，土耳其区域发展的不均衡问题客观存在，并且不均衡程度较高。然而这并不是一个新问题，自土耳其建国以来区域发展不平衡问题就长期存在，不仅深刻影响着土耳其整体经济水平的提升，同时影响着政治稳定、教育公平等各个方面，它已经成为阻碍土耳其国家整体发展的历史因素与现实问题，成为土耳其实现综合国力提升需要克服的现实障碍之一。

二　各区域中等教育与高等教育的资源分配情况

土耳其共和国成立以前，各级各类教育主要集中分布于现今的马尔马拉区。土耳其共和国成立后，政府开始向东部区域发展各级各类教育，力求缩小区域间教育资源的分布差距。考察中等教育和高等教育在各区域的分布情况可以直观地了解各区域教育资源的分配现状，从而反映出各区域高等教育入学机会的差异情况。

（一）各区域中等教育资源的分配情况

各区域中等教育资源的分配情况主要从各区域高中的分布情况及学术类高中的分布情况进行考察。

1. 各区域高中分布情况

经过土耳其政府的努力，各区域高中教育机构的分布格局基本成形。2018 年土耳其各区域的高中统计数据整理如表 5-8 所示。

表 5-8　　2018 年土耳其各区域高中数量（含公、私立高中）[①]

区　　域	高中数量（单位：所）
马尔马拉区	3259
黑海区	1458

[①] Dr Data Stats, "İllere Göre Türkiye'de Lise Sayıları（2018 Yılı）"（December 15, 2019），https://www.drdatastats.com/illere-gore-turkiyede-lise-sayilari-2018-yili/.

357

续表

区　　域	高中数量（单位：所）
安那托利亚东部区	1023
中安那托利亚区	2250
爱琴海区	1592
地中海区	1621
安那托利亚东南部区	1309
合计	12512

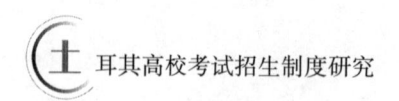

由表5-8可见，从土耳其高中的总体分布情况来看，马尔马拉区高中数量最多，是安那托利亚东部区的3.19倍；其次是中安那托利区，是安那托利亚东部区的2.19倍；其他五个区域的高中数量差距不大，其中安那托利亚东部区和东南部区的高中数量仍处于末位。根据土耳其国家教育部规定："1万至2万人口需设置1所安那托利亚高中，4万以上人口聚居地需建造适量的安那托利亚高中。"① 以保障学术高中在各个区域的均衡分布。因此，考虑到各区域人口分布的严重不均衡，高中数量在各区域的分布情况与各区域人口的分布情况基本达到平衡。然而，即便可以在数量上实现区域人口与高中配比的平衡，却无法保障教育资源分配的均衡，加之人口少的区域中等教育资源有限，愈加促使人口向外迁移寻求优质教育资源，从而造成人口继续减少，中等教育资源愈加匮乏，以此往复形成"马太效应"。可见即使土耳其政府致力于促进各区域中等教育资源的均衡分布，但优质教育资源向发达区域流动是不可阻挡的客观规律，要实现完全无差别的均衡几乎不可能。

2. 各区域主要学术类高中的分布情况

土耳其主要学术类高中（科学高中、社会科学高中、安那托利亚高中）作为培养升入高等教育学府人才的主力军，其分布情况可以更为直

---

① T. C. Milli Eğitim Bakanlığı Ortaöğretim Genel Müdürlüğü, "Genel Liselerin Anadolu Lisesine Dönüştürülmesi" (May 6, 2018), http://mevzuat.meb.gov.tr/dosyalar/934.pdf.

观地体现优质中等教育资源在各区域的分布情况。由于高中生尚未成年，入学一般遵循就近原则，为保障各区域学生进入学术高中的机会均等，土耳其政府尤为重视各区域学术类公立高中设置的合理性。

表 5-9　　2018 年各区域主要学术类公立高中分布情况①　　（单位：所）

区域 \ 高中类型	科学高中	社会科学高中	安那托利亚高中
马尔马拉区（11）	49	14	557
黑海区（18）	64	13	300
安那托利亚东部区（14）	30	11	262
中安那托利亚区（13）	57	17	429
爱琴海区（8）	36	12	357
地中海区（8）	44	12	369
安那托利亚东南部区（9）	30	10	303
合计	310	89	2577

由表 5-9 可见：(1) 科学高中在各区域的分布较为均衡，省份最多的黑海区科学高中数量最多，达到 64 所。除安那托利亚东部及东南部区域的科学高中数量较少，省均科学高中数量在 3.5 所以下外，其余各区域省均科学高中数量均超过了 3.5 所。(2) 社会科学高中在各区域的数量分布较为平均，除中安那托利亚区的社会科学高中数量较多外，其余各区域社会科学高中的数量差距较小。(3) 差距最为显著的是数量庞大的安那托利亚高中，此类高中承担起了学术类高中升学的主要任务。其中，马尔马拉区的安那托利亚高中数量最多，高达 557 所（占比 21.6%），其次为中安那托利亚区（占比 16.6%），安那托利亚高中数量最少的仍是不发达区域安那托利亚东部及东南部区。因此，总体而

---

① MEB, "Okul Tanıtım Bilgileri"（December 12, 2018），http://ogm.meb.gov.tr/www/icerik_goruntule.php? KNO=657.

言，土耳其政府在推进学术类高中的区域均衡分布上已经取得了一定的成效，但是作为土耳其最不发达区域安那托利亚东部及东南部区在各类学术高中的占有数量上仍有待改善。

总之，作为通向高等教育的起跳板，中等教育资源在各区域的分配情况直接决定了各区域高中生接受高等教育的机会。中等教育作为义务教育阶段，它的区域分配公平问题备受土耳其社会各界的关注。经过土耳其政府的努力，中等教育资源在各区域的均衡分布已经取得了一定成效，但要真正实现区域教育公平，还有很长的路要走。如何在政府的支持下促进中等教育资源在区域上的合理分配，是土耳其实现区域公平、维护中等教育公平、促进高等教育入学机会公平的关键之一。

（二）各区域高等教育资源的分配情况

直接影响各区域学生高校入学机会公平的因素除了中等教育资源的分配情况外，还有高等教育资源的分配情况。高等教育资源在各区域的分配情况主要从大学的分布、大学学术人员的分布和大学在校生的分布情况三方面进行考察。

1. 各区域大学的分布情况

高等教育机构在各区域的地理分布情况直接影响着各区域学生的高等教育入学机会公平。表5-10根据土耳其高等教育数据库（YÖKİ statistikleri）搜集整理而成，数据体现了土耳其自1985—2020年每五年各区域的大学分布情况，以便从纵向上了解土耳其大学在区域分布上的发展变化情况。

表5-10　　土耳其各区域大学数量统计（含公、私立大学）[①]　　（单位：所）

区域＼年份	1985	1990	1995	2000	2005	2010	2015	2020
马尔马拉区	9	9	15	28	29	57	73	76

[①] YÖK, "Tüm Üniversiteler Hakkında Genel Bilgiler" (November 29, 2019), https://istatistik.yok.gov.tr/.

续表

年份 区域	1985	1990	1995	2000	2005	2010	2015	2020
黑海区	2	2	5	5	5	20	20	21
安那托利亚东部区	4	4	5	5	5	15	15	16
中安那托利亚区	9	9	13	16	18	34	39	45
爱琴海区	2	2	9	11	11	16	16	19
地中海区	2	2	6	7	7	11	17	19
安那托利亚东南部区	1	2	3	3	3	11	13	12
合计	29	30	56	73	78	164	193	208

注：大学数量统计中不含北塞浦路斯大学。

表5-10中的大学数量包含了土耳其国内（除北塞浦路斯）七大区域35年间公、私立大学的数量变化情况。总体来看，35年间土耳其大学数量增长了6.17倍。1985年土耳其大学有29所，其中马尔马拉区和中安那托利亚区各占31%，占有大学数量最少的是安那托利亚东南部区，仅有1所大学。至2020年土耳其大学已经超过了200所，从各区域大学的分布情况来看，马尔马拉区拥有大学数量最多，占大学总数的36.5%，其次为中安那托利亚区，占大学总数的21.6%，这两大区域占据了土耳其大学的大半壁江山。大学数量最少的是安那托利亚东南部区，大学数量仅占全国的5.8%，其次是安那托利亚东部区，仅占全国总量的7.7%。可见经过了35年的发展，土耳其各区域在大学数量上虽有所增长，但在大学分布的总体情况上并未发生实质性的改变，越落后的区域大学数量越少，高等教育资源越为匮乏。

2019年，土耳其的207所大学中有私立大学78所，占大学总数的37.7%，公立大学129所，占大学总数的62.3%。虽然土耳其政府着力推进公立大学在各区域的均衡分布，但实际上除两个最发达区域（中安那托利亚区和马尔马拉区）外，各省的公立大学数量也普遍仅有1所[①]。最发达区域中拥有公立大学最多的前三个省份分别为伊斯坦布尔13所、安卡拉8所、伊兹密尔6所，占全国公立大学的20.9%。而办学相对自由的私立大学向发达区域聚集的趋势就更为明显——由于政府无权干涉私立大学办学选址的自由，私立大学为吸引优质的师资和生源，几乎全部将办学地址选在了两个最发达区域——中安那托利亚区和马尔马拉区[②]，其中伊斯坦布尔有私立大学49所、安卡拉占13所。两个最发达城市私立大学占比为79.5%。此外，从土耳其政府选出的10所国家重点扶持的研究型大学的地理分布情况来看，有8所都位于两个最发达区域，仅有两所位于爱琴海区，没有一所大学来自不发达区域。因此，从大学的地理分布情况可见，即使土耳其政府积极推出了落后区域的高等教育投资激励政策，鼓励高等教育机构向欠发达地区发展[③]，但对于非义务教育阶段的高等教育而言收效甚微，政府推进高等教育资源在各区域均衡分布的效果并不显著。

土耳其大学的地理分布向发达区域显著倾斜更加能够凸显出市场规律，发达区域对优质教育资源的吸引力很难因为行政力量的干预而削弱。

2. 各区域大学学术人员的分布情况

师资力量作为大学教育资源最为重要的软实力，可以反映出各区域高等教育资源的分配情况。表5-11根据土耳其高等教育数据库搜集整理了土耳其各区域1985—2020年每五年的大学学术人员（含研究助理、讲师、副教授、教授、聘用专家等）数量变化情况。

[①] Dr Data Stats, "Türkiye'de Üniversite Sayıları (09.08.2019)" (August 9, 2019), https://www.drdatastats.com/turkiyede-universite-sayilari-09-08-2019/.

[②] Dr Data Stats, "Türkiye'de Üniversite Sayıları (09.08.2019)" (August 9, 2019), https://www.drdatastats.com/turkiyede-universite-sayilari-09-08-2019/.

[③] Denge Müşavirlik, "Eğitim Sektörü Yatırım Teşvikleri" (August 21, 2020), https://dengemusavirlik.com/egitim-sektoru-yatirim-tesvikleri.htm.

第五章　土耳其高校考试招生制度的公平性及社会影响因素

表 5-11　　　　土耳其各区域大学学术人员数量统计①　　　（单位：个）

年份 区域	1985	1990	1995	2000	2005	2010	2015	2020
马尔马拉区	4446	5864	7296	11380	14806	20385	30906	53358
黑海区	467	774	1445	2310	3638	5567	11118	20200
安那托利亚东部区	718	1206	1861	3011	3796	4641	7748	14337
中安那托利亚区	5485	7373	9750	13095	15271	18477	25575	41851
爱琴海区	1320	1836	2785	4680	7242	9218	13350	20700
地中海区	716	988	1552	3349	4827	6279	8689	15529
安那托利亚东南部区	214	445	742	1147	1692	2315	5141	8519
合计	13466	18486	25431	38972	51272	66882	102527	174494

注：学术人员包含研究助理、讲师、副教授、教授、聘用专家。

表 5-11 包含了土耳其国内（除北塞浦路斯）七大区域 35 年间公、私立大学学术人员的数量变化情况。总体看来，2020 年土耳其大学学术人员数量是 1985 年的 12.96 倍。1985 年中安那托利亚区学术人员最多，校均学术人员达 609 人，远远超过了学术人员总体数量仅有 214 人的安那托利亚东南部区。1995 年土耳其全国高校学术人员数量较 1985 年几乎翻了一番，其中各区域校均学术人员数量最多的是中安那托利亚区，校均学术人员有 750 人。校均学术人员最少的是安那托利亚东南部区，仅有 247 人。2010 年土耳其大学数量迅速增长，但校均学术人员数量却出现了回落，全国校均学术人员数量仅为 407 人，远低于近十年的平均水平。其中安那托利亚东南部区校均学术人员仅有 210 人，甚至低于 1985 年的水平。可见土耳其政府在大力推进大学数量扩张的同时，

---

① Yükseköğretim Bilgi Yönetim Sistemi, "Öğretim Elemanı Sayıları Raporu" (August 13, 2020), https://istatistik.yok.gov.tr/.

却未能及时配置大学学术人员,大学出现了量与质的现实矛盾。2015年,经过五年的努力,许多区域的大学校均学术人员数量有所回升,土耳其全国校均学术人员数量为531人。2020年土耳其全国校均学术人员数量达到了838人,其中马尔马拉区学术人员数量最多的,达53358人。安那托利亚东南部区学术人员最少,仅有8519人。

由土耳其35年间大学学术人员数量的变化情况可以看出,各区域在大学数量增长和学术人员培养上不断发展与平衡。2010年以前,土耳其大学数量稳定发展,学术人员增长迅速,各区域大学学术人员资源分配不均衡较为明显。2010年土耳其高等教育进入普及化阶段后,土耳其大学迅速扩张,学术人员经历了从匮乏到逐渐充足的发展过程。就学术人员的区域分布情况来看,学术人员仍然主要聚集在发达区域,落后区域的学术人员相对匮乏,区域间高等教育的资源分配不均衡问题严重。

3. 各区域在校大学生的分布情况

表5-12根据土耳其高等教育数据库搜集整理了土耳其各区域(除北塞浦路斯)2013—2018年的在校大学生数量变化情况。

表5-12　　2013—2018年土耳其各区域在校大学生人数统计[①]　　(单位:个)

区域\年份	2013	2014	2015	2016	2017	2018
马尔马拉区	975478	1074919	1223702	1368614	1428782	1468963
黑海区	369376	392991	439238	481305	498279	481813
安那托利亚东部区	271302	345540	411015	495439	561926	616288
中安那托利亚区	3132953	3343569	3612387	3783768	3973436	4128965
爱琴海区	428918	439002	481874	507562	518354	485034
地中海区	295209	311016	347807	385655	399232	381556

① Yükseköğretim Bilgi Yönetim Sistemi, "Bölgelere Göre Öğrenci Sayıları Raporu" (August 13, 2020), https://istatistik.yok.gov.tr/.

续表

区域 \ 年份	2013	2014	2015	2016	2017	2018
安那托利亚东南部区	145443	155849	173162	176644	180362	177883
合计	5619079	6062886	6689185	7198987	7560371	7740502

2018年土耳其全国在校大学生数量为7740502人，较2013年增长了37.8%。从2013—2018年的在校生数量来看，安那托利亚东南部区在校生数量一直最低，6年间均未超过20万人。在校生人数最多的是中安那托利亚区，至2018年突破了400万，其次是马尔马拉区，大学在校人数超过了140万人。在校生人数最少的是安那托利亚东南部区，仅有177883人。最发达区域的大学在校生数量为最落后区域的23倍（2018年）。可见，大学在校生的分布情况与各区域的大学数量、大学学术人员的数量分布情况基本呈正比。

通过比较土耳其七大区域在大学数量、大学学术人员数量和在校大学生数量三个数据，可以粗略掌握各区域高等教育资源的分配情况。通过数据比较可知，三类数据显示的结果一致，马尔马拉区和中安那托利亚区占有最多的高等教育资源，安那托利亚东南部区和东部区为占有高等教育资源最薄弱的区域。大学在土耳其的意义不仅是提供高等教育的机构，更承担着区域发展的重任，是政府规划下各区域政治、经济、文化建设的重心。但从目前的情况来看，土耳其各区域的高等教育资源分配极不均衡，虽然土耳其政府已经实现了"省省有高校"的战略发展目标，但这远远不能满足各区域高等教育发展的现实需求。如何平衡高等教育资源在各区域的合理分配，真正实现以高等教育促进区域发展，是土耳其政府需要解决的现实问题，也是促进土耳其高等教育入学机会公平的关键所在。

（三）各区域高等教育入学机会差异

为进一步考察土耳其各区域的高等教育入学机会情况，本节将采用第四章的六所个案大学的录取学生数据进行论证。

从区域分布上来看，这六所大学中伊斯坦布尔大学位于马尔马拉区，中东技术大学、科钦大学、比尔肯特大学位于中安那托利亚区，帕幕卡莱大学位于爱琴海区，卡夫卡斯大学位于安那托利亚东部区。样本大学覆盖了土耳其的发达区域、次发达区域和不发达区域。土耳其大学的新生录取完全由国家考试招生机构根据学生的全国统考成绩和高中学业成绩进行排名后统一录取，并无区域限制、区域定额、区域优惠或对弱势区域进行补偿的政策。

总之，六所样本大学作为不同区域的大学代表，四年来对各区域学生的录取情况能够在一定程度上反映出各区域学生的高等教育入学机会差异。

1. 样本大学各区域录取学生情况

表5-13根据土耳其高等教育委员会数据库搜集整理了2016年至2019年六所样本大学的新生录取数据。

表5-13　　2016—2019年土耳其样本大学各区域录取人数①　　（单位：个）

区域	年份	伊斯坦布尔大学	中东技术大学	科钦大学	比尔肯特大学	帕幕卡莱大学	卡夫卡斯大学	合计
马尔马拉区	2016	9150	744	653	291	770	184	11792
	2017	6314	764	678	293	821	179	9049
	2018	7895	760	699	290	728	152	10524
	2019	4522	626	738	305	644	109	6944
黑海区	2016	817	201	33	91	219	166	1527
	2017	626	205	35	98	208	111	1283
	2018	745	203	54	101	212	118	1433
	2019	387	198	51	92	148	97	973

① YÖK, "YÖK Lisans Atlası" (April 28, 2020), https://yokatlas.yok.gov.tr/lisans-ana-sayfa.php.

续表

区域	年份	伊斯坦布尔大学	中东技术大学	科钦大学	比尔肯特大学	帕幕卡莱大学	卡夫卡斯大学	合计
安那托利亚东部区	2016	476	63	10	54	144	993	1740
	2017	348	63	19	38	174	824	1466
	2018	432	75	67	47	149	829	1599
	2019	201	64	28	49	135	593	1070
中安那托利亚区	2016	981	1526	80	1435	454	180	4656
	2017	648	1557	88	1419	452	162	4326
	2018	981	1556	97	1356	371	129	4490
	2019	343	1360	113	1319	311	103	3549
爱琴海区	2016	852	430	105	205	3436	135	5163
	2017	558	450	110	220	3322	100	4760
	2018	793	484	134	224	3316	91	5042
	2019	368	404	132	214	2462	62	3642
地中海区	2016	948	420	84	139	647	240	2478
	2017	670	483	82	145	752	197	2329
	2018	936	416	67	142	655	35	2251
	2019	432	381	116	170	537	166	1802
安那托利亚东南部区	2016	651	54	25	16	148	390	1284
	2017	445	64	37	22	192	447	1207
	2018	658	65	39	21	149	380	1312
	2019	181	54	45	32	125	257	694

注：由于个别录取学生定居区域不明确，表中录取学生人数与实际录取人数存在个别差异。

纵观四年来六所大学的录取数据，总体而言，录取学生中来自马尔马拉区的学生最多，占四年来各区域录取学生总数的38.9%。爱琴海区和中安那托利亚区分别占四年来各区域录取学生总数的18.9%和17.3%。被录取学生最少的是安那托利亚东南部区，仅占各区域录取学生总数的4.6%。此外，由四年来六所大学的录取学生数据可以得出以下四点结论：

第一，除科钦大学外，其余五所大学的录取数据都有一个共同规律，在录取学生中来自大学所在区域的学生占比较大。四年来各大学录取的学生中来自本区域的学生占比分别为：伊斯坦布尔大学65.8%、中东技术大学43.9%、帕幕卡莱大学57.8%、比尔肯特大学43.9%、卡夫卡斯大学62.6%。也就是说，各大学在招生时，生源地优势显著。即使在招生政策中没有对本区域学生实施招生优惠政策，各大学仍占据了极大的本区域招生优势。六所大学中仅有科钦大学例外，科钦大学四年来录取的学生中有62.6%的学生来马尔马拉区，这意味着私立大学为一部分无法在公立大学入学竞争中获得优势的学生提供了以经济资本换取最优质教育资源的机会，促使了最发达区域（马尔马拉区）学生向其他区域的流动。

第二，各大学除本区域录取的学生人数最多外，占据录取数量第一位的一般是马尔马拉区和中安那托利亚区的学生。可见，发达区域学生向同等发达区域或欠发达区域流动更具优势。享受优质中等教育资源区域学生在大学入学竞争中竞争力更强。

第三，除地处安那托利亚东部区的卡夫卡斯大学外，其余各大学录取的学生数量最少的仍是来自安那托利亚东部区和东南部区的学生。可见，来自落后区域的学生想要向发达区域流动相较其他区域的学生而言处于劣势。

第四，每所大学都很好地促进了学生向非生源地的流动，实现了人口的横向迁移。以伊斯坦布尔大学为例，四年间伊斯坦布尔大学录取的学生中有6.1%来自黑海区、3.4%来自安那托利亚东部区、6.9%来自中安那托利亚区、6.1%来自爱琴海区、7.0%来自地中海区、4.6%来自安那托利亚东南部区。这些马尔马拉区之外的学生通过高校考试招生制度实现人口流动，对于调整土耳其人口分布、促进文化交流和民族融合等都起到了积极的作用，也为其他区域，尤其是落后区域学生获得优质教育资源提供了重要的平台。

2. 样本大学录取最低分考生的区域分布情况

除各大学的录取学生数据外，录取分数也可以说明一定的问题。

表 5-14 整理了样本大学 2019 年录取的最低分考生的基本情况。

表 5-14　　　　2019 年样本大学录取的最低分学生情况①

大学名称	录取最低分	全国排名	录取专业	考试类型	考生区域
中东技术大学	354.534	106406	教育科学	数学类（SAY）	地中海区
伊斯坦布尔大学	225.046	73552	翻译和口译（法语）	外语类（DİL）	爱琴海区
帕幕卡莱大学	210.476	812259	哲学	文数类（EA）	爱琴海区
卡夫卡斯大学	210.823	811811	管理信息系统	文数类（EA）	安那托利亚东部区
科钦大学	290.693	274371	心理学（自费）	文数类（EA）	马尔马拉区
比尔肯特大学	247.751	547672	政治科学与公共管理（自费）	文数类（EA）	中安那托利亚区

由上表可见，样本大学录取的最低分数基本与大学的排名情况相吻合。（1）两所中游公立大学（帕幕卡莱大学和卡夫卡斯大学）的最低录取分数几乎一致，且最低分学生均来自本校所在区域。（2）公立一流大学录取的最低分数中，中东技术大学要远高于伊斯坦布尔大学，与学校排名情况相同。两校录取的最低分学生均来自次发达区域。（3）两所一流私立大学录取的最低分数学生均来自最发达区域，可见在一流私立大学自费生的竞争中，优越的家庭背景虽然不是被录取的关键因素，却是参与竞争的前提条件。虽然本书并未深入讨论土耳其普通私立大学，但实际上土耳其普通私立大学无疑为家庭条件优渥的学生进入大学提供了一条捷径，使得来自发达区域且家庭条件较好的学生可以较为

---

① YÖK，"YÖK Lisans Atlası"（April 28, 2020），https：//yokatlas.yok.gov.tr/lisans-ana-sayfa.php.

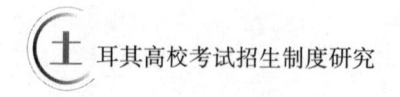

轻松地进入大学。

总体而言，从各类大学的录取情况来看，发达区域的学生在全国高校统一考试中具备明显的竞争优势，来自不发达地区的学生在大学入学考试中明显处于劣势。同样地，不发达区域的大学招生主要依赖本区域生源，在面对与发达区域同等大学的生源竞争中，很难吸引到来自发达区域的生源，很大程度限制了不发达区域大学的发展。总之，土耳其各区域学生高等教育入学机会不均等的情况是客观存在的。

三 全国高校统一考试招生制度对人口流动的影响

由于土耳其高等教育资源分配的不均衡，导致人才向发达地区流动，高校考试招生制度成为促进了人口流动的重要平台。除各大学的录取数据可以证明这一点外，访谈数据也印证了这一情况。本次访谈的33个考生中有22人已被土耳其国内一流大学录取、6人被普通大学录取、5人尚在备考阶段。访谈学生中有4人为土耳其当年全国高校统一考试排名全国前100名的学生。这些学生来自土耳其的不同区域，他们的经历反映出土耳其广大考生以高校考试招生制度为跳板，实现区域流动的现实。

（一）Z大与B大之争

以高校考试招生制度为跳板促进人才流动，首先从大学的择校开始。面对大学择校原因这一问题时，除了个别考生谈到基于对大学的兴趣等常见因素外，地域因素成为土耳其准大学生择校的重要影响因素。其中"B大与Z大之争"是优秀学子择校因素中最具代表性的缩影。访谈对象中有66.7%的学生来自土耳其一流大学，学子们在访谈中都不约而同地提到了B大与Z大。B大与Z大之争已经不完全是大学之争，而是城市之争、区域之争。

K9来自中安那托利亚区，家庭年收入居全国平均水平之上。K9在面对"为什么选择Z大？"这一问题时，首先对为什么不选择私立一流大学进行了分析，之后谈到了选择Z大的个人考虑："如果排除私立大学的话，公立大学一般有两个选项，B大和Z大。B大是一所最受欢迎

第五章　土耳其高校考试招生制度的公平性及社会影响因素

的大学,最成功、最有名,因为他们的市场营销做得非常好,他们擅长推销自己。所以我当时无法抉择,我分别去参观了两所大学。当我去B大的时候,我感受到这里的学生非常傲慢,他们总是吹嘘着他们的高分,他们有多么成功,他们总是喜欢与别人做比较。我当时就想,我在这里可以交到朋友吗?我的整个大学生活都会变成竞争过程吗?之后我又参加了Z大的参观日,我感受到了这里的大学精神,学生更乐于互相帮助而不是彼此竞争。考进这所大学后,我觉得我做了一个正确的选择。"作为一名考入全国前百的学生,K9对土耳其国内所有大学都享有绝对的优先选择权。K9认为私立大学虽然可以提供一流的教育资源,但却会因为录取低分自费生而降低整体教学质量,导致一流学生进入一流大学却无法享受一流的教育。相比之下,公立大学就不存在这样的问题,所有的学生都在同一标准下通过公平竞争入学,不会因为家庭背景而享受特别优待。K9提到的B大是一所在土耳其国内排名第七,QS世界排行榜中排名651—700名的大学。Z大的排名则是国内第二[①],QS世界排名榜591—600名[②]。通过参加两所大学的高中生参观日活动,K9最终选择了排名高于B大的Z大,完全基于个人对两所大学的主观体验。

K13来自马尔马拉区,是另一位在全国高校统一考试中排名前百的学生。K13来自经济条件非常优渥的家庭,K13选择B大的原因在于建立广泛的社会关系,进入上流阶层,为个人未来的商业发展铺好道路:"B大之于土耳其,就像是一种贵族阶级,像阿玛尼、像古驰、像兰博基尼……是的,这是一个高端品牌。不管你去到哪,因为我是B大人,我的父母会非常骄傲,我周围所有的人都会称赞我、尊重我。而且我觉得这所大学可以为我提供更多的社会资源,帮助我建立广泛的人脉关系,所以我选择了B大。"这位在全国高校统一考试中排名全国第17名

[①] University Ranking by Academic Performance, "2000 Yılından Önce Kurulan Üniversiteler Genel Sıralaması"（August 26, 2020）, http://tr.urapcenter.org/2019/.

[②] Top Universites, "QS World University Raknings 2020"（August 26, 2020）, https://www.topuniversities.com/university-rankings/world-university-rankings/2020.

的优秀学生最终选择了像名牌一样耀眼的B大。B大优质的社会资源可以为K13未来的人生规划提供人脉资源，契合K13的个人发展规划。虽然Z大排名更高，但B大却已然成为土耳其国内绝大多数考生心目中的梦想大学。

像K9和K13这样来自土耳其最发达区域、家庭条件优渥，学习成绩优异的学生，在择校时的动因显得更为理性，择校的影响因素与个人对大学的兴趣和个人的未来发展规划挂钩。而除此类学生以外，选择B大还是Z大的讨论，对于更多学生来说并不是单纯选择哪所大学的讨论，而是选择哪座城市、哪个区域的讨论。两所大学同为土耳其的国内一流公立大学，同样处于土耳其最发达区域，拥有优质的教育资源。不同的是B大地处马尔马拉区，位于土耳其最发达城市伊斯坦布尔。这座横跨欧亚大陆的城市不仅是土耳其经济、文化的中心，更被誉为"世界之城""众城市的女王"。而Z大地处中安那托利亚区，位于土耳其首都安卡拉。这座城市虽然是土耳其政治、经济活动的中心，却在各方面都是仅次于伊斯坦布尔的"第二城市"。两所大学之争基本上代表了土耳其大多数优质生源的择校观："城市因素是首要考虑因素。在我教育过的学生中，选择城市的学生多过考虑大学本身的学生。"（T1）以大学入学考试为跳板，实现向梦想城市的迁移已经成为土耳其准大学生择校的主要动机。

E4来自黑海区，在面对Z大和B大之选时，E4的考量基于城市而非大学："事实上我当时考虑了B大和Z大，这两所大学差距不大，都是土耳其排名顶尖的大学，我觉得差别在于城市，因为B大在伊斯坦布尔，城市决定了这所大学更受欢迎。去哪所大学只是城市的问题，我觉得伊斯坦布尔是更好的选择。"

E4的观点代表了大多数考生的观点，地理位置及所在城市决定了同等水平大学的受欢迎程度。虽然Z大不论在国内还是国际排行榜中都更为靠前，但在土耳其学子心中，B大因地处最美丽的城市伊斯坦布尔而更胜一筹。

K11的择校经验更为直接地体现了城市的影响力："其实我想进B

第五章 土耳其高校考试招生制度的公平性及社会影响因素

大,但是我没能考上,我又非常想在伊斯坦布尔上学,所以就来了 I 大。"为了能留在一座城市,去哪所大学并不重要,退而求其次也好过去别的城市排名更好的大学。

K17 作为一名 B 大的学生,谈到了对 Z 大的印象:"事实上我没有去过 Z 大,我对它没有坏印象。我不想去 Z 大只是因为它在安卡拉。我从爱琴海区来,我希望看到海,到有海的城市去。所以我完全没有考虑过 Z 大,但是我听说那里的教育非常好,学生非常有社会责任感。"在土耳其的七个区中有四个都是临海区,生长在海边的考生对于内陆城市的排斥更为明显。考出去,考到梦想的城市去,成为考生们大学择校的重要动力。

K8 同样来自爱琴海区,她没能如 K17 一样去到一个靠海的城市,而是考入了位于首都安卡拉的一流私立大学 J 大,被 50% 奖学金名额录取:"因为我没考上 B 大,而我只想学习管理专业,在我分数范围内合适的就是 J 大了。J 大是所不错的大学,J 大最大的问题是它在安卡拉。我真的非常讨厌安卡拉,这座城市非常冷、无聊、忧郁、人口老龄化严重。我记得有一天我觉得实在没法待了,我打电话跟我的爸爸说我想回家,爸爸给我买了当天凌晨 2 点的车票,我立刻连夜坐车回家了。我知道我需要慢慢适应,但真的是太难了。"不能选择到喜欢的城市上大学,即使是以不错的成绩考进了一流大学,也无法抚平心中的遗憾和强烈的不适应感。

K2 是少数因 Z 大所处城市而选择 Z 大的学生:"我选择 Z 大是因为这座城市安卡拉。我小的时候曾经住在安卡拉,我喜欢安卡拉胜过伊斯坦布尔。这是一座非常酷的城市,城市不会太复杂,我可以很容易找到我想要的东西。我喜欢大城市,但不喜欢旅游城市。因为这个我想要在安卡拉的大学学习。"E11 持相似观点:"Z 大是土耳其最好的大学之一,它在安卡拉,我所在城市与安卡拉有相似的文化,所以我选择了安卡拉而不是伊斯坦布尔。我知道很多人想去伊斯坦布尔,但是我并不想去,那里生活成本高、大而拥挤、交通拥堵,空气污染。所以我对伊斯坦布尔的大学也不感兴趣。"有偏爱伊斯坦布尔的学子,就会有偏爱安卡拉的学子，大学的地理因素极大地影响了学生们的择校动机。

不同的地理区域孕育出不同的城市，不同城市被赋予了性格，贴满了标签，它们超越了大学本身，成为准大学生们择校的决定性因素。学生们的择校观反映出在土耳其为什么伊斯坦布尔和安卡拉能够聚集土耳其绝大多数人口，成为政治、经济、文化的中心，成为高等教育机构的聚集地，成为人才的聚集地。高校考试招生制度带动了各个区域最优秀的学生向两个最发达区域流动，形成了土耳其两个发达区域以绝对优势长期繁荣发展的格局。

（二）由农村向城市迁移的跳板

土耳其高校最初集中分布在伊斯坦布尔和安卡拉，为平衡各省的高等教育资源分配，2006年土耳其政府提出了"省省有高校"计划①，并陆续在81个省的中心城市建立了高校。这些高校中没有一所位于农村，这促使全国高校统一考试成为农村学子通往城市的跳板和希望。在受访的33位考生中有8位来自农村，所有的农村考生都表达了希望通过大学入学考试走进城市的向往。高校考试招生制度已经成为土耳其青年劳动力实现从农村向城市迁移的桥梁。

随着土耳其社会的现代化发展，城市化进程不断加快，农村和城市呈现出严重的两极分化，农村人口迅速减少，青壮年都涌入了城市。据2017年土耳其国家统计局统计数据显示，目前居住在村镇的人口仅占总人口的7.5%②，这与1945年土耳其农村人口占到全国总人口75%的数据形成了鲜明的对比。③ 随着农村的凋敝，青壮年纷纷寻求出路走进城市，其中高校招生考试制度已经成为农村人口"走出去"的重要渠道。E10通过"转制考试"④ 刚刚从副学士院校升入本科大学。在被问

---

① Circlelove, "Üniversite Tanımı ve Üniversitelerin Tarihsel Gelişimi" (December 11, 2017), https://circlelove.co/universite-tanimi-universitelerin-tarihsel-gelisimi/.

② Turkish Statistical Institute, "Results of Address Based Population Registration System 2017" (February 1, 2018), http://www.turkstat.gov.tr/PreHaberBultenleri.do?id=27587.

③ Türkiye İstatistik Kurumu, "Yıllara ve Cinsiyete Göre İl/İlçe Merkezleri ve Belde/Köyler Nüfusu (1927-2018)" (December 16, 2019), http://tuik.gov.tr/UstMenu.do?metod=temelist.

④ 土耳其2年制副学士院校毕业生可以通过转制考试考入4年制大学接受本科教育。

第五章 土耳其高校考试招生制度的公平性及社会影响因素

到为什么要转入四年制大学时，E10 说："我从副学士院校成功考进大学费了许多心力，但我这么做是必需的。升入大学意味着可以去更大的城市，就会有更多机会找到工作。如果从副学士院校毕业很可能回到农村，但是到别的城市读大学再回来的概率就小得多了。"就业问题和城市生活成为 E10 考虑转学制的主要原因，更大的城市意味着更多的就业机会，最重要的是降低了回到农村生活的概率，更有可能迎来不同于农村生活的全新开始。如 E10 一样通过上大学留在城市成为农村考生的主流想法。

K19 在接受访谈时正在 B 市 Y 村的家中度寒假。K19 的父母以养殖奶牛为生，奶牛的副产品如牛奶、奶酪等就是 5 口之家的经济来源。2019 年 Y 村在市政府的登记人口为 319 人[①]，但实际生活在这里的人口远远低于这个数字。整个村子除了老人与幼儿外基本看不到年轻人，年轻人口的锐减使得土耳其农村愈加衰败。刚刚上大一的 K19 更多关注的是个人生活的改变，"我最大的感受是上了大学以后可以看见城市里应接不暇的精彩生活和故事，那是一种完全不同的体验"。城市的生活带给农村孩子更多的精彩与机遇，辛苦而单调的农村生活使得年轻人望而却步。越来越多的年轻人通过考入大学进入城市、找到工作、在城市扎根，脱离农村生活。K19 说起幼时的玩伴们都分散在土耳其的各个城市，走出去的途径无一例外都是考上大学，大家会在周末或假期回到村里探望家人。在我访问 K19 时来了许多村里的访客，K20 是我在这个村里见到的唯一一个 K19 的同龄人，她谈起了她待在农村的原因："我并不认为待在这里是一个好的选择，但是我没有办法通过大学入学考试，它对我来说实在是太难了。我非常羡慕 K19 可以考得这么好考到伊斯坦布尔，我感觉她可以接触更广阔的天空。我参加了两次考试了，今年我还会再考一次，如果考不过，我也会尝试到城市里去找找工作，因为农村实在没有工作的机会，我也不想这么早嫁人。"通过高校入学考试走

---

① Türkiye Nüfusu İl İlçe Mahalle Köy Nüfusları, "Burdur Yeşilova Dereköy Köyü Nüfusu" (August 26, 2020), https://www.nufusune.com/7267-burdur-yesilova-derekoy-koy-nufusu.

进城市已成为土耳其农村学生的普遍诉求。一方面，农村经济萎缩、工作机会缺乏、教育资源匮乏、生活单调平淡，迫使土耳其农村年轻人口向城市迁移。另一方面，在土耳其传统社会观念中女性隶属于家庭而非社会，只有进入大城市女性才有可能摆脱家庭妇女的传统角色步入社会工作岗位。通过高校招生考试走出农村，完成学业，在城市就业，成为农村学生，尤其是农村女性奋斗的目标。

考生们满怀体验城市生活、获得更多就业机会以及走出农村的宿愿，纷纷以大学入学考试为契机，力图实现人生的转折。土耳其高校招生考试成为土耳其人口从农村向城市流动的重要助推器。

总之，一方面，土耳其高校考试招生制度极好地起到了促进人口流动的积极作用；但另一方面，土耳其区域发展不均衡问题沉积已久，想要改变仍需要漫长的时间。区域发展的不均衡所带来的教育发展的不均衡，已经造成了土耳其全国高校统一考试机会不均等的问题：发达区域的学生拥有更好的教育资源和更多的高等教育入学机会，不发达区域的学生却长期处于教育资源匮乏的状态，在高校入学竞争中处于劣势。同时，区域间发展不均衡的问题也促使考生们以高校考试招生为跳板，从不发达区域向发达区域迁移、从农村向城市迁移。区域发展的不均衡在与高校考试招生制度的相互作用下，进一步深化了区域发展的不平衡格局，形成了"马太效应"：发达区域能够吸引优质教育资源和拔尖人才，教育愈加发达；不发达区域难以留住人才，教育发展愈加落后。因此，土耳其高校考试招生制度作为教育制度的重要环节，要促进区域间平衡发展，就需要通过对弱势区域实施补偿政策，以保障弱势区域学生的入学机会均等。

四 高校考试招生制度公平水平的进一步提升方向

土耳其高校考试招生制度非常注重维护制度的公平性，始终强调考试招生过程的"统一性"，以考试管理统一、要求统一、内容统一、评价标准统一以及统一招生录取等来实现高校考试招生制度在各个环节的无差别公平。土耳其高校考试招生制度除了逐渐加强对残疾考生的补偿性政策外，其他各类优惠政策反而在改革中不断收紧，力求最大限度维护高校考试招生制度的程序公平。这一追求公平高于效率的举措与土耳其社会和民族性格极为契合。面对"每个土耳其公民都会关注的考试制度"（P1），高校考试招生制度由国家考试招生机构统一管理，在公众的监督下始终坚持公平原则，从未松懈。在所有受访的高校考试招生制度的利益相关者中，土耳其高校考试招生制度的公平性几乎得到了受访者的一致肯定，受访者认为它给予了所有学子通过竞争性考试公平进入大学的机会，是当下最适合土耳其的高校人才选拔制度。但事实上，高校考试招生制度的绝对公平反而会掩盖背后隐藏的社会不公平问题，从而引发新的不公平问题。

每个国家基于自身的历史和社会特点，社会不公平问题的呈现方式不尽相同，高校考试招生制度所关注的社会弱势群体也不尽相同。比如在美国，较为关注少数族裔、女性以及残疾人的入学公平问题[1]；韩国更关注贫困生、社会关怀者、农/渔学生等的大学入学公平问题[2]；法国更为关注来自较低社会阶层学生的大学入学公平问题[3]。在土耳其，除了已经被关注的残疾人入学公平问题外，高等教育入学机会的性别平等问题、中等教育的资源分配公平问题、高等教育入学机会的区域公平问题也是备受土耳其社会关注的问题，这些社会不公平问题长期存在，成为导致高校考试制度备受非议的症结所在。而这些问题也为土耳其高校考试招生制度进一步提升公平水平指明了方向。

（一）促进女性入学公平

土耳其共和国成立在一个600多年的封建王朝之上，在建国后向世俗社会转变，然而发展至今土耳其社会仍受到宗教和社会文化传统的深刻影响。土耳其女性地位自土耳其共和国成立后虽有显著提升，但并未

---

[1] 覃红霞、刘海峰：《美国弱势群体入学政策的法律审视与启示》，《高等教育研究》2015年第3期。
[2] 凌磊：《韩国一流大学弱势群体招生考试探析》，《外国教育研究》2017年第11期。
[3] 卞翠：《法国高校招生考试制度研究》，华中师范大学出版社2016年版，第196—199页。

真正实现男女平等，女性的角色更多是家庭角色而非社会角色。虽然高校考试招生制度中并无对女性的限制与歧视，但基于土耳其社会事实上的两性不平等，女性高等教育入学仍面临着极大的不平等问题：女性在高等教育专业选择时受社会刻板观念影响、女性在接受高等教育后回归家庭的概率较高、即使进入工作岗位女性仍无法实现与男性同工同酬，这些因素都导致土耳其女性高等教育入学机会低于男性。这也是土耳其为何虽然是高等教育高度发达的国家，却尚未出现高等教育入学率"女多于男"现象的症结所在。

在女性尚属于土耳其社会弱势群体的现实下，土耳其高校考试招生制度中却始终没有出现为女性提供补偿的政策，虽然已有如比尔肯特大学等为鼓励偏远区域女性可以获得公平的入学机会而专设了女性奖学金（见第四章第三节），但这些自下而上的补偿性措施无疑杯水车薪，无法从根本上改变土耳其女性入学机会不公平的事实。如果土耳其高校考试招生制度能够为女性提供补偿性政策，使偏远地区、落后区域的女性能够有更多机会进入高校，这将从教育制度层面影响社会制度，为实现女性高等教育入学机会公平创造条件。

（二）合理配置中等教育资源

土耳其中等教育资源分配极不平衡，且不均衡的体现较为复杂，存在着：中等教育机构中不同性质高中的教育资源分配不均衡、同等性质的中等教育机构中不同类型中学的教育资源分配不均衡、城乡中学的教育资源分配不均衡等诸多问题，中等教育资源分配不均衡也造成了高等教育入学机会不均等问题。

中等教育资源的分配不公平问题并非全国高校统一考试招生制度的问题，却与高校入学机会公平休戚相关，要保障中学生能够获得平等的高校入学机会就必须为他们提供一个相对公平的竞争平台。如何通过高校考试招生制度改革减少中等教育的"唯考试"问题，进一步实现中等教育机构教育资源在区域、城乡、类型上的合理分配，是土耳其政府、国家教育部门、高等教育机构、中等教育机构以及国家考试招生机构需要长期共同面对、通力协作的问题。

(三) 促进区域公平发展

土耳其的七大地理区域不论是在经济、文化、教育等各个方面的发展都极不均衡。通过对各区域中等教育和高等教育的资源分布数据分析后可知，优质教育资源向马尔马拉区和中安那托利亚区严重倾斜，其他区域教育资源相对匮乏。虽然土耳其政府一直致力于推进教育资源在各区域的合理分配，但是收效甚微。行政力量难以阻止优质教育资源向发达区域流动的客观规律。

区域发展的不平衡一方面导致了各区域学生高等教育入学机会的不公平，发达区域学生明显较不发达区域学生拥有更多获取高等教育的机会；另一方面也加速了人口向发达区域的流动，虽然在一定程度上促进了人才流动和文化融合，但是也进一步造成了不发达区域的人才流失，使得不发达区域更不发达。土耳其高校考试招生制度作为社会制度的一环，在面对区域发展不均衡导致的高校入学机会不平等问题时出台了各中学第一名保留名额政策，以期通过这一政策减少不发达区域高中第一名学生的竞争范围，增加入学概率，然而这一政策并未改变不发达区域学生竞争力更弱的现实，对于弱势区域的考生来说并无实质性的补偿意义。在区域发展不均衡造成高校入学机会不公平的现实下、在户籍管理制度相对宽松和灵活的情况下，土耳其政府如何为不发达区域提供更行之有效的扶持政策以促进区域间均衡发展、如何进一步平衡区域间教育资源的公平分配、国家考试招生制度如何为不发达区域学生提供补偿政策，是土耳其政府和国家考试招生机构需要共同面对的难题。

总之，土耳其高校考试招生制度以"统一"维护着制度的公平，其公平性已经得到了社会的普遍认可。它使得来自农村、落后区域和贫困家庭的学子都有机会通过竞争性考试走进知识的"象牙塔"，改变人生。虽然土耳其高校考试招生制度以近乎绝对的程序公平维持着其权威性和公正性，然而高校考试招生制度并非真空存在，它无法孤立于社会和教育系统单独运行，它会受到诸多社会不公平因素的影响从而产生新的不公平问题。因此，作为社会制度的一环，高校考试招生制度不能仅以维护自身制度公平来"独善其身"，更需要通过对社会弱势群体提供补偿政策来削弱社会不公平因素对高校考试招生制度带来的负面影响，进一步提升高校考试招生制度的公平水平，促进高校考试招生制度的实质公平。然而要"消灭经济和文化条件的差别"① 和个体差异，实现实质上的高等教育起点公平，目前来看在全世界范围内都仍是奋斗的目标，尚难以企及。

---

① 刘海峰：《高考改革中的公平与效率问题》，《教育研究》2002年第12期。

第六章

土耳其高校考试招生制度的分析与发现

前五章分别从宏观上介绍了土耳其教育体系的基本概况，从纵向上了解了土耳其高校考试招生制度的发展历史和改革历程，从中观上通过个案展示了土耳其高校考试招生制度的实施情况，从微观上通过对利益相关者的研究揭示了土耳其高校考试招生制度公平及其社会影响因素。本章主要对土耳其高校考试招生制度进行总体分析并总结研究发现。集中探讨以下几个方面的问题：探索土耳其高校考试招生制度存在的主要争议，归纳和总结土耳其高校考试招生制度的特点，从高校考试招生制度的改革规律推测其未来的发展趋势，分析土耳其高校考试招生制度与社会的关系，最后对土耳其高校考试招生制度的有益经验进行总结，以期为中国高考制度改革提供启示。

第一节 土耳其高校考试招生制度的争议

土耳其高校考试招生制度关系着上百万人的直接利益、影响着几代人的成长与未来、牵动着整个教育系统的神经、决定着土耳其国家人才培养的规格和行业发展的方向。它的存在与发展涉及众多利益主体，它在影响着这些利益主体的同时也接受着来自不同利益主体的评判与诉求，面对着现实的困境与争议。困境与争议不仅能体现出一项社会制度对社会的影响力，也可能成为这项制度未来改革和发展的引路明灯，对

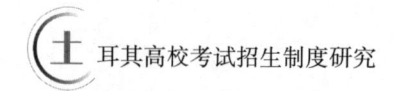

它进行探讨有其现实必要性。

1977年在土耳其教育协会的号召下曾经举办过一场"高校入学问题研讨会"。这场汇聚了土耳其学术研究人员的研讨会充分展现了土耳其高校考试招生制度在实施之初的困境与争议。当时热议的高校统一考试招生制度中考试题型的优劣问题、考试的区域公平问题、全国高校统一考试招生制度的存废等问题，不仅充分反映了当时土耳其全国高校统一考试招生制度的困境与争议，在时隔四十余年后，对今天的土耳其高校考试招生制度依然适用，从未过时。本节在分析研究土耳其高校考试招生制度的实施现状、社会舆论、学术研究和访谈数据等基础之上，再次探讨土耳其高校考试招生制度现今存在的主要困境与争议，主要包括：高校统一考试招生制度的存废之争、土耳其考试招生机构的信任危机、私人补习班的功过之争以及高校考试招生制度的区域公平之争四个方面的问题。

一 全国高校统一考试招生制度的存废之争

土耳其高校统一考试招生制度作为土耳其的一项基本制度，是土耳其国家发展和社会发展的必然产物。它自下而上产生后一直掌握在政府手中，实行自上而下的统一管理。这一制度自建立以来从未有过被中止或废除的官方行为，甚至对其中止或废除的学术讨论在文献上也极为罕见，这归因于土耳其政府对学术界的严格管控。在这一背景下，土耳其社会各界对全国高校统一考试招生制度的研究大都仅限于围绕考试技术、考试公平或有关考试所带来的弊端等展开，这些研究致力于促进全国高校考试招生制度的科学、合理和公平水平的不断提升。然而在学者的研究中虽未有对高校考试招生制度存废的直接阐述，但透过学者们尤其是土耳其学者的研究成果，可以感受到学者们对于这一影响着国家发展和无数家庭命运的高校考试招生制度的态度。

土耳其全国高校统一考试招生制度之弊：（1）危害考生的身心健康。每过一段时期，土耳其学者就会以实证研究证实高校考试招生制度严重摧残着土耳其年青一代的身心健康。学者们认为，参加土耳其全国

第六章　土耳其高校考试招生制度的分析与发现

高校统一考试的人群已经成为一个高风险的抑郁症群体，是潜在的抑郁症患者。[1] 此外，考试制度还会造成肌肉骨骼疾病，从生理上危害年轻一代的成长。[2] 这迫切需要制定国家教育政策和干预措施，以解决由此可能导致的社会风险和反社会行为。[3]（2）限制了中等教育的发展。学者们通过实证研究证明全国高校统一考试影响着中等教育各个学科的发展，造成了对教育不利的影响。以外语学科为例，对高中英语教学的研究结果表明，全国高校统一考试对外语教学的计划、内容、方法和结构等都造成了不利影响。[4] 高中教师的首要职责已经不是教授英语，而是帮助学生掌握考试方法，训练他们在考试中应对更多的问题。[5]（3）考试制度不完备。研究表明，笔试不应成为考试的唯一形式，比如外语考试就需要更多的考查形式[6]，而有的专业，如教师教育专业有必要在全国高校统一考试中增加教师技能类的考试和口试环节，全国高校统一考试制度需要向更合理的方向改革。[7]（4）招生制度不科学。有学者认为，全国高校统一考试获得高分数与大学专业学习能力之间存在着高度

---

[1] Yıldırım İbrahim, Ergene Tuncay, Münir Kerim, "High Rates of Depressive Symptomsamong Senior High School Students Preparing for National University Entrance Examination in Turkey" *International Journal on School Disaffection*, Vol. 4, No. 2, January 2007, pp. 35-44.

[2] Ali Kitiş, Nihal Büker, "Effects of Musculoskeletal System Problems on Quality of Life and Depression in Students Preparing for University Entrance Exam" *Korean JPain*, Vol. 30, No. 3, July 2017, pp. 192-196.

[3] Yıldırım İbrahim, Ergene Tuncay, Münir Kerim, "High Rates of Depressive Symptomsamong Senior High School Students Preparing for National University Entrance Examination in Turkey" *International Journal on School Disaffection*, Vol. 4, No. 2, January 2007, pp. 35-44.

[4] Özgür Yıldırım, "Washback Effects of a High-Stakes University Entrance Exam: Effects of the English Section of the University Entrance Exam on Future English Language Teachers inTurkey" *The Asian EFL Journal Quarterly*, Vol. 12, No. 2, June 2010, pp. 92-116.

[5] Çiler Hatipoğlu, "The Impact of the University Entrance Exam on EFL Education in Turkey: Pre-service English Language Teachers'Perspective" *Procedia-Social and Behavioral Sciences*, Vol. 232, No. 14, October 2016, pp. 136-144.

[6] F. Özlem Saka, "What do Teachers Think about Testing Procedure at Schools?" *Procedia-Social and Behavioral Sciences*, Vol. 232, No. 14, April 2016, pp. 575-585.

[7] Celal Can Çakmakcı, "Türkçe Eğitimi Bölümlerine Kabul Koşullarının Avrupa Birliğinin Önde Gelen Ülkelerindeki Ana Dili Öğretmeni Yetiştirme Programları İle Karşılaştırılması" *ZFWT*, Vol. 9, No. 2, 2017, 9, pp. 39-59.

的不匹配，目前以考试分数作为高校录取依据并不可取。①

除研究土耳其高校考试招生制度弊端的学者外，也有一批学者是全国高校统一考试招生制度的拥护者，他们通过研究证实了高校考试招生制度的优越性与实施的必要性：（1）土耳其高校考试招生制度并非"一考定终身"的制度，具有制度优越性。②（2）作为一个全国性的高校考试招生制度，统一考试给予各阶层人民平等的入学机会，应予以坚持。③

相较于学者们通过学术研究对高校考试招生制度进行的理性讨论，受访的高校考试招生制度的利益相关者更为旗帜鲜明地表达了自己对高校考试招生制度存废的主观看法。

认为土耳其高校考试招生制度应该保留的受访者普遍表示，目前的高校考试招生制度是最适合土耳其的方案，它满足了民众的诉求。"我觉得现在制度是最好的，而且是最公平的。我想不出其他的方法代表它，如果不通过考试如何保证入学公平？现在所有的学生都面对同样的考试内容，有同样的机会进入大学。"（K1）"现在的系统下，所有的人参加同样的考试，录取时不仅根据考试成绩，我们还会将学生进行排名，根据排名和个人选择决定进入哪所大学。如果你的考试结果不好，但是总体情况下你的排名好，也可以进入大学。我觉得这是一个公平的系统。"（K4）"虽然我觉得这个考试非常难，并且对我们的心理健康并不好，但是在努力1—2年后你可以得到你想要的，所以我觉得它没有那么糟糕。我不认为它完全正确，但是我也不认为引入一个像美国或者欧洲的高校考试招生系统适合我们国家，就目前看来这个系统是我们最

---

① K. Mert Çubukçu, "Evaluating Higher Education Policy in Turkey: Assessment of The Admission Procedure to Architecture, Planning, and Engineering School", *International Journal of Education Policy & Leadership*, Vol. 4, No. 4, May 2009, pp. 1-14.

② Kala Krishna, "Retaking in High Stakes Exams: Is Less More?" *International Economic Review*, Vol. 59, No. 2, Februay 2018, pp. 449-477.

③ Tuncer Bülbül, "Factors Influencing Access to Higher Education in Turkey" (June 7, 2016), https://www.intechopen.com/books/global-voices-in-higher-education/factors-influencing-access-to-higher-educati-on-in-turkeys.

好的选择。我们都必须参加考试，没有人可以干预我们的得分，这很公平。"（K8）"我觉得除非有人找到一个完美的替代品，否则它就是目前最好的。这个系统并不是在测量 IQ，而是在测量你有多努力学习。所以我非常尊重这个系统。"（K9）

不仅是考生们如此认为，土耳其国家考试招生机构的管理人员也持同样的观点："从技术上来说，考试系统在试题设计、试题准备、试题库的建设方面都没有问题，我们的考试系统背后有一流的专家支持。这个考试系统有能力选拔我们所需要的学生，比如说具备科学学科学习能力的学生，或者是具备社会科学学科学习能力的学生。如果换一个非考试入学系统，首先的问题是候选人数量庞大，其次是公平问题，你没有办法确保公平。我可以想象如果换一个系统，政客、有权力的人、资本家，都会想要去影响这个系统，目前的系统是不允许这些干预出现的。所以就我的观点看来，目前的现实并不允许土耳其实施去中心化的大学入学选拔系统。"（P1）支持者对土耳其高校考试招生制度的支持，首先是对其公平的肯定，其次是技术上的肯定。土耳其高校统一考试招生制度使得所有学子都有机会通过竞争性考试进入高校。面对有限的高等教育资源和超过高等教育承载力的候选人，目前的高校考试招生制度以其公平性和高效性收获了大量的支持者，树立了权威，是被广大利益相关者普遍认可的，是目前最为"公平"和"适合"的。因此，土耳其社会的高校考试招生制度有其继续存在的必要性和必然性。

认为应当废除全国高校统一考试招生制度的反对者亦有鲜明观点："我真的不喜欢这个系统，我觉得它不能够很好地起到选拔人才的作用，只是训练会考试的工具人，并不能锻炼人的其他方面能力，对于个人的成长非常不利。"（E7）"我觉得最好的方式是没有考试，通过计划和项目，比如提交年度报告，而不是仅在最后一年冲击考试，这不是一个正确的方式。"（K3）"如果我有孩子我绝对不让他在土耳其参加考试，我会鼓励他到欧洲或者美国去读大学。我确实没有什么办法让这个考试系统变得更好。"（K5）"我觉得我们的考试招生系统很有问题，在我们准备考试的时候突然就改变了，我们不得不改变学习的内容和方法。它不稳定，每年都在改革，我觉得这是个严重的缺陷。"（E1）"我觉得这个系统非常可笑。我们一直处于备考的紧张、压力状态。我们如此年轻，我们所有的人生，高中的时光都只关于考试，不应该是这样。"（K6）"直到现在我还有考试的心理障碍，后来演变成了生理上的问题，一种压力性的皮肤病。我觉得这个系统非常糟糕，我上了大学只学习物理、生物、数学、化学等科目，这是我的职业范围内需要学习的科目。但是在考试时我学了非常多的科目，对我的未来并没有什么帮助。"（E4）受访者反对目前高校考试招生制度的原因是多方面的，一是认为考试制度下培养了一群只会考试的工具人，不利于年轻人的身心健康；二是考试系统改革频繁，有损中等教育的稳定性与连贯性；三是考试科目过多，考完即无用。

在保留派和废除派之间也有改良派，他们认为目前的高校考试招生制度可以存在，但是需要进一步改革和完善。"大学在选拔学生的时候或许不能仅依靠考试成绩，就像美国的大学入学系统一样，成绩并不是选拔学生的唯一依据，学生的社交能力、个人能力等更为重要。"（K12）"我觉得所有的试题都一样，从适当的回答中进行选择。我希望可以写一些自己的想法，创造性的东西。改变考试的题型就很好。"（K2）"考试里有一个宗教文化和道德科目，将此科目包含在考试科目中纯粹是出于政治的考量。从普适性的角度来看，宗教文化和道德知识问题在考试中的价值如何还是个谜。"（T1）改良派觉得高校考试招生系统的录取标准还有待多元化、考试题型有待多样化、有的考试科目存在的教育意义不大，可以通过改革以增加高校考试招生制度的科学性和合理性。

敢于大声说出自己对高校考试招生制度看法的，大多是高校考试招生制度的最直接利益相关者——考生。他们对于这一制度的爱与恨都用情绪直接表达了出来。在访谈中，当谈及自己的备考和考试经历时，许多受访者似乎又回到了那个特殊的备考时期，眼泪、激动、失语、哽咽都不可控制地写在了脸上。他们是年轻而鲜活的，他们在这一制度下成长并为之奋斗，他们用自己的亲身经历诉说着高校考试招生制度的利与弊。他们渴望进入更好的大学，就不得不接受考试制度下的应试教育，面对残酷的竞争。在进入大学以后，当他们的人生伴随着这场考试彻底

第六章　土耳其高校考试招生制度的分析与发现

改变，他们成为命运的改变者，尝到了考试的甜头，成为高校考试招生制度的受益者，绝大多数人开始认同这一制度，认为高校考试招生制度带给了他们进入大学的机会，而高校考试招生制度的公平性使得他们相信奋斗就可以实现梦想，人人平等。但也有人因为考试患上了心理或生理疾病，久久走不出来，他们总觉得应该改变什么，却无法提出更好的方案。"最适合""最公平"成为这一高校考试招生制度赢得民心的关键所在，正如T1所言："我们可以批判考试，但是我们无法提出替代模式，因此它不能废除。"

不论是有关土耳其高校考试招生制度之弊的学术研究，还是关于其废除的讨论，在土耳其社会尚未建立起诚信机制以前都无法撼动全国高校统一考试招生制度在土耳其的地位。在土耳其这个将"公平"摆在制高点的社会，不可能信任除统一考试之外的其他高校人才选拔方式，甚至对除选择题以外的其他主观题型都尚无法去尝试和接受。可以说维护公平是土耳其全国高校统一考试招生制度得以保持长久生命力的关键。由此可见，在未来很长一段时期内，土耳其高校考试招生制度仍然会坚持以公平为首要原则，继续承担起土耳其高校人才选拔的重任。

二　国家考试招生机构的信任危机

土耳其"测量，选拔与分发中心"作为土耳其全国高校统一考试招生的管理机构，不仅掌管着土耳其全国高校统一考试招生制度的研究、创新等工作，也具体负责高校入学考试和招生工作的实施，是土耳其全国高校统一考试招生制度的管理者、实施者、评估者和研究者。这一国家机构对土耳其全国高校统一考试招生制度拥有绝对的解释权和管理权，仅受到上级政府部门的管理，不受任何高校或个人的牵制。然而作为一个将招、考、科研等工作都集于一身的考试招生机构，国家考试招生机构的工作量庞大，它的任何一项决定、一个举措，都"牵一发而动全身"。因此，国家考试招生机构的工作都被放在了放大镜下，接受着公众的高度关注与严格监督。

在土耳其社会中，土耳其高校考试招生制度的公平性备受关注的核心问题，而作为考试招生管理机构，维护考试安全，保障考试招生制度的公平性和公正性是机构得以生存和发展的前提。在国家考试招生机构接管土耳其全国高校统一考试招生的近半个世纪中，也曾经发生过数次重大的考试安全事故，将国家考试招生机构推上了社会舆论之巅，引发了社会各界的口诛笔伐，甚至曾一度引发取消国家考试招生机构的全民信任危机。这些信任危机虽然从表面上看并未撼动国家考试招生机构的地位，实际上却给国家考试招生机构的信誉造成了不可修复的损害，也让土耳其全国高校统一考试招生制度的利益相关者成为惊弓之鸟，随时对国家考试招生机构的工作保持着高度存疑的态度。

对土耳其国家考试招生机构信誉造成损害的事件在土耳其高校考试招生史上有两次，首先是1999年的试卷被盗事件。1999年土耳其大学入学考试（ÖSS）共有1477408名学生报名，计划在148个考点举行考试。就在考试的前一天，伊斯坦布尔马尔马拉大学神学院考点的两本试卷被盗，直接导致当年的大学入学考试被迫取消。该考点是国家考试招生机构的三个试卷存放仓库之一，当天负责大楼安全的主管和护卫人员在巡查时发现，有25个试卷信封被打开，两包试卷遗失。遗失试卷的包装袋被切割破坏且染有血迹，通过DNA对比确认盗卷者是一名负责试卷运输工作的讲师。此后这名盗卷者被抓获，同时国家考试招生机构也临时宣布全国高校统一考试延期一个月举行，以重新制卷。当时即将于第二天参加考试的近150万考生在得知此消息后格外震惊，考生和家长对国家考试招生机构的工作产生了怀疑，他们认为："如果连试卷都无法保护，他们又怎么能保护我们，用这些试题来决定我们的将来？"时任国家考试招生机构主席费特希·托克（Fethi Toker）在盗窃丑闻后表示："对于此次极其悲惨的事件，我向公众、家长、考生和官员们表示歉意。"[①] 但这不能改变当年重新制卷浪费了纳税人3.5亿里拉的事实，也无法抚平150万考生和无数家长的愤怒与焦虑。这一事件为土耳

---

① Hürriyet, "1.5 Milyon Öğrenci Yıkıldı"（May 2, 1999）, https://www.hurriyet.com.tr/gundem/1-5-milyon-ogrenci-yikildi-39076985.

其国家考试招生机构的信誉画上了极不光彩的一笔。

国家考试招生机构考试安全的另一起丑闻影响更大，波及范围更广。这一事件与费图拉恐怖组织（Fetullahçı Terör Örgütü，FETÖ）直接相关。FETÖ 宗教组织 1960 年开始逐步渗透进土耳其司法、情报、媒体、商业界、教育界、政府机构等各个领域，甚至通过开办私立学校培养和控制了大批信徒，后于 2016 年 4 月被土耳其政府认定为恐怖组织。[1] FETÖ 通过安插在国家考试招生机构的核心技术人员，盗取了涉及国家主要管理机构和政府部门的试题，协助 FETÖ 组织成员考入国家机关，成长为国家机关的要员，并于 2016 年制造了震惊土耳其全国的军事政变，使土耳其国家安全一度岌岌可危。

FETÖ 组织引发的考试安全危机发生在 2010 年，这一事件被国家考试招生机构称为"灾难性的作弊丑闻"[2]。国家考试招生机构调查发现，这位盗题者是国家考试招生机构的内部工作人员，同时也是 FETÖ 成员。盗题者直接潜入国家考试招生机构核心试题库盗取了国家公务员考试（KPSS）试题，并将试题发送给了该恐怖组织的内部成员。调查工作持续了数年，共清查出 41 名国家考试招生机构的内部工作人员系 FETÖ 成员并除名。此后，国家考试招生机构也对机构人员进行了重组，"将工作重点放在了对流程的信任上，而非对人的信任上"[3]。甚至在技术基础架构、业务流程和人员配置方面都进行了全盘更新。

2016 年土耳其政府公布的最终调查结果表明，这一组织在国家考试招生机构内渗透极深且潜伏时间较长，题库被盗取的不仅是 2010 年的国家公务员考试试题，还包括从 2009 年至 2013 年的国家公务员考试试题、2014 年的全国高校统一考试第二阶段（LYS）考试试题各个时期

---

[1] Reuters, "Turkey Officially Designates Gulen Religious Group as Terrorists" (May 31, 2016), https://www.reuters.com/article/us-turkey-gulen/turkey-officially-designates-gulen-religious-group-as-terrorists-idUSKCN0YM167.

[2] ÖSYM, "Basın Açıklaması" (August 22, 2017), https://www.osym.gov.tr/TR, 13330/basin-aciklamasi-22082017.html.

[3] ÖSYM, "Basın Açıklaması" (August 22, 2017), https://www.osym.gov.tr/TR, 13330/basin-aciklamasi-22082017.html.

各个行业的试题。① 考题窃取方式是在题库计算机上安装了接口程序，因此，2010年后国家考试招生机构所负责的考试一直处于安全漏洞中，而盗题者是国家考试招生机构的计算机工程师，甚至还是国家考试招生机构几个重要软件的开发人。潜伏于国家考试招生机构的FETÖ核心涉事人员达4人，最终被判处6年3个月至18年9个月不等的有期徒刑。② 这场国家考试招生机构与恐怖组织展开的斗争持续时间长、影响范围广。这场试题安全事故已然超出了简单的个人利益范围，上升为国家安全事件，反而使国家考试招生机构获得了公众的同情。但自此以后，如何进一步维护考试安全，增强国家考试招生机构的公信力，成为国家考试招生机构的首要建设目标。

土耳其国家考试招生机构作为各级各类考试的管理者、实施者和评价者，直接把控着国家核心管理机构和高等教育机构的人才进口关，它的安全性和可信度影响着整个土耳其国家人才选拔和国家建设的步伐，任何一次国家考试招生机构的安全事故其影响都是灾难性的。进一步加强国家考试招生机构的安全工作，避免考试安全事故的再次发生，重塑国家考试招生机构在公众心目中的形象，是土耳其高校考试招生制度得以生存和发展的重要前提。

三 私人补习班的功过之争

土耳其私人补习班随着全国高校统一考试招生制度的诞生而产生，它是土耳其高校考试招生制度的直接产物。在它不断发展壮大的过程中，高校考试招生制度也受到了争议，认为私人补习班的盛行是高校考试招生制度之过。私人补习班的"功过之争"与高校考试招生制度紧密相连，无法分割。

---

① Yenisafak, "FETÖ 15 Temmuz'dan sonra da Soruları Çalmış"（March 15, 2018），https://www.yenisafak.com/gundem/feto-15-temmuzdan-sonra-da-sorulari-calmis-3165903.

② AA, "FETÖ'nün ÖSYM Sorularını Sızdırması Davasında Karar", Serdar Açıl, Cemil Murat Budak（September 4, 2020），https://www.aa.com.tr/tr/turkiye/fetonun-osym-sorularini-sizdirmasi-davasinda-karar/1963312.

第六章 土耳其高校考试招生制度的分析与发现

　　1965 年土耳其《私立教育机构法》颁布后私人补习班正式取得了合法地位，土耳其私人补习班开始发展壮大的同时，关于补人私习班的争议也开始了。1980 年后对私人补习班的争议愈演愈烈，1983 年土耳其国家制宪会议第一次讨论了关闭私人补习班的法律草案，后经国家安全委员会决定从 1984 年 7 月起关闭所有私人补习班。1983 年土耳其大选后顾扎尔政府（Turgut Özal Hükümeti）成立之际，在私人补习班的禁令生效之前，私人补习班的所有者联合起来通过游说、科学研究等方式成功说服新政府取消了关闭私人补习班的决定。1985 年，私人教育培训协会（Özel Eğitim-Öğretim Derneği，简称 ÖZDEBİR）成立。私人教育培训协会志在领导私立教育机构在教育界中占据一席之地，成为一个"强大而有效的非政府组织"①。私人教育培训协会的创立使得私人补习机构有了组织性、制度性和凝聚力，加速了私人补习班的成长。为了了解目前土耳其私人教育培训协会的发展现状，笔者曾对两位私人教育培训协会的区域管理者②进行过深度访谈。访谈数据表明，土耳其私人教育培训协会规模庞大，并有着持续发展壮大的生命力："是继国家考试招生机构（ÖSYM）之后与高校考试招生制度直接相关的第一机构。"（Ö1）受访者表示，私人教育培训协会的会员遍布土耳其的各个省、市，但受访者坚持不愿透露会员的具体数字，因为"即使出于学术研究的目的，共享这些信息也将带来不必要的麻烦"（Ö2）。很显然，土耳其私人补习班已经遍布全国，成长为组织性强且规模庞大的教育机构。

　　反对私人补习班存在的社会舆论认为，私人补习班之"过"罄竹难书：（1）在学生们追求考试成绩第一的背景下，私人补习班加深了教育系统已经存在的不平等。参加私人补习班的学生在测试分数中几乎呈现了相同的优势：1 小时的辅导能够提升 12 分到 15 分。但是私立补习主要面向高收入家庭的学生，这造成了学生之间高等教育入学机会的

---

① ÖZDEBİR, "ÖZDEBİR'in Tarihçesi" (December 28, 2019), http://www.ozdebir.org.tr/tarihcemiz。

② 两位私人补习协会区域管理者在文中分别用 Ö1 和 Ö2 代表。

不平等。① (2) 私人补习班所提供的补习课程与入学考试的内容直接相关,甚至有的科目的补习内容直接反映了测试题目,严重损害了考试的测试功能。(3) 私人补习班的老师大多来自高中,严重妨害了高中教育的正常开展。② 在舆论的推动下,2014年土耳其国家教育部修订了《国家教育基本法》,宣布关闭私人补习班,将其改组为私立教育机构。这一法令的出台促使一部分具备办学资质的私人补习班迅速改制成为私立高中,而很大一部分小规模私人补习班被迫关闭。法令出台的同时,官方也给出了私人补习班关闭的主要原因:(1) 私人补习班已经成为高中进行教育和培训活动的替代方案;(2) 私人补习班导致学生之间受教育机会不均等;(3) 私人补习班对政府的教育和培训政策产生了负面影响;(4) 私人补习班引导家长和社会认为考试成功就等同于教育成功,这使得社会和家长对学校和教师不再重视,片面追求考试;(5) 学生将所有课余时间都花费在了私人补习班,远离了可以促进社交技能发展的社会活动,不利于学生成长。③ 这无异于对私人补习班之"过"作出了"官方认证"。

针对政府和学者列出的私人补习班之过,也有学者提出了不同的观点:(1) 私人补习班在中等教育资源分配不均衡的现实下,对教育资源匮乏的地区起到了教育补偿的作用,是正规教育之外必要的教育补充。(2) 如果正规中等教育机构无法把所有的注意力都集中在全国高校统一考试上,私人补习班可以提供更多帮助,这是全国高校统一考试的必然产物,是学生需求下的合理性产物。④ (3) 私人补习班可以为学

---

① Hasan Ünala, E. Mehmet Özkana, "The Effect of Private Tutoring on Performance in Mathematics in Turkey: A Comparison Across Occupational Types", *Procedia-Social and Behavioral Sciences*, Vol. 2, No. 2, December 2010, pp. 5512–5517.

② Türk Eğitim Derneği Yayınları, *Yüksek Öğretime Giriş Sorunları Eğitim Toplantısı 25–26 Ekim 1977*, Şafak Matbaası, 1978.

③ Tedmen, "Anayasa Mahkemesi'nin Dershanelerin Kapatılmasına Yönelik Gerekçeli Kararına İlişkin Değerlendirmeler" (August 4, 2015), https://tedmem.org/mem-notlari/gorus/anayasa-mahkemesinin-dershanelerin-kapatilmasina-yonelik-gerekceli-kararina-iliskin-degerlendirmeler.

④ Türk Eğitim Derneği Yayınları, *Yüksek Öğretime Giriş Sorunları Eğitim Toplantısı 25–26 Ekim 1977*, Şafak Matbaası, 1978.

生提升约9%进入大学的可能性,而在高中的最后一年接受补习的考生考试成绩提升更为显著,这对学生是利好的。[1] (4)"选择接受何种教育和培训、以何种方式接受教育和培训,是个人获得教育的权利,而彻底关闭私人补习班侵犯了学习者和教师的教育权。"[2]

相对于学者们对私人补习班功过的理性之争,高校考试招生制度的最直接利益相关者——考生和家长却对私人补习班持认可的态度。抛开受访者对私人补习班收费昂贵这一问题颇有争议之外,受访者普遍认为在应对大学入学考试的过程中,参加私人补习班对学生而言百利而无一害。对于学生来说,私人补习班是考前重要的应试补给,是获得考试知识、增强考试自信的"圣地":"私人补习班会为我们请来很好的老师,在这里我可以让自己兴奋起来,我觉得只要参加了私人补习班,考试就不会有太大的问题。"(E5)"在这个时代,面对这个考试系统,没有私人补习班,只靠高中是不行的。私人补习班为我参加考试做好了心理准备,我对它非常满意。"(K16)"私人补习班在土耳其教育市场非常流行,家里有条件的都会去。"(K9)"我可以去私人补习班或者是一对一私人课程,但是其他人不一定负担得起。所以参加了私人补习班在大学入学竞赛中就已经胜出了一筹。"(K11)对于家长而言,送孩子去补习班是作为家长最起码的责任和对孩子的支持:"我和妻子谈过,必须送孩子们去私人补习班,这是最起码的考试保障。"(F2)无法参加私人补习班的人甚至被认为是不幸的:"农村没有私人补习班,我认为他们比较不幸。"(M5)可见,不论对私人补习班"之过"的定论如何,在如今的土耳其,针对大学入学考试量身定制的私人补习班,已然成为考生和家长们大学入学考试备战的首选,成为考生们应试的必需品。

土耳其私人补习班存在时间长、发展迅速、规模庞大,它的功过是

---

[1] Aysit Tansel, Fatma Bircan, *Private Supplementary Tutoring in Turkey Recent Evidenceon Its Various Aspects*, IZA Discussion Paper, May 2005, pp. 1–23.

[2] Tedmen, "Anayasa Mahkemesi'nin Dershanelerin Kapatılmasına Yönelik Gerekçeli Kararına İlişkin Değerlendirmeler"(August4, 2015), https://tedmem.org/mem-notlari/gorus/anayasa-mahkemesinin-dershanelerin-kapatilmasina-yonelik-gerekceli-kararina-iliskin-degerlendirmeler.

非一直是社会热议的焦点。社会舆论对私人补习班产生争议的核心还是围绕着私人补习班加深了高校入学机会不公平的问题。但很显然，关闭私人补习班也并不能保障教育资源公平分配。因此在机会均等的基础上讨论私人补习机构的废除，这一说法本身难以立足。私人补习班是社会经济发展不平衡和中等教育资源分配不均衡的必然产物、是市场经济的产物、是实施高校竞争性入学考试的产物。因此，与其限制和关闭私人补习班，不如依靠政府创建一个整体的、以学生为中心的，具有高质量和合格教育目的的教育系统，同时正确引导和规范私人补习班的发展。

四 全国高校统一考试招生制度的区域公平之争

"不患寡而患不均"，在土耳其亦是如此。公平问题是土耳其社会尤为关注的核心问题之一，高校考试招生制度是否能做到公平、公正、公开，是土耳其高校统一考试招生制度保持权威性和延续性的根本保障。早在1979年土耳其全国高校统一考试招生制度实施之初，学者们就已经对土耳其实施全国高校统一考试招生制度下的区域不公平问题展开了激烈的讨论。

持质疑观点的学者通过对1976年全国统考所录取学生的区域分布情况进行数据分析后认为：随着参加全国高校统一考试的考生逐年增加，区域不公平问题也愈发凸显。研究结果如表6-1所示。

表6-1　1976年全国高校统一考试各区域参加考试及录取人数①　（单位：个）

区域分布②	区域名称	高中毕业生人数	参加入学考试人数	大学录取人数	各区域大学录取率（%）
东部地区	安那托利亚东部区（Doğu Anadolu）	17427	21050	1235	5.87

---

① ÜSYM, *Yüksek Öğrenime Geçişte Fırsat Eşitliği*, Ankara：ÜSYM Yayınları，1979，p.8.
② 土耳其国民政府自1941年起根据土耳其各区域特点将全国版图划分为7个地理区域，后变更为8个区域，现今再次调整为7个区域。1976年所执行的区域划分标准为8区域标准。

续表

区域分布②	区域名称	高中毕业生人数	参加入学考试人数	大学录取人数	各区域大学录取率（%）
北部地区	东黑海区（Doğu Karadeniz）	10489	14964	1179	7.88
	西黑海区（Batı Karadeniz）	3537	5042	455	9.02
南部地区	湖泊区（Göller）	3366	4550	508	11.16
中部地区	中安那托利亚区（Orta Anadolu）	25245	36526	5437	14.89
	库库罗瓦区（Çukurova）	6965	11778	1021	8.67
西部地区	爱琴海区（Ege）	12243	18218	3069	16.85
	马尔马拉区（Marmara）	21169	33269	6272	18.85

土耳其存在着区域发展不均衡的历史问题，从古至今，土耳其西部地区最为发达，其次为中部地区，再次为南部地区，北部地区和东部地区为不发达地区。1976年各区域高中毕业生人数和大学录取人数如表6-1所示，除各区域高中毕业生数量可以体现出各区域学生培养能力的差距外，在大学录取率上各区域的差距更为明显。西部区录取率最高，其次为中部区和南部区，东部区最低。这与各区域经济发展的客观事实一致。

学者认为，来自农村地区和欠发达地区的大多数考生都无法顺利通过考试，即便通过考试的学生通常也难以考入理想的专业。原因在于：面对同样的考试内容，落后地区的学生由于所在地区教育资源匮乏，教育水平相对低下，难以与发达地区考生站在同一起跑线上公平竞争，在参加考试时明显处于劣势，录取率远低于发达地区。这对于这些考生来说是极大的不公平，有违土耳其《宪法》中的教育平等原则。学者建议国家考试招生机构应采取有效措施减少区域间教育资源不均衡所带来的考试不公平问题：一是可以为每个区域分配招生名额；二是对各区域的学生分别进行标准分计算；三是可以为欠发达区域的学生提供为期一年的补习、培训等，使欠发达区域学生获得教育补偿；四是根据不同区域的教育状况，制定不同的考试内容；五是解决落后区域的师资赤字问题，缩小学校间师资力量的差距，消除区域间教育资源分布不均衡所带来的考试不公平问题。

学者的上述看法遭到了持不同观点学者的反驳，他们认为：教育资源区域分配不均衡问题并非高校考试招生制度所造成的问题，这些所谓维护考试公平的建议很难落实：第一，在高校统一招生中实施区域配额制度会引发新的不公平问题。在高校的招生过程中，如果为一些学校分配了优先录取名额，这些名额就会被学校的校长或政府官员通过向教师施压获得，会造成更大的不公平问题。第二，由于土耳其并没有实施严格的户籍制度，人口流动性极大，区域配额和不同区域学生的标准分计算都难以开展。第三，向欠发达区域学生提供补偿性教育政策这一方案将迫使欠发达地区的学生付出更多的时间和精力备考，而最终结果也很难保证能与发达地区的学生实现平等。第四，如果在不同区域采用不同的考试内容，那么在消除不公正的同时，也产生了新的不公正。此外，将采用什么样的方式和标准来划分区域？如何决定各区域的考试内容？都很难找到一个科学合理的标准和办法。第五，从各方面看来，让伊斯坦布尔、安卡拉、伊兹密尔的教师们放弃他们的工作到落后地区去贡献教育力量，将会削弱人才间的竞争，打击优秀人才。[①]

1979年学者们对土耳其高校考试招生制度区域公平问题的争议，依然适用于今天对土耳其高校考试招生制度公平问题的讨论（见第五章第四节），它依然是影响高校考试招生制度实质公平的社会因素之一、依然是阻碍着各个区域高等教育入学公平的现实因素、依然是欠发达区

---

① ÜSYM, *Yüksek Öğrenime Geçişte Fırsat Eşitliği*, Ankara: ÜSYM Yayınları, 1979, pp. 1-32.

第六章　土耳其高校考试招生制度的分析与发现

域考生们难以逾越的困境。当历史照进现实，更令人警醒。

总之，从当时土耳其的国情来看，区域间教育资源分配不均衡的问题是客观存在的，它虽然带来了考试结果的不公平，但却不是高校考试招生制度本身的问题，而是由社会不公平问题所引发的教育不公平问题，是区域发展不均衡所带来的教育发展不均衡的问题。就土耳其社会而言，人口流动性大、户籍管理制度灵活、社会追求公平至上等特点，要单纯通过高校考试招生制度来维护区域间高等教育入学机会公平，依然难以执行。要解决这一问题，更为重要的应该是土耳其在全国范围内提升基础教育和中等教育的教育质量，使考生能够在同等条件下公平竞争，而不能以高校考试招生制度改革作为维护社会正义和高等教育机会均等的唯一手段。从世界范围来看，区域发展的不平衡问题都是一个长期存在的问题，是社会发展的必然过程。以土耳其当时的高校考试招生制度和国情来看，尚无法出台合理的政策补偿措施来消除区域发展不均衡所带来的高校入学机会不公平的问题。在没有制定出可维护社会公平的补偿性政策以前，维持现状是土耳其高校考试招生制度的最佳选择。因此，这一讨论同样无法撼动全国高校统一考试招生制度的地位。

除上述我们谈到的土耳其社会舆论中关于土耳其高校考试招生制度的焦点争议话题外，土耳其高校考试招生制度面对的争议中还有许多与中国高考的重合之处，比如"唯分数""唯考试"对中等教育影响过大、给学生带来的压力过大，等等。有的争议已经引发了土耳其高校考试招生制度的改革，但基于改革条件不成熟抑或高等教育人才选拔的现实需要等原因，有的争议即便存在也未能促使高校考试招生制度产生改变。比如：（1）高校录取标准有待多元化。虽然土耳其招生制度中已经将高中学业成绩纳入了大学的录取标准之中，但仍存在着社会舆论认为录取标准单一化的争议，毕竟高中阶段的学业成绩也只是高中阶段各学科考试分数的体现，并未脱离以分数作为录取标准的范畴。但如果加入非客观的录取标准就有可能滋生招生中的腐败现象，破坏招生公平，这是土耳其招生制度录取标准难以进一步向多元化改革的最大阻力。

(2) 还有一些考试技术问题，如考试科目多、题量大。然而在目前土耳其高等教育供需矛盾突出的情况下，要在数量庞大的候选人中选拔出高校所需的综合性跨学科的复合型人才，题量大、科目多这一特点只会被坚持和强化而不会受社会舆论影响而弱化。除此以外，还有被考生广泛争议的考试招生制度改革频繁的问题，根据考察，这一问题并非真问题，只是因为高校考试招生制度的每一次改革都是大型改革，影响着几届考生和家长，对社会的影响力持久，可谓"牵一发而动全身"，故而造成了改革频繁的印象。

总之，土耳其全国高校统一考试招生制度作为一项国家制度，既直接影响着高等教育的发展，也深刻影响着社会的发展，是人人都关注的热点问题，是人人都会讨论的社会话题。这项考试招生制度只要存在就会面对社会不同利益主体的争议，有的争议为高校考试招生制度指明了改革的方向，有的争议却因为种种现实因素无法给予回应。但不可否认的是，土耳其高校考试招生制度始终以维护公平、选拔人才为己任，它不仅为高等教育选拔人才，也为土耳其社会选拔人才，可以说目前的高校考试招生制度最大限度地满足了土耳其高等教育人才选拔的需求，满足了土耳其社会公平至上的需要。因此，就目前来说这一高校考试招生制度是适合土耳其国情的，在未来很长时间内，它将会朝着合理化、科学化和公平化不断改革和发展，只会存在，不会消失。

第二节 土耳其高校考试招生制度的特点与发展趋势

土耳其高校考试招生制度自创立以来已经经历了近半个世纪的探索与发展，形成了自身特色，在对土耳其高校考试招生制度进行了历史梳理和实施现状的研究后，有必要对其特点和总体发展趋势作出进一步评析，以便我们深入理解土耳其高校考试招生制度的内涵与发展方向。

第六章　土耳其高校考试招生制度的分析与发现

一　土耳其高校考试招生制度的特点评析

土耳其自 1974 年实施全国高校统一考试招生制度以来，历经了数次改革，高校考试招生制度整体上呈现出考试招生制度标准统一性、考试内容综合性、招生对象全纳性、考试招生制度公平至上性、注重过程性评价和注重法制化建设等特点。

（一）考试招生制度标准的统一性

同世界上许多实行全国高校统一考试招生制度的国家一样，土耳其高校考试招生制度也遵循了由分散走向统一的历史规律。自土耳其高校统一考试招生制度确立以来，一直呈现出"统一"的特点，通过全国考试招生机构对高校考试招生制度进行统一管理、统一实施，并通过制定考试招生制度的统一标准对全国考生进行统一评估和选拔。

随着土耳其高校考试招生制度的进一步改革，其统一性的特点还在不断强化。（1）管理的统一性。土耳其高校考试招生制度由国家考试招生机构统一管理，政府在中央设置国家考试招生机构，在地方设置分支机构。中央地方统一管理，保持步调一致，避免出现管理和制度上的不一致。（2）全国高中课程标准和考试大纲的统一。高中课程标准和考试大纲的统一意味着所有考生都面对同样的教学内容和考试内容，这是土耳其高校考试招生制度为最大限度维护考试招生制度公平而采取的举措。（3）考试招生程序的统一。所有考生都必须通过全国高校统一考试进入高校，所有考生报考程序一致、考试试卷一致、评价标准一致、录取程序一致。即使是报考了特殊才能考试的学生，也需要通过全国统一考试的第一阶段考试才能进入特殊才能考试招生环节，杜绝了招生腐败现象的滋生。尤其是最近一次改革，为强化高中教育的重要地位，维护高校招生制度公平，土耳其高校考试招生制度改革进一步收紧了高校的自主招生权，取消了部分特殊才能招生专业，迫使特殊才能考生无差别参与高校统一考试，进一步加强了高校考试招生制度的统一性。

统一性是土耳其高校考试招生制度的重要特点之一，以标准和程序的统一维护高校考试招生制度的公平性和权威性。

（二）考试内容的综合性

高校考试招生制度作为高等教育人才选拔的重要制度，其设计的综合化是必然趋势，通过多角度、全方位考查为高校选拔优秀人才。土耳其高校考试招生制度的综合性特点主要体现在考试内容设计的综合性、考试科目的综合性和人才选拔知识结构的综合性等三个方面。

（1）在考试内容设计方面，土耳其高校考试制度将考试大纲从知识本位转向能力本位，强调通过考试对考生的知识转化能力、问题分析能力、问题解决能力和实际应用能力等进行全方位考查，是将考试的考查内容由知识考查转向知识加能力的综合性考查的体现。（2）从考试科目上来看，土耳其高校考试制度选考科目的综合性特点愈加显著，如"人文类"选考科目不仅包含了原有社会科学类选考科目，还新增了社会科学Ⅱ。在原有社会科学类科目的基础上，拓宽了考查科目的深度和广度。此外，在选考办法上也鼓励考生跨学科跨领域叠加选考科目，力求强化选考科目的跨学科和融合性。（3）就人才选拔的知识结构而言，土耳其高校招生制度从最初强调选拔知识结构"多""广"的高校人才，到后来强调选拔"精""专"人才，直至现在更注重选拔"汇""通"人才。总体上力求选拔掌握多门学科知识和具备跨学科学习能力的复合型人才，以满足国家的人才培养战略需求。

（三）招生对象的全纳性

全纳教育的提出旨在确保残疾人等弱势群体能够获取平等接受各级各类教育的机会，它的提出为社会的多样性、宽容度和包容性提供了可能性，同时为教育创造了多元文化。土耳其政府尤为重视维护残疾人受教育机会公平，在土耳其《宪法》中指出："残疾人不能被剥夺受教育权利。"[1] 保障残疾人受教育机会公平不在于与普通人享有同等的教育条件，而在于为残疾人提供更多的补偿性教育措施以确保残疾人获得平

---

[1] Mevzuat Bilgi Sistemi, "Türkiye Cumhuriyeti Anayasası" (November 9, 1982), http://www.mevzuat.gov.tr/MevzuatMetin/1.5.2709.pdf.

等的受教育机会。就高校考试招生制度而言，绝对的公平并不意味着实质公平，只有为残疾人等弱势群体提供更多的补偿性考试便利措施和招生优惠政策，才能保证残疾考生能够与普通考生站在同一起跑线上公平竞争。

随着土耳其残疾人进入高等教育需求的不断增加，为残疾考生提供公平的高等教育入学机会已成为土耳其高校考试招生制度改革的特点之一。通过设置国家考试机构残疾考生专门部门、为残疾考生提供考试便利措施和招生优惠政策等，帮助残疾考生享有平等的高校入学机会。土耳其以全纳性的高校考试招生制度维护残疾考生高等教育入学机会公平，促进了高等教育的多样性、包容性和多元性。

（四）考试招生制度的公平至上性

在土耳其社会，公平是高于一切的价值追求，一项制度能否长久生存其根本在于能否保证制度的公平性。土耳其高校考试招生制度之所以能够在饱受争议的情况下仍维持着顽强的生命力，就是因为一直以公平作为高校考试招生制度改革与发展的基本准则。

土耳其高校考试招生制度以维护制度公平为首要原则，除前文已经讨论过的通过制度的高度统一保障公平、通过对弱势群体提供补偿措施保障公平、坚持单一题型维护公平外，土耳其高校考试招生制度的公平性还有诸多方面的体现，如：（1）将外语科目排除在必考科目外，仅供报考外语类专业的考生选考。土耳其作为一个英语非第一语言的国度，学生要学好外语需要耗费大量的时间、精力和财力。尤其在土耳其区域发展不均衡、城乡发展不均衡、中等教育资源分配不均衡的客观现实下，英语如果成为高校入学考试的必考科目，就会进一步激化区域之间、城乡之间、中等教育机构之间入学机会不公平的现实矛盾。因此，将外语排除在必考科目之外是土耳其高校考试招生制度维护高等教育入学机会公平的重要举措之一。（2）土耳其高校考试招生制度基于公平至上的原则，即便有多样化的弱势群体存在，也并未出台相应多元化的弱势群体补偿性政策。虽然在土耳其也有少数民族考生、不发达区域考生、农村考生等弱势群体，这部分考生相较于其他考生来说，在通过全国统考进入高校的过程中明显处于劣势。但为了避免引发新的不公平问题、激发不同利益群体间的矛盾，维护社会稳定，土耳其政府并未为这部分弱势群体提供任何形式考试、招生的补偿性政策。在弱势群体中只有残疾考生例外：首先，残疾人的弱势群体身份具有客观性，可以通过权威医学机构通过客观手段检测认证，不存在争议；其次，对残疾人的补偿性政策可以根据残疾人的认定结果制定清晰明确的标准，可操作性较强；最后，残疾人作为弱势群体受到土耳其社会的认可和同情。因此，为残疾人提供相应的考试招生补偿政策不仅不会危害高校考试招生制度的公平性，而且能够得到土耳其社会的广泛支持。（3）多元录取标准的有限性。虽然土耳其高校招生制度已经在一定程度上体现了多元录取原则，以"统一考试分数+高中学业成绩"综合录取考生。但实际上，两者都仅是对考生学习能力的反映，无法反映考生的道德品质等其他方面的素养或能力。然而为了不让主观评价因素影响录取结果，引发新的不公平问题，即使录取标准较为单一这一问题几十年前就已被指出，却从未被土耳其国家考试招生机构纳入改革考量。总体而言，土耳其高校考试招生制度高度维护制度公平的特点尤为突出。

（五）注重过程性评价

"一考定终身"所带来的弊端显而易见，实行全国高校统一考试招生的国家都致力于将大学录取评价标准从注重结果转化为注重过程，通过多次、多方面内容，考核考生的学习经历和学习能力作为高校录取的依据。

其一，随着土耳其高校考试招生制度的发展，已形成两阶段考试制度并沿用了34年。两阶段考试旨在给予考生多次考试的机会，同时为不同层次的高校选拔不同规格的人才。

第一阶段考试总体难度较小，但考查科目覆盖范围较广，旨在考查考生的基本学科素养以及对通识性知识的掌握和了解情况，为两年制副学士院校选拔具备多学科学习能力的人才；第二阶段考试难度加大，注重考查考生的专业知识和跨学科学习能力，旨在为本科高校选拔既具备专业学习能力又能够对各学科领域知识融会贯通的考生。两阶段考试制度力求规避统一考试"一考定终身"的弊端,根据考生的学习水平和能力匹配不同层次的高校,给予了考生更多进入高校的机会。

其二,土耳其高校考试招生制度不以全国高校统一考试成绩作为大学录取的唯一依据,而是将高中学业成绩纳入录取依据,注重对考生的过程评价。高中学业成绩不仅包括高中的毕业考试成绩,也涵盖了考生在高中阶段所有学科的阶段性考试成绩,充分反映了学生在中学阶段的学习情况。

总体看来,两阶段考试增加了考生考入不同层次高校的机会,高中学业成绩纳入总分充分反映了考生高中阶段的学习过程,整体体现出土耳其高校考试招生制度注重过程评价的特点。

(六)注重法制化建设

在土耳其社会高度关注公平的背景下,为维护高校考试招生制度的公平性,确保考试招生制度有法可依,自高校考试招生制度建立以来,土耳其政府先后制定了《高校学生选拔与分发中心规定》《测量,选拔与分发中心服务法》《关于测量,选拔与分发中心的考试协调员和考试中心的工作程序和原则的规定》《测量,选拔和放置中心协调员和应用中心工作程序和原则修订条例》《考生及考试官员考场管理条例》《关于试题的准备,试题库的形成和试题的安全规定》等多维度、多层次的法律、法规。这些法律法规围绕着土耳其国家考试机构的规范化管理、高校入学考试安全、高校招生制度规则等各个方面出台了细化的、可操作的法律条款,明确了各类危害考试安全行为的惩处办法,以保障高校考试招生制度在土耳其的法律地位,维护考试招生制度公平,避免考试招生过程中的腐败现象、违法行为出现。建立、建全高校考试招生制度的法律法规,是保障高校考试招生制度的权威性和公平性的重要举措,是土耳其高校考试招生制度建设中体现出来的重要特点。

土耳其高校考试招生制度经过几十年的改革和发展,已经形成了自身特点,这些特点不仅反映出土耳其高校考试招生制度的独特之处,也是土耳其国家意志和社会发展需要在高校考试招生制度上的体现,是经过了时间检验一直保存至今适合土耳其高等教育和社会发展的制度特色。

二 土耳其高校考试招生制度的发展趋势

一方面，虽然土耳其政府早在 2008 年就提出"每个家庭至少要生三个孩子的"[1]倡议，但并未能阻止出生率逐年下降的总体趋势。根据土耳其国家统计局（TSI）数据显示，土耳其 65 岁以上人口已占总人口的 9%，土耳其已经步入老龄化社会。即便如此，土耳其相较欧洲国家和大多数同等发达程度国家来说，总生育率[2]仍居于中上水平：土耳其 2018 年总生育率为 2.1[3]，同年中国的总生育率为 1.7，世界平均总生育率为 2.4[4]。截至 2019 年，土耳其 15—24 岁的年轻人有 12955672 人，占总人口的 15.6%。[5] 加之土耳其政府所实施的一系列福利政策都有利于保持生育率，如：父母医疗保险覆盖子女、公立学校（从幼儿园至大学）免费上学等，可以预见在未来很长一段时间内，土耳其高等教育适龄人口仍会较为充足。

另一方面，土耳其大学数量趋于平稳，不会激增，因此，基于有限的高等教育资源与高等教育高需求的矛盾下，在土耳其社会对人才要求不断提升的大环境下，土耳其高校入学考试仍会面临激烈竞争的局面，全国高校统一考试招生制度仍会是土耳其高校人才选拔的重要制度。

土耳其高校考试招生制度与国家发展相适应，并坚持在提升人才选拔质量、追求考试招生制度的科学化和合理化道路上不断改革。它在很长时期内只会改革，不会消亡，不断改革是土耳其高校考试招生制度得

---

[1] Hürriyet, "En az 3 Çocuk Yapın" (March 8, 2008), https://www.hurriyet.com.tr/gundem/en-az-3-cocuk-yapin-8405007.

[2] 总生育率：指妇女在生育期（15—49 岁年龄段）可以生育的平均子女数。

[3] Euronews, "Türkiye Genç Nüfus Avantajını Kaybediyor; Doğurganlık Hızı 'Yenilenme Düzeyi'nin Altına Düştü" (January 11, 2020), https://tr.euronews.com/2020/01/11/dogum-orani-en-dusuk-seviyede-turkiye-nufus-yaslaniyor.

[4] The World Bank, "Fertility Rate, Total (Births Per Woman)" (September 5, 2020), https://data.worldbank.org/indicator/SP.DYN.TFRT.IN.

[5] Trthaber, "İstatistiklerle Gençlik 2019" (May 15, 2020), https://www.trthaber.com/haber/guncel/istatistiklerle-genclik-2019-485008.html.

以维持长久生命力的必然选择。然而就目前看来，土耳其高校考试招生制度仍存在一些制度上的可优化之处，这些问题也将是土耳其高校考试招生制度的未来发展趋势。

（一）文、理科选考科目赋分比重有待进一步合理化

土耳其高校考试招生制度服务于土耳其当前社会发展下人才选拔的需要，但就长远来看，高校考试招生制度在文、理选考科目的加权赋分比重上仍有待进一步合理化。目前土耳其高校考试招生制度从选考科目赋分规则上来看，理科选考科目远高于文科选考科目，从短期而言有利于土耳其实现打造"更多科学家和工程师"[①]的国家战略发展目标。但长此以往，将对土耳其大学文、理学科布局的合理性造成不利影响。从世界一流大学发展的经验可知，一所好的大学离不开人文底蕴与文化气息，也离不开科学知识素养。文科、理科并重才能促进大学学科生态结构的平衡，才能为社会文化创新与传承提供动力，才能为科学研究发展提供条件。在大学考试招生阶段即对理科知识赋分过度倾斜，片面强调理科人才的选拔，必然造成考生本着趋利原则专注理科知识的学习而疏于对人文修养的培养，从而导致未来土耳其大学文、理科结构的失衡。高校考试招生制度既要服务于当下，更应服务于未来。土耳其高校考试招生制度要进一步完善就需要合理分配文、理科加权赋分，加强文、理科并重的理念，为国家人才结构的合理化发展奠定基础。

（二）高校考试招生制度在高大衔接中的"桥梁"作用有待进一步加强

高校考试招生制度作为教育体系中重要的一环，对基础教育起着重要的"指挥棒"作用，是高等教育目的与高中教育目的之间的调节阀。[②] 高中教育是大学教育的前提和基础，大学教育是高中教育的延伸和拓展。高校考试招生制度则在两者之间起到重要的桥梁作用，它通过考试的形式为大学筛选优质的高中生，从而保证高校的生源质量。在此

---

① Turkey's Strategic Vision 2023, "Türkiye'nin Stratejik Vizyon 2023" (May 4, 2006), http://tsv2023.org/pdf/tsv2023_rapor1.pdf.
② 刘海峰：《高校考试招生制度改革研究》，经济科学出版社2009年版，第64页。

过程中，考试能够促使学生更为积极主动地学习知识和提升能力。高校考试招生制度如何在高中教育与大学教育之间起到良好的桥梁作用，一直是土耳其高校考试招生制度改革的侧重点之一。但在2018年之前的数次改革都并未能解决这一问题，专家和民众甚至把高校考试招生制度归为高中课堂长期空置、学生们涌入校外考试补习班等现象的罪魁祸首。2018年改革将以往考试重知识转变为注重对考生能力的考查，目的在于加强高中教育与大学教育的衔接性。但从目前的实施效果来看，高中教育"唯考试"的现象并未改变。因此，未来土耳其高校考试招生进一步改革的方向仍是统筹好高中教育与大学入学考试的关系，使高校考试招生制度发挥起既促进学生知识学习，又促进学生能力提升的"指挥棒"作用。

（三）考试服务有待进一步人性化

作为专门的国家考试招生机构，土耳其国家考试招生机构也承担着考试服务的职责。在2018年土耳其高校招生考试制度的改革中，国家考试招生机构以信息化服务为导向，进一步提升了考试服务质量。主要措施包括：（1）加大宣传力度，普及考试信息。此次改革进一步扩大了宣传媒介载体，除通过官网和各大国内网站发布考试最新信息外，国家考试招生机构还制作了系列宣传视频在国内媒体广泛播放以加大宣传力度。此外，除在各省为考生设置考试手册免费发放点外，本次改革还新增了网络问询和"呼叫咨询中心"两种咨询服务方式。通过各种信息媒介帮助考生及家长及时获取考试的最新资讯。（2）加强考试监督，确保考试公平。此次改革增加了考试的监控力度，除增强电子监控力度外，还强化了生物识别检测系统，提升了移动设备检测技术，以确保考试的安全性和公平性。（3）开发考试软件，增加信息获取渠道。为配合本次改革，国家考试招生机构研发了手机考试软件，以便考生就近选择考点、获取考试相关信息、查询考试结果以及反馈意见和建议[1]。

---

[1] ÖSYM, "Ölçme Seçme Ve Yerleştirme Merkezi Başkanlığı 2018–2022 Stratejik Planı"（December 5, 2017）, https://dokuman.osym.gov.tr/pdfdokuman/2018/GENEL/S-Plani13042018.pdf.

但是这些举措还远远不够，土耳其高校考试招生制度虽然是一项重要的国家制度，但在政治权利和经济利益面前却常常沦为牺牲品。2020年疫情下土耳其全国高校统一考试时间两次被更改，它的严肃性和权威性被轻易挑战，令人备感失望。这说明土耳其高校考试招生制度严重受到政治力量和经济利益的左右，尚未真正形成以学生为本的精神。高校考试招生制度服务于学生、服务于教育、服务于民的意识还有待加强。

因为国情不同，我们很难去主观评价一项他国制度的"优"或"劣"：那些我们认为的制度缺陷，如考试题型单一化，却恰恰顺应了土耳其社会维护考试公平的需要；那些我们认为应该推行的政策，如招生政策向不发达地区倾斜，在土耳其却不具备可操作性。土耳其高校考试招生制度生长并根植于土耳其这片土地之上，对于它的评价需要站在土耳其的语境上进行思考，它虽然还存在有待完善之处，却是目前最"适合"土耳其教育与社会发展需要的高校考试招生制度。因此，对土耳其高校考试招生制度进一步优化趋势的讨论只能适可而止，无法面面俱到。

第三节　土耳其高校考试招生制度与社会的关系

"有什么样的文化，就有什么样的招生考试制度；有什么样的社会环境就有什么样的招生考试方式；有什么样的国民，就有什么样的招生考试模式。"[①] 土耳其高校考试招生制度生长于土耳其社会之中，既受到来自政治、经济、文化、教育等诸多社会因素的影响，也反作用于政治、经济、文化、教育等社会因素。高校考试招生制度与社会因素之间互为影响、相互作用，共同生存于土耳其社会之中。

---

① 刘海峰：《高考改革：理想图景与现实困境》，《光明日报》2012年4月11日第14版。

一　高校考试招生制度与政治的相互作用

土耳其高校考试招生制度与政治的关系密切，高校考试招生制度的产生和发展一方面受到政治的牵制，另一方面也反过来影响着政治的发展。

土耳其自实行全国高校统一考试招生制度以来，共经历过五次大的改革，许多次微小调整。作为一个全国大型考试招生制度，它的改革"牵一发而动全身"，每次改革从名字、内容、形式、科目等都随之改变，影响着无数学子和家庭。"他们一直在改变这个考试系统，我觉得这是一个巨大的失误。如果你不知道做什么，就选择一个让它保持原样吧。我完全没法跟上这些改变：考试名称的改变，考试的内容是什么，完全是种折磨。"（K5）"有时候我真的觉得非常孤立无援，你对这个新的考试系统很不适应，你没办法完全掌握。我们是这个新系统的第一批学生，我在高中时还在准备前一个考试系统，突然就改革了，我不得不重新准备，然后又改革了……我感觉至少改革了五次，没有止境。"（K3）"他们几乎每年都在改变考试系统。新的YKS系统在我高三最后1年才提出，所以前三年我都在准备YGS，直到12年级才开始突击YKS。"（E4）"我参加考试的时候是YKS改革的第一年，3月他们告诉我们考试改革了，之后6月就开始实施新的考试制度。当时每个人都对政府非常气愤。"（K10）"我是参加YGS考试的第一批人，当你一直学习的是别的考试系统时，突然更换了考试系统，真是很难跟得上节奏。"（K3）土耳其高校考试招生制度的改革一般从正式公布到执行不会超过半年的时间，而改革信息的提前透露往往非常有限。这就造成了考生在面对全新的高校考试招生制度时手足无措，难以适应。即使考生们只是经历了一次改革，也造成了"不停在改革，年年在改革"的刻板印象。究其频繁改革的原因，除了前文我们已经探讨过的适应社会发展、适应社会对人才的新需求、适应高等教育发展的新形势等因素，更为重要的是受到政治因素的影响。

土耳其作为一个总统制国家，总统掌握的政权直接影响着整个国家

第六章 土耳其高校考试招生制度的分析与发现

政治、经济、文化、教育等方方面面的发展方向。高校考试招生制度作为一项重要的教育制度,也会受政治权力的直接影响。从五次高校考试招生制度改革的时间来看,都与土耳其总统大选的时间高度重合。土耳其高校考试招生制度作为重要的社会制度与人才选拔工具,在体现国家意志、高校需求的同时,也作为总统在竞选时获取民心,赢得选票,在上任后巩固政权的重要工具。以 2018 年为例,2018 年适逢土耳其总统选举年,时任总统埃尔多安为赢得连任,在 2017 年末就开始筹划新一轮高校考试招生制度改革,并明确指出了此次高校考试招生制度的改革方向:"新的考试系统应鼓励学生对基础科学产生兴趣。"① 并多次就高校考试招生制度改革事宜与国家考试招生机构官员座谈,可谓亲力亲为。此次改革为埃尔多安塑造了关注高等教育、关注人才培养、改革手段雷厉风行的形象,是埃尔多安在总统连任时提出的具有改革意义的利民措施之一。此次改革成为埃尔多安赢得选票,成功连任的重要助力。

2020 年世界范围内的新冠疫情暴发,高校考试招生制度经历了前所未有的考验。土耳其全国统考历史上第一次遭遇了两次考试时间更改,在土耳其国内引起了轩然大波,考生、家长、教师纷纷通过社交媒体对官方如此不负责任的行为进行声讨。民众判断第二次时间的更改完全是为了政治目的牺牲了考生利益。"很明显的原因是疫情,但是也有其他原因,其中重要的原因就是政府想把主要精力放在经济恢复上,如果把考试放在 7 月,就不会有人去度假,如果把考试提前,就不会阻碍度假经济。毕竟经济稳定才能保障政权稳定。"(P1)在考生与社会舆论的声讨下,为安抚民心,土耳其总统埃尔多安临时出台了"延长考试时间,降低录取分数线"的考试招生优惠政策。② 然而这依然无法平复考生心中的愤怒,随即在土耳其年轻人中发起了名为"不给他投票"

---

① Haber, "Cumhurbaşkanı Erdoğan'dan YÖK'e YKS İçin 4 Talimat"(December 5, 2017), http://www.haber7.com/guncel/haber/2454157-cumhurbaskani-erdogandan-yoke-yks-icin-4-talimat.

② Milli Gazete, "YÖK'ten 2020 YKS(TYT)Açıklaması: Baraj Düşürüldü, Süre Uzatıldı"(May 5, 2020), https://www.milligazete.com.tr/haber/4327927/yokten-2020-yks-tyt-aciklamasi-baraj-dusuruldu-sure-uzatildi.

（Oy Moy Yok）的活动。民众以此作为焦点话题，在社交媒体上表态不会在2021年总统大选时给埃尔多安投票。为赢得考生的选票，埃尔多安在考试前专门选取考生召开了视频会议，但效果不佳，考生代表仅表达了"投票箱见"后，便退出了视频会议。① 可见，土耳其高校考试招生制度受到政治因素的直接影响。除此以外，作为世俗化国家，在大学入学考试中保留宗教内容，同样是基于社会稳定，巩固统权的考虑。而在高校入学考试的内容、选考科目的确定上，也都处处体现着国家统治阶层对人才的需求。可见，土耳其高校考试招生制度的发展与变革深受政治因素的影响。

在受到政治影响的同时，高校考试招生制度也影响着政治的发展。自土耳其共和国成立后，首先明确了国家总统必须具备本科学历，此后，持有本科学历这一要求逐渐成为政府公职人员招聘的前提条件。随着土耳其社会的发展，社会各行各业对人力资源的学历要求亦普遍提升，促使高校考试招生制度成为选拔和培养政府管理阶层、实现社会分层的"过滤器"。一方面，那些无法通过高校入学考试接受高等教育的人，自然被排除在统治阶层和上流社会之外。另一方面，高校考试招生制度也给予了每个普通人，不论民族、宗教、种族、贫富、出身，都可以通过拼搏和努力实现梦想、进入上层社会的机会。"从大学入学考试的那一刻开始，我的人生就改变了。我参加了考试，进入了Z大、留学、读研、读博、留校，成长为今天的我。即使我生在农村，我的父母无法给我太多支持，我需要比别人付出更多的东西，但好在我坚持下来了，我也做到了。"（U2）"大学入学考试的力量非常强大，它决定的是一个人长期的成长过程和未来的发展方向。考试成功只是第一步，却是最为关键的一步。所以在土耳其，高中的最后两年，学生都会全力以赴准备大学入学考试，他们的准备和计划并不完全是为了考试，也是为未

---

① Sözcü, "Erdoğan'ın YKS Yayınının Yoruma Kapatılması Sosyal Medyada Gündem Oldu" (June 26, 2020), https://www.sozcu.com.tr/2020/gundem/erdoganin-yks-yayininin-yoruma-kapatilmasi-sosyal-medyada-gundem-oldu-5897520/?utm_source=dahafazla_haber&utm_medium=free&utm_campaign=dahafazlahaber.

来的人生做准备。"(U1)高校考试招生制度成为考生通往未来的"桥梁",成为考生叩开梦想大门的"敲门砖",成为他们走进上流社会,实现人生转变的重要转折点。

总之,土耳其是一个中央集权制国家,实行"中央—地方"自上而下的统一管理模式,中央层面的政府完全由总统掌控。从教育部部长到高等教育委员会委员,全部由总统指定并任命。高校考试招生制度改革也受到总统的直接影响,成为政治权力博弈的工具。而与此同时,高校考试招生制度也影响着政治人才的选拔与培养,为下层人士提供了进入上层统治阶级的渠道。

二 高校考试招生制度与经济的相互作用

高校考试招生制度首先受到经济的牵制,一方面,高校考试招生制度的发展与国家考试招生机构的发展唇齿相依,充足的经费是国家考试招生机构保障高校考试招生制度正常运行、促进高校考试招生制度发展的前提条件。土耳其国家考试招生机构的经费来源主要由国家财政拨款、各级各类考试收入、机构已有存款利息收入等构成,任何一项经济来源的缺失,都会影响高校考试招生制度的正常运行。另一方面,经济基础决定上层建筑,随着土耳其社会经济结构的调整和转型,社会对人力资源的规格也在不断调整,引发了高校考试招生制度在人才选拔目标、考试内容、考试形式、录取标准等方面的不断改革。可以说,经济发展决定了高校考试招生制度的改革和发展方向。

与此同时,土耳其高校考试招生制度也影响着经济的发展,它催生了多样化的考试产业,反过来带动了经济的发展。在中国,高考催生了"考试经济"[1],在土耳其,高校考试招生制度所催生的经济产业同样令人瞩目。

第一,由考试服务直接产生的经济收入,土耳其国家考试招生机构

---

[1] 郑若玲:《科举、高考与社会之关系研究》,华中师范大学出版社2007年版,第88—89页。

有权收取考试和招生的相关服务费用，大学入学考试的报名费用和服务费用是国家考试招生机构的重要经济来源。

　　第二，高校考试招生制度催生了土耳其的重要考试产业——私人补习班。自2014年以来，土耳其经济发展速度明显缓慢，宏观经济的整体运行不容乐观，但即使在土耳其经济市场整体低迷不振的情况下，私人补习班行业却始终保持着一派繁荣景象，显现出顽强的生命力。它们遍布土耳其的各个城市，蓬勃发展。在首都安卡拉，私人补习班的广告覆盖了首都地铁沿线、商场广告牌和街头巷尾，它们的实体教室占据着首都市中心的高端写字楼，它们的消费者几乎覆盖了所有想要进入大学的考生群体，是土耳其不景气经济市场中长盛不衰的传奇。因为私人补习班行业的兴盛，也为教师们带来了创收的契机，催生出另一"地下"个体产业——私人补习课。这种课程一般由高中教师执教，提供一对一的私人考前补习服务。"那些来自非常好的高中的教师会给学生开设这样的私人课程，然后收取较高的费用。这在我们国家是非常流行的一种补习方式，因为教师们在高中的收入并不好。

　　（问：收入不好吗？）是的，经济不景气，教师的收入不高，所以他们通过组织这样的私人补习课程来获得更多的收入。我去参加了数学私人补习课，我们有两个女生，一个老师教我们。如果是一个学生，就是600土耳其里拉，如果是两个学生，就是每人300里拉。

　　（问：这属于私人教育公司吗？）不是，政府规定在政府公立学校工作的老师不能同时为私人教育公司工作。所以这些开私人补习课的高中老师如果被教育部发现了，是会被开除的。但是老师们都在私下悄悄地组织这样的课程。"（K9）大环境下的经济不景气使得教师们很难依靠政府政策实现"升职加薪"，为了补贴家用，高中教师纷纷"下海"创收，这样的私人课程已经被社会默许，成为公开的秘密。私人补习机构的效益可见一斑。

　　第三，高校入学考试催生了与之相关的出版与印刷业，在土耳其销量最好和发行量最大的书籍就是大学入学考试类辅导书。各类考前辅导书、参考书、真题、考试秘籍都放置在各个书店最为醒目的位置，占据

第六章 土耳其高校考试招生制度的分析与发现

了最多的摆放空间。在每个城市的旧书市场，流通量最大的也是大学入学参考书。能够求得一本当季最流行的参考书十分不易，"我们有一套著名的'小红书'，这家出的考试资料是最流行的，要买需要预约，或者跑好多个城市，托人买，因为大家都需要。当然，不可能只靠这一本，各种各样的都会有"。E11一边说一边展示了他的各类参考书，足有人高。由高校入学考试催生的考试出版印刷业兴盛不衰，并且需要年年更新，成为最为景气的产业之一。

第四，高校入学考试催生了与之相关的房屋租赁业。农村学生、偏远地区学生，想要获得最新最快的大学入学考试资讯、想要和城市的学生一样参加只有城市才有的私人补习班、想要赢在起跑线上，就必须从农村和偏远地区搬迁到城市里来，在当地租房子。如F6、M6等为了让子女参加私人补习班和私人补习课而举家搬迁进城的家长不在少数。考前租房已经成为有经济条件的农村"备考生"家庭为获取教育资源而做出的普遍选择。

第五，带动了宗教经济发展。根据伊斯兰教义，穆斯林每天需要到清真寺或在家里完成五次祈祷仪式。但随着时代的发展，能够按时完成祈祷仪式的人已经越来越少，甚至有民间机构调查数据显示，土耳其早已经不是穆斯林人口接近全国总人口98%的国家，中年人和年轻人正在逐渐丧失宗教信仰①。但是有趣的是，平时相对冷清的清真寺，到了大学入学考试前夕，往往成为考生和家长们的热门去处。每到祈祷仪式时间，清真寺便人头攒动，前来为孩子祈祷的家长络绎不绝、摩肩接踵。如果孩子如愿考中，家长们就会为清真寺捐款捐物或者到街道上免费向路人布施食物，异常热闹。

高校考试招生制度作为教育制度的一环，它的发展深受经济的影响，但它同样会反作用于经济，滋生出独特的"考试经济"，影响经济的发展。

---

① Hürriyet, "Türkiye Artık Yüzde 99'u Müslüman Olan Ülke Değil" (May 21, 2019), https://www.hurriyet.com.tr/yazarlar/ertugrul-ozkok/turkiye-artik-yuzde-99u-musluman-olan-ulke-degil-41220410.

三 高校考试招生制度与文化的相互作用

《辞海》将"文化"定义为:"广义来说,是指人类社会历史实践过程中所创造的物质财富和精神财富的总和。从狭义来说,指社会的意识形态,以及与之相适应的制度和组织机构。"[①] 就此定义而言,土耳其高校考试招生制度本身就是土耳其社会所创造的独特文化,而它又反过来为土耳其社会创造了考试文化、崇尚知识的文化、推崇学习的文化,并肩负起了传承文化和筛选文化的重要作用。

土耳其地处欧亚大陆交界处,同时受到东、西方文化的影响。土耳其高校考试招生制度同样体现出了东、西方文化交融的特点,比如:招生对象的全纳性更具西方理念,统一招考的形式更具东方风格。在东、西方文化的双重影响下,土耳其高校考试招生制度创造出了独特的考试文化。在欧美世界,只懂得学习的人是"书呆子",虽然土耳其一直以欧洲国家自居,高等教育体系向西方世界看齐,然而在全国统一考试招生制度的影响下,却形成了"以考试论英雄"、重视学习的文化传统。土耳其高校招生以考试分数和高中学业成绩作为录取考生的标准,除学习能力外的其他个人能力均未纳入大学的录取标准之中。因此,在土耳其,"好学生"等同于"学习成绩好的学生"。受访的考生都不约而同地表现出了对努力学习的尊重、对优异学习成绩的自信与骄傲:"我觉得这个考试系统非常难,但是它可以帮助你达到你想要的目标,完成你想要实现的梦想,只是你必须努力学习。"(K8)"我学习真的非常努力,我每天学习10—15个小时,我对自己很有自信。因为我学习非常勤奋,所以每个人都相信我,觉得我一定能考进名校。"(K6)"事实上我更尊重努力学习的人,即使他们并不是聪明的人。所以我非常尊重这个考试系统,因为这个考试系统并不是在测试聪明的学生,不是在测量IQ,而是在测量你有多努力学习。"(K9)"这个考试系统最好的方面在于能够鞭策懒惰的学生,让人勤奋起来。"(E11)"每个土耳其公民都

[①] 《辞海》1979年版缩印本,上海辞书出版社1985年版,第1533页。

会关注这个考试。因为即使你不是这个研究领域的人,但是你也会与之相关联,比如你是父母,或你有侄儿侄女在参加这个考试。我想每个土耳其公民都会过多过少地与之相关联。这个考试取决于你的考试分数、你中等教育的成绩。考得好的孩子会成为人生赢家,受到尊重,反之一家人都会很没面子。"(P1)

大学入学考试使得"勤奋学习"成为获得考试成功的关键、成为考生自信的源泉,也成为考生们奋斗的动力。反之,如果没有勤奋学习,意味着无法在考试中取得成功,自然不能成为人生赢家,"一家人都会很没面子"。不仅如此,考试成功还为考生带来了经济效益,进一步强化了社会对学习和知识的认同。"如果你考进了全国前100名,就会得到来自各方面的奖励。我考了全国第17名,我的高中给了我5000里拉的奖金;大学给了优等奖学金,每个月1200里拉,直到我毕业;政府给了我每个月1650里拉的奖励,为期四年;还有一个银行也给了我5000里拉奖金以及国内的往返机票作为奖励。"(K13)可见,在高校考试招生制度的影响下,土耳其已经形成了崇尚学习和尊重知识的文化:勤奋的学生被社会所尊重,考得好的学生成为"英雄",是家庭和社会的希望。这样的文化认同促使整个社会重视学习、尊重知识,极大地促进了文化与教育的发展。

高校考试招生制度起到了传承文化、筛选文化和创造文化的重要作用。一方面,从高中教学来看,"大学入学考试考什么,中学就教什么"(T2)已经成为土耳其中等教育的隐性规则,大学入学考试的内容决定了高中教师的重点教学内容,考试中加权赋分更多的科目成为了学生学习的重点科目,考试很好地起到了筛选、传承文化的作用。另一方面,从高校考试招生制度自身来看,土耳其高校考试制度一直延续着"科目多、内容广"的特点,这促使每一代参加大学入学考试的学生都不得不掌握多达9门以上的学科知识,无形中打造了一批综合知识素养较高的人才。同时,土耳其高校考试招生制度一直将学生的高中选修专业与大学报考专业挂钩,通过加分政策、选考科目政策、加权赋分办法等,引导学生强化专业学习,打造具备专业素养的人才。"我们在高中就要选定大学的专业报考方向，当时我对自己的未来并没有一个清晰的规划，到了大学转变了专业兴趣，重新学了一个专业。转专业感觉上挺难的，但操作起来很容易。因为我们大学入学考试的要求太高，什么学科都得学，什么学科都得知道一些，反而让我的学习能力变强了。这个是我现在才意识到的，当时只是觉得科目多，压力大。"（E11）多而广的考试内容要求，虽然给考生带来了极大的压力，但也培养了一批批专业能力强、知识面广、跨学科学习能力强的学生。他们通过大学入学考试获得了接受高等教育的机会，成长为土耳其社会文化的创造者。

在高校考试招生制度创造文化、传承文化、选择文化的同时，它的产生与发展也深受土耳其社会已经有文化传统的影响，一方面是我们已经分析过的土耳其社会公平至上的文化观念对高校考试招生制度的影响；另一方面，考试的内容很大一部分也是对土耳其已有文化的传承，例如，对宗教知识的考查就是土耳其传统宗教文化对高校考试制度的影响。

总之，高校考试招生制度生长于土耳其这片土地之上，是土耳其人民在社会历史实践中所创造出的文化果实，它在受到社会其他文化影响的同时，也起到了创造文化、传承文化、选择文化的重要作用。

四　高校考试招生制度与教育的相互作用

高校考试招生制度作为重要的教育制度，与教育的关系最为密切。一方面，高校考试招生制度的产生与发展都受到教育的影响；另一方面，教育的发展也受到高校考试招生制度的直接影响。

首先，土耳其高校考试招生制度的产生是对高等教育需求的回应。在中等教育和高等教育还未得到充分发展的时期，中等教育毕业人数和高等教育人才培养能力有限，不可能产生全国统一高校考试招生制度，各高校分散招考即可满足高等教育的人才培养需求。直到中等教育稳定充分发展，毕业人数大幅增长，对高等教育的需求增加，高校无法通过分散招考完成人才选拔任务时，才自下而上产生了全国高校统一考试招生制度。全国高校统一考试招生制度的产生，就是对基础教育和高等教育稳定发展、社会对高等教育需求增加的直接回应。

其次，土耳其高校考试招生制度受到土耳其整体教育发展水平的影响。土耳其高等教育经历了精英发展阶段、大众化发展阶段和普及化发展阶段，各个时期高校人才选拔的要求不同，因此，各个时期高校考试招生制度的形式和内容也各不相同。例如，1999年，土耳其高等教育进入了大众化阶段，为顺应高等教育的发展，高校考试招生制度的目标从"淘汰""知识检测"向"扩招""能力检测"转变，并首次出现了综合选考科目的雏形，将人才选拔目标定位于选拔具备综合素质的专业人才；2010年，土耳其高等教育进入了普及化阶段，高校规模扩张，亟须扩大招生规模。在此情况下，高校考试招生制度通过多达19种加权赋分办法来增加考生的选考科目优势，帮助考生在考试中扬长避短，增大录取概率；2019年，随着土耳其高校考试招生制度对中等教育"指挥棒"功能过大，中等教育"唯分数"现象严重等问题愈演愈烈，为广泛听取高中一线教育者的意见、将更多利益相关者纳入全国高校统一考试的制定过程中、增强高中教学与全国高校统一考试的衔接性、促进考试公平，土耳其国家考试招生机构宣布与国家教育部共同合作制定考试大纲并确定考试内容。可见，每一次高校考试招生制度的改革都并非凭空出现，每一次改革都是对教育体系，尤其是中等教育和高等教育现实需求的回应，是顺应教育发展的体现。

再次，在高校考试招生制度随时回应教育需求的同时，也反过来影响着教育的发展。最为显著的是高校考试招生制度对中等教育的"指挥棒"功能。"大学入学考试考什么，中学就教什么"（T2），高校考试招生制度直接决定着中等教育的教学内容，而中等教育的教育目的、教育过程、教育结果的评价，也全部受到高校考试招生制度的影响。例如，2018年后，土耳其高校考试招生制度对理科选考科目和文、理融合科目加权赋分更高，导致高中培养的人才也以这两类人才为主，促使以这两类选考科目为重点教学内容的安那托利亚综合高中发展更为繁盛。"虽然我认为最重要的应该是土耳其语言文学，但实际上我们的考试系统更在意的是数学课程，所以我的课时也被压缩了。"（T3）正因为高校考试招生制度对中等教育的影响过大，才形成了中等教育唯高校考试招生制度马首是瞻，为高等教育制度服务而偏离了教育初衷等负面现象的出现。

最后，高校考试招生制度自身也起到了重要的教育功能。有了高校考试招生制度，才使得学生们重视学习、尊重知识，将学习视为通往梦想未来的唯一途径。"我知道必须努力学习才能存活下来，这是唯一的途径，没有捷径。如果你不努力，别人都在努力，你就被扔在了后面，离梦想越来越远。"（K2）土耳其高校考试制度中科目多而广的特点，使得所有考生不分文、理，知识结构得到了较为均衡的发展："因为不得不学习所有科目，反而并没有感受到文、理科的区别，选择专业的时候选自己喜欢的就行了，基本没有什么学习障碍。"（E11）"正因为为了考试不得不学习那么多科目，所学的东西帮助我进入了大学。我现在发现如果我没有努力学习，我现在大学阶段的学习也会非常困难。"（K4）"我们通过考试系统选出了非常多优秀的人才，他们接受过高等教育后，教育系统整体产出了非常称职的人才，这才使得我们拥有了世界一流的科学家。"（T2）高校考试招生制度培养出了一批综合知识素养高、擅长跨学科学习、没有文理学科藩篱的优质学子，极好的发挥了教育功能。

总体而言，社会中的各种关系千丝万缕，如蜂蛛结网，高校考试招生制度作为重要的社会制度，生长于社会之中，既受到政治、经济、文化、教育等社会因素的影响，同时也影响着社会的发展，推动着社会的进步。在与社会的交错关系中，高校考试招生制度也在不断自我调整、努力与社会融合，不断走向公平、科学、合理，在社会发展中保持长盛不衰的顽强生命力。

第四节 土耳其高校考试招生制度的经验与启示

土耳其高校考试招生制度的发展与改革具有重要的现实意义和问题

第六章　土耳其高校考试招生制度的分析与发现

意识，旨在解决土耳其教育体系中所存在的问题，回应土耳其国家人才培养的现实需求。土耳其高校考试招生制度经过不断改革与发展，已经形成了自身特色，体现出了一定的制度优越性。虽然土耳其高校考试招生制度与中国高考制度产生和发展于两个完全不同的社会背景，服务于不同的社会制度，但可以看出，土耳其高校考试招生制度与中国的高考制度有着许多相似之处：它们都是全国统一考试招生制度，都不断经历着改革，都旨在为高校选拔具备综合素养的人才，都是以专业化发展为目标的高校考试招生制度。因此，土耳其高校考试招生制度改革与发展的经验与教训，都可以为中国高考制度改革提供一定的启示。

一　建立以统一考试为基础的多层次人才选拔制度，区分不同规格人才

高校统一考试招生制度采用多次考试的办法已成为许多国家的选择。单次考试拘于同样的目的、形式、内容，无法全面评价学生。多次考试不仅可以弥补单次考试的不足，还可以通过不同类型考试为不同层次的高校选拔不同规格的人才。土耳其高校考试招生制度以统一考试为基础，打造多层次人才选拔制度，为国家选拔所需人才，具有一定的借鉴意义：（1）土耳其高校考试招生制度自确立统一考试招生制度以来，始终坚持统一考试，维护统一考试的权威地位。土耳其和中国的经验都证实，统一考试应该成为高校考试招生的基础与底线，不论特招与否，都应以统一考试为前提，始终维护统一考试的权威性与公平性，从而保障最广大考生群体的高等教育起点公平。（2）土耳其高校考试招生制度经过近半个世纪的反复实践，最终将两阶段考试模式作为人才选拔的主要模式，虽然土耳其也曾在短时期内采取通过划定考试分数线的方式来区分大专院校和本科高校不同层次考生的录取标准，但实际上本科高校与大专院校人才选拔的目的和规格都不同，将两类人才以一次考试的方式加以筛选并不利于人才的选拔与区分。因此，土耳其高校考试制度最终采用了两次考试的办法，通过区分考试目的、内容、标准，切实选拔不同层次高等院校所需人才。反观中国在高考制度改革中提出的"强基计划",实际上就是对特殊人才所实施的两次考核制度,但受众面较小。而在中国也有类似于两阶段考试的模式,即会考制度。虽然中国规定未能通过会考的考生无法参加高考,但实际上会考不仅难度低、通过率高,并且有多次补考机会。会考仅是一种标准参照性考试,并不具备选拔功能,难以发挥实际功用。我们可以在未来充分发挥会考的作用,增加会考的选拔功能,加强会考与高考的实质性关联,利用会考筛选不同层次人才,最终形成以两次考试区分和筛选不同层次高等院校所需人才的模式。

二 全面建立多元评价体系,逐步克服"唯分数"痼疾

高校统一考试招生制度易引发高中教育"唯分数"的问题。与中国相似,土耳其也存在着高校统一考试下的"唯分数"困囿。2018年土耳其高校考试招生制度改革从考试大纲入手,强化中等教育对学生的能力培养意识,弱化考试以知识为本位的传统,力求在原有多元评价的基础上继续克服"唯分数"痼疾。并在2019年提出与国家教育部共同合作制定考试大纲并确定考试内容范畴,以达到广泛听取高中一线教育者的意见、将更多利益相关者纳入全国高校统一考试的制定过程中、增强高中教学与全国高校统一考试的衔接性、促进考试公平的目的。然而目前来看收效甚微,由土耳其经验可知:(1)虽然土耳其早已意识到建立多元化评价体系的重要性,但鉴于社会诚信体系尚未健全,为保障高校考试招生制度的公平性,仍只能将分数作为录取考生的唯一依据。"唯分数"导致对学生的评价片面失真,使得高中教育偏离教育的本真。由土耳其的经验可知,只有逐步建立多元化评价体系,以过程评价代替结果评价,才可能将"唯分数"的弊病逐步祛除。(2)虽然土耳其早在1982年就将考生的高中学业成绩纳入了大学的录取评价体系中,然而依然未能脱离以分数来评价考生的桎梏。真正的多元评价体系,应该是除了分数以外,还能反映出考生其他方面的能力,能够引发考生重视高中阶段的整体学习和成长过程。因此,还应该将考生在高中阶段的综合表现纳入高校录取评价标准,形成实质上的综合评价体系。

（3）土耳其将考生高中学业成绩纳入高校录取标准的同时，始终存在着区域和区域之间、学校和学校之间的差异和教育资源的不平衡问题，仍有待建立起一套科学可比较的评价体系，保障不同区域和不同学校之间的学生学业成绩具有可比性，保障高中阶段评价的公平性。总之，土耳其的经验启示我们，"唯分数"痼疾并非一朝一夕可以根治，我们始终要将认识和解决"唯分数论影响学生全面发展"[①] 的问题置于高考制度改革目标的首位，逐步建立多元评价体系，并且要针对区域发展不均衡的问题，建立起科学可比的公平评价体系。

三 匹配高校专业需求与选考科目，选拔专业对口人才

土耳其自确立全国统一高校考试招生制度以来，一直重视对专业人才的培养，采取高校各专业制定招生选考科目，考生依据高校专业需求及自身意愿选考科目的办法，既满足了高校各专业人才培养的知识结构需求，又满足了考生的个人意愿。土耳其选拔专业人才的经验如下：（1）各地区各高校根据本地区发展和高校人才培养的实际需要，确定各专业人才知识结构的规格，在招生条件中指定考生的选考科目。土耳其各区域发展差异大，不同地区相同专业对人才的需求也存在差异，因此，各大学通过综合考虑自身所在地区政治、经济、文化、教育的发展情况，根据实际需求量身定制各专业所需人才知识结构，为高校和区域发展遴选人才。（2）土耳其高校考试招生制度通过多样化政策强化专业化人才的培养。从高校统一考试招生制度建立之初，土耳其就确立了高中专业与大学专业对口的招生政策。随着高校考试招生制度改革的深入，逐步通过高校专业指定选考科目政策、"专业+学校"的志愿填报模式、对口专业加分等政策，不断强化考生的专业学习能力，加强了人才与高校专业的对口性。中国在新高考改革实践中，也在试点省份的招生政策中以"专业+学校"的模式进行招生，但相较于土耳其来说，中

[①] 中华人民共和国中央人民政府：《国务院关于深化考试招生制度改革的实施意见》2014年9月4日，http://www.gov.cn/zhengce/content/2014-09/04/content_9065.htm，2020年2月18日。

国国情更为复杂，中国在进一步合理推进这一政策时，更应该注意因地制宜、循序渐进。各高校在选拔适应本地区和本学校所需人才的同时，也需进一步科学合理化专业设置，对专业进行整合和优化，加强专业的内涵式建设，提升专业竞争力，力争在全国同等专业中吸引优质人才。

四 以综合选考科目结合加权赋分办法，选拔跨学科复合型人才

土耳其自1974年建立全国高校统一考试招生制度以来，一直采用综合科目作为考试科目。2018年土耳其高校考试招生制度改革后，选考科目综合化的特点更为凸显。以综合选考科目结合加权赋分办法，引导学生跨学科跨专业选考，取得了有益的经验：（1）土耳其高校考试制度分为两阶段考试，总体上考试科目可以概括为"9+1+X"。第一阶段考试面对所有考生，考试内容包括9门基础学科，淡化了文、理学科藩篱，旨在选拔知识面宽、具备综合学科学习能力的考生。（2）第二阶段考试为选考科目，有意进入四年制本科高校的考生需根据高校的专业招生要求及自身意愿选考1门综合科目（包括社会科学综合科目、数学综合科目以及文、理综合科目），注重选拔具备综合专业知识的考生。（3）鼓励考生在1科综合科目的基础上叠加选考"X（2≥X≥0）"科目，考生选考科目越多，得分概率越大，极大地鼓励了考生跨学科选考的积极性，旨在选拔跨学科复合型人才。（4）为避免考生在科目选考时趋易避难，土耳其高校考试制度直接采取了加重理科类综合科目加权赋分的办法，引导考生选择含理科的综合科目，旨在强化理科人才的培养。总体而言，土耳其高校考试招生制度在保障人才知识结构与高校专业对口的前提下，逐步加大了选考科目的综合性，并结合加权赋分办法，避免考生在科目选考时趋易避难，力求进一步强化人才知识结构的跨学科与综合性，选拔适应未来社会发展的跨学科复合型人才。中国在新高考改革后，在选考科目的设置上、在鼓励考生加强理科科目的选考热情上，仍面临着诸多困境，土耳其的经验可以给予我们一定的启示，去粗取精，为我所用。

五 重视为残疾人提供补偿性政策，维护高等教育起点公平

残疾人作为弱势群体，保障其公平参与高校考试招生是高校考试招生制度公平水平的直接体现。土耳其高校考试招生制度极为重视通过政策补偿提升残疾人高等教育入学公平水平。自 1999 年起，土耳其高校考试招生制度就专门出台了为残疾考生提供考试便利的政策。此后，随着每一次高校考试招生制度改革的推进，残疾考生的补偿性政策逐步深入，体现出注重人性化、细化、操作性强的特点。土耳其高校考试招生制度对残疾人提供补偿性政策有：（1）土耳其重视维护残疾考生参加高校考试招生的权益，明确了政府、国家考试招生机构、高校、社会机构等不同责任主体在提供残疾考生高考补偿性政策中的责任和义务，使得多重主体共同致力于推进残疾人高等教育入学公平。（2）土耳其在国家考试招生机构中设立专门的"残疾考生部"，做到专项专管，使得残疾人考试招生工作能够更为细致和深入地推进。通过区分不同残疾人类型，明确不同类型残疾考生的考试便利需求，从考试场地便利、考试时间便利、人员帮辅便利、考试内容便利等各个方面为不同类型的残疾考生提供有针对性的、细化的、切实可操作的考试便利措施，维护了考试公平。（3）在招生政策方面，土耳其高校招生制度充分考虑残疾考生的高等教育需求，出台了残疾考生补偿性招生优惠政策，通过降低残疾人录取分数线、设置残疾人录取名额等措施，保障了残疾人高等教育权利，维护了高等教育起点公平。中国在《国家中长期教育改革和发展规划纲要（2010—2020 年）》中指出，要"重视发展残疾人高等教育"[1]，这意味着中国残疾人高等教育事业到了新的发展阶段，残疾人高等教育公平将日益受到重视。高考作为残疾人高等教育的起点，保障其公平性至关重要。2017 年中国出台了《残疾人参加普通高等学校招生全国统一考试管理规定》，旨在维护残疾考生参加高考的合法权益。

---

[1] 中华人民共和国教育部：《国家中长期教育改革和发展规划纲要（2010—2020 年）》2010 年 7 月 29 日，http：//old. moe. gov. cn/publicfiles/business/htmlfiles/moe/info_ list/201407/xxgk_ 171904. html？authkey＝gwbux，2019 年 10 月 15 日。

但从总体来看,该规定仍处于宏观层面,针对性、可操作性不强。并且从招生政策上来看,中国在残疾人高考招生政策上还缺乏补偿性措施。因此,在提升残疾人高等教育公平方面,中国高考制度还需要进一步制定切实可操作的补偿性政策,保障弱势群体获取高等教育的机会,为高等教育的全纳化与多元化提供政策支持。

"考试技术有先进和落后之分,但高校招考制度很难说有先进和落后之分。"[①] 虽然各国国情不同,但高校考试招生制度有其自身发展的客观规律,探寻不同国家高校考试招生制度的产生、发展、改革的经验,可以为中国高考制度改革所用。土耳其高校考试招生制度发展至今已近半个世纪,随着时代的变迁,土耳其高校考试招生制度也在持续完善和发展,不断为土耳其高等教育输送人才,为社会提供合格的人才资源,是维持土耳其社会正常运转的重要社会制度和教育制度。土耳其高校考试招生制度凝结着土耳其一代代考试人的智慧,它的改革与发展的历程是人类历史实践中难能可贵的经验。本着取其精华,去其糟粕的原则,土耳其高校考试招生制度的实践经验亦可以为中国高考制度的不断科学化、合理化、公平化发展提供理论与实践之参考。

---

① 刘海峰:《高考改革:理想图景与现实困境》,《光明日报》2012年4月11日第14版。

结　　语

理论上，一项有意义的研究，要能够解决已有问题、发现新的问题，为已有研究做出补充、拓展或更正。但实践下来却发现，只要能做到其中一点，便已难能可贵。本书基于中外学者对土耳其高校考试招生制度的已有研究，旨在填补国内、外学者目前对土耳其高校考试招生制度的研究空白，为中国高校考试招生制度研究提供新的国别视域。

一　研究的主要贡献与创新之处

本书的主要贡献及创新之处包括以下三个方面：

首先，研究填补了土耳其高校招生考试制度研究的空白。高考制度在中国具有举足轻重的地位，中国一直致力于高考制度的改革与完善。2010年《国家中长期教育改革和发展规划纲要（2010—2020年）》颁布，要求深化考试内容和形式改革。2013年党的十八届三中全会通过《中共中央关于全面深化改革若干重大问题的决定》，要求推进考试招生制度改革。2014年国务院发布《关于深化考试招生制度改革的实施意见》，正式启动新一轮高考改革，再次开启了高考制度科学化的探索之路。伴随着高考制度改革的不断深入，中国学者对高考制度的研究也愈加深入而全面，尤其是刘海峰教授带领的考试研究团队，不仅对中国高考制度进行了深入、细致、全面、系统的研究，并且将研究视域扩展全球，力求通过对域外国家高校考试招生制度的研究，为中国高考制度改革提供有益的借鉴。迄今该团队已经形成了对美国、加拿大、日本、澳大利亚、俄罗斯、韩国、法国近 10 个国家和地区高校考试招生制度的系统而深入的研究。土耳其早在 1974 年就已经形成全国高校统一考试招生制度，其高校考试招生制度的产生、发展、改革等颇有特色，有效起到了为土耳其高等教育选拔人才，为基础教育指明方向，为社会输送优质人力资源的重要作用。目前中国尚未形成有关土耳其高校考试招生制度的系统研究。并且就土耳其国内而言，由于学术环境管控严格，高校考试招生制度始终由政府掌控，对它的研究和讨论也颇为敏感，这使得土耳其学者对高校考试招生制度的研究成果也较为薄弱，不仅尚未形成系统而全面的研究著作，即使产出的学术论文也较为有限。在土耳其全国统一高校考试招生制度建立近半个世纪的今天，本书立足为中国高考制度改革提供更多国别视域的目的，基于对土耳其为期一年半的实地考察，通过文献法、访谈法、比较法等，围绕着土耳其高校考试招生制度的产生与发展历史、改革历程、实施现状，土耳其各类大学考试招生制度的实践案例，高校考试招生制度的公平及其社会影响因素，高校考试招生制度的争议、特点、发展趋势以及与社会的关系等内容，力求以较为全面而系统的研究填补对土耳其高校考试招生制度的研究空白，为中国高考制度的改革提供又一他国经验。

  其次，本书通过对土耳其高校考试招生制度的系统研究，力图展现土耳其高校考试招生制度与中国高考制度的异同之处。本书采用了比较研究法，虽未将土耳其高校考试招生制度与中国高考制度进行明确的一一对比，但研究者基于自身的文化背景、主观判断和对高考制度的已有认知和理解，为土耳其高校考试招生制度的研究带来了比较的研究视角和观点，以较为全面而系统的土耳其高校考试招生制度研究，展现了土耳其高校考试招生制度与中国高考制度的异同之处。一方面，中国与土耳其虽然同样实施全国统一高校考试招生制度，但由于高校考试招生制度生长于不同的社会之中，服务于不同的国家制度，因此，两国的高校考试招生制度从发展历史、考试办法、招生政策、选拔形式、录取方法、招生机构等都有所区别。比如两国虽然都实行全国统一考试招生制度，但土耳其是自上而下的完全统一：统一管理、统一考试、统一招

结　语

生、统一录取。而中国的高考制度则相对灵活，统中有分，在全国统一考试的统领下，各省有权量身定制适合本省实际情况的高校考试招生制度。这些不同之处透过对土耳其高校考试招生制度的研究得以一一呈现。另一方面，高校考试招生制度有其自身发生发展的客观规律，中国高考制度与土耳其高校考试招生制度也有颇多相似之处。比如，两国的高校考试招生制度都面对着"唯分数""唯考试"的负面影响，都肩负着"牵一发而动全身"的改革压力，都存在着区域发展不均衡带来的考试结果不公平等问题。可见，通过对土耳其高校考试招生制度的系统研究，可以展现出其与中国高考制度的异同。虽不明言比较，却处处是比较，处处可比较。

最后，本书采用质性研究方法，从利益相关者角度，为土耳其高校考试招生制度研究打开了一个新的视角。针对国外学者对土耳其高校考试招生制度的研究缺少质性研究的现状，本研究采用了质性研究方法，通过对土耳其高校考试招生制度的利益相关者：土耳其国家考试招生机构管理者、高校招生部门管理者、高中教师、考生、考生家长等五十余人进行深度访谈，搜集了大量一手资料。通过对访谈数据进行整理、分析后，梳理出影响土耳其高校考试招生制度公平的主要社会因素，包括：性别因素、中等教育因素和区域因素。从微观个体视角剖析土耳其社会背后隐含的影响高校考试招生制度公平的社会因素，呈现出高校考试招生制度的程序公平与实质公平的差异。从公平视角深入理解土耳其高校考试招生制度与社会影响因素之间的关系，为土耳其高校考试招生制度的研究打开了一个新的视角。

总之，本书对土耳其国家高校考试招生制度展开了较为全面而系统的研究。以比较的视角，深入土耳其的具体语境，通过文本分析和深度访谈获取了土耳其高校考试招生制度的一手资料，考察了土耳其高校考试招生制度的历史与现状，高校考试招生制度与社会的关系，期望通过本书将土耳其国家高校考试招生制度介绍到中国，使中国学者看到一个既有相似性，却又完全不同的高校考试招生制度，填补中国在此专题上的研究空白，拓展中国高校考试招生制度研究的国别视野，扩充考试理论研究的多元化视角，充实中国考试改革理论体系。

二 研究的主要发现

通过对土耳其的实地研究发现，如今的土耳其，考试已经成为政府机构、社会机构和教育机构人才选拔的重要工具。以个体为例，从幼儿到成年，可能经历私立小学选拔考试、初中入学考试、高中入学考试、全国高校统一考试、入职考试等等，考试伴随了土耳其人的一生。正如 U2 所言："我们所有的教育系统都由考试决定，考试是土耳其衡量人的'标准'。"但在所有考试中，对个人而言，全国高校统一考试无疑是土耳其人一生中最为重要的一场考试，它是无数学子走进知识"象牙塔"的桥梁、通往未来理想生活的敲门砖；对整个教育系统来说，高校考试招生制度一头连接着基础教育，一头连接着高等教育，起到了重要的衔接作用；对整个社会来说，高校考试招生制度一边寄予了无数家庭的希望，一边肩负起整个社会的未来，是维护社会稳定和发展的重要制度。总之，土耳其高校考试招生制度决定着基础教育的内容和走向、为高等教育选拔人才、传递着国家人才培养的价值观，承载着无数学子的梦想和无数家庭的希望，它牵动着整个土耳其社会的神经，成为土耳其教育体系和社会发展中尤为关键的一环。

在土耳其高校考试招生制度的产生和发展历程中，"改革""发展""适应"始终是土耳其高校考试招生制度在不断发展中的三个关键词：（1）从土耳其高校考试招生制度产生和发展的历史轨迹来看，土耳其全国高校统一考试招生制度的产生充分体现出了高校考试招生制度发展的规律，它自下而上诞生，经历了由各高校分散招生、联合招生到统一招生的过程，是招生制度发展到较高阶段的产物[1]，是适应高等教育需求、社会需要的产物。（2）自实施全国高校统一考试招生制度以来，为适应国家、社会和高等教育的发展需要，土耳其高校考试招生制度共经历了五次大的改革，改革内容涉及国家考试招生机构改革、考试制度

---

[1] 刘海峰：《高考改革的统独之争》，《教育发展研究》2006 年第 11 期。

结　语

改革、招生制度改革各个方面，可谓全面而透彻。在改革过程中，高校考试招生制度体现出了与社会的不断适应、与高等教育的不断适应、与中等教育的不断磨合。高校考试招生制度从来不是孤立于社会而存在的，在土耳其社会发展的各个阶段，高等教育选拔什么样的人才、为国家培养具备哪类知识结构的人才，成为土耳其高校考试招生制度改革与发展中的核心问题。土耳其高校考试招生制度始终围绕着这些核心问题不断改革、发展、创新、完善，以最大限度适应土耳其社会发展的需求。（3）土耳其高校考试招生制度在探索自身改革与发展道路的同时，也受到社会因素的影响。高校考试招生制度的产生与发展与政治、经济、教育、文化等社会因素紧密关联。这些社会因素影响在着高校考试招生制度的目的、形式、内容的同时，也受到高校考试招生制度的影响：高校考试招生制度为政治发展输送人才、促进教育的发展，并产生了独特的考试经济与考试文化。

总之，通过土耳其高校考试招生制度近半个世纪的发展历程可以看出，"改革""发展"和"适应"始终引领着土耳其高校考试招生制度走向专业化。一方面，一个国家的高校考试招生制度之所以能够长久生存，一定是适应国家和社会发展需要的，一定是适应高等教育发展需要的；另一方面，只有不断改革和发展，不因循守旧，及时适应时代发展而改革和完善自我，才可能适应国家和社会的要求。作为一个全国大规模选拔考试制度，高校考试招生制度的复杂性与艰巨性不言而喻，它需要最大限度地满足不同利益相关者的诉求，更需要契合国家对人才的需求与战略发展规划。"没有改革的固守，只能故步自封，不进则退；没有守正的改革，可能失去根基，狂飙突进。"[①] 相信土耳其高校考试招生制度会在坚守中不断前行，在适应中不断改革，为莘莘学子实现高等教育之梦搭建桥梁，为土耳其国家建设和社会发展不断打造合格人力资源，使土耳其高校考试招生制度不断走向科学化、合理化、公平化。

---

① 刘海峰：《新高考改革的实践与改进》，《江苏高教》2019 年第 6 期。

三　研究的不足与展望

土耳其是一个世俗化国家，也是一个穆斯林人口占全国总人口98%的国家，它"襟两洲而带八国"，融汇着传统与现代，交织着东方与西方。在这样一个社会里，既有来自传统历史文化的根植，也接受着最先进的西方文明思想，它处处充斥着矛盾，又在矛盾中不断融合。土耳其的国家特点，也深刻地烙印在了高校考试招生制度之上，最终形成了土耳其独特的高校考试招生制度。本书力求对土耳其高校考试招生制度进行较为系统而全面的研究，但受到研究者和研究环境的局限，仍有许多不足之处有待完善：（1）由于土耳其社会的复杂性，尤其是政治对学术的严格管控，本书在获取高校考试招生制度的一手资料时较为受限。一是土耳其的相关研究资料较为薄弱，二是政府和高校的受访者对高校考试招生制度的问题避讳莫深。因此，本书在探讨土耳其高校考试招生制度与社会的关系时仅限于基础性和探索性的研究。在未来的研究中，这一研究主题仍有待继续深入和完善。（2）土耳其调研环境较为严格，首先需要选修《研究方法》和《学术伦理道德》等3门研究生课程后，方可撰写研究报告向学术伦理道德委员会申请调研许可，这一过程耗时长达4个月。在终于获得调研许可待开展调研工作时，又恰逢全球新冠疫情暴发，原定调研计划不得不数次调整，一定程度上限制了调研工作的开展。因此，在后续的研究中，在访谈样本的多样化上尚有可待拓展的空间。（3）受到研究者本人学术水平的限制，本书尚有许多不足之处。面对一个宏大的研究主题，在研究资料的处理上、研究问题的突破上，仍有许多可待精进之处。做学术如同旅行，看见美丽的风景总是恨不得处处走到，希望深入了解它所有的历史与传说，但总是会受到这样或那样的限制，留下这些或那些的遗憾。但恰是有了遗憾，才有了继续前行的动力，有了不断探索的兴奋感。相信基于目前研究的遗憾与不足，未来对土耳其高校考试招生制度的研究可以更为深入而系统。

综上所述，发展至今，土耳其高校考试招生制度已经成为土耳其最为重要的全国性考试招生制度，是受到广大利益相关者广泛认可的考试

结　语

招生制度，是目前最适合土耳其国情的考试招生制度，是无数学子得以通过公平竞争实现梦想，走进知识"象牙塔"的唯一途径，是土耳其社会得以选拔优质人力资源，维持社会正常运转的重要保障。土耳其高校考试招生制度具有制度优势，具备自身特色，且坚持不断改革。它创立并发展了半个世纪，是已经被历史和实践证实的极具生命力和创新力的高校考试招生制度。虽然它仍存在缺陷与不足，仍有可待优化的空间，但相信在未来的发展中，它将会恪守公平，不断提升效率，继续向着专业化和科学化发展，为土耳其高校和社会选拔优质人才，为莘莘学子搭建通往梦想的桥梁，在世界高校考试招生制度之林占据一席之地。

参考文献

中文著作

卞翠：《法国高校招生考试制度研究》，华中师范大学出版社2016年版。

陈向明：《质的研究方法与社会科学研究》，教育科学出版社2000年版。

郭长刚等编著：《列国志·土耳其》，社会科学文献出版社2015年版。

郭长刚、刘义主编：《土耳其发展报告（2016）》，社会科学文献出版社2016年版。

哈全安：《土耳其通史》，上海社会科学出版社2014年版。

黄维民：《奥斯曼帝国》，中国国际广播出版社2015年版。

李秉德主编：《教育科学研究方法》，人民教育出版社1986年版。

刘海峰：《高校考试招生制度改革研究》，经济科学出版社2009年版。

刘海峰：《高考改革的理论思考》，华中师范大学出版社2007年版。

刘海峰主编：《高考制度变革综论》，浙江教育出版社2017年版。

梁磊、刘桦主编：《组织生态学理论与应用》，科学出版社2012年版。

来启华、郑若玲等：《考试机构文化建设概论》，高等教育出版社2016年版。

斐娣娜：《教育研究方法导论》，安徽教育出版社1995年版。

潘懋元主编：《多学科观点的高等教育研究》，上海教育出版社2001年版。

覃红霞：《高校招生考试法治研究》，华中师范大学出版社2016年版。

秦惠彬主编：《伊斯兰文明》，中国社会科学出版社1999年版。

田瑾:《18—19世纪奥斯曼帝国与欧洲文化交往研究》,中国社会科学出版社2013年版。

唐滢:《美国高校考试招生制度研究》,华中师范大学出版社2007年版。

杨学为、廖平胜:《考试社会学问题研究》,华中师范大学出版社2003年版。

杨兆钧:《土耳其现代史》,云南大学出版社1990年版。

周国黎:《伊斯兰教育与科学》,中国社会科学出版社1994年版。

郑若玲:《科举、高考与社会之关系研究》,华中师范大学出版社2007年版。

[德] 马克思、恩格斯:《神圣家族,或对批判的批判所做的批判》,人民出版社1998年版。

[美] 迈克尔·汉南、约翰·弗里曼:《组织生态学》,彭璧玉、李熙译,科学出版社2014年版。

[美] W. 理查德·斯科特、杰拉尔德·F. 戴维斯:《组织理论:理性、自然与开放系统的视角》,高俊山译,中国人民大学出版社2012年版。

[美] 约翰·罗尔斯:《正义论》,何怀宏等译,中国社会科学出版社1988年版。

[苏] 安·菲·米列尔:《土耳其现代简明史》,朱贵生等译,生活·读书·新知三联出店出版社1973年版。

[土耳其] 悉纳·阿克辛:《土耳其的崛起(1789年至今)》,吴奇俊等译,社会科学文献出版社2017年版。

[英] 伯纳德·刘易斯:《现代土耳其的兴起》,范中廉译,商务印书馆1982年版。

[英] 杰森·古德温:《奥斯曼帝国闲史》,周晓东等译,江苏人民出版社2010年版。

[英] 刘易斯·科恩、劳伦斯·马尼恩、基恩·莫里森:《教育研究方法》,程亮等译,华东师范大学出版社2015年版。

[英] 帕特里克·贝尔福:《奥斯曼帝国六百年——土耳其帝国的兴

衰》，栾力夫译，中信出版集团股份有限公司 2018 年版。

中文论文

戴家干：《谈教育考试机构的职能与定位》，《教育与考试》2007 年第 1 期。

刘海峰：《高考改革中的公平与效率问题》，《教育研究》2002 年第 12 期。

刘海峰：《高考改革的统独之争》，《教育发展研究》2006 年第 11 期。

刘海峰：《高考改革：公平为首还是效率优先》，《高等教育研究》2011 年第 5 期。

刘海峰：《理性认识高考制度，稳步推进高考改革》，《中国高等教育》2013 年第 4 期。

刘海峰：《中国高考向何处去？》，《北京大学教育评论》2010 年第 4 期。

刘海峰、李立峰：《高考改革与政治经济的关系》，《教育发展研究》2002 年第 6 期。

凌磊：《韩国一流大学弱势群体招生考试探析》，《外国教育研究》2017 年第 11 期。

罗珉：《组织理论的新发展：种群生态学理论的贡献》，《外国经济与管理》2001 年第 10 期。

马宇航、杨东平：《高等教育女性化的国际比较研究》，《江苏高教》2016 年第 9 期。

潘懋元：《女子高等教育——文化变迁的寒暑表》，《集美大学学报》2001 年第 9 期。

覃红霞、刘海峰：《美国弱势群体入学政策的法律审视与启示》，《高等教育研究》2015 年第 3 期。

杨滢、黄巨臣：《土耳其建设世界一流大学的动因、策略与特色》，《高教探索》2019 年第 1 期。

杨滢：《土耳其推进残疾人高等教育公平的举措与启示》，《中国特殊教育》2019 年第 4 期。

杨滢:《土耳其高校招生考试改革新动向》,《中国考试》2020年第4期。

叶向阳:《土耳其高等教育中学生的选拔和录取》,《外国教育资料》1993年第4期。

郑若玲:《高考的社会功能》,《现代大学教育》2007年第3期。

外文著作

Alkan, *Tanzimat'tan Cumhuriyet'e Modernleşme Sürecinde Eğitim İstatistikleri 1839–1924*, Ankara: Devlet İstatistik Enstitüsü Matbaası, 2000.

Andreas M. Kazamias, *Education and the Quest for Modernity in Turkey*, Chicago: The University of Chicago Press, 1966.

Ankara Üniversitesi, *Ankara Hukuk Fakültesi Lisans Öğretim ve İmtihan Yönetmeliği*, Ankara: Güney Matbaacılık ve Gazetecilik T. A. O., 1952.

Ankara Üniversitesi, *Ankara Üniversitesi Giriş Sınavı Hakkında Talimat*, Ankara: Ankara Üniversitesi Basımevi, 1963.

Ankara Üniversitesi, *Ankara Üniversitesi 1961–1962 Öğretim Yılında Alınan Öğrencilere Ait İstatistik Bilgileri*, Ankara: Ankara Üniversitesi Basımevi, 1962.

Ankara Üniversitesi, *Üniversitelerarası Giriş Sınavı Uygulama Kuralları*, Ankara: Ankara Üniversitesi Basımevi, 1965.

Ankara Yüksek Ziraat Enstitüsü, *Ankara Yüksek Ziraat Enstitüsü Kılavuzu*, Ankara: Ankara Yüksek Ziraat Enstitüsü Basımevi, 1943.

Bilkent, *Higher Education in Turkey*, Paris: UNESCO, 1990.

Bozkurt Güvenç, *History of Turkish Education*, Ankara: Turkish Education Association, 1998.

Murat Alper Parlak, *Cumhuriyet Dönemi Eğitim Politikaları Sempozyumu 07–09 Aralık 2005*, Ankara: Atatürk Araştırma Merkezi, 2000.

Emre Dölen, *Türkiye Üniversite Tarihi 1–5*, İstanbul: İstanbul Bilgi Üniversitesi Yayınları, 2010.

Emre Dölen, *Cumhuriyet Döneminde Osmanlı Darülfünunu* (1922-1933), İstanbul: İstanbul Bilgi Üniversitesi Yayınları, 2010.

Emre Dölen, *Türkiye Üniversite Tarihi 4 İstanbul Üniversitesi* (1933-1946), İstanbul: İstanbul Bilgi Üniversitesi Yayınları, 2010.

Emine Ö. Evered, *Empire and Education under the Ottomans: Politics, Reform, and Resistance from the Tanzimat to the Young Turks*, Croydon: CPI Group (UK) Ltd, 2012.

Fahri Çoker, *Türk Parlamento Tarihi (TBMM IV. Dönem 1931-1935)*, Ankara: TBMM Yayını, 1996.

Higher Education Council Student Selection and Placement Center, *The System of Student Selection and Placement in Higher Education Institutions in Turkey*, Ankara: ÖSYM Yayınları, 1988.

Horst Widmann, *Atatürk ve Üniversite Reformu*, İstanbul: Kabalcı, 2000.

İhsanoğlu, Ekmeleddin, *Darülfünun: Osmanlı'da Kültürel Modernleşmenin Odağı*, İstanbul: IRCICA, 2010.

İlhan Başgöz, Howard E. Wilson, *Education Problems in Turkey 1920 - 1940*, Bloomington: Indiana University, 1968.

İstanbul Üniversitesi, *İstanbul Üniversitesi Öğrenci Disiplin Yönetmeliği*, İstanbul: İstanbul Akgün Matbaası, 1951.

İstanbul Üniversitesi, *İstanbul Üniversitesi Öğrenci Rehberi*, İstanbul: İstanbul Akgün Matbaası, 1952.

Jacob M. Landau, *Ataturk and the Modernization of Turkey*, Boulder: Westview Press, Inc., 1984.

Mehmet Ali Ayni, *Darülfünun Tarihi*, İstanbul: Kitabevi, 2007.

Musa Çadırcı, Azmi Süslü, *Ankara Üniversitesi Gelişim Tarihi*, Ankara: Ankara Üniversitesi Basımevi, 1982.

ODTÜ, *METU-SFL English Proficiency Examination a Guide for Test-takers*, Ankara: ODTÜ Basım İşliği, 2018.

ODTÜ, *Orta Doğu Teknik Üniversitesi*, Ankara: Güzel İstanbul Matbaası,

1966.

ÖSYM, *1983 - 1984 Öğretim Yılı Yükseköğretim İstatistikleri*, Ankara: ÖSYMYayınları, 1986.

ÖSYM, *2002 Öğrenci Seçme ve Yerleştirme Sistemi Yükseköğretim Programları ve Kontenjanları Kılavuzu*, Ankara: ÖSYM Yayınları, 2002.

ÖSYM, *2006-ÖSYS Öğrenci Seçme ve Yerleştirme Sistemi Kılavuzu*, Ankara: ÖSYM Yayınları, 2006.

ÖSYM, *2010-ÖSYS Yükseköğretim Programları ve Kontenjanları Kılavuzu*, Ankara: ÖSYM Yayınları, 2010.

ÖSYM, *2017 - Lisans Yerleştirme Sınavları (2017 - LYS) Sonuçları Değerlendirme Raporu*, Ankara: ÖSYM Sınav Hizmetleri Daire Başkanlığı, 2017.

ÖSYM, *2018 Yükseköğretim Kurumları Sınavı (YKS) Kılavuzu*, Ankara: ÖSYM Sınav Hizmetleri Daire Başkanlığı, 2018.

ÖSYM, *2018 Değerlendirme Raporu*, Ankara: ÖSYM Sınav Hizmetleri Daire Başkanlığı, 2018.

ÖSYM, *2019 Değerlendirme Raporu*, Ankara: ÖSYM Sınav Hizmetleri Daire Başkanlığı, 2019.

ÖSYM, *Yükseköğretime Giriş Sınavı Geçmiş Yıllarla Karşılaştırma ve Değerlendirme*, Ankara: ÖSYM Yayınları, 1999.

ÖSYM, *Yükseköğretim Kurulu 2019 Yılı Yükseköğretim Kurumları Sınavı Yerleştirme Sonuçları Raporu*, Ankara: ÖSYM Sınav Hizmetleri Daire Başkanlığı, 2019.

Öztürk. H, *Eğitim Sosyolojisi*, Ankara: Utku Yayınevi, 1983.

Sevinç Karol, Sıdıka Tezel, *Atatürk ve Kadın Hakları*, Ankara: Türk Ticaret Bankası, 1983.

Şenol Utku, Muzaffer İpek, *1964 - 1965 Ders Yılı Üniversitelerarası Giriş Sınavı Sıralaması ve Bazı İstatistik Sonuçlar*, İstanbul: Teknik Üniversite Matbaası Gümüşsuyu, 1965.

T. C. Başbakanlık Devlet Planlama Teşkilatı Müsteşarlığı, *Türkiye'de Yüksek Öğretimin Eğitim Sistemi İçindeki Yeri ve Gelişmesi*, Ankara: Devlet Planlama Teşkilatı, 1966.

T. C. Milli Eğitim Bakanlığı, *Cumhuriyet Döneminde Türk Milli Eğitim Sistemindeki Gelişmeler 1920 - 2010*, Ankara: Strateji Geliştirme Başkanlığı, 2010.

T. C. Milli Eğitim Bakanlığı, *Milli Eğitim İstatistikleri Örgün Eğitim*, Ankara: MEB, 2018.

T. C. Sanayi ve Teknoloji Bakanlığı, *İllerin ve Bölgelerin Sosyo-Ekonomik Gelişmişlik Sıralaması Araştırması Sege - 2017*, Ankara: Kalkınma Ajansları Genel Müdürlüğü, 2019.

T. C. Yükseköğretim Kurulu ÖSYM, *Yükseköğretim Kurumlarına Öğrenci Seçme ve Yerleştirme Sisteminin Esasları*, Ankara: ÖSYM Yayınları, 1993.

Türkiye İstatistik Kurumu, *Toplumsal Cinsiyet İstatistikleri*, Ankara: Türkiye İstatistik Kurumu Matbaası, 2014.

Üstün Dökmen. T. C., *Yükseköğretim Kurulu Öğrenci Seçme ve Yerleştirme Merkezi: Kuruluşu, Gelişmesi, Çalışmaları*, Ankara: ÖSYM Yayınları, 1992.

ÜSYM, *İki Aşamalı Üniversitelerarası Seçme ve Yerleştirme Sınav Sistemi*, Ankara: ÜSYM Yayınları, 1980.

ÜSYM, *Üniversitelerarası Seçme ve Yerleştirme Sınavı: 1981 İkinci Basamak Sınavı Kılavuzu*, Ankara: ÜSYM Yayınları, 1981.

ÜSYM, *Yüksek Öğrenime Geçişte Fırsat Eşitliği*, Ankara: ÜSYM Yayınları, 1979.

ÜSYM, *1975 Üniversitelerarası Seçme Sınavı Kılavuzu*, Ankara: ÜSYM Yayınları, 1975.

Yılmaz Öztuna, *Büyük Türkiye Tarihi (Vol. 10)*, İstanbul: Ötüken Pub, 1978.

Yolcu Ergün, *1453'den Günümüze İstanbul Üniversitesi*, İstanbul: Boyut Matbaası, 2011.

Zafer Çelik, "Ortaöğretime ve Yükseköğretime Geçiş Sınavlarının Kıskacında Ortaöğretim Sistemi", in Gümüş and Arife, eds. *Tükiye de Eğitim Politikaları*, Ankara: Nobel Yayınlari, 2015, p. 273-298.

外文论文

A. Aşkım Kurt, Canan Çolak, "Opportunities for Students with Disabilities in Higher Education Institutions in Turkey: Where is ICT?" *International Journal of Special Education*, Vol. 31, No. 1, 2016.

Abdurrahman Kılıç, Ahmet Yumuşak, "Lisans Öğrencilerinin Psikolojik İyilik Hallerinin YGS Puanları ve Çeşitli Değişkenler ile İlişkisi", *Mersin University Journalof the Faculty of Education*, Vol. 11, No. 2, August 2015.

Ali Azar, "Analysis of Turkish High-School Physics-Examination Questions and University Entrance Exams Questions According To Blooms' Taxonomy", *Journal of Turkish Science Education*, Vol. 2, No. 2, November 2005.

Ali Kitiş, Nihal Büker, "Effects of Musculoskeletal System Problems on Quality of Life and Depression in Students Preparing for University Entrance Exam", *Korean JPain*, Vol. 30, No. 3, July 2017.

Ata Tezbaşaran, "Yüksek Öğretime Geçişin Kısa Öyküsü ve Öğrenci Seçme ve Yerleştirme Sistemindeki Değişmeler (1960-2004) ", *Eğitim Bilim*, June 2004.

Aylin İlden Koçkar, Tülin Gençöz, "Personality, Social Support, and Anxiety among Adolescents Preparing for University Entrance Examinations in Turkey", *Current Psychology: Developmental · Learning · Personality · Social*, June 2004.

Berberoğlu G, "The University Entrance Examinations in Turkey", *Studies in Educational Evaluation*, Vol. 22, No. 4, April 1996.

Brain Grant, "Student Selection and Placement in Turkish Higher Education", *The Vocational Aspect of Education*, Vol. 42, No. 113, December 1990.

Cahide Sınmaz Sönmez, "Atatürk'ün Bilimsellik Anlayışının Yerleşmesinde Yüksek Öğretime Verdiği Önem", *SDÜ Fen Edebiyat Fakültesi Sosyal Bilimler Dergisi*, Vol. 28, No. 28, April 2013.

Caner Aladağ, "An Analysis of the 2011-LYS Geography Questions in Terms ofthe Item Difficulty and Misconception", *Elementary Education Online*, Vol. 15, No. 4, October 2016.

Celal Can Çakmakcı, "Türkçe Eğitimi Bölümlerine Kabul Koşullarının Avrupa Birliğinin Önde Gelen Ülkelerindeki Ana Dili Öğretmeni Yetiştirme Programları İle Karşılaştırılması", *ZFWT*, Vol. 9, No. 2, 2017.

Cynthia Lindquist, "Educational Reform in Turkey", *International Journal of Progressive Education*, Vol. 13, No. 2, June 2017.

Cumhur Erdem, İsmail Şentürk, Cem Kaan Arslan, "The Socioeconomic Determinants of the University Entrance Exam Scores in Turkey", *Management in Education*, Vol. 2, No. 4, January 2008.

Çiler Hatipoğlu, "The Impact of the University Entrance Exam on EFL Educationin Turkey: Pre-service English Language Teachers's Perspective", *Procedia-Social and Behavioral Sciences*, Vol. 232, No. 14, October 2016.

Durmuş Günay, Aslı Günay, "1933'den Günümüze Türk Yükseköğretiminde Niceliksel Gelişmeler", *Yükseköğretim ve Bilim Dergisi*, Vol. 1, No. 1, April 2011.

Ebru Karataş Acer, "An Analysis of the Expansion of Higher Education in Turkey: Using the New Institutional Theory", *Educational Sciences: Theory & Practice*, Vol. 17, No. 6, December 2017.

Erdi Altun, Gülten Şendur, Şenol Alpat, "Comparison of The Main Features and The Chemistry Questions of University Entrance Examinations in China and Turkey", *Kastamonu Eğitim Dergisi*, Vol. 24, No. 2, March 2016.

Erzen Evren, Odacı Hatice, "The Effect of the Attachment Styles and Self-efficacyof Adolescents Preparing for University Entrance Tests in Turkey on Predicting Test Anxiety", *Educational Psychology*, Vol. 36, No. 10, June 2016.

Fatma Gök, "Marketing Hope: Private Institutions Preparing Students for the University Entrance Examination in Turkey", *International Perspectives on Education and Society*, Vol. 12, No. 10, September 2010.

Filiz Gölpek, Kenan Uğurlugelen, "Avrupa Ülkelerinde ve Türkiye'de Yükseköğretime Giriş Sistemleri", *Dicle Üniversitesi İktisadi ve İdari Bilimler Fakültesi Dergisi*, Vol. 2, No. 5, January 2013.

F. Özlem Saka, "What do Teachers Think about Testing Procedure at Schools?", *Procedia-Social and Behavioral Sciences*, Vol. 232, No. 14, April 2016.

Hakan Koç, Ömer Faruk Sönmez, "ÖSS, YGS ve LYS Sınavlarındaki Coğrafya Sorularının Bloom Taksonomisi Bilişsel Alan Düzeyi Açısından Analizi", *Karadeniz Araştırmaları*, Vol. 36, No. 36, June 2013.

Hasan Ünal, E. Mehmet Özkan, "The Effect of Private Tutoring on Performance in Mathematics in Turkey: A Comparison Across Occupational Types", *Procedia-Social and Behavioral Sciences*, Vol. 2, No. 2, December 2010.

Hatice Kumandaş, Ömer Kutlu, "Yükseköğretime Öğrenci Seçmede ve Yerleştirmede Kullanılan Sınavların Oluşturduğu Risk Faktörlerinin Okul Başarısı Üzerindeki Etkileri", *Türk Psikoloji Dergisi*, Vol. 29, No. 74, December 2014.

Hicran B. Fırat, Hüseyin S. Yaratan, "The Impact of External Examinations on High School Curricula: Perceptions of Science Teachers", *Procedia-Social and Behavioral Sciences*, Vol. 106, No. 10, December 2013.

İbrahim Karaman, Rıza Salar, "YGS ve LYS Sınavlarındaki Fizik Sorularının Öğretim Programı Açısından ve Bloom Taksonomisi Bilişsel Alan Düzeyi Açısından Analizi", *Akademik Sosyal Araştırmalar Dergisi*, Vol. 2, No. 6, September 2014.

İsmail Karakaya, Ezel Tavşancıl, "Öğrencilerin ÖSS Puanları ve Ortaöğretim Başarı Puanı İle Üniversitedeki Akademik Başarısı Arasındaki İlişkinin İncelenmesi", *Çağdaş Eğitim Dergisi*, Vol. 2, No. 1, July 2011.

Kala Krishna, "Retaking in High Stakes Exams: Is Less More?", *International Economic Review*, Vol. 59, No. 2, Februay 2018.

Kemal Baytemir, Tahsin İlhan, "Development of the Exam Anxiety Scale for Parents: A Validity and Reliability Study", *Electronic Journal of Research in Educational Psychology*, Vol. 16, No. 44, April 2018.

K. Mert Çubukçu, "Evaluating Higher Education Policy in Turkey: Assessment of The Admission Procedure to Architecture, Planning, and Engineering School", *International Journal of Education Policy & Leadership*, Vol. 4, No. 4, May 2009.

Micheal Hanna, John Freeman, "The Population Ecology of Organizations", *American Journal of Sociology*, Vol. 82, No. 5, March 1977.

Necdet Güner, "The Errors Students from Primary Education and Secondary Education Done while Answering 2010 YGS-Mathematics Problems", *Pamukkale Üniversitesi Eğitim Fakültesi Dergisi*, Vol. 30, No. 2, July 2011.

Özge Bala, Ömer Kutlu, "The Study on the Attitudes Towards the Student Selection System for Higher Education in Terms of Student Characteristics", *Procedia-Socialand Behavioral Sciences*, Vol. 15, January 2011.

Özgür Yıldırım, "Washback Effects of a High-Stakes University Entrance Exam: Effects of the English Section of the University Entrance Exam on Future English Language Teachers in Turkey", *The Asian EFL Journal Quarterly*, Vol. 12, No. 2, June 2010.

Ruhi Sarpkaya, "Atatürk'ün Eğitim Politikasının Kaynakları ve Temel İlkeleri", *Eğitim ve Bilim*, Vol. 126, No. 27, January 2002.

Selami Sönmez, "Primary Education System in Ottoman Empire", *International Journal of Humanities and Social Science*, Vol. 3, No. 5, March 2013.

Sercan Demirgüneş, "Transition to Higher Education in the World and Turkey: Proposal for Transition to Higher Education", *Journal of Education and Practice*, Vol. 8, No. 7, January 2017.

Taliha Keleş, Mihriban Hacısalihoğlu Karadeniz, "2006 – 2012 Yılları Arasında Yapılan ÖSS, YGS ve LYS Matematik ve Geometri Sorularının Bloom Taksonomisinin Bilişsel Süreç Boyutuna Göre İncelenmesi", *Turkish Journal of Computer and Mathematics Education*, Vol. 6, No. 3, December 2015.

Vedat Şahin, "An Evaluation of Geography Department Students Average Field Performances in YGS and LYS Tests", *Marmara Geographical Review*, Vol. 34, July 2016.

Yıldırım İbrahim, Ergene Tuncay, Münir Kerim, "High Rates of Depressive Symptomsamong Senior High School Students Preparing for National University Entrance Examination in Turkey", *International Journal on School Disaffection*, Vol. 4, No. 2, January 2007.

Yunus Emere Ömür, İsa Bahat, "An Analysis of Students'Perceptions about Fundamental High Schools in the Context of Equality in Education in Turkey", *International Online Journal of Educational Sciences*, Vol. 9, No. 2, January 2017.

Yücel Namal, "Atatürk ve Üniversite Reformu (1933)", *Yükseköğretim ve Bilim Dergisi*, Vol. 1, No. 1, April 2011.

Yücel Kabapınar, Selda Şan, "Relativity in SBS/OKS and YGS/ÖSS Questions and Answers: Which Answer is Correct: Mine or ÖSYM's", *Kastamonu Eğitim Dergisi*, Vol. 25, No. 1, January 2017.

Yüksel Çırak, "University Entrance Exams from the Perspective of Senior High School Students", *Journal of Education and Training Studies*, Vol. 4, No. 9, September 2016.

网络文献及其他资料

侯苗苗:《土耳其教育现代化研究》,硕士学位论文,山东师范大学,2017年。

刘海峰:《高考改革:理想图景与现实困境》,《光明日报》2012年4月11日第14版。

中华人民共和国中央人民政府:《国务院关于深化考试招生制度改革的实施意见》2014年9月4日,http://www.gov.cn/zhengce/content/2014-09/04/content_9065.htm,2020年2月18日。

中华人民共和国教育部:《国家中长期教育改革和发展规划纲要(2010—2020年)》2010年7月29日,http://old.moe.gov.cn/publicfiles/business/htmlfiles/moe/info_list/201407/xxgk_171904.html?authkey=gwbux,2019年10月15日。

A. Ata Tezbaşaran: Yükseköğretime Öğrenci Seçme ve Yerleştirme Sisteminde 1987 Yılında. Yapılan Değişiklikler Üzerine Bir Araştırma, Ph. D. dissertation, Hacettepe Üniversitesi Sosyal Bilimler Enstitüsü, 1991.

Asena Caner, Çağla Ökten, *Higher Education in Turkey: Subsidizing the Rich or the Poor?*, Economics of Education Review Discussion Paper No. 7011, November 2012.

Aysit Tansel, Fatma Bircan, *Private Supplementary Tutoring in Turkey Recent Evidenceon Its Various Aspects*, IZA Discussion Paper, May 2005.

Berk Yılmaz: Türkiye Üniversite Reformunun Yüksek Öğrenim'deki Cinsiyet Ayrımı Üzerine Etkileri, Master dissertation, Ekonomi Bölümü, İhsan Doğramacı Bilkent University, 2014.

Ekmeleddin İhsanoğlu, Salim Al-Hassani, *The Madrasas of the Ottoman Empire*, FSTC, April 2004.

Özgür Yazlalı, A Study of the Student Placement System for Higher Education Institutions in Turkey, Master dissertation, METU, 2001.

T. C., "Resmi Gazete. Üniversiteler Kanunu", T. C. Resmi Gazete, June 18, 1946.

Tevfik Sağlam, XII Ders Yılı Açış Nutku: Üniversite Konferansları 1944 - 1946, İstanbul, 1946.

Türk Eğitim Derneği Yayınları, Yüksek Öğretime Giriş Sorunları Eğitim Toplantısı 25-26 Ekim 1977, Şafak Matbaası, 1978.

AA, "FETÖ'nün ÖSYM Sorularını Sızdırması Davasında Karar", Serdar Açıl, Cemil Murat Budak, (September 4, 2020), https://www.aa.com.tr/tr/turkiye/fetonun-osym-sorularini-sizdirmasi-davasinda-karar/1963312.

AA, "ÖSYM'nin Sınavlarına 100 Binin Üzerinde Engelli Aday Katıldı", (December 3, 2018), https://www.aa.com.tr/tr/egitim/osymnin-sinavlarina-100-binin-uzerinde-engelli-aday-katildi/1328585.

Akşam, "Özel Yetenek Sınavı ile İlgili YÖK'ten Yeni Karar! Son Dakika Yetenek Sınavı Kalktı Mı?", (October 21, 2019), https://www.aksam.com.tr/guncel/yetenek-sinavi-son-dakika-kalkti-mi-ozel-yetenek-sinavi-ile-ilgili-yok-aciklamasi/haber-1015354.

Ankara Üniversitesi, "Türkiye'nin Coğrafi Bölgeleri", (November 1, 2016), http://geography.humanity.ankara.edu.tr/wp-content/uploads/sites/277/2016/11/TCB-I_ Genel_ 1.pdf.

Başarı sıralamaları, "MEB, 2020 LGS ile Öğrenci Alacak Lise ve Kontenjanları Açıkladı", (April 11, 2020), https://www.basarisiralamalari.com/meb-2020-lgs-ile-ogrenci-alacak-lise-ve-kontenjanlari-acikladi/.

Bianet Bağımsız İletişim Ağı, "Akademide İhraçlar 6 Bin 81'e Yükseldi", (July 9, 2018), http://bianet.org/bianet/ifade-ozgurlugu/198990-akademide-ihraclar-6-bin-81-e-yukseldi.

Bilkent Üniversitesi, "Bilkent Hakkında", (May 15, 2020), https://w3.bilkent.edu.tr/www/bilkent-hakkinda/.

Bilkent Üniversitesi, "Dış Sınav Yoluyla İngilizce Yeterlik Esasları", (August 27, 2015), https://w3.bilkent.edu.tr/www/dis-sinav-yoluyla-ingilizce-yeterlik-esaslari-27-08-2015/.

Bilkent Üniversitesi, "İngilizce Hazırlık Programı Eğitim-Öğretim ve Sınav Yönetmeliği", (June 17, 2013), https://w3.bilkent.edu.tr/www/ingilizce-hazirlik-programi-egitim-ogretim-ve-sinav-yonetmeligi/.

Bilkent Üniversitesi, "Bilkent Üniversitesi İngilizce Hazırlık Programı", (May 18, 2020), http://prep.bilkent.edu.tr/data/pae_data/PAE.kilavuz.pdf.

Bilkent Üniversitesi, "Tam Burslu Öğrenciler İçin Önemli Bilgiler", (May 18, 2020), https://w3.bilkent.edu.tr/www/tam-burslu-ogrenciler-icin-onemli-bilgiler/.

Bilkent Üniversitesi, "Kapsamlı Burs", (May 18, 2020), http://adaybilgi.bilkent.edu.tr/index.php/.burslar/.2020-05-18.

Bilkent Üniversitesi, "Kızlara Burs Programı", (May 18, 2020), http://adaybilgi.bilkent.edu.tr/index.php/kizlara-burs-programi/.2020-05-18.

Bilkent Üniversitesi, "2020 Kontenjanlar", (May 19, 2020), https://w3.bilkent.edu.tr/web/adaybilgi/2020_kontenjan.html.

Bilkent Üniversitesi, "Güzel Sanatlar, Tasarım ve Mimarlık Fakültesi Ön Kayıt ve Yetenek Sınav Bilgileri", (May 19, 2020), http://adaybilgi.bilkent.edu.tr/index.php/guzel-sanatlar-tasarim-ve-mimarlik-fakultesi-on-kayit-ve-yetenek-sinav-bilgileri/.

Bilkent Üniversitesi, "Müzik ve Sahne Sanatları Fakültesi Sanat Dalı Yetenek ve Seviye Sınavları Bilgileri", (May 19, 2020), http://adaybilgi.bilkent.edu.tr/index.php/muzik-ve-sahne-sanatlari-fakultesi-sanat-dali-yetenek-ve-seviye-sinavlari-bilgileri/.

Bilkent Üniversitesi, "Ulusal ve Uluslararası Sınavlarda Aranan Asgari

Puanlar ve Lise Diploma Not Ortalamaları", (May 18, 2020), https://w3. bilkent. edu. tr/form/Ulusal_ ve_ Uluslararasi_ Sinavlarda_ Aranan_ Asgari_ Puanlar. pdf.

Denge Müşavirlik, "Eğitim Sektörü Yatırım Teşvikleri", (August 21,2020), https://dengemusavirlik. com/egitim-sektoru-yatirim-tesvikleri. htm.

Dr Data Stats, "İllere Göre Türkiye'de Lise Sayıları (2018 Yılı) ", (December 15, 2019), https://www. drdatastats. com/illere-gore-turkiyede-lise-sayilari-2018-yili/.

Dr Data Stats, "Türkiye'de Üniversite Sayıları (09. 08. 2019) ", (August 9, 2019), https://www. drdatastats. com/turkiyede-universite-sayilari-09-08-2019/.

DSD, "Engelliler İçin Sağlanan Maddi ve Sosyal Yardımlar", (July 1, 2018), https://www. downturkiye. org/engelliler-icin-saglanan-maddi-ve-sosyal-yardimlar.

Tedmen, "Anayasa Mahkemesi'nin Dershanelerin Kapatılmasına Yönelik Gerekçeli Kararına İlişkin Değerlendirmeler", (August 4, 2015), https://tedmem. org/mem-notlari/gorus/anayasa-mahkemesinin-dershanelerin-kapatilmasina-yonelik-gerekceli-kararina-iliskin-degerlendirmeler.

Eksisozluk, "ÖSS 1999", (April 13, 2020), https://eksisozluk. com/oss-1999——677485？p=2.

Engelli ve Yaşlı Hizmetleri Genel Müdürlüğü, "Ulusal Mevzuat", (November 3, 2018), https://www. aile. gov. tr/eyhgm/mevzuat/ulusal-mevzuat/.

Euronews, "Türkiye Genç Nüfus Avantajını Kaybediyor；Doğurganlık Hızı 'Yenilenme Düzeyi'nin Altına Düştü", (January 11, 2020), https://tr. euronews. com/2020/01/11/dogum-orani-en-dusuk-seviyede-turkiye-nufus-yaslaniyor.

Evrensel, "MEB'in Eğitim Bütçesinin Aslan Payı Din Öğretimi'ne Ayrıldı", (November 7, 2017), https://www. evrensel. net/haber/337343/mebin-egitim-butcesinin-aslan-payi-din-ogretimine-ayrildi.

Evrensel, "Türkiye'de Engelli Nüfus Oranı Yüzde 6.9", (December 8, 2017), https://www.evrensel.net/haber/340070/turkiyede-engelli-nufus-orani-yuzde-6-9.

Haber, "Cumhurbaşkanı Erdoğan'dan YÖK'e YKS İçin 4 Talimat", (December 5, 2017), http://www.haber7.com/guncel/haber/2454157-cumhurbaskani-erdogandan-yoke-yks-icin-4-talimat.

Hürriyet, "En az 3 Çocuk Yapın", (March 8, 2008), https://www.hurriyet.com.tr/gundem/en-az-3-cocuk-yapin-8405007.

Hürriyet, "Türkiye Artık Yüzde 99'u Müslüman Olan Ülke Değil", (May 21, 2019), https://www.hurriyet.com.tr/yazarlar/ertugrul-ozkok/turkiye-artik-yuzde-99u-musluman-olan-ulke-degil-41220410.

Hürriyet, "YKS ne Zaman Yapılacak? Son Durum ile YKS 2020 Sınav Tarihi", (May 5, 2020), https://www.hurriyet.com.tr/galeri-yks-ne-zaman-yapilacak-son-durum-ile-yks-2020-sinav-tarihi-hangi-gune-belirlendi-41509685/6.

Hürriyet, "YKS'nin İkinci Gününden Portreler ve Olaylar", (June 28, 2020), https://www.hurriyet.com.tr/galeri-yksnin-ikinci-gununden-portreler-ve-olaylar-41552197.

Hürriyet, "1.5 Milyon Öğrenci Yıkıldı", (May 2, 1999), https://www.hurriyet.com.tr/gundem/1-5-milyon-ogrenci-yikildi-39076985.

Bianet, "İnas Darülfünun 1914-1919. Bölümler", (November 12, 2019), https://bianet.org/system/uploads/1/files/attachments/000/001/264/original/UniversitedeIlkKadinlar__opt.pdf?1417525942.

İstanbul Üniversitesi, "2019 Yılı İdare Faaliyet Raporu", (April 28, 2020), https://cdn.istanbul.edu.tr/FileHandler2.ashx?f=2019-yili-idare-faaliyet-raporu-(24.03.2020)-son-revize-_637206632769268345.pdf.

İstanbul Üniversitesi, "Misyon-Vizyon", (November 12, 2019), https://www.istanbul.edu.tr/tr/content/universitemiz/misyon-vizyon.

İstanbul Üniversitesi, "Üniversitemiz", (April 28, 2020), https: // www. istanbul. edu. tr/tr/content/universitemiz/tarihce.

İstanbul Üniversitesi, "İstanbul Üniversitesi Devlet Konservatuvarının Özel Yetenek Giriş Sınavlarına Katılabilmek", (April 30, 2020), http: // cdn. istanbul. edu. tr/FileHandler2. ashx? f = 2019 – 2020 – lisans-giris-ozel-yetenek-sinav-basvurulari-deteylari-icin-tiklayiniz. pdf.

Kafkas Üniversitesi, "Bir Bakışta Kafkas Üniversitesi", (May 7, 2020), https: //www. kafkas. edu. tr/dosyalar/bilgiRehberi/file/brosur2/index. html#p = 1.

Kafkas Üniversitesi, "T. C. Kafkas Üniversitesi Devlet Konservatuvarı Müdürlüğü 2019 – 2020. Eğitim-Öğretim Yılı Özel Yetenek Sınav Giriş Kılavuzu", (May 10, 2020), https: //www. kafkas. edu. tr/belgeler/ ab541ceb-8027-4b51-9987-591871d075c9. pdf.

Kafkas Üniversitesi, "Devlet Konservatuvarı Müdürlüğü 2019 – 2020 Eğitim Öğretim Yılı Özel Yetenek 2. Aşama (Kesin Kabul) Sınav Sonuçları", (September 7, 2019), https: //www. kafkas. edu. tr/kons/TR/duyuru/ DEVLET-KONSERVATUVARi-2019-2020-EgiTiM-ogRETiM-YiLi-oZEL-YETENEK-2-AsAMA——KESiN-KABUL——SiNAV-SONUcLARi.

Kala Krishna, Veronica Frisancho, "Learning Gains among Repeat Takers of the Turkish College Entrance Exam", (July 1, 2012), https: //www. isid. ac. in/~pu/conference/dec_ 12_ conf/Papers/VeronicaFrisancho. pdf.

Koç Üniversitesi, "Lisans Kataloğu 2019 – 2020", (May 13, 2020), https: //adaylar. ku. edu. tr/wp-content/uploads/2019/07/KU-LISANS – 19-20_ WEB. pdf.

Koç Üniversitesi, "Kayıt-Kabul ile İlgili Sorular", (May 13, 2020), https: //adaylar. ku. edu. tr/sikca-sorulan-sorular/kayit-kabul-ile-ilgili-sorular/#tab_ html_ 1ff508383bbc6bda16bd051a30d3b20f.

Koç Üniversitesi, "İngilizce Dil Hazırlık Okulu", (May 13, 2020), https: //adaylar. ku. edu. tr/akademik/ingilizce-dil-hazirlik-okulu/.

Koç Üniversitesi English Language Center,"Koç University English Proficiency Exam",(May 13, 2020), https：//elc. ku. edu. tr/kuepe/.

Koç Üniversitesi,"Burslar ve Eğitim Ücretleri",(May 13, 2020), https：//adaylar. ku. edu. tr/aday-ogrencilerimiz/burslar-ve-egitim-ucretleri/.

Koç Üniversitesi,"Acceptable International Standardized Exams and International Diplomas International Undergraduate Admissions 2019–2020",(May 13, 2020), https：//registrar. ku. edu. tr/wp-content/uploads/2019/06/AcceptableInternationalExamsandDiplomas2019-20v4-1-converted. pdf.

Koç Üniversitesi,"2019-2020 Academic Year Fall Semester Enrolment Announcement-Finance",(May 13, 2020), https：//registrar. ku. edu. tr/wp-content/uploads/2019/08/Fall–2019–Tuition-and-Payment-Information-Comptrollers-Office. pdf.

Koç Üniversitesi,"Need-Based Scholarship Supporting Documents",(May 13, 2020), https：//international. ku. edu. tr/wp-content/uploads/2019/10/Ko%C3%A7–University-International-Undergraduate-Admissions-Need-based-scholarship-supporting-documents. pdf.

Koç Üniversitesi,"Tuition and Scholarships",(May 13, 2020), https：//international. ku. edu. tr/undergraduate-programs/tuition-and-scholarships/.

Koç Üniversitesi,"Koç Üniversitesi'nde 24 Saat",(May 13, 2020), https：//adaylar. ku. edu. tr/aday-ogrencilerimiz/koc-universitesinde-24-saat/.

KÜNİB YÖS,"KÜNİB YÖS 2019 Sınavı Takvimi",(May 11, 2020), http：//www. kunibeyos. com/？id=16 & bAslık=etkinlik_ takvimi#arubAslık.

KÜNİB YÖS,"Yabancı Uyruklu Öğrenci Sınavı",(May 11, 2020), http：//www. kunibeyos. com/.

KÜNİB YÖS,"KÜNİB YÖS Sınavı İçerikleri",(May 11, 2020), http：//www. kunibeyos. com/？id=15 & bAslık=sinav_ icerikleri#arubAslık.

M. A. Yekta Saraç,"Women in Academia. Council Of Hiher Education",

(April 8, 2017), http://www.yok.gov.tr/en/web/cohe/detail.

McKingsey & Company, "Women Mater Turkey 2016", (March 1, 2017), https://tusiad.org/tr/yayinlar/raporlar/item/9643-women-matter-turkey-2016-report-turkey-s-potential-for-the-future-women-in-business.

MEB, "Engelli Bireylerin Destek Eğitim Giderleri", (February 9, 2018), http://www.meb.gov.tr/engelli-bireylerin-destek-egitim-giderleri/haber/15607/tr.

MEB, "2020 YKS'de 12. Sınıfın İkinci Dönemi Sorulmayacak", (March 27, 2020), https://www.meb.gov.tr/2020-yksde-12-sinifin-ikinci-donemi-sorulmayacak/haber/20595/tr.

MEB, "Okul Tanıtım Bilgileri", (December 12, 2018), http://ogm.meb.gov.tr/www/içerik goruntule.php? KNO=657.

MEB, "ÖSYM Tarafından 2019 Gerçekleştirilecek YTY ve AYT Sınavlarına Esas Ortak Derslere Ait Kazanım ve Açıklamalar", (April 20, 2020), https://ttkb.meb.gov.tr/meb_ iys_ dosyalar/2018_ 10/30100127_ 2019_ yuksekogretimegecis_ kazanimlar.pdf.

Merkezi Dağıtım Sistemi, "Adrese Dayalı Nüfus Kayıt Sistemi Sonuçları", (May 5, 2020), https://biruni.tuik.gov.tr/medas/? kn=95&locale=tr.

Merkezi Dağıtım Sistemi, "İlk Evlenme Yaşı (%)", (June 30, 2020), https://biruni.tuik.gov.tr/medas/? kn=109 & locale=tr.

METU, "General Information", (April 22, 2020), https://www.metu.edu.tr/general-information. METU, "METU's Global Partners", (May 1, 2020), http://ico.metu.edu.tr/metu-partners.

Mevzuat Bilgi Sistemi, "Milli Eğitim Temel Kanunu", (June 24, 1973), http://www.mevzuat.gov.tr/MevzuatMetin/1.5.1739.pdf.

Mevzuat Bilgi Sistemi, "Ölçme, Seçme ve Yerleştirme Merkezi Hizmetleri Hakkında Kanun", (February 11, 2011), http://www.mevzuat.gov.tr/Metin1.Aspx? MevzuatKod = 1.5.6114&MevzuatIliski = 0&sourceXmlSearch = Se%C3%A7me%20ve%20Yerle%C5%9Ftirme%20Merkezi%

20Hizmetleri%20Hakk%C4%B1nda%20Kanun & Tur=1 & Tertip=5 & No=6114.

Mevzuat Bilgi Sistemi, "Türkiye Cumhuriyeti Anayasası", (November 9, 1982), http://www.mevzuat.gov.tr/MevzuatMetin/1.5.2709.pdf.

Mevzuat Bilgi Sistemi, "Yükseköğretim Kanunu", (November 11, 1982), https://www.mevzuat.gov.tr/MevzuatMetin/1.5.2547.pdf.

Mevzuat, "Özel Eğitim Hakkında Kanun Hükmünde Kararname", (June 11, 2020), http://www.mevzuat.gov.tr/MevzuatMetin/4.5.573.pdf.

Nokta Mavi, "Türkiye'nin Bölgeleri: Çeşitliliği Sergileyen Yedi Coğrafi Bölge", (September 7, 2020), https://www.spotblue.com/tr/news/regions-of-turkey-seven-geographical-areas/.

NTV, "ÖSYM'den Adaylara Yeni Kalem", (February 8, 2013), https://www.ntv.com.tr/egitim/osymden-adaylara-yeni-kalem,rZ_oPd79j0i7iGg0QwxbUg.

ODTÜ, "ODTÜ Application Criteria for International Students", (January 14, 2020), http://iso.metu.edu.tr/en/system/files/odtu_iso_requirements.pdf.

ODTÜ, "ODTÜ Tarafından Kabul Edilen İngilizce Yeterlik Sınavları Eş Değerlik Tablosu", (March 17, 2020), http://oidb.metu.edu.tr/tr/odtu-tarafindan-kabul-edilen-ingilizce-yeterlilik-sinavlari-es-degerlik-tablosu.

ODTÜ, "Puan ve Sıralamalar", (April 27, 2020), https://adayogrenci.metu.edu.tr/ankara/puan-ve-kontenjanlar.

ODTÜ, "Uluslararası Öğrenci Kontenjanı Olan Lisans Programları", (April 26, 2020), https://iso.metu.edu.tr/tr/uluslararasi-ogrenci-kontenjani-olan-lisans-programlari.

OECD Data, "School Enrollment Tertiary (% Gross)", (March 30, 2018), https://data.worldbank.org/indicator/SE.TER.ENRR?locations=TR.

ÖSYM, "Adayların ve Sınav Görevlilerinin Sınav Binalarına Giriş Koşullarına İlişkin Yönetmelik", (December 19, 2016), https://dokuman.osym.gov.tr/pdfdokuman/2016/GENEL/AdaylarveSinavGorevBinaGirisYonetmelik19122016.pdf.

ÖSYM, "Basın Açıklaması", (August 22, 2017), https://www.osym.gov.tr/TR,13330/basin-aciklamasi-22082017.html.

ÖSYM, "2006 - ÖSYS Başvuru ve Sınavlara İlişkin Sayısal Bilgiler", ÖSYM, (July 18, 2006), https://www.osym.gov.tr/TR,1467/2006-osys-sayisal-bilgileri.html.

ÖSYM, "Engelli/Sağlık Sorunu veya Özel Durumu Olan Adaylara Yapılan Sınav Uygulamaları", (March 2, 2018), https://dokuman.osym.gov.tr/pdfdokuman/2018/GENEL/Engelliadayraporu09042018.pdf.

ÖSYM, "Merkezi Yerleştirme İle Öğrenci Alan Yükseköğretim Lisans Programları", (April 13, 2020), https://www.osym.gov.tr/Eklenti/1542,tablo4pdf.pdf?0.

ÖSYM, "1999 Öğrenci Seçme Sınavı (ÖSS) İle İlgili Bazı Bilgiler", (July 11, 1999), https://www.osym.gov.tr/TR,2734/11-temmuz-1999-tarihli-oss-basin-duyurusu.html.

ÖSYM, "2018 Yılı Mali Durum ve Beklentiler Raporu", (January 12, 2018), https://dokuman.osym.gov.tr/pdfdokuman/2018/GENEL/MaliDurumveBeklentilerRaporu17082018.pdf.

ÖSYM, "2018 YKS Değerlendirme Raporu", (August 1, 2018), https://dokuman.osym.gov.tr/pdfdokuman/2018/GENEL/YKSDegrapor06082018.pdf.

ÖSYM, "2019 Yükseköğretim Kurumları Sınavı YKS Sayısal Bilgiler", (July 18, 2019), https://dokuman.osym.gov.tr/pdfdokuman/2019/YKS/sayisalbilgiler18072019.pdf.

ÖSYM, "2019 YKS Yerleştirme Sonuçları", (August 6, 2019), https://sonuc.osym.gov.tr/Sorgu.aspx?SonucID=5788.

ÖSYM, "2020 YKS Okul veya Adres İline Göre Tercih Edilebilecek Yakın Sınav Merkezleri", (February 4, 2020), https：//dokuman.osym.gov.tr/pdfdokuman/2020/YKS/ysm05022020.pdf.

ÖSYM, "2020 Yükseköğretim Kurumları Sınavı (YKS) Kılavuzu", (March 5, 2020), https：//dokuman.osym.gov.tr/pdfdokuman/2020/YKS/kilavuz19022020.pdf.

ÖSYM, "Yabancı Uyruklu Öğrenci Sınavı (YÖS)", (April 29, 2020), https：//www.osym.gov.tr/TR,4618/yabanci-uyruklu-ogrenci-sinavi-yos.html.

ÖSYM, "Ölçme Seçme ve Yerleştirme Merkezi Başkanlığı 2016 Yılı Faaliyet Raporu", (January 12, 2017), https：//dokuman.ÖSYM.gov.tr/pdfdokuman/2017/GENEL/2016FaaliyetRaporu14032017.pdf.

ÖSYM, "Ölçme Seçme ve Yerleştirme Merkezi Başkanlığı 2017 Yılı Faaliyet Raporu", (January 15, 2017), https：//dokuman.osym.gov.tr/pdfdokuman/2018/GENEL/2017FaaliyetRaporu19042018.pdf.

ÖSYM, "Ölçme, Seçme ve Yerleştirme Merkezi Başkanlığının Personeli Görevde Yükselme ve Ünvan Değişikliği Yönetmeliği", (May 7, 2014), https：//dokuman.osym.gov.tr/pdfdokuman/2016/GENEL/SinavKoordinatorlukYonetmelik19122016.pdf.

ÖSYM, "Ölçme Seçme Ve Yerleştirme Merkezi Başkanlığı 2018–2022 Stratejik Planı", (December 5, 2017), https：//dokuman.osym.gov.tr/pdfdokuman/2018/GENEL/S-Plani13042018.pdf.

ÖSYM, "ÖSYM Başvuru Merkezleri", (February 4, 2020), https：//dokuman.osym.gov.tr/pdfdokum.an/2020/YKS/bm05022020.pdf.

ÖSYM, "ÖSYS：Öğrenci Seçme ve Yerleştirme Sistemi", (April 13, 2020), https：//www.osym.gov.tr/TR,2538/1999.html.

ÖSYM, "Ölçme, Seçme ve Yerleştirme Merkezi Başkanlığının Teşkilat ve Görevleri Hakkında Kanun", (March 3, 2011), https：//dokuman.osym.gov.tr/pdfdokuman/2016/GENEL/6114_19122016.pdf.

ÖSYM, "ÖSYM Mevzuatı", (March 2, 2020), https://www.memurlar.net/common/news/documents/532775/mevzuatkitaapcigihiyerarsivetarihegoresirali13052014.pdf.

ÖSYM, "Sınav Takvimleri", (April 6, 2020), https://www.osym.gov.tr/TR, 764/sinav-takvimleri.html.

ÖSYM, "Soruların Hazırlanması, Soru Havuzunun Oluşturulması ve Soruların Güvenliğinin Sağlanmasına İlişkin Yönetmelik", (December 19, 2016), https://www.mevzuat.gov.tr/File/GeneratePdf? mevzuatNo=17289&mevzuatTur=KurumVeKurulusYonetmeligi & mevzuatTertip=5.

ÖSYM. T. C., "Yükseköğeretim Kurulu Öğrenci Seçme ve Yerleştirme Merkezi 2008 Yılı Faaliyet Raporu", (January 9, 2008), http://www.osym.gov.tr/Eklenti/5330, osym2008faaliyetraporupdf.pdf? 0.

ÖSYM, "YKS'ye Toplam 2 Milyon 528 Bin 110 Aday Katılacak", (June 13, 2019), https://www.osym.gov.tr/TR, 19231/osymnin-gecen-yilki-sinavlarina-8-milyonun-uzerinde-aday-katildi-31012020.html.

ÖSYM, "Yükseköğretim Kurumları Sınavı Tablo-4", (April 28, 2020), https://www.osym.gov.tr/TR, 16858/2019-yuksekogretim-programlari-ve-kontenjanlari-kilavuzu.html.

ÖZDEBİR, "ÖZDEBİR' in Tarihçesi", (December 28, 2019), http://www.ozdebir.org.tr/tarihcemiz.

Özgüven, "Türkiye'de Üniversiteye Girişle İlgili Uygulamalar", (December 26, 2019), http://dergiler.ankara.edu.tr/dergiler/34/970/11943.pdf.

Pamukkale Üniversitesi, "Kurumsal Bilgiler", (May 5, 2020), http://www.pau.edu.tr/pau/tr/sayilarlaPAU#.

Pamukkale Üniversitesi, "Pamukkale Üniversitesi Müzik ve Sahne Sanatları Fakültesi Özel Yetenek Sınavları Yönergesi", (May 5, 2020), http://www.pau.edu.tr/mssf/tr/sayfa/ozel-yetenek-sinavi-2.

Pamukkale Üniversitesi, "Engelli Öğrenci Eğitim-Öğretim ve Sınav Uygulama Esasları", (May 5, 2020), http://www.pau.edu.tr/engelliogrenc

ibirimi/tr/sayfa/uygulama-esaslari-4.

Pamukkale Üniversitesi, "Pamukkale 2020 PAUYÖS Başvuru İşlemleri", (May 6, 2020), http://www.pau.edu.tr/yurtdisi/tr/haber/2020-pauyos-basvuru-islemleri.

Pamukkale Üniversitesi, "Yurt Dışından Öğrenci Kabulüne İlişkin Ulusal ve Uluslararsı Sınavların Minimum Puanları", (May 6, 2020), http://www.pau.edu.tr/yurtdisi/tr/sayfa/kabul-edilen-sinavlar.

Pamukkale Üniversitesi, "2020-2021 Eğitim Öğretim Yılı Yurtdışı Öğrenci Kontenjanları", (May 7, 2020), https://www.pau.edu.tr/yurtdisi/tr/haber/2020-2021-egitim-ogretim-yili-yurtdisi-ogrenci-kontenjanlari.

Pervin Kaplan, "Liselerde Ne Oluyor? Başarı Oranları Her Yıl Düşüyor", (August 7, 2019), http://www.pervinkaplan.com/detay/liselerde-ne-oluyor-basari-oranlari-her-yil-dusuyor/8271.

Pervin Kaplan, "Yarım Milyon Öğrenci İmam Hatip Lisesinde Okuyor", (November 8, 2018), http://www.pervinkaplan.com/detay/yarim-milyon-ogrenci-imam-hatip-lisesinde-okuyor/5893.

Reuters, "Turkey Officially Designates Gulen Religious Group as Terrorists", (May 31, 2016), https://www.reuters.com/article/us-turkey-gulen/turkey-officially-designates-gulen-religious-group-as-terrorists-idUSKCN0YM167.

Sosyal Planlama Genel Müdürlüğü Planlama Dairesi, "Türkiye Şehir ve Köy Nüfusunun Yaş ve Cinsiyet Yapısı (1980-1985)", (November 1, 2018), http://ekutup.dpt.gov.tr/nufus/cetiks/sehirkoy.pdf.

Sosyal Sektörler ve Koordinasyon Genel Müdürlüğü, "Türkiye'de İç Göçler ve Göç Edenlerin Nitelikleri (1965-2000)", (November 1, 2018), http://ekutup.dpt.gov.tr/nufus/kocamant/icgoc.pdf.

Statistics Division, "Demographic Yearbook-2008", (June 9, 2020), https://unstats.un.org/unsd/demographic-social/products/dyb/documents/DYB2018/table03.pdf.

Sözcü, "Meslek Lisesi Bölümleri Nelerdir? Meslek Lisesinde Hangi Bölümler Var?", (June 14, 2019), https://dokuman.osym.gov.tr/pdfdokuman/2020/YKS/ysm05022020.pdf.

Takvim Eğitim, "En Çok Tercih Edilen Üniversite ve Bölümleri Hangileri", (January 16, 2020), https://www.takvimegitim.com/node/618.

T. C. Cumhurbaşkanlığı Resmî Gazete, "Üniversitelere Öğrenci Seçme ve Yerleştirme Merkezi Yönetmeliği", (November 19, 1974), https://www.resmigazete.gov.tr/arsiv/15067.pdf.

T. C. İstanbul Üniversitesi, "Yurt dışından veya Yabancı Uyruklu Öğrenci Sınavı", (April 30, 2020), https://cdn.istanbul.edu.tr/FileHandler2.ashx?f=booklet_a.pdf.

T. C. Milli Eğitim Bakanlığı Strateji Geliştirme Başkanlığı, "2018 Yılı Bütçe Sunuşu", (December 18, 2017), http://www.mebpersonel.com/meb/meb-in-2018-butcesi-aciklandi-h217782.html.

T. C. Milli Eğitim Bakanlığı, "Engellilerin Eğitimine 50 Milyon Lira Bütçe Ayrıldı", (May 20, 2016), http://katar.meb.k12.tr/icerikler/engellilerin-egitimine-50-milyon-lira-butce-ayrildi_2599059.html.

T. C. Milli Eğitim Bakanlığı, "Sınavla Öğrenci Alacak Ortaöğretim Kurumlarına İlişkin Merkez Sınav Başvuru ve Uygulama Kılavuzu", (July 6, 2020), http://www.meb.gov.tr/me.b_iys_dosyalar/2020_04/03154129_basvuru_ve_uygulama_kilavuzu_2020.pdf.

T. C. Milli Eğitim Bakanlığı, "Sorularla Ortaöğretim", (December 16, 2019), http://ogm.meb.gov.tr/meb_iys_dosyalar/2018_07/20104058_sorularla_ortao776g774retim_27_6_2018.pdf.

T. C. Milli Eğitim Bakanlığı Ortaöğretim Genel Müdürlüğü, "Genel Liselerin Anadolu Lisesine Dönüştürülmesi", (May 6, 2018), http://mevzuat.meb.gov.tr/dosyalar/934.pdf.

T. C. Milli Eğitim Bakanlığı, "Ortaöğretim Kurumları Haftalık Ders Çizelgesi", (December 23, 2019), http://ttkb.meb.gov.tr/meb_iys_

dosyalar/2018_ 02/21173451_ ort_ ogrtm_ hdc_ 2018. pdf.

The World Bank, "Fertility Rate, Total (Births Per Woman)", (September 5, 2020), https://data. worldbank. org/indicator/SP. DYN. TFRT. IN.

The World Bank, "Population, Total-Turkey", (April 20, 2020), https://data. worldbank. org/indicator/SP. POP. TOTL? locations=TR.

Times Higher Education the World University Rankings, "World University Rankings 2014–2015", (April 22, 2020), https://www. timeshighereducation. com/world-university-rankings/2015/world-ranking #!/page/3/length/25/sort_ by/rank/sort_ order/asc/cols/undefined.

Top Universities, "QS World University Rankings", (November 30, 2019), https://www. topuniversities. com/university-rankings/world-university-rankings/2019.

Trthaber, "İstatistiklerle Gençlik 2019", (May 15, 2020), https://www. trthaber. com/haber/guncel/istatistiklerle-genclik-2019-485008. html.

Turkey's Strategic Vision 2023, "Türkiye'nin Stratejik Vizyon 2023", (May 4, 2006), http://tsv2023. org/pdf/tsv2023_ rapor1. pdf.

Turkish Statistical Institute, "Results of Address Based Population Registration System. 2017", (February 1, 2018), http://www. turkstat. gov. tr/PreHaberBultenleri. do? id=27587.

Tuncer Bülbül, "Factors Influencing Access to Higher Education in Turkey", (June 7, 2016), https//www. intechopen. com/books/global-voices-in-higher-education/factors-influencing-access-to-higher-educati-on-in-turkeys.

TÜİK, "İşgücüne Dahil Olmayanların Yıllara Göre İşgücüne Dahil Olmama Nedenleri", (August 29, 2020), http://www. tuik. gov. tr/UstMenu. do? metod=temelist.

TÜİK, "Kazanç Yapısı Araştırması, 2018", (December 24, 2019), http://www. tuik. gov. tr/PreHaber. Bultenleri. do? id=30580.

TÜİK, "Yıllara ve Cinsiyete Göre İl/İlçe Merkezleri ve Belde/Köyler Nüfusu, 1927-2018", (September 2, 2020), http: //tuik. gov. tr/Hb GetirHTML. do? id=33705.

TÜİK, "Yıllara, Yaş Grubu ve Cinsiyete Göre Nüfus, 1935-2017", (December 12, 2017), http: //www. tuik. gov. tr/UstMenu. do? metod = temelist.

Türk Eğitim Derneği, "Hayat=195 DK. ?", (April 15, 2020), https: // www. ted. org. tr/wp-content/uploads/2019/04/195dk. pdf.

Türkiye Cumhuriyeti Cumhurbaşkanlığı Strateji ve Bütçe Başkanlığı, "Kalkınma Planları", (June 8, 2020), http: //www. sbb. gov. tr/kalkinma-planlari/.

Türkiye Cumhuriyeti İçişleri Bakanlığı, "Türkiye'nin Nüfus Haritası", (July 11, 2019), https: //www. icisleri. gov. tr/turkiyenin-nufus-haritasi.

Türkiye İstatistik Kurumu, "Cinsiyete Göre Yükseköğretimde Brüt Okullaşma Oranı, 2007 - 2018", (June 23, 2020), http: //tuik. gov. tr/Pre Tablo. do? alt_ id=1018.

Türkiye İstatistik Kurumu, "Dünya Nüfus Günü 2015", (May 6, 2015), http: //www. tuik. gov. tr/PreHaberBultenleri. do; jsessionid = 9QjChL1 f2g2M8PMhZNR1C2GRfvJg02lw8mDK11y7yG2mrhVWMsRY! 825638774? id=18617.

Türkiye İstatistik Kurumu, "Dünya Nüfus Günü, 2018", (July 6, 2018), http: //www. tuik. gov. tr/PreHaberBultenleri. do? id = 27589 & utm_ source=feedburner & utm_ medium=feed & utm_ campaign=Feed%3A+ tuikbulten+%28T%C3%9C%C4%B0K-Haber+B%C3%BCltenleri+% 28Son+1+Ay%29%29.

Türkiye İstatistik Kurumu, "İstatistiklerle Gençlik, 2018", (May 16, 2019), http: //www. tuik. gov. tr/. PreHaberBultenleri. do? id=30723.

Türkiye İstatistik Kurumu, "İstatiskiklerle Kadın, 2019", (March6, 2020), http: //tuik. gov. tr/PreHa. berBultenleri. do? id=33732.

Türkiye İstatistik Kurumu, "Yıllara ve Cinsiyete Göre İl/İlçe Merkezleri ve-Belde/Köyler Nüfusu (1927 - 2018)", (December 16, 2019), http://tuik.gov.tr/UstMenu.do? metod=temelist.

Türkiye Nüfusu İl İlçe Mahalle Köy Nüfusları, "Burdur Yeşilova Dereköy Köyü Nüfusu", (August 26, 2020), https://www.nufusune.com/7267-burdur-yesilova-derekoy-koy-nufusu.

University Ranking by Academic Performance, "2019 - 2020 Türkiye Genel Sıralamaları", (April 21, 2020), http://tr.urapcenter.org/2019/.

The World University Rankings, "World University Ranking 2010 - 2011", (May 15, 2020), https://www.timeshighereducation.com/world-university-rankings/2011/world-ranking#!/page/4/length/25/sort_by/rank/sort_order/asc/cols/undefined.

Veri Kaynağı, "Yükseköğretimde Brüt Okullaşma Oranı", (January 16, 2020), https://www.verikaynagi.com/grafik/yuksekogretimde-brut-okullasma-orani/.

Yenisafak, "FETÖ 15 Temmuz'dan sonra da Soruları Çalmış", (March 16, 2018), https://www.yenisafak.com/gundem/feto - 15 - temmuzdan-sonra-da-sorulari-calmis-3165903.

Yeşim Kirman, "2020 - 2021 Özel Okulların Ücretleri", (February 20, 2020), https://yesimkirman.com/2020/02/20/2020 - 2021 - ozel-okullarin-ucretleri/.

Yıldız Nevin Gündoğmuş, "Cumhurbaşkanı Erdoğan: Türkiye'de Üniversitesi Olamayan İlimiz Yok", (November25, 2017), https://www.aa.com.tr/tr/politika/cumhurbaskani-erdogan-turkiyede-universitesi-olmayan-ilimiz-yok/979574.

YÖK, "Açıklama", (May 5, 2020), https://www.yok.gov.tr/Sayfalar/Haberler/2020/2020-yks-onemli-karat.aspx.

YÖK, "Araştırma ve Aday Araştırma Üniversiterinin İki Yıllık Performansları Açıklandı", (October 16, 2019), https://www.yok.gov.tr/Sayfalar/

Haberler/2019/arastirma-universiteleri-degerlendirme-toplantisi. aspx.

YÖK, "Engelliler Hakkında Kanun", (June 11, 2020), http://www. yok. gov. tr/web/engelsizyok/mevzuat.

YÖK, "Engelli Öğrencilere YÖK'ten Müjde", (September 1, 2017), http://www. yok. gov. tr/documents/10279/31137395/engelli_ ogrencilere_ yok_ ten_ mujde. pdf/2169e074 - 343e - 404b - 924d - 306a9956d48e.

YÖK, "YÖK Lisans Atlası", (April 28, 2020), https://yokatlas. yok. gov. tr/lisans-anasayfa. php.

YÖK, "2018 Yılı Üniversite İzleme ve Değerlendirme Raporu Koç Üniversitesi", (May 13, 2020), https://www. yok. gov. tr/Documents/Universiteler/izleme-ve-degerlendirme-kr. iteri/kocuniversitesi. pdf.

YÖK, "2020 Yılı Yükseköğretim Kurumları Sınavı Yerleştirme Sonuçları Raporu", (August26, 2020), https://www. yok. gov. tr/HaberBelgeleri/BasinAciklamasi/2020/yks-yerlestirme-sonuclari-raporu−2020. pdf.

YÖK, "Tüm Üniversiteler Hakkında Genel Bilgiler", (November 29, 2019), https://istatistik. yok. gov. tr/.

YÖK, "Türlerine Göre Mevcut Üniversite Sayısı", (November 29, 2019), https://istatistik. yok. gov. tr/.

YÖK, "Uyruğa Göre Öğrenci Sayıları Raporu", (April 30, 2020), https://istatistik. yok. gov. tr/.

YÖK, "Yükseköğretim Kurumları Sınavı İle İlgili Sıkça Sorulan Sorular ve Cevapları", (April 18, 2018), https://www. yok. gov. tr/Documents/AnaSayfa/yuksekogretim_ kurumlari_ sinavi_ sss_ ve_ cevaplari_ puan_ turleri_ ile. pdf.

Yükseköğretim Bilgi Yönetim Sistemi, "Bölgelere Göre Öğrenci Sayıları Raporu", (August 13, 2020), https://istatistik. yok. gov. tr/.

Yükseköğretim Bilgi Yönetim Sistemi, "Engelli Öğrenci Sayıları Raporu", (February 4, 2020), https://istatistik. yok. gov. tr/.

Yükseköğretim Bilgi Yönetim Sistemi, "2014-2015 Öğretim Yılı Yükseköğretim İstatistikleri", (June 25, 2020), https: //istatistik. yok. gov. tr/.

Yükseköğretim Bilgi Yönetim Sistemi, "2019-2020 Öğretim Yılı Yükseköğretim İstatistikleri", (June 25, 2020), https: //istatistik. yok. gov. tr/.

Yükseköğretim Bilgi Yönetim Sistemi, "Öğretim Elemanı Sayıları Raporu", (August 13, 2020), https: //istatistik. yok. gov. tr/.

Yükseköğretim Bilgi Yönetim Sistemi, "Öğrenci Sayıları Raporu", (June 22, 2020), https: //istatistik. yok. gov. tr/.

Yükseköğretim Bilgi Yönetim Sistemi, "Table 10 Number of Teaching Staff by Academic. Title", (August 29, 2020), https: //istatistik. yok. gov. tr. 2020-08-29.

Yükseköğretim Bilgi Yönetim Sistemi, "Yıllara Göre Başvuran Yerleşen Aday Sayıları", (March 12, 2020), https: //istatistik. yok. gov. tr/.

Yükseköğretim Kurulu, "Bölgesel Kalkınma Odaklı Misyon Farklılaşması ve İhtisaslaşması Projesi Kapsamında Pilot Yükseköğretim Kurumları Belirlendi", (October 18, 2016), http: //www. yok. gov. tr/web/guest/icerik/-/journal_ content/56_ INSTANCE_ rEHF8BIsfYRx/10279/31670499.

Yükseköğretim Kurulu, "Vakıf Yükseköğretim Kurumları 2019", (August 30, 2020), https: //www. yok. gov. tr/HaberBelgeleri/Haber%20%c4%b0% c3% a7erisindeki% 20Belgeler/Yay% c4% b1nlar/2019/Vakif _ Yuksekogretim_ Kurumlari_ 2019. pdf.

附 录

附录一 调研许可证

UYGULAMALI ETİK ARAŞTIRMA MERKEZİ
APPLIED ETHICS RESEARCH CENTER

ORTA DOĞU TEKNİK ÜNİVERSİTESİ
MIDDLE EAST TECHNICAL UNIVERSITY

DUMLUPINAR BULVARI 06800
ÇANKAYA ANKARA/TURKEY
T: +90 312 210 22 91
F: +90 312 210 79 59

Sayı: 28620816 / 538

02 Ocak 2020

Konu: Değerlendirme Sonucu

Gönderen: ODTÜ İnsan Araştırmaları Etik Kurulu (İAEK)

İlgi: İnsan Araştırmaları Etik Kurulu Başvurusu

Sayın Dr.Öğretim Üyesi Serap EMİL

Danışmanlığını yaptığınız Ying YANG'ın "The System Of Entrance Examination And Selection in Turkey Higher Education Institutions" başlıklı araştırması İnsan Araştırmaları Etik Kurulu tarafından uygun görülmüş ve 515 ODTU 2019 protokol numarası ile onaylanmıştır.

Saygılarımızla bilgilerinize sunarız.

Doç.Dr. Mine MISIRLISOY
Başkan

Prof. Dr. Tolga CAN
Üye

Doç.Dr. Pınar KAYGAN
Üye

Dr. Öğr. Üyesi Ali Emre TURGUT
Üye

Dr. Öğr. Üyesi Şerife SEVİNÇ
Üye

Dr. Öğr. Üyesi Müge GÜNDÜZ
Üye

Dr. Öğr. Üyesi Süreyya Özcan KABASAKAL
Üye

附录二 访谈知情同意书

访谈知情同意书（未成年访谈对象家长）

ORTA DOĞU TEKNİK ÜNİVERSİTESİ
MIDDLE EAST TECHNICAL UNIVERSITY
06531 ANKARA-TURKEY

EĞİTİM BİLİMLERİ BÖLÜMÜ
Department of Education Science

+90 312 210 40 29
Faks: +90 312 210 79 67

Veli Onay Formu

Sevgili Anne/Baba,

Bu çalışma Orta Doğu Teknik Üniversitesi Uluslararası Değişim Doktora Öğrencisi Yang Ying tarafından yürütülmektedir.

Bu çalışmanın amacı nedir?: Çalışmanın amacı, üniversiteye giriş sınavının adilliğini anlamak için paydaşların (üniversite öğrencileri, üniversite adayları, üniversite öğretmenleri) incelenmesidir.

Çocuğunuzun katılımcı olarak ne yapmasını istiyoruz?: Bu amaç doğrultusunda, çocuğunuzdan soruları cevaplamasını isteyeceğiz ve cevaplarını ses kaydı biçiminde toplayacağız. Sizden çocuğunuzun katılımcı olmasıyla ilgili izin istediğimiz gibi, çalışmaya başlamadan çocuğunuzdan da sözlü olarak katılımıyla ilgili rızası mutlaka alınacak.

Çocuğunuzdan alınan bilgiler ne amaçla ve nasıl kullanılacak?: Çocuğunuzdan alacağımız cevaplar tamamen gizli tutulacak ve sadece araştırmacılar tarafından değerlendirilecektir. Elde edilecek bilgiler sadece bilimsel amaçla (yayın, konferans sunumu, vb.) kullanılacak, çocuğunuzun ya da sizin isim ve kimlik bilgileriniz, hiçbir şekilde kimseyle paylaşılmayacaktır.

Çocuğunuz ya da siz çalışmayı yarıda kesmek isterseniz ne yapmalısınız?: Katılım sırasında sorulan sorulardan ya da herhangi bir uygulama ile ilgili başka bir nedenden ötürü çocuğunuz kendisini rahatsız hissettiğini belirtirse, ya da kendi belirtmese de araştırmacı çocuğun rahatsız olduğunu öngörürse, çalışmaya sorular tamamlanmadan ve derhal son verilecektir. Şayet siz çocuğunuzun rahatsız olduğunu hissederseniz, böyle bir durumda çalışmadan sorumlu kişiye çocuğunuzun çalışmadan ayrılmasını istediğinizi söylemeniz yeterli olacaktır.

Bu çalışmayla ilgili daha fazla bilgi almak isterseniz: Çalışmaya katılımınızın sonrasında, bu çalışmayla ilgili sorularınız yazılı biçimde cevaplandırılacaktır. Çalışma hakkında daha fazla bilgi almak için Eğitim Bilimleri Bölümü Değişim Doktora Öğrencisi Yang Ying (e-posta: e245634@metu.edu.tr) ile iletişim kurabilirsiniz. Bu çalışmaya katılımınız için şimdiden teşekkür ederiz.

Yukarıdaki bilgileri okudum ve çocuğumun bu çalışmada yer almasını onaylıyorum (Lütfen alttaki iki seçenekten birini işaretleyiniz.

Saygılarımla,
Yang Ying

EĞİTİM BİLİMLERİ BÖLÜMÜ
Orta Doğu Teknik Üniversitesi, Ankara
e-posta: e245634@metu.edu.tr

ORTA DOĞU TEKNİK ÜNİVERSİTESİ
MIDDLE EAST TECHNICAL UNIVERSITY
06531 ANKARA-TURKEY

EĞİTİM BİLİMLERİ BÖLÜMÜ
Department of Education Science

+90 312 210 40 29
Faks: +90 312 210 79 67

Lütfen bu araştırmaya katılmak konusundaki tercihinizi aşağıdaki seçeneklerden size en uygun gelenin altına imzanızı atarak belirtiniz ve bu formu çocuğunuzla okula geri gönderiniz.

A) Bu araştırmaya tamamen gönüllü olarak katılıyorum ve çocuğum ....'nın da katılımcı olmasına izin veriyorum. Çalışmayı istediğim zaman yarıda kesip bırakabileceğimi biliyorum ve verdiğim bilgilerin bilimsel amaçlı olarak kullanılmasını kabul ediyorum.

Baba Adı-Soyadı.............................   Anne Adı-Soyadı............................

İmza ....   İmza ....

B) Bu çalışmaya katılmayı kabul etmiyorum ve çocuğumun ....'nın da katılımcı olmasına izin vermiyorum.

Baba Adı-Soyadı.............................   Anne Adı-Soyadı............................

İmza ....   İmza ....

访谈知情同意书（访谈对象）

ARAŞTIRMAYA GÖNÜLLÜ KATILIM FORMU

Bu çalışma, Xiamen Üniversitesi'nde doktora öğrencisi olan ve şimdi ODTÜ'de değişim öğrencisi olarak araştırma yapan Yang Ying tarafından "Türkiye Yüksek Öğretim Kurumuna Giriş Sınavı ve Seçme Sistemi" başlıklı doktora tezinin bir parçasıdır. Danışmanı ODTÜ Eğitim Bilimleri Bölümü'nden Dr. Öğr. Üyesi Serap Emil'dir.

Çalışmanın Amacı Nedir?

Çalışmanın amacı, üniversiteye giriş sınavının adilliğini anlayarak paydaşların (üniversite öğrencileri, üniversite adayları, üniversite öğretmenleri) incelenmesidir.

Bize Nasıl Yardımcı Olmanızı İsteyeceğiz?

Çalışmaya katılmayı kabul ediyorsanız, ortalama 30 dakika süren üniversiteye giriş sınavıyla ilgili bir dizi soruyu yanıtlamanız gerekir.

Sizden Topladığımız Bilgileri Nasıl Kullanacağız?

Araştırmaya katılmanız tamamen gönüllülük esasına dayalıdır. Görüşme sırasında herhangi bir kimlik veya kuruma özel bilgi sağlamanız gerekmez. Cevaplarınız tamamen gizli tutulacak ve sadece araştırma kapsamında değerlendirilecektir. Katılımcılardan elde edilen bilgiler kapsamlı bir şekilde değerlendirilecek ve bilimsel yayınlarda kullanılacaktır.

Katılımınızla ilgili bilmeniz gerekenler:

Genellikle, görüşmede rahatsızlığa neden olabilecek hiçbir soru yoktur. Bununla birlikte, katılım sürecinde sorulardan veya herhangi bir nedenden rahatsızlık duyuyorsanız, yanıtı kesmekten ve çıkmaktan çekinmeyin.

Araştırmayla ilgili daha fazla bilgi almak isterseniz:

Mülakat sonunda, bu çalışmayla ilgili sorularınız cevaplanacaktır. Bu çalışmaya katıldığınız için şimdiden teşekkür ederiz. Çalışma hakkında daha fazla bilgi almak için Eğitim Bilimleri Bölümü Değişim Doktora Öğrencisi Yang Ying (e-posta: e245634@metu.edu.tr) ile iletişim kurabilirsiniz. Bu çalışmaya katılımınız için şimdiden teşekkür ederiz.

Yukarıdaki bilgileri okudum ve bu çalışmaya tamamen gönüllü olarak katılıyorum.

(Formu doldurup imzaladıktan sonra uygulayıcıya geri veriniz).

İsim Soyad   Tarih   İmza
                      —/—/—

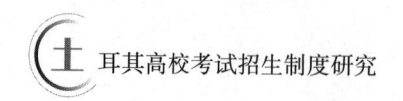

附录三 访谈提纲

University Candidates/University Students

Basic information: urban/rural, state university/private university, disability/health, male/female, high school type, family members, family income, etc.

• What is the reason for you choosing your university and major? Did your parents influence your choice?

• What is your type of high school? Why did you choose it? What do you think about your high school education? It is helpful for your YKS exam?

• Are you satisfied with the university entrance examination system? If you have a chance to change it, which part do you want to change?

• What do you think about private course?

• What's your most impressive memory in the days of preparing for and taking the exam YKS?

• Do you think coming from different high schools will affect the results of entering university? if yes, how does it work? (Live in different cities matters?/different gender matters?)

• Do you think the current examination system is fair? (gender/high school type/village/disabled students, ect.)

• What do you think about the entrance exam system reform of 2018?

• What is your plan for the future? Do you think going to university will change your future?

High School Teachers

Basic information: city/village, high school type, working years, teaching major, teaching grade

• Are you familiar with the university entrance examination system?

• What do you think is the difference between the latest examination system and the older one?

• What do you think is the relationship between YGS and high school teaching content? How does YGS affect your teaching?

• Do you think different area/ high school type/ gender/ village students can compete YKS in a fair way?

• Do you think the current examination system can be improved in terms of fairness?

• How do you think the current university entrance examination system should be reformed?

• What do you think about dershane? Too many students gave up last year in high school and go to private courses, what do you think about this?

• What kind of reasons do you think affect students choosing their university?

University Admissions Managers/ÖSYM Professor

Basic information: university type, working years, position

• So many students feel the universities should have their own rights to select students except from special students' examinations and international students'examinations. What do you think about this? What kind of rights the universities should have? How to balance the national exam and university rights?

• What kind of international students do your school attract?

• What are the advantages and disadvantages for Turkish universities to compete with universities from other countries in terms of attracting more international students?

• What kind of talent does your school attract? How do you think from the current examination system can meet the needs of your school in terms of student selection?

• What do you think about the university entrance examination system in

Turkey? If you can change the system, which part do you want to change?

• In this year, the YKS exam time hasbeen changed twice, what do you think about this?

• How do you feel about the fairness of the examination system?

• What do you think about ÖSYM?

• What kinds of talent do you think the current university entrance examination system is more inclined to choose?

• Do you think Turkish university entrance examinations are affected too much by political policy?

Parents of Candidates

Basic information of family members: income, education background, occupation, number of children

• Which university do you want your child to take? Which major to choose? Based on what consideration?

• Before your child goes to university, what educational level do you expect your child to achieve in the future? (Do children of different genders have different expectations?)

• How do you support your child to prepare for the exam? What are the difficulties in this process?

• How much do you know about the current examination system? Are you satisfied with it?

• What do you think about the fairness of the examination system? If you have the right to change it, what kind of changes do you want to make?

附录四　土耳其全国高校统一考试成绩单样本

Sonuç Açıklama Tarihi: 27 Temmuz 2020
结果公布日期：2020年7月27日

个人照片

身份证号	
姓名	ESAD YUSUF ATİK

TYT 测试中的正确答案和错误答案数量

土耳其语		社会科学		基础数学		科学	
正确	错误	正确	错误	正确	错误	正确	错误
38	2	20	0	40	0	20	0

AYT 测试中的正确答案和错误答案数量

土耳其语言与文学-社会科学 I

土耳其语与文学		历史 I		地理 I	
正确	错误	正确	错误	正确	错误
0	0	0	0	0	0

社会科学 II

历史 II		地理 II		哲学		宗教文化与道德	
正确	错误	正确	错误	正确	错误	正确	错误
0	0	0	0	0	0	0	0

数学		科学					
		物理		化学		生物	
正确	错误	正确	错误	正确	错误	正确	错误
40	0	14	0	13	0	13	0

YDT 测试中的正确答案和错误答案数量

外语类别：英语

正确	错误
77	3

高中及学业成就信息

文凭等级	高中学业成绩	学校代码	学校类型代码	区号
96.8123	484.06150	340501	11033	9008

考试成绩与排名

分数类型	分值	排名
TYT	495.94983	6
SAY	500.00000	1
SÖZ	---	---
EA	374.41007	13702
DİL	490.18450	50

录取总分及排名

分数类型	录取情况		额外加分情况	
	分值	排名	分值	排名
Y-TYT	554.03721	16	---	---
Y-SAY	558.08738	4	---	---
Y-SÖZ	---	---	---	---
Y-EA	432.49745	11324	---	---
Y-DİL	548.27188	30	---	---

(Bu belgenin aslına ilişkin sorgulama https://sonuc.osym.gov.tr/BelgeKontrol.aspx Internet adresinden yapılabilir.)

Sonuç Belgesi Kontrol Kodu: HS3B7B7X

有关本文档正本的查询可以通过互联网进行校验：http://sonuc.osym.gov.tr/BelgeKontrol.aspx
结果文件校验码：HS3B7B7X

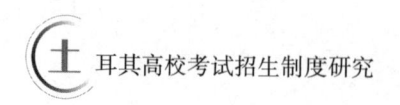

附录五　土耳其大学电子录取通知书样本

ÖSYM

2019-YKS Yerleştirme Sonuçları
2019-YKS 安置结果
Sonuç Açıklama Tarihi: 06 Ağustos 2019
结果公布日期：2019年8月6日

个人照片

T.C. Kimlik Numarası 身份证号	
Adı Soyadı 姓名	DUYGU SELENAY YILMAZ

Yerleştiği Yükseköğretim Programının 高等教育安置情况		
Adı 大学/学院名称	İZMİR DEMOKRASİ ÜNİVERSİTESİ 伊兹密尔民主大学 TIP FAKÜLTESİ 医学院	
Kodu 编号	**Tercih Sırası** 排名	**Yerleşme Türü** 安置类型
1111109	11	Genel 普通考生
Puan Türü 分数类别	**Yerleşme Puanı** 得分	
SAY 数学类	489,14874	
Kayıt Tarihi 注册时间	19/8-23/8/2019	
Kayıt Adresi 注册地址	Üçkuyular Mahallesi, Gürsel Aksel Bulvarı, No: 14 35140	
	İZMİR	

Burs, kredi, katkı kredisi ve yurt başvuruları Yükseköğretim Kredi ve Yurtlar Kurumu'na yapılmaktadır. http://yurtkur.gsb.gov.tr internet adresiniz ziyaret edebilirsiniz.
向高等教育贷款机构和宿舍机构申请奖学金、贷款、供款贷款和宿舍。您可以访问互联网地址：http://yurtkur.gsb.gov.tr

(Bu belgenin aslına ilişkin sorgulama https://sonuc.osym.gov.tr/BelgeKontrol.aspx İnternet adresinden yapılabilir.)
Sonuç Belgesi Kontrol Kodu: 14NZFGVX
有关本文档正本的查询可以通过互联网进行校验：http://sonuc.osym.gov.tr/BelgeKontrol.aspx
结果文件校验码：14NZFGVX

后　　记

　　本书在我的博士学位论文《土耳其高校考试招生制度研究》的基础上修改而成。因此，这个后记既是对我读博四年时光的回忆，也表达对在此期间帮助过我的各位师友的感激之情。

　　读博之前，人生已过小半。此前独自游走世界，虽行万里路，仍觉人生浅薄，于是求诸于"读万卷书"。从教师身份转变为学生，内心忐忑多过了兴奋。"回炉重造"走上博士学位攻读之路，来到一个全新的学习平台，首先体味的是无知的卑微与补课的艰辛：初入学时为了弥补近8年远离学术的空白，每天从早到晚蹲守图书馆补课；上课犹如听"天书"，只能把老师们说的话都记录下来，课后再去弄懂；因为做学术完全没有思路，也曾当着老师的面一度崩溃掉了"金豆"；厚着脸皮请教师兄师姐，把食堂和咖啡厅统统变成学术交流的殿堂……因为自身学术基础薄弱，在读博旅程开启的一年多竟是无暇走出校门去看一看美丽的厦门。

　　读博之路摸索到第三年，学习和研究的思路才逐渐明晰。学位论文写作也提上了日程。在国内资料几乎为零的情况下，出国调研成为必需。出国调研听起来充满异域风情，浪漫美好。然而事实上，这一年半的时间里，需要在一个陌生的国度，从适应自然环境、社会环境到适应完全不同的学术生活，只觉举步维艰。

　　开启中东技术大学留学生活的第一天，便迎来了第一道难题——获取调研资格：必须通过三门相关课程考核并撰写研究报告。于是，重新捡起英语上了三门全英文课程，从害怕老师频繁随堂互动到能够积极融入，是心理上的日渐强大，也源于不敢懈怠的昼夜温习。而在撰写研究报告时才发现，中、英文研究报告存在着巨大的差异，此前在国内的工作不得不推翻重来，研究报告至少修改了六稿才过关。每日奔波于中东技术大学美丽的森林校园，从夏日青翠到冬日踏雪，一个多学期的学习生活，终于换来了土耳其导师的认可，得以向学校"学术伦理道德委员会"提交了厚厚的调研资格申请材料。一个月的忐忑等待，当拿到传说中的"调研许可证"时，内心反而莫名平静，回头看看课堂里不自信的自己、反复改稿时焦灼的自己、奔波于图书馆和教室的自己、终于得到导师肯定的自己……只能说，值得。事实证明，中东技术大学的"敲门砖"着实好用，这张"通关文书"支撑了我长达半年有余的调研之路。

第二道难题是文献搜集：为了获取足够的文献，在中东技术大学图书馆的资料搜集完毕之后，我又转战土耳其国家图书馆。土耳其国家图书馆的书籍以史料为主，资料非常珍贵，故借阅限制颇多：需上网预约后到现场提书、限量五册、不得外借。为此，我坚守国家图书馆翻拍史料长达月余，以致于与这里的工作人员熟稔到成为可以偷偷多借几本书的朋友。

第三道难题是开始调研后全球疫情爆发。为了在疫情管控的特殊时期保证访谈样本的多样性，我亦煞费苦心：曾在土耳其高考时，躲过隔离检查点，在考点门口蹲守，伺机捕捉等待在考场外的家长作为访谈对象；曾加入学生团体，线上、线下参加各色学生活动，以便增加访谈学生样本的多样性；也曾跟同学坐着返乡大巴去农村，深入农村家庭，挨家挨户访谈农村学生和家长对土耳其高考的看法……正如我的导师刘海峰教授鼓励我时所说，"留学时总会遇到这样或那样的困难，但好在办法总比困难多"。

然而即便过关斩将，难题仍层出不穷：因全球疫情突发，学校关停、图书馆关闭、访谈计划全部打乱、忧思生病、回国航班数度取消熔断……在学术与生活之间的抗争，一关接着一关，使得这一年半"道阻

后　记

且长"。所幸，在此期间，始终得一人温柔守护。他不仅承担起了赚钱养家、洗衣做饭等全能伴读工作，在我不分昼夜地整理茫茫数据时，甚至为我编写了一个能将数据快速整理归档的代码（虽然没用上）。这一年半的时间，任劳任怨，温暖如一。在此，我要特别感谢我的先生乔小柯（Coşkun Tekin），这个可爱的土耳其人，是我学术研究的灵感来源，是我相濡以沫的伴侣，是我的人生挚友。他温暖灿烂的笑容、无私包容的精神、乐观积极的心态，是我生命中的阳光。要感谢的人太多，所谓坚强后盾，就是无论何时，都永远和你站在一边支撑着你的这些人吧。

回首攻读博士学位的整个过程，恰似凌晨两点爬过的尹珍（Ijan）火山。在漆黑如墨的凌晨，去寻找传说中火山口上飘浮的蓝色幽光。面对着未知的恐惧和坎坷的前路，靠着一点手机的微光，手脚并用地攀爬在碎石陡峭的火山口。让我坚持下来的，是与生俱来的好奇心和不服输的倔强，还有引路的那点点微光。读博四年，一路上指引我的点点微光，是我敬爱的导师刘海峰教授、是教育过我的各位授业恩师、是互相帮助的同门师友、是共同成长的同学、还有不吝分享的伙伴。

没有我的导师刘海峰教授，也便没有支撑我坚持下来的力量。在同期入学的同学中，恐怕我是资质最差的了，导师却不嫌弃学生愚钝，将我收入门下。导师著作等身，博学儒雅。导师的一言一行，所著所言，皆是学问，令人受益。导师常教导我们："学术尚是次要，品行更为重要。"也常说："学术之根苦，学术之果甜。"并不时叮嘱："要老老实实坐冷板凳，潜心钻研。"从做学术到做人，导师无不悉心教诲。即使是面对最愚笨的学生，导师也都亲和相待，只有鼓励，从无苛责。虽然我已经做了八年的大学老师，见到老师也免不了犯"惧师症"：自惭形秽、战战兢兢，但导师却始终待我如春天般温暖。初见导师当天，导师就为我定下了博士论文题目，希望我善用与土耳其的机缘，拓展考试研究的国别领域。彼时我尚一无所知，全无自信。导师鼓励说，一定没有问题，这于你非常简单。这为我树立了第一丝信心，明确了研究方向。在国内对土耳其研究资料极度匮乏的情况下，前往土耳其实地调研成为必然选择。向导师汇报了博论的研究思路和出国实地调研的想法后，老师说，放心地去，我会全力支持。这才让我的土耳其之行有了底气。在土耳其调研期间，因全球疫情和当地调研政策严苛，调研工作举步维艰。向老师汇报后，总能收到老师的温暖鼓励，在异国他乡感受到了力量和安慰。回国隔离时，向导师交去不成样子的毕业论文初稿，老师只是指出了他反复强调后我仍犯的错误，并举了个彼时他批评某师兄的例子。我羞愧难当，却无比感动。导师如此善良大度，生气却只是委婉地表达了不满。导师批改过的论文，批注间皆是谆谆教导，不仅指出了怎么改，还耐心地说明了为什么这么改……与导师的相处，是洗涤心灵的过程，是增益智慧的旅程，是成长为人的修行。"桃李不言，下自成蹊"，导师走在前方，言传身教，引领我们步入做学问的世界，指引我们恪守做人的底线。我们弟子紧随其后，仰望效仿，虽无法成为如导师般优秀的人，却也严于律己，不敢行差踏错。所谓师者，导师无愧。感激我的导师刘海峰教授，回首前半生，做得最对的决定就是攻读博士，而最幸运的是遇到了刘海峰教授做我的导师。导师既传递给我精神力量，也慷慨地给予物质食粮，每每雪中送炭，却从不求回报。感恩，是我向导师说得最多的词语，却发自肺腑。没有导师，我便没有了精神标杆，缺失了品德和学术上的榜样和偶像。无以回报唯有感恩于心。

四年的时光，有幸得遇许多授业良师，为我点亮了学术研究的明灯。入学第一年，潘懋元先生百岁高龄仍在为我们上课，思维敏捷，见解独到，那五份作业上先生的圈圈点点，此生都会珍藏。出书之时，先生已离我们而去，感念先生，先生千古！张亚群教授的课程精彩纷呈，史料丰富还佐以实物材料，教育了我如何做一个正派而严谨的学术人。郑若玲教授满足了我对学术女神的所有想象，温柔、美丽、智慧与善良并存，总在我需要帮助时不吝教诲，把我们当成孩子般疼爱。覃红霞教授擅用最温柔的语气给出极具建设性的意见，给我的毕业论文撰写带来了诸多启发，私下亦多次伸出援手，有求必应。吴薇教授在我最迷茫的时候手把手教我如何理清研究思路，鼓励我要自信，不能放弃。开题时王璞副教授的建议为我此后的宗教问题梳理提供了思路。别敦荣教授带我们去上海调研，向我们展示了学术人的处世智慧。史秋衡教授带我们

后 记

去东山调研时疲惫地站在公交车上睡着，尽职尽责，令人感动。此外，还要感谢我的土耳其导师 Serap Emil 副教授，是她在我初到土耳其时便带我参加了"2019年土耳其高等教育国际研讨会"，为我结识土耳其一线教育工作者作为后期访谈对象奠定了基础。也是她不厌其烦的一遍遍修改我的研究报告，才让我最终通过学术伦理道德委员会的调研资格评审。感谢 Yaşar Kondakçı 教授、Hanife Akar 教授和 Yasin Altun 老师在学术上给予我的无私帮助。感谢土耳其国家图书馆的 Mehmet 老师，是他每次为我开绿灯放宽借阅量，为我搜集文献资料节省了大量时间。还有 Cansel、Esra、Güray、Lokma 等帮助我寻找访谈对象却不求回报的小伙伴们，是你们的友好、真诚和直率，才让我有机会走进土耳其高校考试招生制度下真实而鲜活的世界，更收获了一份份珍贵的友谊。

师门好友与同学朋友，是共同成长的伙伴，彼此帮助的战友。没有他们，读博路上沿途的荆棘便会盖过风景。我可爱的师兄蔡正道，从生活上到学术上都对我关爱有加，虽然年纪比我小，却是位模范师兄。师兄刘亮、师姐卞翠等，在我入学时就传授了我好好做学术的"秘籍"。师妹唐琴、师弟韦骅峰、毛鹏程等，一直以来给予我许多帮助，温暖如家人。我的同学庞瑶、李文、刘明维、向亚雯、刘咏梅等2017级的小伙伴们，我们携手披荆斩棘，共同成长，是你们让我的读博生活充满阳光。特别要感谢2016级的廖菁菁学姐、凌磊和黄巨臣学长，读博路上是你们一路帮助和鞭策，不吝分享，不厌赐教，是我学术上的好榜样，生活中的好朋友。谢谢你们，可同甘，亦可共苦，友谊长存。

读博之前，总习惯一个人游走世界。独自行走，是自己与世界的对话。然而，博士毕业才发现，读博这条道路上没有人可以孤立于人群而成功，也没有人可以独自成长。"学贵得师，亦贵得友，师也者，犹行路之有导也；友也者，犹陟险之有助也。"四年光阴有幸得遇一位位无私的引路人，点点微光，汇聚成希望与灯塔。只有站在巨人的肩膀上，才能看见更好的风景；只有追寻着微光，才能在黑暗中前行。读博之路虽苦，却在精神上得以行走万里，收获甚丰，令人甘之如饴，感恩这段珍贵的人生经历。

"吾生也有涯，而知也无涯"，四年时光凝聚成这本《土耳其高校考试招生制度研究》，是心血，是经历，亦是为四年研究土耳其高校考试招生制度交上的厚厚答卷。然而这仅仅是学术道路的开始，未来长路漫漫，仍需上下求索。

杨　滢

2023 年 11 月 20 日